Michael Grant

DAS HEILIGE LAND

Geschichte des Alten Israel

Aus dem Englischen von
Joachim Rehork

BASTEI
LÜBBE

BASTEI-LÜBBE-TASCHENBUCH
Band 64 074

Die Übersetzungen der Bibelzitate wurden entnommen aus:
Die Heilige Schrift des AT und NT. Hrsg. v. Vinzenz Hamp, Meinrad Stenzel und Josef Kürzinger. Aschaffenburg: Pattloch Verlag 1964;
und der Zürcher Bibel. Stuttgart: Deutsche Bibelstiftung 1977.

Titel der Originalausgabe:
THE HISTORY OF ANCIENT ISRAEL

Printed in West Germany März 1988
Einbandgestaltung: Manfred Peters
Titelfoto: Oswald Kettenberger
Satz: ICS Communikations-Service GmbH, Bergisch Gladbach
Druck und Bindung: Ebner Ulm
ISBN 3-404-64074-8

Inhalt

Einführung

Dieses Buch erzählt die Geschichte Alt-Israels von seinen frühesten Anfängen bis zur Zerstörung Jerusalems und des Tempels im Jahre 70 n. Chr.

Ein Teil dieser Geschichte ist uns durch archäologische Ausgrabungen bekannt, denen wir zahlreiche Aufschlüsse über die Kultur und das tägliche Leben der damaligen Zeit verdanken. Doch die für uns mit Abstand ergiebigste Quelle bildet die Bibel der Hebräer, das Alte Testament christlichen Bibelverständnisses. Diese einzigartige Schriftensammlung, von der im Laufe der Menschheitsgeschichte unzählige Impulse auf Literatur, Kunst und Ethik ausgingen, enthält zahlreiche historische Passagen, ja einige der nahezu ältesten historischen Schriften, die die Welt je sah.

Die Verfasser der Bibel verfolgten jedoch nicht die Absicht, Geschichte im modernen Sinne zu schreiben. Sie wollten vielmehr die Ruhmestaten ihres Herrn und Gottes aufzeichnen und von seinem unaufhörlichen Eingreifen in die Geschichte künden. Es war ein Vorhaben von großer religiöser, aber auch politischer Bedeutung, denn der Verlauf der Geschichte war für die Israeliten, Hebräer oder Juden des Altertums ganz vom Eingreifen einer höheren Macht abhängig. Diese Auffassung hat in Israel eine besondere Geschichtsschreibung hervorgebracht. Immer wieder weisen die Bibelautoren nämlich auf das Walten Gottes in der Geschichte hin, zugleich enthalten ihre Texte aber auch eine Fülle historischer Informationen über die politische Geschichte des Volkes Israel ebenso wie über seine Sozial-, Religions- und Geistesgeschichte. So ist die Bibel zu einer Informationsquelle geworden, deren Bedeutung nicht hoch genug eingeschätzt werden kann. Für den weitaus größten Teil der Zeit, um die es uns geht, ist sie sogar die einzige Informationsquelle – von den Entdeckungen der Archäologen einmal abgesehen.

Die Bibel ist bekanntlich ein überaus umfangreiches, in sich außerordentlich heterogenes Sammelwerk von Büchern anonymer Verfasser und stellt auf Grund dieser Tatsache eine ganz einzigartige Art Literatur dar.

Der Historiker sieht sich, will er sie für seine Zwecke nutzen, vor beinahe unüberwindliche Probleme gestellt, weist doch nahezu jeder biblische Text bei genauerem Hinsehen Spuren mehrerer Verfasser, verschiedener Redaktoren (Bearbeiter) und Herausgeber auf; dies zeugt von einer oft verwickelten Entstehungsgeschichte. Da die Zahl derer, die heutzutage mit der Gesamtheit biblischer Texte vertraut sind, geringer ist als früher, habe ich meiner Darstellung öfters kurze Abrisse biblischer Erzählungen beigefügt.

Allerdings möchte ich um Nachsicht bitten, wenn ich mich nicht in jedem Fall auf der Höhe sämtlicher historisch-kritischer Methoden im Bereich der Text-, Literatur- und Geschichtsforschung befinde, die von der modernen Wissenschaft entwickelt worden sind. Mein Anliegen ist aber auch ganz anderer Art: Mir geht es darum, dem Leser bestimmte historische Situationen anhand alttestamentlicher Texte aus der Perspektive des einzelnen Beobachters zu erhellen. Alles, was ich anzubieten habe, sind Betrachtungen historischer Situationen, auf die durch die Schilderungen der hebräischen Bibel, des Alten Testaments, Licht fällt.

Dabei habe ich versucht, so objektiv wie möglich vorzugehen. Freilich läßt sich völlige Objektivität nie erzielen. Denn jeder Autor läßt sich, so sehr er sich auch in der Hoffnung wiegen mag, ein ausgewogenes Bild zu geben, zwangsläufig – und ihm selbst häufig unbewußt – bei der Auswahl, Anordnung und Gewichtung des Stoffes von Gesichtspunkten leiten, die mit seinem geistigen Umfeld, seinem weltanschaulichen Hintergrund und nicht zuletzt mit der Generation zu tun haben, der er angehört. Gleichwohl habe ich mich nach Kräften bemüht, Techniken und Methoden heutiger Geschichtsforschung auf die Geschichte Alt-Israels anzuwenden. Ob die höhere Macht, an die die Israeliten glaubten, tatsächlich in ihre Geschichte eingegriffen hat oder nicht, darüber zu befinden ist meiner Ansicht nach nicht Aufgabe des Historikers. Will man den Verlauf geschichtlicher Ereignisse und die Entwicklungen im Denken eines Volkes rekonstruieren, dann geschieht dies am besten in der Weise, daß der Autor – sei er nun Jude, Christ, Moslem, Buddhist, Hindu, Agnostiker oder Atheist – Vorurteile und Schlußfolgerungen vermeidet, die von dem abhängig sind, was er selbst glaubt oder nicht glaubt.

Da das vorliegende Buch einen umfassenden Überblick zu geben versucht, beschränkt es sich nicht auf ein einziges, engumgrenztes Thema. Dennoch zeichnet sich, so scheint mir, ein ganz bestimmtes Motiv immer wieder ab: Das ständige Neben- und mitunter Gegeneinander zweier unterschiedlicher, bisweilen einander widersprechender Einstellungen des Volkes der Bibel gegenüber anderen Völkern. Im Laufe ihrer gesamten Geschichte waren die Israeliten einerseits davon überzeugt, ein gänzlich einzigartiges, von allen anderen Völkern abgehobenes Gemeinwesen zu bilden; andererseits verstanden sie sich aber als eine »Nation«, die in die Gemeinschaft anderer Völker eingebunden war. So war Israel aus der gesamten übrigen Welt herausgehoben und lebte doch in ihr – alles in ein und demselben Augenblick.

Moderne Historiker haben in diesem Phänomen entweder ein hoffnungsloses Gegeneinander unvereinbarer Gegensätze oder ein Nebeneinander zweier untrennbar zusammengehöriger, einander ergänzender Auffassungen gesehen, deren Versöhnung dem Judentum gelungen sei. Wie immer die Auseinandersetzung über diese Streitfrage weitergehen mag, fest steht, daß die beiden stets anzutreffenden Formen israelischen Selbstverständnisses, ob nun miteinander vereinbar oder nicht, wesentliche Elemente des besonderen Charakters des jüdischen Volkes bilden und zu seiner Größe beitragen.

Auch im heutigen Israel spielen beide noch immer eine entscheidende Rolle. Als ich dieses Buch zu schreiben begann, war es keineswegs meine Absicht, Beziehungen zwischen Altertum und Neuzeit herzustellen. Indes, manche Analogien sind einfach gegeben. Das heutige Israel ist nur im Lichte des Tuns und Lassens jener zu begreifen, die das Land in vergangenen Jahrhunderten, insbesondere aber im Altertum bewohnten.

All die historischen Glücks- und Wechselfälle jener verflossenen Epoche in ihrem dramatischen Auf und Ab, wie beispielsweise das mehrfache, beinahe unglaubliche Überleben angesichts unvorstellbarer Widrigkeiten, werden Gegenstand der nachfolgenden Kapitel sein.

Dieses Buch wäre kaum je zustande gekommen, hätte mich nicht Jerusalems Oberbürgermeister Teddy Kollek so großzügig in seine Stadt eingeladen. Ihm fühle ich mich zu außerordentlichem Dank verpflichtet und hoffe, er wird – ebenso wie andere – manchem Versehen gegenüber, das mir unterlaufen sein mag, Nachsicht walten lassen. Besondere Anerkennung verdient Miss Linden-Lawson vom Londoner Verlagshaus *Weidenfeld and Nicolson*, die als Lektorin meinem Text die denkbar größte Aufmerksamkeit angedeihen ließ – eine Aufgabe, die viel Geduld erforderte, werden doch täglich neue Funde gemacht und Interpretationen darüber veröffentlicht. Weiterhin danke ich Seiner Hochwürden, Father Gregory Bainbridge, für so manchen verständnisvollen Kommentar; ebenso Mr. Patrick Leeson, der die Karten zu diesem Buch erstellte. Kein Wort des Dankes vermag auszudrücken, von welch großer Hilfe mir meine Frau bei der Arbeit war.

Die Angaben von Jahreszahlen in den ersten neunzehn Kapiteln beziehen sich, wenn nicht ausdrücklich anders vermerkt, auf die Zeit vor Beginn der christlichen Ära. Zeitangaben aus dem altägyptischen Bereich beruhen auf der neuen ägyptischen Chronologie von Rolf Krauß.

Gattaiola, 1983 Michael Grant

Das Land Kanaan

1. Kapitel
Die Geschichte des Landes

Das Land und die Anfänge seiner Besiedelung

Wer einst von der schnurgeraden Mittelmeerküste nach Osten ins Landesinnere reiste, stellte bald fest, daß das vor ihm sich ausbreitende Land sich in vier aufeinanderfolgende Streifen gliederte. Zuerst kamen die Küstentiefländer, Philistäa und die Saron-Ebene, die einst nur bedingt fruchtbare Landstriche waren. Ihre Nordgrenze bildete der ins Meer vorspringende Gebirgszug des Karmel. Weiter landeinwärts erhob sich hinter der öden Ebene Sefela das zerklüftete Zentralplateau, dessen Größe ungefähr der anderthalbfachen Flächenausdehnung des Saarlandes entsprach. Dieser Landstrich, der nur von Gestrüpp und unzugänglichem Buschwerk bewachsen war und von steilen, engen Schluchten durchzogen wurde, war in historischer Zeit von den Stämmen Juda, Ephraim und Manasse bewohnt; die beiden letztgenannten Stämme bildeten den Kern der Bevölkerung Samariens. Weiter im Norden lag, von den Gebirgsmassiven des Karmel und der Gilboa-Berge umrahmt, die Jesreel-Ebene. Sie war die bedeutendste Binnenebene des gesamten Landes und ging nach Norden hin in die Hügellandschaft Galiläas über. Nach Osten dagegen fiel das Land steil zum Jordan ab, dessen tiefeingeschnittenes Tal sich an zwei Punkten zu Seebecken verbreiterte: dem Galiläischen Meer (See Genezaret) und dem Salzmeer (Totes Meer). Südlich beziehungsweise östlich des Jordangrabens folgen dann weitere Gebiete hügeligen bis bergigen Charakters, die man schon seit Jahrtausenden nicht mehr zu Israel zu zählen pflegt: Edom, Moab und Ammon.

Dieser gesamte Komplex kleiner, doch sehr unterschiedlicher Länder, deren Bewohner nicht selten miteinander verfeindet waren, hatte – von Norden nach Süden – nur etwa 240 Kilometer Länge, und seine Breite betrug nicht einmal 120 Kilometer. Dieses Land war, gleich, ob wir es als Kanaan, Israel oder Palästina bezeichnen (vgl. Anhang 11), auf Grund seiner fehlenden geographischen Einheit dazu prädestiniert, benachbarten Großmächten als Durchzugsgebiet und Kriegsschauplatz zu dienen – Großmächten wie Ägypten, Assyrien, Babylonien, den hellenistischen Nachfolgestaaten des Alexanderreiches und schließlich Rom. Die Heere dieser Reiche kamen über das Meer, an welches das Heilige Land in seiner gesamten Länge grenzte, durchquerten die Küstenzone und dann die Ebene Jesreel, die Schauplatz zahlreicher Schlachten wurde. Aus diesem Grund blieb Israel nie viel Zeit, seine Geschicke selbst zu lenken, politische Unabhängigkeit zu erlangen und Macht auszuüben. Selbst wenn ihm dies einmal vergönnt war, war es nur von kurzer Dauer.

Darüber hinaus war Israel weder reich an Bodenschätzen, noch verfügte es über fruchtbares Land. Dennoch eigneten sich zwei Drittel seiner Fläche für eine Besiedelung; aus westlicher Richtung landeinwärts wehende Winterwinde brachten Regen, der die ausgedörrten Berghänge mit genügend Wasser versorgte, so daß man zum Ackerbau keine künstliche Bewässerung benötigte, ohne die man in Ägypten und Mesopotamien beispielsweise nicht auskam. Andererseits kam der Regen aber nicht – wie in anderen Mittelmeerländern – regelmäßig, sondern blieb oft aus. Jahwe, der Herr, läßt es in seinem Zorn nicht regnen, heißt es in der Bibel zur Erklärung von Dürrekatastrophen.

Das Land so zu bebauen, daß es »von Milch und Honig« floß, wie Jahwe es Mose versprochen hatte, war eine Herausforderung für Israel. Sich ihr zu stellen, bedeutete Mühsal – wie alles andere auch, das diesem Volk widerfuhr.

Ungefähr achtzehn Kilometer nördlich vom Toten Meer und

1 Das Heilige Land
in geographischer Sicht
10
30 km
Land unter dem Meeresspiegel
Land über 500 m
Libanon
Hermon
Damaskus
Syrien
Phoinikien
Dan
Merom-See
Hazor
Basan
Galiläa
Golanhöhen
Mittelmeer
See Genezaret
Kison
Karmel
Tabor
Jarmuk
Jesreel-Ebene
Megiddo
Gilboa
Saron-Ebene
Samaria
(Ephraim-Gebirge)
Ebal
Sichem
Garizim
Gilead
Jabbok
Jarkon
Joppe
Silo
Ammon
Bet-El
Gezer
Jericho
Jerusalem
Nebo
Philistäa
Sefela
Hebron
Gaza
Juda
Totes Meer
Arnon
Beerscheba
Moab
Negev
Salztal

rund sieben Kilometer westlich des Jordans erhob sich die uralte Stadt Jericho. Die üppige, subtropische Oasenlandschaft, in der diese alte Stadt ebenso lag wie heute die neue, barg und birgt die umfangreichsten Wasserreserven des gesamten Gebiets. Jericho beherrschte nicht nur die Nord-Süd-Route längs des Jordan, sondern auch jene Schlucht, die in Ost-West-Richtung das Gebirge durchbricht und ihrerseits einen wichtigen Handelsweg bildete, der Transjordanien mit der Mittelmeerküste verband.

Schon im sogenannten Neolithikum (der Jungsteinzeit) des Landes (also etwa um 8300 bis 4000) erlebte Jericho einen beeindruckenden Aufstieg. Um 7000 oder sogar schon früher hatten seine Bewohner das Jäger- und Sammlertum teilweise aufgegeben und betrieben in Ansätzen produktive Landwirtschaft. Um 4500 begannen sie, Keramik herzustellen. Massive Wehranlagen umgaben die Stadt, in der zu jenem Zeitpunkt bereits rund 2000 Menschen aus aller Herren Länder lebten.

Die ersten Gruppen semitischsprachiger Einwanderer scheinen in der zweiten Hälfte des vierten Jahrtausends ins Land gekommen zu sein. Vom Rand der Arabischen Wüste aus drangen sie in Mesopotamien und Ägypten ein und vermischten sich mit der neolithischen Bevölkerung Jerichos und anderer Teile Palästinas oder verdrängten diese sogar. Die kriegerischen Ereignisse, die mit diesen Wanderbewegungen verbunden gewesen sein müssen, führten offensichtlich zu einem Stillstand der zivilisatorischen Entwicklung. Erst um 3500 oder kurz danach entstanden neue Dörfer, deren Bewohner Kupfer verwendeten und in technischer wie künstlerischer Hinsicht den früheren Landesbewohnern weit überlegen waren. In einer nur schwer zugänglichen Höhle im Nahal Mischmar, unweit von Masada am Westufer des Toten Meeres, fand man die umfangreichste Sammlung von Kupfergegenständen im Nahen Osten. Diese waren aus Mesopotamien und dem Iran importiert und vielleicht zunächst nach dem nahe der Höhle gelegenen Engedi gebracht worden, wo sich ein aus Steinen errichtetes Heiligtum aus der Zeit zwischen

3300 und 3200 befand. Inzwischen war auch Jawa, jenseits des Jordan, nach detaillierten Plänen befestigt worden. Sie lag auf einem Basaltfelsen inmitten der Wüste. In Jawa lebten zwischen fünf- und sechstausend Menschen, die sich aus einem nur gelegentlich Wasser führenden Flußbett mit Wasser versorgten.

Die sogenannte Frühkanaanäische Periode (bzw. die Frühe Bronzezeit) Syriens und Palästinas läßt sich etwa zwischen 3150 und 2200 datieren. Sie gliedert sich in vier aufeinanderfolgende Phasen und war eine Epoche lebhafter Aktivitäten in den Bereichen des Handels, der Kultur, der Religion und der Kunst. Die Bevölkerung nahm beträchtlich zu, und eine neue Entwicklung zeichnete sich ab: Die Entstehung von Stadtstaaten, unabhängigen städtischen Zentren, die das umliegende Land beherrschten. In Jericho entstanden solide, massive Bauten, darunter auch ein Heiligtum (weitere Bauwerke dieser Art fanden sich in Megiddo und Ai). Auch andere Städte errichtete man auf leicht zu verteidigenden Felsspornen, an Stellen, an denen die Wasserversorgung gesichert war.

Zu jener Zeit sprach die Bevölkerung wohl vorwiegend eine semitische Mundart – eine Vorläuferin der späteren nordwestsemitischen Sprachen wie Eblaisch, Kanaanäisch, Phönikisch, Moabitisch, Hebräisch und Aramäisch.

In der Zwischenzeit hatten die mesopotamischen Stadtstaaten der Sumerer – eines nichtsemitischen Volkes – einen Zivilisationsstand erreicht, wie er sonst im frühen Altertum nur noch in Ägypten und in China anzutreffen war. Die Stadt Kisch, in der man das wohl älteste Schrifttäfelchen der Welt fand (es stammt aus der Zeit um 3500 und enthält eine noch bildhafte Frühform der Keilschrift), gab um 2600 ihre Vormachtstellung an Ur in Chaldäa ab. Der große Palast in Ur, der wahrscheinlich aus dem 24. Jahrhundert stammt, ist die älteste bekannte Residenz, die eigens für einen König errichtet wurde. Um 2370 jedoch fielen die Akkader in Mesopotamien ein; sie sprachen eine semitische Sprache, aus der sich später das Assyrische und Babylonische entwickelte. Diese Akkader warfen die sumerischen Stadtstaaten nieder, und unter Sargon von Akkad – bei Akkad handelt es sich um eine noch nicht lokalisierte Stadt in der Nähe von Babylon – einten sie das umliegende Gebiet zu einem »Reich« (einem Territorialstaat). Dieses Staatswesen war wohl das erste seiner Art in der Menschheitsgeschichte überhaupt. Sargon behauptete sogar, er habe »das Land des Sonnenuntergangs und den Zedernwald und die Silberberge« erobert, womit er Syrien und Palästina meinte.

Sargons Reich wurde später von anderen Eroberern überrannt, die dieses Mal aus entgegengesetzter Richtung kamen, nämlich aus dem alten Königreich Ägypten, das schon damals eine hohe zivilisatorische und kulturelle Entwicklung genommen hatte. Pepi I. aus der 6. Dynastie (2360–2195) zog gegen die »Sandbewohner« jenseits der Sinai-Grenze zu Felde.

Unser gesamtes Wissen über das damalige Nordsyrien wurde durch neue Entdeckungen in Ebal, südwestlich von Aleppo, revidiert. Dieser Trümmerhügel hat eine Flächenausdehnung von 566 532 m^2 und überragt das gesamte umliegende Plateau.

Von hier aus hatte man leichten Zugang zu der fruchtbaren Idlib-Region, aus der Ebal alle nötigen Produkte bezog. Ebal, das zunächst unter mesopotamischem Einfluß stand, erlebte seine erste Blüte zu Beginn des dritten Jahrtausends. In dieser Zeit (um 2300) war es ein stattliches Gemeinwesen mit turmbewehrten dreistöckigen Bauwerken. Auf Grund ihres intensiven Handels mit Zimmerholz, Kupfer und edlen Steinen erlangte die Stadt eine Vormachtstellung und beherrschte große Teile Syriens sowie Palästinas. Sie unterwarf sogar weite Gebiete Mesopotamiens, die Ebals Vasallen wurden.

Die Ausgrabungen an dieser Stätte haben unser Wissen um die Ursprünge der Semiten sowie der Kultur Palästinas um etwa tausend Jahre in die Vergangenheit erweitert. Eine besonders ergiebige Informationsquelle stellen die 1500, mit

Bildzeichen bedeckten Tontäfelchen dar, die in Ebal gefunden wurden. Die Sprache, in der sie beschriftet sind, bezeichnet man mit allem Vorbehalt als Frühkanaanäisch (auch Paläo- oder Protokanaanäisch) und zählt sie zu den bisher bekannten nordwestsemitischen Sprachen. Vielleicht war sie sogar eine Vorläuferin des Hebräischen, wobei das Kanaanäische als Bindeglied (vgl. Kap. 1) gedient hätte. Zwar läßt diese Frage sich nicht endgültig beantworten, doch allem Anschein nach hieß der dritte und bedeutendste König von Ebal Ebrum oder Ebrium. In diesem Zusammenhang sei daran erinnert, daß der Bibel zufolge einer der Vorfahren Abrahams den Namen Eber trug. Außerdem werden auf den Tontafeln aus Ebal zahlreiche Ortsnamen erwähnt, darunter Sinai, Jerusalem, Hazor, Lachisch, Megiddo und Akkon; ferner Personennamen wie Esau, Ismael, David, Saul und Israel. Keiner der angeführten Namen hat allerdings etwas mit seinen erst in späterer Zeit lebenden biblischen Trägern zu tun. Sogar den biblischen Gottesnamen Jahwe entnahm man den Funden aus Ebal, doch diente er hier als Name eines unbekannten Ortes. Anhand dieser Beispiele wird deutlich, daß eine ganze Reihe hebräischer Traditionen viel weiter in die Vergangenheit zurückreicht, als bisher angenommen wurde.

Die Amoriter und Ägypten

Im Laufe der letzten Jahrhunderte des dritten Jahrtausends brach über die syrischen und kanaanäischen Siedlungsstätten mit aller Macht das Ende des Frühkanaanäischen Zeitalters (der Frühbronzezeit) herein und hinterließ nichts als Verwüstung. Während des vierten und letzten Abschnitts dieser Phase (um 2400–2000) wurden die Siedlungen in Palästina von ihren Bewohnern entweder völlig aufgegeben, oder aber ihre Bevölkerungszahl ging erheblich zurück. Der Grund hierfür ist in einem plötzlichen Klimawechsel zu suchen, der sehr viel trockenere Witterung mit sich brachte. Dies führte dazu, daß die Landwirtschaft und der Handel mit Agrarprodukten zurückgingen. Trockenanbau und Viehzucht traten an ihre Stelle, und man konnte damit gerade noch sein Dasein fristen.

In der Zeit zwischen 2200 und 2000 kamen neue Einwanderer ins Land. Es waren halbnomadische Hirtenstämme, die den letzten noch vorhandenen Resten städtischen Lebens ein Ende bereiteten und die ihre Toten in Schacht- bzw. Hügelgräbern bestatteten, wie man sie etwa von der Kurgan-Kultur der südrussischen Steppen her kennt.

Es folgte nun das Zeitalter der Amoriter, der *Amurru* (Westleute), wie die in Mesopotamien ansässigen Akkader sie nannten (die Sumerer hatten ihnen den Namen *Martu* gegeben). Die eigentliche Bedeutung des Begriffs Amoriter ist ungewiß, vor allem deshalb, weil die Bibel ihn sehr uneinheitlich verwendet. Doch im großen ganzen wird man ihn auf semitischsprachige Einwanderergruppen zu beziehen haben, die kurz vor dem Ende des dritten Jahrtausends aus den halbariden arabischen Randbereichen des »Fruchtbaren Halbmondes« kamen. Im 19., spätestens 18. Jahrhundert hatten sie ganz Obermesopotamien unterworfen und in Babylon eine neue, mächtige Dynastie begründet, deren bekanntester und größter Herrscher Hammurabi (um 1728–1687) war. Von seiner gesetzgeberischen Tätigkeit zeugt der zu Anfang unseres Jahrhunderts entdeckte »Codex Hammurabi«.

Auch in Syrien und Palästina hielten sich die Amoriter während der ersten beiden Jahrhunderte des zweiten Jahrtausends auf. Die Periode ihrer Seßhaftwerdung bezeichnen die Archäologen als Mittlere Kanaanäerzeit (Mittlere Bronzezeit) II A. Um 1800 schloß sich daran die Phase II B an (um 1800–1550), in der sehr viel günstigere klimatische Bedingungen herrschten und die durch bedeutende wirtschaftliche und kulturelle Fortschritte gekennzeichnet war. Tatsächlich hatten beide Länder, von denen hier die Rede ist, eine solche Blütezeit noch nie erlebt. Aus dieser Epoche stammen auch die ersten schriftlichen Zeugnisse. Sie sind auf Kanaanäisch abgefaßt, jener nordwestsemitischen Sprache also, aus der in der Folge Phönikisch, Hebräisch und Moabitisch hervorgehen sollten. Sie ist mit der Sprache der Ebal-Tontäfelchen verwandt und geht möglicherweise sogar auf sie zurück. Kanaan hat sich in dieser Zeit zu einer deutlich erkennbaren politischen Einheit entwickelt.

Besondere Bedeutung erlangte schon recht früh der Hafen von Byblos an der syrischen Küste (also im nachmaligen Phoinikien). Zu Beginn der Amoriterzeit war Byblos schon alt und hatte gerade eine Phase des Niedergangs hinter sich. Anfang des zweiten Jahrtausends aber begann es erneut aufzublühen. Dieser Aufschwung war nicht zuletzt darauf zurückzuführen, daß man die Produktion einer schon recht eleganten Keramik aufnahm, wobei man sich offenbar der Töpferscheibe bediente. Auch Ebal, das um 2250 durch einen Brand zerstört worden war, erstand aufs neue. Um 1900 errichtete man einen mächtigen Königspalast und einen großen, dreigeteilten Tempel. Darüber hinaus umgab man die Stadt mit massiven Wehranlagen. So wurde Syrien erneut zum Zentrum der kulturellen Entwicklung.

Weiter östlich – und gleichfalls auf syrischem Boden – lag am mittleren Euphrat der nicht minder bedeutende Stadtstaat Mari. Mari war Knotenpunkt wichtiger Karawanenrouten, die aus allen Himmelsrichtungen hier zusammenliefen. Nach einer ersten Blütezeit im dritten Jahrtausend, der sich ein Niedergang anschloß, erlebte es nun – ebenso wie Ebal und Byblos – im 18. Jahrhundert unter dem letzten seiner drei namentlich bekannten Herrscher Zimri-Lim ein neues Goldenes Zeitalter. In seinem außerordentlich großen Palast stieß man auf ein Archiv von nicht weniger als 25 000 Keilschrifttäfelchen. Sie sind mit akkadischen Inschriften versehen und damit in der Sprache verfaßt, die in weiten Teilen des Vorderen Orients zu jener Zeit von den Diplomaten gesprochen wurde. Die Namen der Könige von Mari sind jedoch eindeutig nordwestsemitischen (amoritischen) Ursprungs, und man darf wohl davon ausgehen, daß auch die Mehrzahl der Bevölkerung Amoritisch sprach. Ebenso wie auf den Tontäfelchen aus Ebal tauchen auch in den Funden aus Mari Namen auf, die denen der israelitischen Urväter sehr stark ähneln. So ist beispielsweise von Abram-ram, Jakob-el, Levi und Israel die Rede; aber auch ein amoritischer Stamm namens Beneiamina findet Erwähnung. Irgendwelche Zusammenhänge zwischen diesen Texten und der biblischen Geschichte scheint es ebensowenig zu geben wie bei den Funden aus Ebal.

Diese Dokumente geben aber auch Aufschluß über die Gesellschaftsstruktur des Stadtstaates: Es lebten dort nomadische oder halbnomadische Hirten neben seßhaften Stadtbewohnern. Zwischen diesen beiden Gruppen herrschte jedoch keine friedliche Koexistenz, sondern es kam immer wieder zu sozialen Spannungen, die in offene Konflikte ausarteten. Ein Teil der Bewohner Maris gehörte sogenannten »integrierten Stämmen« an, die beide Lebensformen in sich vereinten: Ein Zweig blieb das ganze Jahr über seßhaft; der andere hingegen zog – je nach Jahreszeit – draußen in der Steppe oder in den Bergen umher.

In Palästina zeichneten sich im Laufe des zweiten Jahrtausends ebenfalls Fortschritte in der zivilisatorischen Entwicklung ab, auch wenn diese sich langsamer vollzog und geringere Breitenwirkung hatte. Über die Zustände im damaligen Palästina informiert uns ein Buch, das unter der Bezeichnung »Sinuhe-Erzählung« in die Weltliteratur eingegangen ist. Sinuhe, ein aus Ägypten nach Palästina geflohener hoher Hofbeamter, besuchte das Land zur Regierungszeit des der 12. Dynastie angehörenden Pharaos Sesostris I. (1918–1875). Von derselben und der darauffolgenden Zeit berichten ferner zwei Gruppen sogenannter »Ächtungstexte«, um 1925–1875 sowie in der zweiten Hälfte des 19. Jahrhunderts entstandene Tonfigürchen oder Tonscherben mit eingeritzten Verfluchungen in hieratischer Schrift (einer Weiterentwicklung der Hieroglyphen). Die betreffenden Schriftträger wurden offenbar bei einem Sympathiezauber-Ritual zerstört, das den Feinden Ägyptens Unglück bringen sollte. Zur fraglichen Zeit waren die meisten kanaanäischen Stadtherrscher, selbst wenn sie sich mitunter auflehnten, Vasallen der reichen und mächtigen Pharaonen des Mittleren Reiches (11.–12. Dynastie). Allem Anschein nach war eine derartige Abhängigkeit Palästinas von Ägypten keineswegs neu. Nur wurden die Ägypter sich mehr denn je der Tatsache bewußt, daß die Herrschaft über Palästina nicht allein den Zugang zu den reichen Zedernholzvorkommen in Phoinikien, dem heutigen Libanon, erleichterte, sondern auch für den Schutz des Niltals unverzichtbar war. Niemand geringerer als Napoleon Bonaparte wies sehr viel später auf diese strategischen Vorzüge hin. Deshalb schützten die Ägypter die Küstenstraße, die beide Länder miteinander verband (die *Via Maris*: »Meerstraße« oder, wie die Altägypter sie nannten, »Horusstraße«), durch den Bau mächtiger Festungen wie z. B. Saruhen und El-Arisch.

Die älteren der erwähnten »Ächtungstexte« zeigen, daß es zur Zeit der neuen, halbnomadischen Einwandererstämme, die erstmals mit der seßhaften Lebensweise in Berührung kamen, in jedem palästinensischen Gemeinwesen mehrere »Häuptlinge« oder Älteste gab. Den jüngeren Texten zufolge hatte jeder Ort aber nur noch ein einziges Oberhaupt. Das deutet darauf hin, daß die Neuankömmlinge sich bereits in sehr viel stärkerem Maße der seßhaften Lebensweise angepaßt hatten. Um 1800 ließen diese kanaanäischen Stadtoberhäupter ihre Städte mit Wehranlagen umgeben. Sie knüpften an die Tradition der Stadtstaaten des vorhergehenden Jahrtausends an und begannen, ihre Herrschaftsgebiete zu kleinen Reichen auszuweiten, wodurch sie immer mehr in der Lage waren, ihre Angelegenheiten selbst in die Hand zu nehmen.

Im weiteren Verlauf des 18. Jahrhunderts zogen zahlreiche Einwanderer, darunter auch Händler, durch Kanaan. Es gelang ihnen schließlich, in Unterägypten Fuß zu fassen und an die Macht zu gelangen. Diese neuen »Herrscher der beiden Länder« (Ober- und Unterägyptens), die im östlichen Nildelta die befestigte Hauptstadt Avaris errichteten, gehörten einer seit dem Altertum unter dem Namen *Hyksos* (»Herrscher der Wüstenplateaus« oder »Herrscher der Fremdländer«) bekannten Militäraristokratie an. Sie waren unterschiedlicher Abstammung, bedienten sich jedoch überwiegend einer nordwestsemitischen Sprache, die an die Mundart der Kanaanäer erinnert.

Diese Hyksos (15.–16. Dynastie) hielten seit ihrem ersten Auftauchen in Palästina die Städte des Landes unter strenger Kontrolle. Sie beherrschten zwar nicht das gesamte Land, aber dank ihrer Festungen Tell el-Ajjul (Bet-Eglaim, vielleicht identisch mit Palägaza, der Vorläuferstadt von Gaza) und Joppe (Jaffa) waren sie in der Lage, den Küstenstreifen und somit die für sie wichtigste Route nach Norden zu kontrollieren sowie Eindringlinge von der Saron- und Jesreel-Ebene fernzuhalten. Im Landesinnern wurde Lachisch mit starken Befestigungsanlagen ausgestattet. Im großen ganzen lassen neuere archäologische Ausgrabungen in Palästina vermuten, daß das Land sich unter der Herrschaft der Hyksos eines größeren und weiter verbreiteten Wohlstands erfreute, als dies spätere altägyptische Überlieferungen wahrhaben wollten.

Die Hyksos, die von etwa 1640 bis gegen 1545 an der Macht blieben, wurden von Ahmose aus der (thebanischen) 17. Dynastie aus Ägypten vertrieben. Ahmose wurde dadurch zum Begründer der 18. Dynastie und des mit glanzvollen Höhepunkten gesegneten Neuen Reiches. Trotz ihrer Vertreibung gelang es den Hyksos, die Festung Saruhen zu halten, bis sie etwa drei Jahre später auch von dort verjagt wurden. Eine Großzahl der bedeutenden Städte Palästinas dürfte während dieser bewegten Zeiten zerstört worden sein. Doch innerhalb von nur ein oder zwei Jahrhunderten (während der Spätkanaanäischen Periode, um 1550 bis 1200) hatten die meisten dieser Siedlungsstätten sich wieder erholt, wobei sie tatkräftig von den Ägyptern unterstützt wurden.

Thutmose III. (1479–1426) aus der 18. Dynastie (1540–

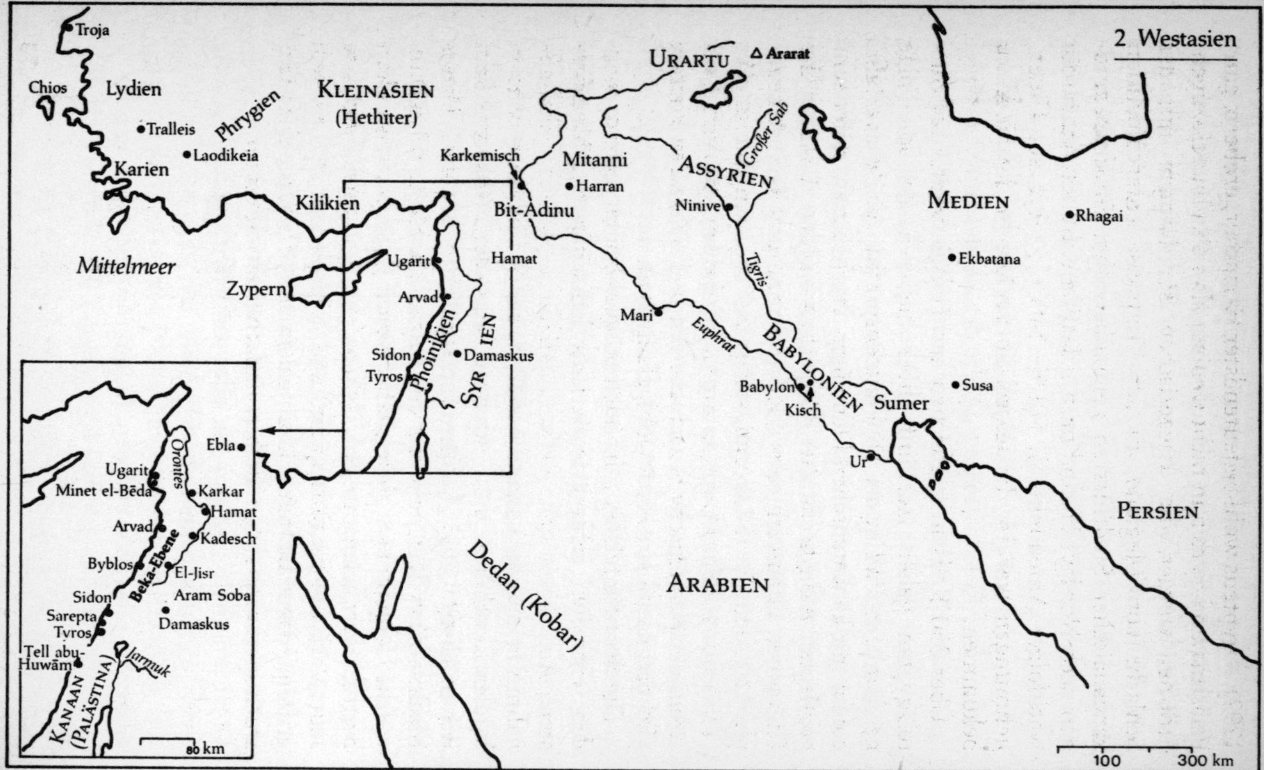
2 Westasien
Troja
Chios
Lydien
Tralleis
Phrygien
Laodikeia
Karien
Kleinasien
(Hethiter)
Kilikien
Mittelmeer
Zypern
Urartu
Ararat
Großer Sab
Karkemisch
Mitanni
Harran
Bit-Adinu
Assyrien
Ninive
Tigris
Ugarit
Arvad
Hamat
Phoinikien
Sidon
Tyros
Damaskus
Syr ien
Mari
Euphrat
Babylonien
Babylon
Kisch
Sumer
Ur
Medien
Rhagai
Ekbatana
Susa
Persien
Arabien
Dedan (Kobar)
Ebla
Orontes
Ugarit
Minet el-Bēda
Karkar
Hamat
Arvad
Kadesch
Beka-Ebene
Byblos
El-Jisr
Sidon
Aram Soba
Sarepta
Tyros
Damaskus
Tell abu-Huwām
Jarmuk
Kanaan (Palästina)
80 km
100
300 km

1292), Ägyptens wohl bedeutendster Herrscher, eroberte ganz Palästina und Syrien in nicht weniger als siebzehn Feldzügen. Eröffnet wurden die kriegerischen Handlungen mit der Schlacht von Megiddo, in der Thutmose einer Koalition kanaanäischer Stadtfürsten gegenüberstand. Strafexpeditionen nach Nordsyrien und nach Palästina entsandte auch sein Nachfolger Amenophis II. (1426–1400). Ziel dieser Unternehmungen war es, die Jesreel-Ebene fest in die Hand zu bekommen.

Über 350 Keilschrifttäfelchen aus Tell-el-Amarna in Mittelägypten geben Auskunft über das, was in der Folge geschah. Sie sind in der Diplomatensprache der Zeit verfaßt, einem mit kanaanäischen Elementen durchsetzten, nicht sehr gepflegten Akkadisch. Diese Täfelchen aus den Archiven der Pharaonen stammen aus den Regierungszeiten Amenophis' III. (1390–1353) und seines Sohnes Amenophis' IV. (1353 bis 1336). Dieser taufte sich übrigens seinem Gott Aton, der Sonnenscheibe, zuliebe um und nahm den Namen »Echnaton« (»dem Aton wohlgefällig«) an.

Die Schrifttäfelchen, die auch Amarnabriefe genannt werden, enthalten zahlreiche Berichte kanaanäischer Kleinfürsten. Aus ihnen geht hervor, daß die ägyptische Einflußnahme in diesem Land deutlich abgenommen hatte, was in lokalen Revolten und Hofintrigen ebenso zum Ausdruck kam wie in Überfällen von Nomaden und Halbnomaden. Dieses Machtvakuum versuchten nicht zuletzt andere Großmächte, welche Ägyptens Herrschaftsbereich zu unterwandern bestrebt waren, für ihre politischen Ziele zu nutzen. Doch wie sehr Verbrechen, Korruption und Raubgier auch um sich griffen, Klageschriften und Eingaben an den ägyptischen Hof fruchteten nichts. Sie blieben einfach unbeantwortet.

2. Kapitel
Die Kanaanäer

Die kanaanäische Kultur

Obwohl Kanaan über lange Zeit immer wieder von Unruhen heimgesucht wurde, war die Kultur seiner Stadtstaaten in sich doch so gefestigt, daß sie die Stürme, die über das Land hereinbrachen, unbeschadet zu überstehen vermochte.

Bevor um die Jahrtausendmitte die in den Amarnabriefen erwähnten Unruhen ausbrachen, hatten die Städte eine gewisse Blütezeit erlebt. Zwar konzentrierte die Bevölkerung sich in der Hauptsache auf die Ebenen und Täler, und das Bergland beiderseits des Jordan war noch immer nur sehr dünn besiedelt. Dennoch hatte sich in Kanaan – trotz der nach wie vor bestehenden lockeren Beziehungen zu Ägypten – inzwischen eine durchaus eigenständige kanaanäische Zivilisation herausgebildet. Dies spiegelte sich u.a. im Gebrauch einer hochentwickelten Sprache wider, die zu den wichtigsten nordwestsemitischen Idiomen zählte.

Kanaans Städte – über jede von ihnen herrschte ein »König« (Stadtfürst) – wiesen nun eine ganz neue Art von Befestigungen auf: über einem mächtigen Glacis mit vorgelagertem Graben erhob sich eine massive Wehrmauer. Diese Wehranlagen sollten größtmöglichen Schutz vor Belagerungsmaschinen sowie vor Angriffen pferdebespannter Streitwagen bieten. Wahrscheinlich gehen diese Anlagen auf die Hyksos zurück, die sie im 17. Jahrhundert nach dem Muster nordsyrischer Stadtbefestigungen, wie sie sich zum Beispiel in Ebal oder in Karkemisch fanden, zu bauen begannen.

Diese Art des Festungsbaus sowie die Erfindung des Streitwagens, die neue Verteidigungsanstrengungen notwendig machte, stammten beide aus dem Mitanni-Reich, das sich nördlich von Assyrien im heutigen Grenzgebiet zwischen der Türkei und Syrien ausbreitete. Über Mitanni herrschte zwischen dem 18. und 16. Jahrhundert eine unter der Bezeichnung *Churri, Churriter* (bzw. Hurri, Hurriter) in die Geschichte eingegangene Kriegerkaste, die sich aus indogermanisch sprechenden Einwanderern aus den Bergen Armeniens rekrutierte. In Kahat wird gegenwärtig eine ihrer Städte ausgegraben. Die Entwicklung der Streitwagen-Kampftechnik führte unter anderem zur Herausbildung einer feudalen Gesellschaftsstruktur mit einem Militäradel (den *maryannu*) an der Spitze, dessen Titel und Privilegien erblich waren, sowie einer Semitisch sprechenden Unterschicht Halbfreier (den *chupschu*). Eine Mittelschicht zwischen beiden Bevölkerungsklassen scheint es nach den bisher vorliegenden Ausgrabungsergebnissen dagegen nicht gegeben zu haben.

Auf dem Höhepunkt seiner Machtentfaltung erstreckte sich Mitanni nach Süden hin mindestens bis zum Nordrand Kanaans (bzw. Palästinas) mit seinen Stadtstaaten, auf deren Sozialstruktur und Körperschaften es ebensolchen Einfluß nahm wie die ägyptischen Hyksos. Wie den Amarnabriefen zu entnehmen ist, gab es zu jener Zeit auch in Kanaan eine Klasse privilegierter Feudalherren, die großenteils nichtsemitischer Herkunft war und über die semitisch sprechende Bevölkerung herrschte. Diese Unterschicht wurde in vielen Fällen zu Fronarbeiten herangezogen, eine Praxis, die später auch David und Salomo übernahmen. Die Fürsten (»Könige«) der einzelnen Städte statteten diesen Kriegeradel mit zahlreichen Privilegien aus, wie wir aus überlieferten Schriftstücken wissen.

Den Quellen zufolge – und die Ausgrabungen bestätigen dies – gehörten (von Norden nach Süden) Hazor, Megiddo, Bet-Schean, Sichem, Gezer und Jerusalem zu den mächtigsten Städten der damaligen Zeit.

Hazor in Obergaliläa erhob sich auf einem Hügel über dem Wasserweg zwischen dem See Genezaret und dem Merom-See an einem Knotenpunkt wichtiger Handelswege. Die Stadt beherrschte damit praktisch das gesamte Straßennetz zwischen Damaskus und den syrischen Häfen, mit denen sie auch durch eine gemeinsame Kultur und Religion verbunden war.

Hazor, das in den Mari-Dokumenten des 18. und 17. Jahrhunderts als bedeutendes Handelszentrum Erwähnung findet, so ist in den Urkunden beispielsweise von drei umfangreicheren Zinnlieferungen die Rede, entwickelte sich zur größten Stadt des gesamten Landes. Seine außergewöhnliche Flächenausdehnung bot nicht weniger als 30 000 bis 40 000 Einwohnern Raum. Seine Stadtfürsten beherrschten weite Teile Nordkanaans, und die Bibel bezeichnet sie mit Recht als »Herren vieler Königreiche«[1]. Offenbar verfügten sie über ebensoviel Macht wie die Herrscher so bedeutender Städte wie Ebal oder Karkemisch in Nordsyrien. Diese Stadtfürsten, die in altägyptischen Quellen geradezu mit Ehrentiteln überhäuft werden, standen gleichwohl – die Amarnabriefe lassen dies erkennen – im Begriff, sich aus der Bevormundung durch Ägypten zu lösen.

Megiddo, südwestlich von Hazor und nicht weit vom heutigen Haifa entfernt gelegen, erhob sich auf einem Ausläufer des Karmel-Massivs. Von hier aus ließ sich nicht nur die gesamte Jesreel-Ebene überblicken, sondern vor allem auch der Megiddo-Paß kontrollieren. An dieser Stelle quert nämlich die von der Saron-Ebene herauffführende Küstenstraße, die *Via Maris*, den Karmel-Rücken. Auf Grund dieser strategisch günstigen Lage wurde Megiddo Schauplatz zahlreicher bewaffneter Auseinandersetzungen. Unter der Bezeichnung *Harmageddon* galt es gar als Stätte der letzten Entscheidungsschlacht am Tage des Jüngsten Gerichts.

Eine massive Mauer umgab Megiddo. Ihre ursprüngliche Stärke betrug vier Meter und wurde später um das Doppelte ausgebaut. Thutmose III. war trotz seines Sieges über die ihm bei Megiddo entgegengetretene kanaanäische Fürstenkoalition (vgl. Kap. 1) nicht imstande, die Festung zu erobern.

Die Stadt verfügte über ein leistungsfähiges Wasserversorgungssystem, das von der Machtfülle, dem Durchsetzungsvermögen und der Begabung seiner damaligen Herrscher Zeugnis ablegt. Diese wußten auch aus dem Handel und der Kultur des küstennahen Tell abu-Huwām Profit zu schlagen – einer Niederlassung frühgriechischer Mykener, deren imponierende Leistungen dem Bild der Kultur des griechischen Festlandes sein Gepräge gaben. Megiddo war nur sechzehn Kilometer von diesem international bedeutenden, teilweise im ägyptischen Stil erbauten Hafenort entfernt. Der aus dem 15. Jahrhundert stammende, mehrere Höfe umschließende Palast enthielt einen kostbaren Schatz von Gegenständen, die aus Gold und Lapislazuli gefertigt waren; ferner über zweihundert Elfenbeinreliefs. Eine dieser Elfenbeinschnitzereien aus der Endphase der spätkanaanäischen Zeit (um 1200) zeigt einen König, der auf einem reichverzierten Thron sitzt und Kriegsgefangene verhört. Dazu wird musiziert und getanzt.

Östlich von Megiddo und von weitem schon gut sichtbar erhob sich am jenseitigen Rand der Jesreel-Ebene der mächtige, steilaufragende Kulturhügel von Bet-Schean. Die Gegend war fruchtbar. Es fehlte nicht an Regen, und die Stadt lag an einem stets Wasser führenden Zufluß des Jordans, der an einer nahe gelegenen Furt leicht zu durchqueren war. Jahrhundertelang nutzten die Bewohner der Stadt die vorteilhafte geographische Lage. Der gewaltige Schutthügel der Stadt weist nicht weniger als achtzehn Besiedlungshorizonte übereinander auf, die bis ins vierte Jahrtausend zurückreichen.

Zur Kanaanäerzeit besaß Bet-Schean Innen- und Außenmauern. Beide Mauerzüge waren durch Quermauern miteinander verbunden, so daß kasemattenartige Räume entstanden. Auf Grund seiner strategisch günstigen Lage wurde Bet-

Schean wohl schon unter Thutmose III. zu einem der bedeutendsten ägyptischen Stützpunkte im kanaanäischen Hinterland.

Im Südwesten von Bet-Schean lag Sichem in unmittelbarer Nähe seiner heutigen Nachfolgestadt Nablus am Fuße des Berges Garizim. Nicht weit davon entfernt – zwischen den Bergen Garizim und Ebal – befand sich der Paß, über den in nordsüdlicher Richtung die Längsachse des Straßennetzes im zentralen Hochland von Samaria führte. Auch eine Ost-West-Route war von hier aus leicht zugänglich.

Diese verkehrsgünstige Lage, die sich zum internationalen Austausch besonders eignete, erklärt, warum hier Siegelzylinder mit mesopotamischen (akkadischen) Zeichen und Inschriften gefunden wurden. Kurz nach dem Jahre 2000 wurde Sichem zur Stadt und erhielt beeindruckende Befestigungsanlagen. Um die Mitte des 16. Jahrhunderts wurde es von Angreifern zerstört, deren Identität wir nicht kennen, doch erlangte es schon bald wieder seine ursprüngliche Bedeutung. Aus den Amarnabriefen[2] (vgl. Kap. 1) erfahren wir, daß im 14. Jahrhundert ein Stadtfürst namens Labaya oder Labayu (»Löwen-Mann«) die Herrschaft über Sichem errang und ein Königreich schuf, das bis zur Mittelmeerküste reichte. Labaya trug zwar einen churrischen (churritischen) Namen, doch förderte er die Bildung eines kanaanäischen Bündnis- und Klientelsystems und trat gegenüber den Ägyptern viel selbstbewußter auf als andere Stadtstaat-Oberhäupter, ohne sich allerdings offen von ihnen loszusagen wie etwa der Stadtfürst von Hazor. Mit anderen Worten, er versuchte einen Mittelweg zwischen Anpassung und Widerstand einzuschlagen. So konnte es vorkommen, daß er Nomadenüberfälle auf ägyptischen Besitz billigte, wenn ihm dies in den Sinn kam. Er starb eines gewaltsamen Todes, doch seine Söhne entfalteten ganz ähnliche Aktivitäten wie ihr Vater.

Gezer lag noch weiter im Süden auf einem der wenigen westlichen Ausläufer des Berglandes von Ephraim. Obwohl der Ort sich nicht beträchtlich über das umliegende Gelände erhob, gewährte er doch ungehinderten Ausblick in alle Himmelsrichtungen und ermöglichte somit die Kontrolle zweier alter Handelsrouten: der Küstenstraße (*Via Maris*) sowie der landeinwärts führenden Straße nach Jerusalem. Gezer lag inmitten eines fruchtbaren, gutbewässerten Landstrichs und wurde schon vor 3000 von Menschen bewohnt. In kanaanäischer Zeit war die 109 263,6 m² umfassende Siedlungsfläche von einer rund vier Meter dicken Mauer umgeben, und nachdem diese zerstört worden war, errichtete man einen noch stärkeren Mauerzug.

Folgte man der von Gezer aus landeinwärts führenden Straße, so gelangte man über das Gebirge hinweg nach Jerusalem. Dieses lag nicht nur – ebenso wie Sichem – auf dem zentralen Gebirgsrücken und an der wichtigsten Nord-Süd-Route des Landes, sondern war auch ein wichtiger Umschlagplatz an der Straße, die vom Mittelmeer zum Jordantal führte. Die Stadt, die gegen Ende des zweiten Jahrtausends von den Jebusitern (einem Volk unbekannter Herkunft) bewohnt wurde, erhob sich auf dem durch tiefe Täler geschützten Plateau des Ophelberges, von dem aus man Zugang zur nahen Gihon-Quelle hatte. »Salem« – ein Name, der »Frieden« bedeutet, sich aber auch auf eine kanaanäische Göttin beziehen kann – war im frühen zweiten Jahrtausend die Stadt des Melchisedek (»König der Gerechtigkeit«), den man später als Idealtyp des Priesterkönigs feierte. Derselbe Name taucht auch in den »Ächtungstexten« auf, und in den Amarnabriefen bittet wiederholt ein gewisser Abdi-Chepa als ägyptischer Statthalter von »Urusalim« den Pharao Echnaton um Entsendung ägyptischer Truppen.

Von Jerusalem aus führte die Straße in nordöstlicher Richtung weiter nach Jericho, dessen städtisches Leben zu jener Zeit wieder neuen Aufschwung erfuhr. Bet-Eglaim im Süden (in Juda) war die einzige bedeutendere Stadt, die die Wirren infolge der Vertreibung der Hyksos unbeschadet überdauerte. Auch Bet-Eglaim mehrte seinen Wohlstand, seine Bedeutung wuchs, und Thutmose III. erhob es zur Hauptstadt der gesamten ägyptischen Provinz. Die etwas jüngeren Amarnabriefe erwähnen von den Städten dieser Region außerdem noch Gat, Askalon und Lachisch; diese fanden später als Philisterstädte Eingang in die Bibel (vgl. Kap. 6).

Da die Kanaanäer ihr Heer zunehmend mit Streitwagen ausrüsteten, verwendeten sie in zunehmendem Maße Geräte und Waffen aus Bronze. Einen Großteil des zur Bronzeherstellung benötigten Kupfers bezogen sie mit ägyptischer Billigung aus einem ungewöhnlich ausgedehnten Minenkomplex im Tal von Timna, knapp dreißig Kilometer nördlich des Golfs von Elat. In den Gruben beschäftigten die Pharaonen nicht nur Gelegenheitsarbeiter aus dem Negev, sondern auch metallurgisch versierte Fachkräfte (wandernde Keniter, die mit den Midianitern verwandt waren), um das reichlich vorhandene Kupfererz abbauen zu lassen. Diese Minen waren die Ursache für das inschriftlich bezeugte Interesse, das Ramses III. für die angrenzenden Gebiete Edom und Moab an den Tag legte.

Weiteres Kupfererz bezog Kanaan aus Zypern. Möglicherweise kamen sogar noch zusätzliche Lieferungen dieses Metalls zusammen mit dem gleichfalls für die Bronzeherstellung unentbehrlichen Zinn aus Chorasan im Iran. Im Gegenzug lieferte Kanaan den aus den im Mittelmeer heimischen Purpur- bzw. Stachelschnecken der Gattung *Murex* gewonnenen Farbstoff, Öl, Wein, Elfenbein sowie Bau- und Zierhölzer. Außerdem handelte es mit Tongefäßen, die auf Grund einer neuartigen Technik auf einer flachen, sich langsam drehenden Töpferscheibe hergestellt wurden. Einzelne hervorragende Arbeiten aus dem 16. Jahrhundert, die an griechische Töpferware jener Zeit erinnern, verraten deutlich mykenischen Einfluß.

Dank der günstigen geographischen Lage ihres Landes spielten die Kanaanäer eine wichtige Rolle als wirtschaftliche, diplomatische und kulturelle Vermittler zwischen Mesopotamien, Ägypten und anderen Teilen der damaligen Welt.

Zur Vereinfachung ihrer Mittlerrolle erfanden die Kanaanäer das Alphabet. Schon um 1800 (?) tauchte zu Gebal (Byblos) in Phoinikien eine Schrift auf, die in ihrem Duktus einfacher war als die Bildzeichen der altägyptischen Hieroglyphen. Sie bestand aus achtzig Zeichen, die jeweils wohl eine Silbe repräsentierten, und verschmolz von der Hieroglyphenschrift abgeleitete Symbole mit anderen Schriftzeichen mehr linearer, geometrisch-abstrakter Gestalt, die zwar noch immer bestimmte Dinge abzubilden schienen, dies aber schon in einer stark stilisierten Form.

Eine noch sehr viel abstraktere Linearschrift etwa gleichen Alters, bei der es sich wohl ebenfalls um eine Silbenschrift handelte, wurde auf einer Tonscherbe in El-Jisr (auf der Beka-Hochebene im Libanon) gefunden. In Serabit al-Chadim, einer Stadt, die im Westen der Sinai-Halbinsel lag, bedienten sich semitischsprachige Arbeiter, die unter ägyptischer Aufsicht Türkise abbauten, einer sogenannten »protosinaitischen« Schrift, deren Herausbildung man etwa zwischen 1600 und 1450 anzusetzen hat. Sie besteht aus ungefähr dreißig Zeichen, und in ihr sind aus Ägypten entlehnte Bildsymbole mit linearen Zeichen kombiniert worden. Die letztgenannten (darunter die meisten Charaktere, die sich später im Hebräischen wiederfinden) repräsentieren vielleicht noch immer eine Silbenschrift in reduzierter Form, doch hat man sie auch als Wiedergabe der Anfangslaute einzelner Silben und Wörter gedeutet. Falls diese Vermutung zutrifft, wäre mit dieser Schrift bereits ein Schritt zur reinen Alphabetschrift vollzogen worden.

Noch klarere Belege für die Entwicklung internationaler Handelsbeziehungen finden sich in Ugarit an der nordsyrischen Küste. Ugarit verfügte nicht nur über einen Hafen (Minet el-Bēda), über den ein Großteil des Kupfererzes aus Zypern eingeführt wurde, und ebenso wie Tell abu-Huwām über eine Mykenerkolonie, sondern es lag darüber hinaus am Kreuzungspunkt zahlreicher Handelsrouten und grenzte im Norden und Süden an die Gebiete von Großmächten, die Ugarits Fürsten geschickt gegeneinander auszuspielen wußten.

Vierzig Saisongrabungen an diesem Ort vermittelten uns den bisher tiefsten Einblick in die Kultur und das Wirtschaftsleben der Kanaanäer. So gab es in Ugarit einen um fünf Höfe herum angeordneten Königspalast mit mehr als sechzig Räumen, in denen unter anderem Amtsräume und Archive untergebracht waren.

Die hier aufgefundenen Schrifttäfelchen stammen meist aus dem 14. und 13. Jahrhundert. Bei den Schriftzeichen handelt es sich um eine ähnliche Keilschrift, wie sie in Alt-Mesopotamien verwendet wurde, doch haben wir es hier wohl zum erstenmal ohne Zweifel mit einem echten Alphabet zu tun, das sich mit dem des Hebräischen vergleichen läßt (vgl. Kap. 8). In diesem Zusammenhang spielt es keine Rolle, ob von einem Einfluß der »protosinaitischen« Schrift die Rede sein kann oder nicht. Von diesem ugaritischen Alphabet existieren zwei Versionen oder vielmehr zwei Schreibformen, deren eine aus der anderen entwickelt worden ist. Die Unterschiede zwischen beiden hängen offensichtlich mit dem Material zusammen, das man zum Beschreiben verwendete.

Diese außerordentliche Leistung, die Laute, die der Mensch beim Sprechen erzeugt, mit Hilfe eines übersichtlichen Systems weniger Zeichen zu erfassen, bildete den Beitrag der Kanaanäer zur allgemeinen Kulturentwicklung. Die Fähigkeit, sich schriftlich auszudrücken, die mit Hilfe des Alphabets um vieles leichter zu erlernen war, ermöglichte es den Ugaritern nicht nur, umfangreiche Archive anzulegen, sondern auch bislang nur mündlich tradierte Dichtung in Schriftform festzuhalten. So entstand eine wirkliche ugaritische Literatur.

Die Texte waren teils in einem Dialekt des Hurrischen (Hurritischen), teils in akkadischer Sprache, teils aber auch auf Ugaritisch abgefaßt, einer Variante des Nordwestsemitischen, die mit dem Kanaanäischen verwandt war. Das Ugaritische eignete sich besonders gut zum Abfassen von Poesie, die frühhebräische Versdichtung vorausahnen ließ und offensichtlich auch leicht zu vertonen war. Möglicherweise haben die Kanaanäer auch auf musikalischem Gebiet große Leistungen vollbracht, doch können wir uns darüber kein endgültiges Urteil erlauben, denn sämtliche Belege, die näheren Aufschluß darüber geben könnten, sind verlorengegangen.

Die Religion der Kanaanäer

Die erhalten gebliebene kanaanäische Literatur zeugt von einem Reichtum an Mythen, epischen Elementen, Sagen und Texten kultischen Charakters. Dies alles vermittelt uns ein fesselndes Bild der kanaanäischen Religion, die den Glauben der Hebräer in hohem Maß beeinflußt hat: Zum einen haben die Israeliten wesentliche Elemente der kanaanäischen Religion übernommen; zum anderen haben sie in der Auseinandersetzung mit der Religion der Kanaanäer ihrer eigenen ein selbständiges Gepräge gegeben.[3]

Den uns vorliegenden kanaanäischen Schriften zufolge glaubte man damals an die Existenz göttlicher Wesen, machte sich Gedanken über das »Woher« des Menschen und versuchte, die Gunst der Götter zu erzwingen oder auf andere Weise zu gewinnen, um ihren Schutz für die jeweilige Heimatstadt zu erhalten. Auch die meisten anderen Völker des Altertums teilten übrigens – jedes auf seine Weise – diese Überzeugung der Kanaanäer, daß eine übernatürliche, höhere Gewalt, mit der man irgendwie in Verbindung treten könne, die Welt regiere. »Die Toren sprechen in ihrem Herzen: ›Es ist kein Gott‹«, äußert einer der Autoren des Buches der Psalmen.[4] Derartiger Skeptizismus war allerdings selten: Der Glaube an das Walten göttlicher Mächte prägte auf denkbar eindrucksvolle Weise ebenso das Geschichtsdenken der Kanaanäer wie später das der Israeliten.

Im Gegensatz zu dem strengen Monotheismus der Israeliten war die kanaanäische Religion, die ihre Wurzeln in Mesopotamien hatte, polytheistisch. Während die Monotheisten im Universum das Werk einer Universalgottheit sehen, die alle Dinge erschaffen hat und erhält, betonen die Polytheisten, daß die verschiedenen Phänomene, aus denen die Welt besteht, nicht selten im Konflikt miteinander liegen (wie etwa der Konflikt zwischen Gut und Böse) und daß diese deshalb nicht als das Werk einer einzigen Macht betrachtet werden kann.

In Kanaan – wie in zahlreichen anderen Ländern auch – hatte deshalb jede Örtlichkeit, jede Ansiedlung, jedes Handwerk und jeder Lebensaspekt ihre bzw. seine eigene Gottheit. Neben »kleineren« Göttern, die von jedermann als Schutzgötter angerufen werden konnten, gab es auch überaus erhabene, fast unnahbare Gottheiten, deren Macht und Herrlichkeit allerdings durch die Existenz mehrerer rivalisierender Götterwesen eingeschränkt und relativiert wurde.

In einer solchen Auffassung von verschiedenen, miteinander rivalisierenden Gottheiten spiegelt sich auf hochinteressante Weise die politisch-soziale Struktur des Landes Kanaan wider, entspricht ihr doch genau die Konkurrenz zwischen den einzelnen kanaanäischen Stadtstaaten, die sich in fast ununterbrochenen Zwistigkeiten niederschlug. Sicherlich konnten die Menschen jener Zeit in dieser Religion nur schwerlich Trost und Rückhalt für ihre oft schwierige Lebenssituation finden. Aber sie verhalf ihnen dazu, bestimmte Lebensphänomene zu verstehen. Ihre Abhängigkeit von der Agrikultur etwa verlangte, daß sie einzelne Naturvorgänge genau beobachten und berücksichtigen mußten. Dies gelang ihnen nicht zuletzt mit Hilfe der Vorstellung von der Wirksamkeit einzelner Götter in den verschiedenen Lebensbereichen.

Eine umfassende Darstellung der in den Städten des kanaanäisch-phönikischen Küstenlandes praktizierten Religion schrieb man einem Autor namens Sanchuniathon zu, der im 14. oder 13. Jahrhundert gelebt haben soll und dessen Werk lediglich in Bruchstücken bei Philo aus Byblos (um 60–140 n. Chr.) überliefert ist.[5] Doch wie undurchsichtig die Gestalt Sanchuniathons auch sein mag, die Sachinformationen, die Philo unter Berufung auf ihn weitergibt, wurden durch die

Ausgrabungen bei Ugarit bestätigt und gelten heute als weitgehend gesichert.

Auch die Bibel spricht an mehreren Stellen von den religiösen Bräuchen der Kanaanäer, ohne diese allerdings in ihrem Zusammenhang zu schildern oder vorurteilsfrei zu sehen und unverzerrt darzustellen. Allerdings ermöglichen es uns die umfangreichen Archive aus dem zweiten Jahrtausend, die man in Ugarit und anderswo fand, die Dinge richtigzustellen.

Nach den Vorstellungen der Menschen aus Ugarit umfaßte das Pantheon mehr als dreißig Götter und Göttinnen. Man stellte sie sich anthropomorph (in Menschengestalt) vor und gestand ihnen auch menschliche Leidenschaften und Schwächen zu. Während die Persönlichkeiten dieser Gottheiten, ihre Beziehungen untereinander und ihre Funktionen uns eher fremd anmuten, erscheinen uns Kanaans Hauptgötter vertrauter. Sie sind für die Geschichte Israels von großer Bedeutung gewesen, denn ihr Einfluß auf die Entwicklung der israelitischen Religion ist unübersehbar.

Dies gilt insbesondere für El, den mächtig Waltenden, den höchsten Gott des kanaanäischen Götterhimmels, der in allem, was Menschen und Götter betraf, die oberste Instanz war. Er ist der »Schöpfer des Erschaffenen« (*bny bnwt*), Vater und König der Götter und Menschen. In fast jeder semitischen Sprache bedeutete *el* »Gott«, und in Kanaan – wie anderswo – wurde das Wort zum Synonym für eine Art »Übergott«. Die Kanaanäer hatten nämlich aus älteren Kulturen den Glauben an die Existenz eines allerhöchsten Gottes entlehnt und daraus die Vorstellung eines Gottes entwickelt, der die Welt erschaffen hatte und über das Dasein des einzelnen hinaus den letzten Sinn des Universums verkörperte.

In den Epen Ugarits thront El in königlichem Gepränge in einem kosmischen Paradies »am Zusammenfluß zweier Ströme« (wo sich die Wasser von Himmel und Erde mischen), unerreichbar für alles Böse. Seiner Stärke wegen ist ihm der Stier zugeordnet. Doch El ist nicht nur stark, er ist auch (wie später Jahwe) allmächtig, weise, wohltätig, gütig und gnädig.

Als oberster göttlicher Richter verlangt er von den Menschen, daß sie sich um Gerechtigkeit, Milde, Gastfreundschaft und Rechtschaffenheit bemühen. Die kanaanäischen Könige, denen die obersten kultischen Funktionen in ihren Stadtstaaten obliegen, sind als Vollstrecker seines göttlichen Willens auf Erden dazu verpflichtet, Recht- und Schutzlosen gegenüber Wohlwollen, Gnade und Milde walten zu lassen. Darüber hinaus dienen die von den Herrschern praktizierten Riten ausschließlich dem Zweck, Vergebung für ihre Sünden und Vergehen zu erlangen. Diese mit dem Königtum verknüpften ethisch-religiösen Vorstellungen sollten zum wichtigsten Vermächtnis gehören, das die Kanaanäer den Israeliten hinterließen.

Die Forderung nach moralischer Integrität unter den Menschen resultierte daraus, daß man El die gleichen Eigenschaften wie ihnen zuschrieb. Mithin gehörten die Kanaanäer zu jenem Teil der Menschheit, der seine Ethik unmittelbar aus der Religion herleitet und die Ansicht vertritt, daß die Moral nur durch religiöse Vorschriften Bestand haben kann. Obwohl es nicht an Widerspruch gegen diese Sicht der Dinge gefehlt hat, hielten doch Juden, Christen und mit ihnen das gesamte Abendland auf die eine oder andere Weise an diesem kanaanäischen Erbe fest.

Bei den Kanaanäern wurde diese beinahe monotheistisch anmutende Auffassung von El als dem wichtigsten Gott allerdings durch die Verknüpfung der El-Verehrung mit bestimmten Lokalkulten relativiert. Selbst den Autoren der viel später entstandenen Bücher der Bibel war es noch geläufig: In oder bei Hebron (in Mamre?) verehrte man El als El Schaddai (»El von den Ebenen, den Feldern, aus der Steppe«), in Bet-El (»Haus des El«) trug er den Namen El Bet-El, in Beerscheba betete man ihn als El Olam (»den Ewigen«) an, in Kadesch-Barnea als El Roj (»El sieht mich«) und in Jerusalem schließlich als El Eljon (»den Allerhöchsten«). Tatsächlich läßt sich El Eljon auch ganz allgemein als »Schöpfer des Himmels und der Erde« wiedergeben.[6] Doch darf man mit einigem Recht davon ausgehen, daß die landläufigen polytheistischen Anschauungen all diese Kulte eher als Kulte örtlicher Gottheiten auffaßten (aus denen sie wohl letztendlich auch hervorgegangen sein dürften), denn als verschiedene Manifestationen der Verehrung eines einzigen, allmächtigen Gottes.

Els Allmacht erfuhr übrigens dadurch ihre besondere Prägung, daß das kanaanäische Pantheon auch andere Gottheiten mit großer Machtfülle kannte. So hören wir von keiner anderen kanaanäischen Gottheit so oft wie von Els Sohn Baal. Baal ist voller Jugendkraft, er ist »der Mächtigste«, der »starke Held«, der »Fürst«, der »Herr des Himmels«. Sein Beiname Hadad – der Gottheit dieses Namens war Hazors bedeutendster Tempel geweiht – läßt sich als »Donnerer« deuten und erinnert an die Wucht der Donnerschläge, die die Winterregen begleiteten. Baal, der die Rolle Els übernimmt, wird zum Gott jener Berge, in denen die Gewitter sich zusammenbrauen; schließlich wird er gar zum furchteinflößenden, zornentbrannten Wolkenreiter. Diese Gewitter mit ihren zuckenden Blitzen erfüllten die Wildnis. Der Baalskult wurde jedoch dem seßhaften Leben der Bauern, dem die Kanaanäer sich zugewandt hatten, angepaßt. Baal wurde schließlich zum Gott der Vegetation, die den Gewittern, über die er herrschte, ihr Gedeihen verdankte.

Der Begriff Baal beinhaltete nichts anderes als »Eigentümer«, »Herr« oder »Hausherr«, und ursprünglich war die gleichnamige Gottheit, so scheint es, vorzugsweise (wenn nicht gar ausschließlich) mit bestimmten Plätzen und Heiligtümern verknüpft. In einem Tempel in Ugarit steht Baal mit Dagon in Verbindung, der obersten Gottheit von Ebal, oder ist Dagon gar gleichgesetzt. Sein Kult breitete sich in ganz Kanaan aus, wo schließlich jedes Feld, jede Furt und jede Quelle ihren Baal hatte. Diese Tatsache fügte sich ausgezeichnet in das Bild eines »Herrn und Meisters« des Fruchtbarkeitskults, des »Besitzers« und Spenders ertragreicher Erde und belebenden Wassers.

Hieraus erklären sich auch die gewaltigen Schlachten, die

Baal, so glaubte man, unablässig zu schlagen hatte. Baal kämpfte stets siegreich gegen die Mächte der Unordnung und des Chaos. Diese destruktiven Gewalten wurden durch Ungeheuer verkörpert, die unter Namen wie Leviathan und Behemot auch in das sehr viel jüngere biblische Schrifttum eingegangen sind. Doch Baals Hauptfeind war Mot, der Tod, der Gott der sommerlichen Dürre. In diesem jährlich ausgetragenen Kampf erlitt Baal – wie so viele andere ihm ähnliche Gottheiten des Nahen Ostens – jedesmal den Tod, wenn alles pflanzliche Leben verdorrte. Dann stieg er hinab in die Unterwelt, um schließlich Auferstehung zu feiern, wenn der Winter vorbei war. Dieser ständige Kampf zwischen Leben und Tod fand Ausdruck in einem dramatischen Mythos, der die Gemüter zutiefst erregte und eine geistig-seelische Erneuerung mit sich brachte. Baals Feinde hatten ihr schlimmes Werk getan, nun aber waren ihre Kräfte erschöpft.

Die kanaanäische Religion war auf diese Weise in den alljährlichen Zyklus der Natur integriert. Sie war untrennbar mit der Fruchtbarkeit der Herden und Felder verbunden, von der das menschliche Leben abhing. Diese Fruchtbarkeit konnte man mit Hilfe eines sogenannten Sympathiezaubers, imitativer Magie, sichern und erhalten. Solche Rituale dienten dazu, das Wohlwollen Baals sowie das seiner Nebengötter zu gewinnen, die man beschwichtigen mußte.

Die Propheten Israels haben diese Art von Beschwörungskult auf das heftigste angeprangert. Darüber hinaus attackierten sie die zyklisch praktizierten, mit dem Kreislauf der Natur verbundenen Riten Kanaans. Die Jahwe-Religion wurzelte nämlich viel weniger in der Natur als der Baalskult. Jahwes Anhänger meinten, das Walten ihres Gottes in der Geschichte ihres Volkes wahrzunehmen, von der sie glaubten, daß sie auf ein bestimmtes Endziel hin ausgerichtet sei (vgl. Kap. 4 und 5). Die Religion der Kanaanäer indessen lebte weiter, und zwar so lange wie die Propheten selbst, denn sie war tief im Alltagsleben verankert und verband Götter, Menschen und Natur zu einem stabilen System der Sicherheit, Fortzeugung und Einheit im Hier und Heute. Ebenso wie später die Hebräer betrachteten auch die Kanaanäer ein Leben nach dem Tod als gänzlich unwichtig.

Um diese unentbehrliche Einheit aufrechtzuerhalten und Macht über die Naturgewalten zu gewinnen, die das Leben der Menschen bestimmten, führte man in Kanaan farbige, dramatische Mythen, Rituale und Feste ein. Das ganze Volk war von diesem jahraus, jahrein erneuerten, lebensspendenden und kunstvoll inszenierten kultischen Geschehen stets aufs neue fasziniert.

Noch im 6. Jahrhundert hören wir von derartigen, spezifisch kanaanäischen Formen der Gottesverehrung, die von einer Gruppe von Frauen ausgeübt wurde.[7] Es leuchtet ein, daß man einen besonders engen Zusammenhang zwischen Fruchtbarkeitsriten und der weiblichen Natur sah, und tatsächlich genossen weibliche Gottheiten weithin tiefe Verehrung. Jene Frauen des 6. Jahrhunderts, von denen hier die Rede ist, waren Dienerinnen der »Himmelskönigin« Astarte (Ischtar) oder Anat – oder einer Mischform aus beiden Gottheiten. Bei Astarte, Aschera und Anat, die bisweilen nur mit Mühe auseinanderzuhalten sind, handelt es sich um verschiedene Ausprägungen des Typs Muttergottheit, die alle mit Sexualität und Geburt zu tun haben. Gleichzeitig aber waren sie auch blutdürstige Herrinnen in Kriegen, die es zu führen galt, um ihren Anhängern den Besitz fruchtbaren Landes zu sichern. Die Bibel bezeichnet Aschera als die Gemahlin Baals, obgleich sie in Ugarit mit El verbunden war, dem sie nicht weniger als siebzig Söhne geschenkt haben soll. Ihr Name bedeutet »aufrecht«, denn sie war eine Baumgottheit, die sich entweder in einem Baum oder einem geweihten Holzpfahl verkörperte, der nach ihr *aschera* benannt wurde.

In Ugarit hatte Aschera ihr Pendant in der mit doppelter Funktion ausgestatteten Anat – Baals junger, schöner, begehrenswerter, lebensspendender Schwestergattin, die Recht und Gesetz aufrechterhielt, jedes Jahr Baal aus der Gewalt des Todes (Mot) befreite und der man deshalb bei den regelmäßig wiederholten Fruchtbarkeitsriten besondere Verehrung angedeihen ließ. Desgleichen wurzelt der Kult, den der gerechte und milde Sonnengott Schemesch ebenso genoß wie der Mondgott Jerach, ganz in dem ständigen Sich-verbunden-Fühlen mit den Mächten, denen Erde, Bäume und Herden ihre Fruchtbarkeit verdankten.

Tontäfelchen, die in Taanach bei Megiddo gefunden wurden, enthalten die Formel, »wenn der Finger Ascherats deutet«[8]. Dies läßt darauf schließen, daß man davon ausging, sie spreche durch Orakel. Auch die anderen Gottheiten Kanaans äußerten sich durch Orakel. Sowohl in Mari als auch in Ugarit gab es Propheten, denn den Kanaanäern lag – ebenso wie später den Israeliten – viel daran, durch die Stimme von Propheten oder die ekstatischen Visionen geisterfüllter Seher den Willen der Götter zu ergründen – ganz im Gegensatz zu den Tierbeschauern und Himmelsbetrachtern, die sich auf Eingeweide, den Vogelflug oder auf die Deutung der Sterne spezialisiert hatten. Eine andere Methode, mit den Göttern in Verbindung zu treten, war der rituelle Sexualverkehr. An den heiligen Stätten versammelten sich ganze Scharen gottgeweihter Prostituierter beiderlei Geschlechts (*qedeschot* und *qedeschim*), um im Dienst der Gottheit diesen Akt als Sympathiezauber zu vollziehen, der die Befruchtung der Natur symbolisierte und so den Ertragsreichtum des Landes steigern sollte. Vor allem diese Art von Riten war den Autoren der Bibel ein Greuel. Sie erblickten in ihnen einen besonders abstoßenden Beweis für die abgrundtiefe Verirrung und moralische Verwerflichkeit der kanaanäischen Religion.

Allerdings bedienten sich die kanaanäischen Herrscher, wollten sie mit ihren Gottheiten in Verbindung treten, nicht nur der bereits erwähnten Praktiken, sondern sie brachten auch Opfer dar, die zumeist mit rituellen Waschungen verbunden waren. Die Götter lebten vom Duft der Opfer, und diese Opfer trugen nicht zuletzt dazu bei, im Vollzug der heiligen Handlung das Volk zu einen. Durch den gemeinsamen Verzehr ein und desselben Opfertiers entwickelte sich ein tiefes Gemeinschaftsgefühl. Angesichts allgemeiner Notlagen oder bei der Grundsteinlegung wichtiger Tempel und Städte gab es keinen sichereren Weg, die Götter für sich zu gewinnen, als einen Menschen zu opfern, am besten den eigenen erstgeborenen Sohn oder die Tochter. Säuglingsskelette, die man in Tirza und Sichem fand, sowie in Krügen beigesetzte Kinder unter dem Gründungsniveau von Gezer bezeugen ohne Zweifel diesen Brauch. König Mescha von Moab, der im 9. Jahrhundert lebte, brachte noch in so später Zeit Menschenopfer dar. Und zwei Jahrhunderte später wurden die angeblich jahwetreuen Könige Judas beschuldigt, gleiches zu tun.

Kulthandlungen dieser Art wurden im zweiten Jahrtausend in den kanaanäischen Heiligtümern regelmäßig vollzogen. Entsprechende Kultstätten fanden sich beispielsweise in Hazor (wo es nicht weniger als sechs davon gab), in Bet-Schean (zwei?), in Sichem sowie weit im Süden auf der Festung Lachisch, wo die Entdeckung kostbarer Kultobjekte von einer Vielzahl ritueller Praktiken zeugt.

Die meisten kanaanäischen Kultstätten waren »Höhenheiligtümer« (*bamot*), von denen die Bibel stets mit Abscheu spricht. Sie lagen nicht in jedem Fall auf Berggipfeln, sondern auf kleinen, von Menschenhand geschaffenen oder natürlichen Bodenerhebungen bzw. Plattformen, die die Umgebung überragten. Einen solchen, ziemlich hohen Steinhügel gab es in Megiddo (um 1900); und auf einer bei Gezer errichteten Plattform stand rund ein Dutzend Monolithen (*massebot*), heilige Säulen, die die männliche Gottheit symbolisierten.

Von Abraham
bis zu den Richtern

3. Kapitel
Die Patriarchen

Abraham, Isaak und Jakob

Im Laufe des zweiten Jahrtausends strömten immer wieder nomadische oder halbnomadische Gruppen von Flüchtlingen, Räubern und Rebellen aus den Steppen des Ostens in die gebirgigen Randbezirke der Stadtstaaten Kanaans und die benachbarten Königreiche. Ein Teil dieser Zuwanderer wurde in diese autarken Gemeinwesen integriert und als Söldner eingesetzt, andere führte man in die Sklaverei, wieder andere dagegen blieben nichtseßhaft; sie plünderten und brandschatzten, wo immer sie konnten. Im offiziellen Amtsjargon, aber auch in der Volkssprache bezeichnete man diese land- und staatenlosen Einzelgänger oder Gruppen, die aus irgendwelchen Gründen außerhalb der Gesellschaftsordnung standen, als *apiru, chapiru* oder *chabiru.* Diese Namensformen tauchen in ägyptischen, kanaanäischen und anderen Texten auf. Bisweilen waren die umherschweifenden Nomaden so zahlreich, daß sie politischen Einfluß gewinnen konnten. Beispielsweise heißt es, Labaya, der in Sichem an die Macht gekommen war (vgl. Kap. 1), habe die Stadt den *chabiru* ausgeliefert, und es liegt durchaus im Bereich des Möglichen, daß er selbst zu ihnen gehörte.

Höchstwahrscheinlich stellten diese Leute keine in sich geschlossene, homogene Gruppe dar, sondern waren ein Gemisch aus verschiedensten Völkern. Ihren Namen hat man als churrisch zu deuten versucht, doch manche *chabiru* müssen semitische Sprachen oder Dialekte gesprochen haben.

Man hat sogar behauptet, zwischen *chabiru* und »Hebräern« habe eine Verbindung bestanden, und zwar nicht nur dem Namen nach. Tatsächlich ist es durchaus möglich, daß die allerersten Israeliten, die in Palästina auftauchten – jene Israeliten der Patriarchenzeit, für die in der Bibel die Namen der Erzväter Abraham, Isaak und Jakob stehen –, *chabiru* waren. Selbstverständlich handelte es sich nicht um die *chabiru* schlechthin, doch gehörten sie vielleicht zu einer breiteren Schicht von Einwanderern, die unter gesellschaftlichen wie wirtschaftlichen Aspekten eine eigene Klasse bildeten und deshalb unter den Sammelbegriff *chabiru* fielen. Tatsächlich wird im Alten Testament der Name Hebräer mit einer Ausnahme nur verwendet, wenn von der Zeit vor dem Jahre 1000 die Rede ist. Abraham selbst wird ausdrücklich als Hebräer apostrophiert[1], und auch der Name eines seiner angeblichen Vorfahren, Eber, scheint auf den gleichen Wortstamm (*ibri*) zurückzugehen (vgl. Anhang 11). Diese Verwandtschaft der Namen legt es nahe, die Früh-Israeliten der Patriarchenzeit zu den *chabiru* zu rechnen. Wann sie zum erstenmal in Kanaan auftauchten, ist umstritten. Die Namen Abraham, Isaak und Jakob sind jedenfalls sehr alt und haben eine lange Tradition. Manche halten ihre Träger daher für Einwanderer, die sich einfanden, noch bevor das dritte Jahrtausend vorüber war. Doch im allgemeinen datiert man ihr Eintreffen in die Zeit zwischen dem 19. und 16. Jahrhundert. In diesem Fall gehören sie zu den Nordwestsemiten, die den Amoritern gefolgt sein müssen (vgl. Kap. 1) oder gar noch einen Teil der amoritischen Wanderbewegung bildeten.

Der Name Jakob existierte schon bei den Amoritern, und vielleicht trifft dies auch auf die Namen Abraham und Isaak zu. Mehr noch – für die späteren Verfasser der biblischen Schriften waren die Patriarchen in Kanaan *gerim* (Fremde). Sie und ihre unmittelbaren Nachkommen waren sehr wahrscheinlich Hirtennomaden aus der Wüste, die in kleinen Familienverbänden auf der Suche nach Sommerweiden für ihre winzigen Schaf- und Ziegenherden Jahr für Jahr immer tiefer in die Randzonen des Landes eindrangen. Trotz des Widerstandes, auf den sie vermutlich stießen, wurden sie mit der Zeit in kleinen Gruppen seßhaft; Mittelpunkt jeder dieser Gruppierungen bildete das *bet ab*, das Haus des Vaters, in dem das Familienoberhaupt unumschränkte Autorität genoß. Später mischten sich Teile dieser Nomaden mit der bereits ansässigen Bevölkerung, deren Sprache sie auch übernahmen.

Die unzähligen Legenden, die sich um die Gestalten der Patriarchen ranken, sind so anachronistisch und widersprüchlich, daß sich nicht mit Sicherheit sagen läßt, ob diese Urväter tatsächlich existiert haben. Gewisse Gestalten des griechischen Epos – etwa Agamemnon oder Menelaos – hat es vielleicht in Wirklichkeit ebensowenig gegeben. Möglicherweise stehen die Namen der Väter für Familien, Clans oder Stämme, bezeichnen also keine Individuen.

Einer anderen, weitverbreiteten Auffassung zufolge waren Abraham, Isaak und Jakob doch historische Gestalten – Oberhäupter, Ahnen oder Gründer irgendwelcher Stammesverbände –, die mit ihren Gefolgsleuten bereits längere oder kürzere Zeit in Kanaan wohnten, bevor die Israeliten endgültig von diesem Land Besitz ergriffen.

Schon sehr früh brachte man jeden dieser Patriarchennamen mit einem besonderen Heiligtum aus vorisraelitischer Zeit in Verbindung: Abraham mit Mamre (bei Hebron in Juda, der Südregion des Landes), Isaak mit Beerscheba (noch weiter im Süden), Jakob dagegen ursprünglich mit Sichem (im zentralen Hochland).

Ursprünglich hatten die Patriarchen und ihr jeweiliger Kreis allem Anschein nach überhaupt nichts miteinander zu tun. Auch die mit ihnen verknüpften Traditionen waren nicht aufeinander abgestimmt. Erst sehr viel später verwoben die Bibelredaktoren die einzelnen Erzählungen über die verschiedenen Väter miteinander. Auf diese Weise sollte ganz Israel seinen Ursprung in der Patriarchenzeit wiederfinden können. In diese Epoche verlegten die Bearbeiter der

Bibel dann auch den Beginn der Heilsgeschichte des Volkes Israel, die damit in einen historischen Rahmen gestellt wurde.

Als die Patriarchengeschichte Eingang in die Bibel fand (vgl. Kap. 9, 11 und 14), nahm sie sich wie folgt aus: Ursprünglich Abram genannt, kam Abraham aus Ur in Chaldäa, einer sumerischen Stadt in Mesopotamien unweit vom Scheitelpunkt des Persischen Golfs. Mit seinem Vater Terach, seiner Frau Sarai und seinem Neffen Lot zog er am Euphrat aufwärts bis nach Harran, einem Handelszentrum im nördlichen Aram (Syrien). Dort starb Terach, und es hieß, Gott sei Abram erschienen und habe ihn aufgefordert, nach Kanaan zu ziehen, wo er zum Stammvater einer großen Nation werden sollte. Also zog Abram zusammen mit Sarai und Lot nach Kanaan und errichtete in Sichem sowie in Bet-El Altäre. Dann aber trieb der Hunger ihn und seine Gefolgschaft nach Ägypten. Dort fand der damalige Pharao Gefallen an Sarai und nahm sie zu sich an den Hof. Danach jedoch forderte er, weil er von Plagen heimgesucht wurde, die Einwanderer auf, das Land wieder zu verlassen. Nach Kanaan zurückgekehrt, beschlossen Abram und Lot, sich zu trennen, weil die Weidegründe nicht ausreichten. Abram ließ sich im Gebiet von Hebron nieder, Lot dagegen zog nach Sodom unweit vom Südende des Toten Meeres, wo sein Onkel ihn aus der Gewalt plündernder lokaler Häuptlinge bzw. »Könige« befreite.

Da Sarai ihm keine Kinder geboren hatte, machte Abram Sarais Magd Hagar zu seiner Nebenfrau, und sie gebar ihm einen Sohn namens Ismael. Doch als Abram neunundneunzig Jahre alt war, löste Gott sein Versprechen einer großen Nachkommenschaft ein und schenkte ihnen den verheißenen Sohn: Isaak. Nun erhielt Abram auch seinen neuen Namen Abraham, der wohl, wie bereits sein früherer Name, nichts anderes bedeutet als »Der Vater ist erhöht«, nach landläufiger Vorstellung jedoch als »Vater der Menge« gedeutet wird, da es in der Bibel heißt: »Ich mache dich zum Stammvater vieler Völker.«[2] Sarai wurde ihrerseits in Sara (Fürstin) umbenannt. Als sie ihr Kind geboren hatte, bestand Sara darauf, daß

Abraham Ismael und Hagar fortschickte. (Nach der Überlieferung wurden diese die Ahnen der Araber.) Gott schloß einen Bund mit Abraham und prüfte (einer Erzählung zufolge, auf die wir noch kommen werden, vgl. Kap. 11) seinen Gehorsam, indem er ihm befahl, seinen Sohn Isaak zu opfern, und ihn erst aufforderte, davon abzulassen, als Abraham schon das Messer gezückt hatte, um Isaak zu töten.

Nachdem Sara in Hebron gestorben war, kaufte Abraham die Höhle Machpela als Grabstätte und setzte sie dort bei. Er selber wurde später an ihrer Seite bestattet, nachdem er im Alter von 175 Jahren gestorben war. (Biblische Altersangaben entsprechen nicht dem tatsächlichen Lebensalter, sondern sind Symbol für ein langes, von Gott gesegnetes Leben.)

In der Folgezeit wurde Abraham zu einer Gestalt von überragender religiöser Bedeutung – nämlich als derjenige, der den Ruf Gottes empfangen und mit totaler Unterwerfung erwidert hatte, der zum Träger der gottgegebenen Verheißung geworden war, die Israels ganzes künftiges Geschick bestimmen sollte. Daher interpretierte man sein ganzes Leben als die Verwirklichung der Prinzipien, nach denen Gottes Volk leben sollte: Glaube und Gehorsam. Die enorme Bedeutung, die Abraham erlangte, führte dazu, daß man seine Biographie mit zahllosen Volksüberlieferungen und Wunderlegenden ausschmückte. In ihren täglichen Gebeten reden ihn Juden noch immer als »Vater« an, ist er doch für sie der erste, der dem Götzendienst entsagte und den *einen*, einzigen Gott erkannte. Selbst im Islam ist er die meistverehrte Gestalt der Bibel, Allahs Freund *el-Khalil.*

Abrahams Herkunft bringt man mit zwei Städten in Verbindung: mit Ur in Chaldäa und mit Harran. Ur liegt im Süden des Landes Mesopotamien, Harran im Norden, nämlich im oberen Zweistromland. Bei der Erwähnung der Chaldäer im Zusammenhang mit Ur handelt es sich eindeutig um einen Anachronismus. Ur war eine sumerische Stadt und hatte mit den Chaldäern nichts zu tun, die erst rund ein Jahrtausend nach der Epoche auftauchten, die für die Abraham-Zeit in Frage kommt. Außerdem läßt die Erwähnung Urs an sich schon aufhorchen, denn es war bereits, lange bevor die Bibel niedergeschrieben wurde, zur Bedeutungslosigkeit herabgesunken, und wenn es nicht tatsächlich in irgendeiner Beziehung zu den berichteten Ereignissen gestanden hätte, wäre sonst der Name dieser Stadt wohl kaum in die biblischen Erzählungen eingegangen. Im übrigen finden sich zu einigen der in den biblischen Berichten enthaltenen Namen gewisse Entsprechungen in Untermesopotamien, und zwar genau aus dem passenden Zeitraum. Dies gilt insbesondere für Namen, die wie Terach und Jerach (Mond) mit dem Mondkult zusammenhängen, der in Ur eine wichtige Rolle spielte.

Was Harran angeht, so scheint dieser Ort erst gegen Ende des zweiten Jahrtausends größere Bedeutung als Knotenpunkt mehrerer Karawanenstraßen erlangt zu haben, und dies war lange nach Abrahams mutmaßlicher Lebenszeit. Doch die Liste der angeblichen Vorfahren Abrahams enthält Namen, die auffällig mit Stadtnamen aus der Umgebung Harrans übereinstimmen. Tatsächlich ist keineswegs auszuschließen, daß die gesamte Patriarchentradition hier ihren Ursprung hatte. Andere vertreten die These, daß sich diese Überlieferungen in den halbariden Wüstensteppen-Randzonen Nordsyriens, welche halbnomadische Gruppen durchstreiften, herausgebildet haben.

Hebron, ein Heiligtum, das mit den Berichten und Legenden um Abraham am engsten verknüpft ist, lag an der Hauptroute und beherrschte die Verbindungswege zwischen dem Toten Meer, dem Jordantal und dem zentralen Hochland. Die fruchtbaren Täler ringsum brachten reiche Erträge, und Hebrons Markt lag nur einen Steinwurf von der Wüste und ihren Karawanenrouten entfernt. Daß eine Gruppe wie die Schar Abrahams, einmal bis dorthin vorgedrungen, auf der Suche nach besseren Weidegründen auch nach Ägypten vorstieß, war sicher nichts Ungewöhnliches; wahrscheinlich blieben einige von Abrahams Leuten sogar für immer in Ägypten.

Über Abrahams Sohn Isaak berichtet die Bibel folgendes: Abraham sandte einen Knecht zu einem Verwandten in Harran, um für Isaak eine Frau zu suchen, und der Bote kehrte mit Rebekka zurück. Viele Jahre später erhörte Gott Isaaks Gebete um einen Sohn, und Rebekka gebar die Zwillingsbrüder Esau und Jakob. Isaak hatte von Gott denselben Segensspruch erhalten wie zuvor schon sein Vater Abraham, doch nachdem er – im Gebiet von Beerscheba wohnend – alt und nahezu blind geworden war, erschlich Jakob sich den väterlichen Segen, obwohl dieser eigentlich dem erstgeborenen Esau zugestanden hätte. Esau ließ sich in der Gegend des Berges Seïr nieder und begründete dort das Volk der Edomiter, wogegen Jakob, um der Rache des Bruders zu entgehen, nach Norden zog.

Liest man die verschiedenen Berichte über Isaak, gewinnt man nicht den Eindruck, daß seiner Person besondere Verehrung entgegengebracht worden ist. Doch wie dem auch sei – die in die Erzählung eingegangenen Traditionen hängen mit dem Heiligtum von Beerscheba zusammen, dem Hauptort einer strategisch bedeutsamen Grenzzone Kanaans. Beerschebas massiger, sandfarbener Hügel überragte eine fruchtbare Oase, weithin berühmt durch ihre Quellen, insbesondere den »Eidbrunnen«. Dieser befand sich neben einem wichtigen kanaanäischen Heiligtum.

Als Isaaks Sohn Jakob, so berichtet die Bibel weiter, auf der Flucht vor dem Zorn seines Bruders Esau nach Harran im Norden des Landes zog, träumte er von einer Leiter (der berühmten, oft bildlich dargestellten Jakobsleiter), die von der Erde bis zum Himmel reichte, und Gottes Stimme verhieß ihm, der Herr werde ihn, Jakob, zurück nach Kanaan führen. Zunächst jedoch arbeitete Jakob zwanzig Jahre als Schafhirt in Harran im Dienste seines Onkels Laban (der Name bedeutet »weiß« und hängt mit dem Mondkult zusammen), heiratete Labans Töchter Rahel und Lea, und diese sowie ihre beiden Mägde Bilha und Zilpa gebaren ihm zwölf Söhne, die die Bibel uns in einer poetischen Passage, dem Jakobssegen[3], vorstellt.

Hinzu kam eine Tochter namens Dina. Als Jakob schließlich wieder heimkehrte, hatte er in der tiefen Schlucht des Jabbok (eines Nebenflusses des Jordan) mit einem seltsamen Fremden oder Engel zu ringen (gleichfalls ein beliebtes Motiv der bildenden Kunst), und Gott gab ihm bei dieser Gelegenheit den Namen Israel. In Edom wurde er von seinem Bruder Esau mit unerwarteter Herzlichkeit aufgenommen, doch dann gingen die Brüder wieder auseinander, und Jakob lebte in Kanaan, bis Joseph, einer der beiden Söhne, die Rahel ihm geboren hatte, ihn und seine Familie nach Ägypten einlud. Er kam dieser Einladung nach und starb schließlich im Alter von 147 Jahren.

Zu den Jakobsüberlieferungen, die ihren Ursprung im Heiligtum von Sichem hatten, kamen weitere Traditionen aus den Gebieten jenseits des Jordan sowie aus dem Kultzentrum Bet-El hinzu, wo Jakob (wie zuvor schon in Sichem) einen Altar errichtet und Opfer dargebracht haben soll.

Bet-El liegt etwa sechzehn Kilometer nördlich von Jerusalem inmitten zahlreicher Quellen etwa 1000 Meter über dem Meeresspiegel an der Wasserscheide des Hochlandes. Wie der Name Haus Gottes, eigentlich: Haus des El, vermuten läßt, war es bereits in kanaanäischer Zeit eine heilige Stätte. Was über Jakobs Tun und Lassen berichtet wird, scheint Traditionen zu reflektieren, die auf die früheste israelitische Besiedelung des zentralen Hochlandes zurückgehen.

Jakobs Kampf mit dem Fremden oder Engel am Jabbok mag seinen Ursprung in alten Flußgottsagen haben, in denen Flußgötter sich nachts an Reisende heranmachten, aber bei Anbruch des Morgens wieder verschwanden. Irgendwann brachte man dieses Kampfmotiv mit der Verleihung des Namens Israel (vgl. Anhang 11) in Verbindung, den Gott Jakob zum Zeichen seines Bundes mit seinem Volke gab. Man deutet den Namen Israel als Sieger über Gott und Menschen[4], doch was dieser Name ursprünglich wirklich besagte, ist nicht bekannt. Wahrscheinlich handelte es sich um einen zunächst nur lokal vorkommenden Namen, der im Nordteil des zentralen Hochlandes von Kanaan heimisch war und sich besonders auf die Bewohner der Gegend von Sichem bezog. Doch bald schon bürgerte sich Israel als fester Beiname Jakobs ein, des Ahnherrn aller zwölf Stämme der Kinder Israel (*bene jisrael*).

Im Mittelpunkt der Religion, welche die durch die Patriarchen repräsentierten Nomaden nach Kanaan brachten, stand der Gott der Väter, ursprünglich die Gottheit eines Familienoberhauptes, deren Wirkungsbereich später auf entferntere Vorfahren erweitert wurde. Diese Religion hatte nichts gemein mit der Naturreligion, welche die Patriarchen und ihre Begleiter bei den Kanaanäern vorfanden, als sie sich in Kanaan niederließen. Es war eine Religion, die nicht mit bestimmten Orten verknüpft war, sondern mit Personen. Gott war der Schutzherr einzelner Familienoberhäupter und Sippen und nicht der Herr bestimmter Lokalheiligtümer. Ursprünglich, so scheint es, hatte jeder israelitische Clan seine eigene Familien- oder Clansgottheit. So gab es den »Gott Abrahams«, den »schrecklich Waltenden«, aber auch den »getreuen Anverwandten« Isaaks, den »Mächtigen« bzw. »Stier« Jakobs und den »Hirten« Israels. All diese Gottheiten wurden später in der Vorstellung der Israeliten zu einem allen gemeinsamen Gott.[5]

Eine Religion dieser Art entsprach ganz dem mobilen Charakter der Nomadengruppen, die im Gegensatz zu der seßhaften Lebensweise stand, welche die kanaanäische Religion geprägt hatte.

Die Patriarchen führten diese Religion allerdings nicht erst in Kanaan ein. Es trifft wohl mehr den Kern der Sache, wenn man sagt, sie brachten sie dem Lande zurück. Denn sehr wahrscheinlich hatten schon frühere semitischsprachige Einwanderer, so z.B. die Amoriter, ähnliche religiöse Auffassungen nach Kanaan gebracht, die aber völlig in der Naturreligion des Gastlandes aufgegangen waren. Der Religion der Patriarchen war beinahe dasselbe Schicksal beschieden. Daß man sich später immer wieder an den kanaanäischen Hauptgott El und seine örtlichen Erscheinungsformen erinnerte, zeigt deutlich, in welch starkem Maße die Religion der Patriarchen von den Kulten der lokalen Heiligtümer Kanaans vereinnahmt wurde. Symptomatisch dafür ist, daß nach dem Bericht der Bibel König Melchisedek von Jerusalem den Segen des El Eljon für Abraham erflehte.

Doch das Grundkonzept des Vätergottes der Patriarchen, der eher an Menschen als an Örtlichkeiten gebunden war (sich vor allem aber in kein polytheistisches Pantheon fügte), geriet in der Folge nicht mehr in Vergessenheit und sollte später in der Religion des Volkes Israel eine zentrale Rolle spielen.

Joseph

Bei der nächsten Erzählung der Bibel geht es um Joseph, Jakobs und Rahels ältesten Sohn, der ihnen nach vielen Jahren des Wartens geschenkt wurde. Nach einer der zahllosen Legenden, die sich um seine Gestalt ranken, erhielt er einen schönen, bunten Rock von seinem Vater, der ihn als Lieblingssohn auszeichnete. Von Hebron nach Sichem geschickt, um seinen Brüdern und Halbbrüdern beim Hüten der Schafe zu helfen, die der Familie gehörten, erregte Joseph Neid und Eifersucht, denn er erzählte seinen Brüdern, er habe geträumt, sie müßten sich vor ihm verneigen. Dies brachte die Brüder dermaßen gegen Joseph auf, daß sie beschlossen, ihn umzubringen. Allein – einer von ihnen, Ruben, überredete sie, die Tat nicht sogleich auszuführen, sondern aufzuschieben, und Juda schlug vor, ihn überhaupt nicht zu töten, sondern an Sklavenhändler zu verkaufen. Diesen Plan führte man durch, und so gelangte Joseph nach Ägypten. Seine Brüder jedoch tunkten seinen Rock tief in das Blut eines Böckchens, zeigten ihn ihrem Vater und erklärten, ein wildes Tier habe Joseph zerrissen.

In Ägypten kaufte Potiphar, Hauptmann der königlichen Leibgarde, Joseph den Sklavenhändlern ab und vertraute ihm seinen Haushalt an. Doch Potiphars Frau beschuldigte den Fremden, er habe versucht, sich an ihr zu vergehen, und Joseph fand sich alsbald im Gefängnis wieder. Zwei Jahre später wurde er freigelassen, und der Pharao ließ ihn rufen, um sich von ihm Träume deuten zu lassen. Hierbei war Joseph so erfolgreich, daß er oberster Minister im Lande wurde. Obwohl eine Hungersnot drohte, gelang es Joseph, für Wohlstand und hinreichende Verpflegung zu sorgen. Inzwischen war jedoch auch über Kanaan eine Dürre hereingebrochen, und Jakob sandte seine übrigen Söhne nach Ägypten, um Getreide zu kaufen. Nachdem Joseph ihnen mehrere Prüfungen auferlegt hatte, eröffnete er ihnen, wer er war, und bot ihnen an, mit ihren Familien gleichfalls nach Ägypten zu ziehen, wo sie auch alsbald Wohnung nahmen und blieben. Auch ihre Nachkommen blieben dort.

Joseph starb im Alter von 110 Jahren. Doch dann bestieg ein neuer Pharao den Thron, »der wußte nichts von Joseph«[6], und nun wandte sich das Blatt zuungunsten der in Ägypten lebenden Israeliten. Sie wurden unterdrückt, verfolgt und beim Bau zweier Königsstädte, Pitom und Ramses, als Zwangsarbeiter eingesetzt. Schließlich verfügte der neue Herrscher gar, jeder neugeborene männliche Nachkomme der Israeliten solle sofort nach seiner Geburt getötet und in den Nil geworfen werden.

Offensichtlich haben wir es hier mit einer größtenteils erfundenen Geschichte oder vielmehr mit einer ganzen Sammlung derartiger Erzählungen zu tun, zwischen denen ursprünglich gar kein Zusammenhang bestand und die erst später zu der vielschichtigen Endfassung der Josephslegende verwoben wurden (vgl. Kap. 9). Allerdings ist es eine historische Tatsache, daß schon früher Gruppen von Einwanderern semitischer Zunge – dies gilt insbesondere für die Gruppe um Abraham – in Ägypten eingedrungen und entweder dort geblieben waren oder das Land später wieder verlassen hatten, und dies bereits seit Jahrhunderten. Die Abhängigkeit des Hirten von nutzbarem Weideland hatte sie dazu veranlaßt.

Außerdem mochten noch Handelsinteressen oder der Wunsch, sich in Sicherheit zu bringen, weil in den weiter nördlich gelegenen Ländern chaotische Zustände herrschten, im Spiel gewesen sein. Schließlich trugen manche Pharaonen selbst zur Vermehrung der Kopfzahl dieser Semiten bei, indem sie angesehene Persönlichkeiten aus dem palästinensischen Raum nach Ägypten deportieren ließen.

In Beni Hassan in Oberägypten (266 Kilometer südlich von Kairo) befindet sich unter anderem das Grab eines gewissen Chnumhotpe (Grab Nr. 3), der unter Amenemhet II. (1876–1842) hohe Ämter und Würden bekleidete. Seine Wandmalereien enthalten eine berühmte Szene: Man erblickt eine Gruppe von siebenunddreißig Semiten mit ihrem Anführer Ibscha oder Abischat (ein semitischer Name) und Lasteseln, die Bleierz (Bleiglanz, Galenit) aus dem Gebiet des Roten Meeres herbeitransportierten.[7] Seit der Zeit der Hyksos, die ja selbst fremde Zuwanderer waren (vgl. Kap. 1), gewannen Wanderbewegungen dieser Art offenbar immer mehr an Bedeutung. So machte sich in ägyptischen Riten und Kulten immer stärker kanaanäischer Einfluß geltend.

Auf diesem Hintergrund hat man die Josephslegende zu betrachten. Bei den Zuwanderern, die ihre Herkunft auf Joseph zurückführten einerseits, und denen, die als Nachkommen seines Vaters und seiner Brüder galten andererseits, handelt es sich wahrscheinlich um Gruppen, die ursprünglich nichts miteinander zu tun hatten.

Ob es überhaupt eine geschichtliche Gestalt namens Joseph gab, die in Ägypten zu höchsten Würden gelangte, ist äußerst fraglich. Den Psalmen zufolge wohnten Joseph und die Seinen »im Lande Zoan«[8], mit anderen Worten: in der Nähe der bedeutenden Stadt Tanis im östlichen Nildelta. Zu welchem Zeitpunkt sie dort eintrafen, läßt sich nicht genau sagen. Vielleicht geschah es unter dem Pharao Sethos I. (1290–1279), dem Sohn Ramses' I., der die 19. Dynastie begründet hatte. Sethos I. stellte Ägyptens Vorherrschaft über Kanaan wieder her und erlangte die Kontrolle über die Küstenstraße, die *Via Maris* (bzw. Horusstraße), zurück. Er war es auch, der die Residenz der Pharaonen nach Tanis verlegte, in dessen Nähe sich Joseph und seine Angehörigen, wie berichtet wird, niederließen.

Joseph, so wird berichtet, schloß eine Mischehe, indem er eine Ägypterin namens Asenat heiratete. Träger der Josephstradition waren die angeblichen Nachkommen der Joseph-Söhne Ephraim und Manasse, die später dem zentralen Hochland von Samarien ihren Namen gaben. Dort lag auch Sichem; hier begann die Josephsgeschichte, und hier wurde – wie ein Teil der Überlieferung es will – Joseph auch begraben. (Einer anderslautenden Version zufolge befand sich Josephs Grab allerdings in Hebron, das sich auch anderer Patriarchengräber rühmte.) Andere Traditionsstränge der Josephslegende, nach denen auch Josephs Vater und seine Brüder nach Ägypten zogen, scheinen auf unabhängige, separate Quellen zurückzugehen, die zweifellos in Beerscheba zu suchen sind, wo Jakob angeblich seine Reise antrat.

Der biblischen Erzählung zufolge vergrößerte sich Josephs Nachkommenschaft, die anfangs nicht mehr als siebzig Personen umfaßte, erheblich und gewann in Ägypten zusehends an Einfluß.

Daß die Zahl der in Ägypten eingewanderten Israeliten zunahm, steht außer Zweifel, doch erlangten – wenn überhaupt – nur einige wenige eine Bedeutung, die der des biblischen Joseph auch nur annähernd entsprach. Angeblich blieben die Joseph-Nachkommen nicht weniger als vierhundert Jahre in Ägypten, doch scheint diese Zahl recht hoch gegriffen zu sein. Gegen Ende ihres Aufenthaltes begann der Pharao, der »von Joseph nichts wußte«, die Israeliten zu unterdrücken und bürdete ihnen Zwangsarbeit auf, um seine ehrgeizigen Bauprojekte zu verwirklichen. Bei diesem Pharao könnte es sich um Ramses II. (1279–1213) handeln, jenen ruhmsüchtigen Herrscher der 19. Dynastie, der während seiner langen Regierungszeit eine Reihe von Aufständen in den Städten Palästinas niederschlug. Er kämpfte aber auch gegen das Hethiter-Reich, die damalige Großmacht auf kleinasiatischem Boden, deren Verbündete, von den Hethitern angestiftet, ins Ostjordanland einfielen. Ramses II. zog ihnen entgegen, und es kam um 1265 bei Kadesch am Orontes zur Schlacht, bei einer Stadt also, deren Fürsten schon zwei Jahrhunderte zuvor Thutmose III. Schwierigkeiten gemacht hatten und bei Megiddo geschlagen worden waren (vgl. Kap. 1). Trotz lautstarker Siegesbeteuerungen Ramses' II. scheint die berühmte Schlacht unentschieden ausgegangen zu sein. Allerdings führte sie immerhin zu einer Art Waffenstillstand, welcher ein Dreivierteljahrhundert in Kraft blieb.

Ramses III. (vielleicht schon einer seiner Vorgänger) ließ Pitom und Ramses erbauen. Hierbei mußten die Israeliten Frondienste verrichten. Pitom-Teku liegt nahe der Mündung des Wādi Tūmilat unweit der Bitterseen. Vor allem am Bau der dortigen Kornspeicher waren Israeliten beteiligt. Die genaue Lage der Stadt Ramses ist ungewiß, denn es gibt mehrere Städte dieses Namens. Vielleicht handelte es sich um die Nachfolgestadt der älteren Hyksos-Hauptstadt Avaris, die als größere Stadtanlage mit einem Palast und Vorratshäusern in der Nähe von Kantir errichtet wurde, das etwa fünfundzwanzig Kilometer südlich von Tanis (dem biblischen Zoan) liegt.

Nicht nur semitische Einwanderer wurden zur Zwangsarbeit herangezogen, sondern auch Angehörige anderer Bevölkerungsgruppen hatten das gleiche Schicksal zu erdulden. Der Pharao, der mit der Unterdrückung der Israeliten begonnen hatte, starb. Von seinem Nachfolger berichtet das biblische Buch Exodus. Es handelt sich dabei um die Schilderung des Auszugs jener Gruppe von Israeliten, die ihre Abstammung auf Joseph und seine Brüder zurückführten. Wenn der Pharao der Unterdrückung Ramses II. war, kommt als Pharao des Auszugs nur dessen Sohn Merneptah (1213–1204) in Frage. Eine große, graue Granitstele eben dieses Herrschers – eine Stele, die von Merneptahs militärischen Großtaten berichtet – erwähnt erstmals den Namen *Israel*. »Israel ist verwüstet«, verkündet die Inschrift, »es hat keinen (Getreide-) Samen.«[9]

Hier ist das Wort Israel nicht wie alle anderen im selben Text erwähnten Namen mit dem Kennzeichen für Land versehen, sondern für Volk. Die Äußerung bezieht sich also auf einen Bevölkerungsanteil ohne festen Wohnsitz und nicht auf eine schon seßhaft gewordene Gruppe. Ob damit aber die aus Ägypten geflohenen Verwandten bzw. Nachkommen Josephs gemeint sind oder andere in Kanaan eingewanderte Israeliten, ist schwer zu entscheiden.

4. Kapitel

Mose

Der Auszug aus Ägypten

Das biblische Buch Exodus schildert, wie durch Jahwes Eingreifen die von dem neuen ägyptischen Pharao Merneptah fortgesetzte Unterdrückung der Israeliten endete. Noch unter dessen Vorgänger, so berichtet die Bibel, war einem Israeliten aus dem Hause Levi namens Amram und seiner Frau Jochebed ein Sohn geschenkt worden. Um ihm das Schicksal aller anderen israelitischen Knaben im Lande, denen der Tod drohte, zu ersparen, versteckten ihn seine Eltern, als er drei Monate alt war, im Schilfdickicht am Ufer des Nil. Dort fand ihn die Tochter des Pharao, die ihn an Sohnes Statt annahm und Mose nannte. Als der Knabe herangewachsen war, griff er einen ägyptischen Fronaufseher an, der einen Israeliten schlug, brachte ihn dabei um und mußte deshalb in die Wüste fliehen. Dort nahm ihn Jetro, ein Priester der Midianiter, auf, und Jetros Tochter Zippora wurde seine Frau. (Midian liegt östlich des Golfes von Elat am Nordende des Roten Meeres.)

Als Mose eines Tages die Schafe seines Schwiegervaters hütete, so berichtet die Bibel weiter, sprach Gott aus einem brennenden Dornbusch und verkündete ihm, er sei auserkoren, nach Ägypten zurückzukehren und sein Volk aus der Unterdrückung in die Freiheit zu führen. Gott verlieh ihm die Kraft, Zeichen und Wunder zu wirken, um seine Landsleute und den Pharao zu überzeugen, und zusammen mit seinem Bruder Aaron kehrte Mose nach Ägypten zurück. Dort wurden beide vom Herrscher empfangen, der allerdings nicht willens war, die Israeliten ziehen zu lassen. Infolgedessen ließ Gott zehn Plagen über das Land kommen. Die letzte war die schrecklichste: die Tötung der Erstgeburt. Sie bewirkte schließlich beim Herrscher einen Sinneswandel. Noch in derselben Nacht rief er Mose und Aaron zu sich und beschwor sie, mit dem gesamten Volk unverzüglich das Land zu verlassen. So brachen die Israeliten mit all ihren Angehörigen und Herden auf, und bald kamen sie an ein weites Gewässer. Die Bibel bezeichnet es später als Rotes Meer, aber es handelte sich in Wirklichkeit wohl nur um die Nordspitze des Golfes von Suez, einen der Bitterseen oder vielleicht auch den Golf von Elat. Um welches Gewässer es sich auch gehandelt haben mag, entscheidend ist, daß ein starker Wind Wasser vertrieben hatte, so daß man einen Teil des Gewässers trockenen Fußes durchschreiten konnte. Die Ägypter dagegen, die inzwischen begonnen hatten, die davonziehenden Israeliten zu verfolgen, gerieten in die zurückströmenden Wassermassen und ertranken.

In der Folgezeit wurde man nicht müde, diese triumphale Rettung als Wunder zu feiern, das Gott eigens gewirkt habe, um den Kindern Israels seine Gunst zu erweisen. Der Auszug dieser Semitisch sprechenden Gruppe aus Ägypten, Angehöriger des Hauses Joseph und Vorfahren der später im Zentrum Israels angesiedelten Stämme Ephraim und Manasse, kann sogar tatsächlich stattgefunden haben. Wie wir sahen, kamen des öfteren semitische Einwanderer nach Ägypten und verließen das Land wieder. Auch ägyptische Quellen berichten von solchen Rückwanderungen. Eine davon befindet sich auf einem Papyrus aus den letzten Jahren des 13. Jahrhunderts[1], und auch ein späterer ägyptischer Historiker namens Manetho verzeichnet eine Vertreibung von Israeliten.

Allerdings scheint die biblische Erzählung zwei ursprünglich völlig verschiedene Schilderungen miteinander zu vermischen: eine, bei der es um eine Flucht geht, und die andere, die von einer Vertreibung spricht (vgl. Kap. 9 und 11). Beide müssen schon sehr früh zusammengeflossen sein: die Flucht

3 Durchzugsgebiete der semitischen Nomaden auf dem Weg nach Kanaan

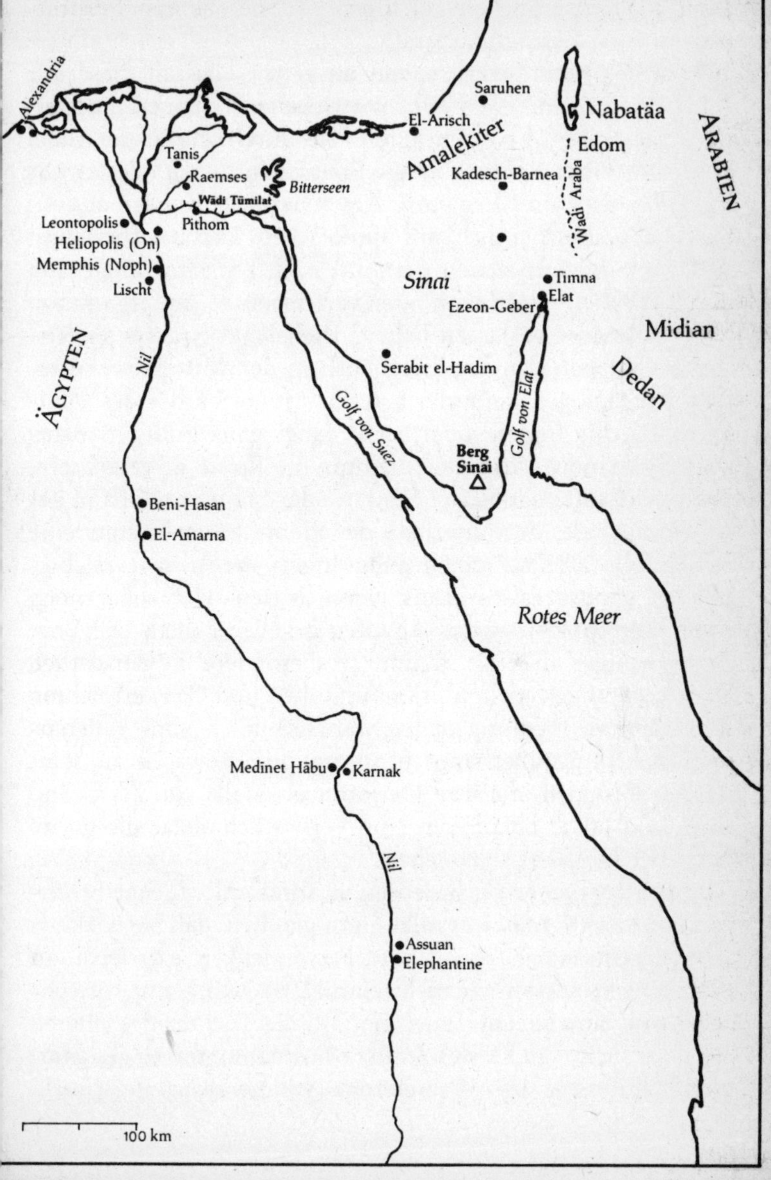

unter Mose (für die Ägypter ein beklagenswerter Verlust von Arbeitskräften) und – davon unabhängig – die Verjagung einer anderen semitischsprachigen Gruppe, die man vermutlich als ruhestörend empfand.

Man darf keineswegs davon ausgehen, daß all diese aus Ägypten entkommenen oder vertriebenen Gruppen die gleiche Route wie Mose benutzten, die durch das in der Bibel erwähnte Wasser führte. Viele Stammesgruppen oder Großfamilien, die den Weg von Ägypten nach Kanaan zogen, nahmen wahrscheinlich am mosaischen Exodus überhaupt nicht teil, sondern zogen getrennt nach Kanaan. Einige von ihnen können – geflohen oder vertrieben – Ägypten schon lange vor Mose verlassen haben. Vielleicht benutzte ein Teil dieser Gruppen den Landweg entlang der Mittelmeerküste. Daß Archäologen keinerlei beweiskräftige Spuren des biblischen Exodus finden, überrascht daher ganz und gar nicht. Dieser genannte Küstenweg könnte die Route gewesen sein, über welche der südlichste Stamm oder Stammesverband der Israeliten, Juda, der innerhalb der Stämme Israels stets eine Sonderrolle spielte, seinen endgültigen Wohnsitz erreichte. Danach könnte es durchaus einen dritten oder sogar noch einen vierten Auszug aus Ägypten gegeben haben. Die Vorfahren einiger anderer Stämme (insbesondere die der östlich des Jordan angesiedelten Stämme Ruben und Gad) erreichten ihre späteren Siedlungsplätze wahrscheinlich vom Wüstenrand aus, ohne überhaupt je in Ägypten gewesen zu sein. Andere Gruppen, die ihre Herkunft ebenfalls von Abraham, Isaak und Jakob ableiteten, sind vermutlich sogar die ganze Zeit über in Kanaan geblieben.

Von Mose, jener zentralen Figur alttestamentlicher Erzählungen, möchte man nur allzu gern glauben, daß sie wirklich als Individuum, als historische Persönlichkeit existierte. In Wirklichkeit wissen wir nicht einmal, ob sein Name tatsächlich Mose lautete. Die Bibel gibt an, die Tochter des Pharao habe, als sie ihn an Kindes Statt zu sich nahm, ihn so genannt, »weil ich ihn aus dem Wasser zog« (von hebräisch *maschach*,

»herausziehen«).[2] Eine derartige Wortableitung ist allerdings nicht haltbar. Der Name ist fast mit Gewißheit ägyptischen Ursprungs. Dabei hat er wohl nichts mit Sonne und Sonnenkult zu tun, wie man gelegentlich vermutet hat, sondern bedeutet eher »Sohn des . . .« bzw. »Geborener des . . .«. In dieser Bedeutung war *mose* Bestandteil altägyptischer Eigennamen wie Ahmose, Thutmose und dergleichen, und wahrscheinlich stand auch Moses Namen ursprünglich noch eine Silbe voran, die darauf hindeutete, welchem Gott man ihn zugeordnet hatte. Diese Silbe entfiel, als Mose aus Ägypten fortzog.

Mose kam, der Bibel zufolge, mit den Israeliten in die Wüste Sinai, wo er Wunder wirkte, um die ihm Anbefohlenen mit Nahrung und Wasser zu versorgen. Nach einem Marsch von fast drei Monaten und einem Sieg über eine Schar von Plünderern, welche die Wüstenwanderer angriffen, lagerten die Israeliten vor dem Berge Sinai (oder Horeb), wo Gott schon vor dem Exodus Mose erschienen war.

Dieses Mal rief Gott Mose hinauf auf den Gipfel und gebot ihm, den Israeliten zu verkünden, wenn sie auf ihn hörten und sich an den mit ihm geschlossenen Bund hielten, werde er sie zu seinem persönlichen Besitz, seinem heiligen Volk machen. Dann befahl er dem Volk, zwei Tage lang Reinigungsrituale zu vollziehen. Am dritten Tag fanden sich alle bei Donner und Blitz und lauten Posaunenstößen am Fuß des Berges ein, den eine dichte Wolke bedeckte. Dann vernahmen sie Gottes Stimme. Mose übertrug Aaron und Hur (nach jüdischer Überlieferung der Mann seiner Schwester Miriam) die Verantwortung für das Lager, stieg selbst zum Gipfel empor und wurde von der Wolke umhüllt, die noch immer über dem Berg lagerte.

Oben auf dem Gipfel verharrte er vierzig Tage und Nächte in der Nähe Gottes, der ihm die Zehn Gebote in Form von zwei steinernen Tafeln gab, auf die der Finger Gottes das Gesetz und die Gebote geschrieben hatte.[3] Doch als Mose wieder von der Höhe herabstieg, hatte sich das Volk gegen

Gott gewandt. Aus Zorn über dieses Verhalten zerschmetterte Mose die beiden Gesetzestafeln. Daraufhin verbrachte er weitere vierzig Tage auf dem Gipfel, und Gott übergab ihm neue Tafeln – auch diese waren von seiner eigenen Hand beschriftet.

Nachdem die Israeliten sich nahezu ein Jahr am Berge Sinai aufgehalten hatten, zogen sie weiter, und nach verschiedenen Zwischenfällen gelangten sie nach Kadesch Barnea unweit der Grenze Kanaans, des Gelobten Landes.

Dort kam es zu heftigen Auseinandersetzungen. Es ging um die Frage, ob man den Weg fortsetzen sollte oder nicht. Gott, so heißt es, war über den Ungehorsam seines Volkes dermaßen erzürnt, daß er es erst nach vierzig Jahren weiterziehen ließ. Der Bibel zufolge eroberte Mose Hesbon das Hauptquartier des Amoriterkönigs Sichon jenseits des Jordan, und Bileam, ein von den Moabitern herbeigerufener Wahrsager, rief auf Israel Segen herab. Schließlich gewährte Gott Mose vor seinem Tod noch einen flüchtigen Blick auf das Gelobte Land. Zu diesem Zweck mußte er »aus den Steppen Moabs auf den Berg Nebo, auf den Gipfel des Pisga, der gegenüber von Jericho liegt«, emporsteigen. Schon sehr viel früher hatte er dort einmal gelagert. Seinen Leichnam bestattete man in einem Tal im Lande Moab gegenüber Bet-Peor, »aber niemand kennt sein Grab bis heute«. Nach einer späteren Überlieferung soll Mose sogar in den Himmel aufgefahren sein. Der Bibel zufolge beweinten die Israeliten Mose dreißig Tage lang, »und es stand hinfort kein Prophet in Israel auf wie Mose, mit dem der Herr von Angesicht zu Angesicht verkehrte, in all den Zeichen und Wundern, mit denen ihn der Herr gesandt hat, daß er sie im Lande Ägypten am Pharao, an allen seinen Dienern und an seinem ganzen Lande tue und in all den Erweisen der starken Hand und in all den großen und furchtbaren Taten, die Mose vor den Augen ganz Israels getan hat.«[4]

Die Überlieferung, daß die Gruppe von Israeliten, von der hier die Rede ist, das Haus Josephs nämlich, am Berg Sinai vorüberzog, hat wahrscheinlich einen historischen Kern. Man hat versucht, den Berg Sinai in Jetros Midianiterland östlich der Sinai-Halbinsel zu lokalisieren, doch man darf wohl davon ausgehen, daß die uralte Tradition, welche die Sinai-Ereignisse mit einem der Bergmassive im steinigen, sandigen Südteil der Halbinsel in Verbindung bringt, letztlich doch die richtige ist.

Kadesch Barnea, wo wir Mose und die Seinen wiederfinden, lag im äußersten Nordosten der Sinai-Halbinsel, achtzig Kilometer südwestlich von Beerscheba. Der Name Kadesch Barnea bezeichnet eine wahrscheinlich große Oase, die mehr als nur einen Ort umfaßte – ein Stück Land, das damals fruchtbarer war als heute und gute Erträge an Weizen und Gerste brachte, und außerdem Anlauf- und Kreuzungspunkt mehrerer Karawanenrouten aus unterschiedlichen Richtungen war.

Den israelitischen Auswanderern aus Ägypten mag der lange Aufenthalt an dieser Stätte dazu verholfen haben, zu einer mehr oder weniger einheitlichen Gruppe zu verschmelzen. Daß diese Gruppe anschließend laut Bibel einen bedeutenden Umweg machte, um die mächtigen Städte der Edomiter und Moabiter zu umgehen, hat man mit der Begründung angezweifelt, bisher sei in den betreffenden Gegenden keine Spur städtischen Lebens aus so früher Zeit zum Vorschein gekommen. Selbst wenn die erwähnten Völker damals tatsächlich noch Nomaden waren, könnten die Israeliten dennoch den Wunsch gehabt haben, die Konfrontation mit ihnen zu vermeiden. Vielleicht betrachteten diese Völker Kadesch Barnea als möglichen Ausgangspunkt einer israelitischen Invasion in Kanaan.

Der Exodus ist den Juden bis heute in Erinnerung geblieben. Alljährlich begehen sie aus diesem Anlaß im Frühjahr ihr siebentägiges Passah-Fest. Selbst für das heutige Judentum ist dieser Auszug nach wie vor das zentrale Ereignis ihrer gesamten Geschichte. Der Exodus vereinte Israel zu einem Volk – dem Volk, das Gott sich als sein Eigentum ausersehen hatte. Den Autoren der Bibel zufolge ist die gesamte Weltgeschichte aus diesem Auszug der Israeliten zu deuten und erhält von daher ihren Sinn.

Die Religion des Mose

Zwar führte Mose nach jüdischem Glauben die Angehörigen des Hauses Joseph aus Ägypten. Er selbst gehörte jedoch nach der Überlieferung einer anderen Gruppe an: er stammte von Levi, einem Halbbruder Josephs, ab. Man hat die Ansicht geäußert, Levis Abkömmlinge hätten sich in der Gegend von Kadesch Barnea niedergelassen und seien nie in Ägypten gewesen, und der Levit Mose sei später lediglich zum Befreier der Israeliten stilisiert worden, um den Leviten eine führende Rolle beim Exodus einzuräumen. Es ist allerdings durchaus vorstellbar, daß einige der Levi-Nachkommen, darunter auch Mose, zusammen mit den Josephiten doch in Ägypten waren.

Später nahm der Stamm Levi eine Sonderstellung ein. Man wies ihm kein eigenes Territorium zu, dafür stellte er die Priesterschaft und bildete gewissermaßen eine eigene Kaste. Moses Bruder Aaron, vom Verfasser der Priesterschrift (vgl. Kap. 14) im nachhinein als der erste Hohepriester bezeichnet und als Vater anderer Priester in die biblische Geschichte eingegangen, verkörperte in späteren Legenden die ideale Frömmigkeit und Friedfertigkeit. Aber auch die Figur des Mose interpretierte man später vornehmlich als priesterliche Gestalt, ja sogar als Begründer einer ihm zugeschriebenen Religion.

Es war in erster Linie seine religiöse Bedeutung, die dazu führte, daß Moses Andenken über etliche Jahrhunderte fortlebte.

Die Vermutung, daß keine der auf Mose zurückgeführten religiösen Einrichtungen tatsächlich von ihm stammt, sondern daß sie sich im Laufe der Jahrhunderte mehr oder weniger selbst herausgebildet haben, ist fragwürdig. Auch ist es keineswegs ausgemacht, daß Mose überhaupt nicht als Person existiert hat.

Die Gottesvorstellung, die man Mose zugeschrieben hat, läßt sich als Mischung des Gottes der Väter, den die frühen Nomadenstämme verehrten, mit El, dem Hauptgott des kanaanäischen Pantheons, beschreiben. Die Autoren und Redaktoren, die später die Bibel zu einem Gesamtwerk zusammenfügten, waren sich dieses doppelten Erbes durchaus bewußt. Denn einerseits heißt es, Gott habe gegenüber Mose ausdrücklich erklärt: »Ich bin der Gott eurer Väter, der Gott Abrahams, der Gott Isaaks und der Gott Jakobs.«[5] Andererseits aber findet der Name El in der Bibel vielfache Erwähnung. Seine Hauptfunktion, Herr des Kosmos zu sein, wurde auf den Gott Israels übertragen. Auch Heiligtümer wie El Schaddai, El Bet-El, El Eljon und El Roj wurden nicht aufgegeben, sondern von den Israeliten übernommen. In Kapitel 2 sahen wir, daß angesichts der verschiedenen lokalen Kulte die große Masse der Bevölkerung nicht an die Existenz eines einzigen El glaubte, sondern diesen – noch ganz im polytheistischen Sinne – in vielen Gestalten und Erscheinungsformen verehrte. Und tatsächlich setzt – Jahrhunderte später – einer der bedeutendsten hebräischen Geschichtsschreiber, der Elohist, der die Geschichte des Nordreichs aufzeichnete (vgl. Kap. 11), El mit dem Gott Israels gleich. Allerdings bedient er sich dabei der Pluralform *Elohim*, die er, ganz gegen alle Grammatik, als Einzahlform behandelt. Diese Anomalie spiegelt lebhaft den Übergang von der Vorstellung eines mit vielen Gestalten bevölkerten Götterhimmels zum Glauben an einen einzigen Gott wider, der alle nur denkbaren göttlichen Eigenschaften in sich vereint.

Dadurch, daß die Israeliten die Gestalten Els und Jahwes in einer Person aufgehen ließen, gelang es ihnen, im Rückgriff auf religiöse Vorstellungen der Kanaanäer die Macht und Herrlichkeit ihres eigenen Gottes zu veranschaulichen. So verehrten sie ihn zum Beispiel als Gott der Stürme und Gewitter, und zugleich vertraten sie die Überzeugung, er sei Vater und Schöpfer aller Dinge.

Im Laufe der Zeit begriffen Mose und die Israeliten, daß

diese Mischung aus Väterreligion und kanaanäischem Glauben die Entwicklung eines neuen Gottesverständnisses erforderlich machte. So entstand ein Bild von Person und Werk Gottes, in dem sich die geschichtliche Erfahrung Israels, insbesondere die Rettung aus der ägyptischen Knechtschaft spiegelte; damit war Gott nicht mehr nur der Schöpfer der Welt, sondern wurde zugleich zum Retter der Menschen, und zwar indem er aktiv in den Lauf der Geschichte eingriff und damit das politische Schicksal Israels lenkte.

Diesem Gott wurde ein neuer Name gegeben[6], dessen Umschreibung JHWH lautet (bekanntlich kennt die hebräische Schrift keine Vokale). Wie JHWH genau lauten muß, wissen wir nicht, denn die Israeliten sprachen es nie aus, dies war sogar verboten.

Mag sein, daß ihnen *Elohim* besser geeignet schien, Gottes Allmacht zum Ausdruck zu bringen. Doch das allein erklärt noch lange nicht das strenge Aussprache-Tabu, das über den Namen JHWH verhängt war. Sicherlich war dabei eher fromme Scheu im Spiel: JHWH war viel zu heilig, so empfand man wohl, als daß dieses Wort durch den Mund eines Sterblichen hätte profaniert werden dürfen. Später behalf man sich damit, daß man zwar JHWH schrieb, aber statt dessen einfach *adonai* (Herr) sagte. Damit ist jedoch die Tatsache nicht aus der Welt geschafft, daß JHWH als echter Eigenname zu gelten hat. Wahrscheinlich ist die Aussprache Jahwe am zutreffendsten.

Die irrige Variante Jehova entstand dadurch, daß Philologen, die der hebräischen Schrift Vokalzeichen gaben, beim Vokalisieren des Namens JHWH die Vokale von *adonai* verwendeten.

Gott selbst, so heißt es in der Bibel, habe seinen Namen Jahwe offenbart. Man muß diese Offenbarung als Enthüllung seines tiefsten Wesens verstanden haben, das nach Auffassung der Israeliten im Namen gültigen, verbindlichen Ausdruck fand. Im Wort lag Macht, und Worte verliehen auch Gewalt über andere. Kannte man den Namen einer Gottheit oder eines Geistwesens, so vermochte man bis zu einem gewissen Grade auch Einfluß auf dessen Wirken zu nehmen. Wenn Mose und sein Volk den Namen Gottes kannten, so bedeutete dies: Sie waren in ein Geheimnis eingeweiht, das ihnen Macht über eben diesen Gott verlieh. Ein Gott mit neuem Namen muß ihnen wie ein neuer Gott erschienen sein – ein Gott, der den mächtigsten Göttern ihrer ägyptischen Unterdrücker zumindest ebenbürtig war.

Im Gegensatz zum Jahwisten, dem Chronisten des Südreichs (vgl. Kap. 9), war »Jahwe« ein relativ ungewohnter Name für einen Gott. Betrachtet man überlieferte Personennamen, die bekanntlich oft Götternamen als Bestandteil enthalten, so zeigt sich, daß mit »Jahwe« zusammengesetzte Namensformen in der Zeit vor dem Exodus kaum vorkommen. Eine Ausnahme bildet vielleicht der Name der Mutter des Mose, Jochebed, den man als »Jahwe sei Ehre« zu deuten pflegt. Dennoch steht keineswegs fest, daß die Silbe *jo* in diesem Eigennamen wirklich schon auf Jahwe zurückzuführen ist. Doch selbst wenn dies der Fall wäre, könnte Moses Mutter ja – wie auch ihr Sohn selbst – ihren Namen gewechselt haben und nicht unter ihrer (uns unbekannten) früheren Namensform, sondern unter ihrem zweiten, neuen Namen in die biblische Geschichte eingegangen sein. Und dieser Namenswechsel könnte auf Sinai stattgefunden haben, denn allem Anschein nach geschah es während des Aufenthalts der Ägypten-Flüchtlinge am Berge Sinai, daß sie ihrem Gott einen neuen Namen gaben.

Dafür spricht unter anderem, daß der neue Gott in gewissen Partien der Bibel – nämlich im sogenannten Deborahlied, einem der ältesten Beispiele hebräischer Prosa (vgl. Kap. 5)[7] – als »der vom Sinai« (bzw. als »Gott vom Sinai« oder »der Gott, der vom Sinai kam«) bezeichnet wird. Als Berggott thronte Jahwe hoch über allem auf dem Berge Sinai, und dort wurde auch, wie es heißt, Mose seine Offenbarung zuteil.

Mose kannte möglicherweise einen dort heimischen Jahwe-Kult, der in der Zeit vor den Sinai-Ereignissen nur örtliche Bedeutung hatte.

Man hat die Vermutung ausgesprochen, das Wort JHWH käme vielleicht von der gleichen Wurzel wie *ehjeh*, das im Nordwestsemitischen »sein« bedeutet. Immerhin gab sich Jahwe Mose als »der, der da ist«, zu erkennen. Diese Tradition findet sich zwar beim Elohisten, dem Chronisten des Nordreichs, sie kann aber älter sein und dicht an seine Zeit heranführen. Jedenfalls wird berichtet, Jahwe habe sich den Israeliten gewissermaßen als *ehjeh ascher ehjeh* vorgestellt – das heißt: »Ich bin, der ich bin«, aber auch: »Ich bin, der da ist«.[8] Mit anderen Worten: Der Gott Israels offenbart sich in der wesenhaft unveränderlichen Kontinuität des Seins, die von den Wechselfällen des Hier und Heute unberührt bleibt. Er bedarf keiner Mythen, wie die Götter anderer Völker, denn seine Natur offenbart sich in seinen Werken.

Doch ist auch eine andere Auffassung möglich. *Ehjeh ascher ehjeh* kann auch heißen: »Ich werde sein, der ich sein werde.« Demnach wird Gott sich durch seine künftige Präsenz offenbaren. Ebenso wie er den Israeliten in vergangener Zeit Garant der Rettung war, verspricht er ihnen auch für alle Zukunft Heil. Auf allen seinen künftigen Wegen wird das Volk Israel also Jahwes Schutz genießen.

Welche Bedeutung man der Formel JHWH auch zu geben versucht, sie bleibt letzten Endes rätselhaft und verbirgt ein unerklärliches Geheimnis.

Eine der einschneidendsten religiösen Neuerungen, welche die kultische Tradition Israels tiefgreifend veränderte und das Geheimnis, das Jahwe umgab, noch undurchsichtiger machte, war das absolute Verbot, Gott bildlich darzustellen. Diese im zweiten Gebot des Dekalogs formulierte Bestimmung geht möglicherweise auf Mose selbst zurück. Soweit wir wissen, hat es ein solches Bilderverbot nirgendwo sonst gegeben. Später wurden auch andere biblische Darstellungen verboten[9], insbesondere solche von Menschen und Tieren; Jahwe-Bildnisse dagegen müssen schon zu einem sehr frühen Zeitpunkt tabu gewesen sein. Auf diese Weise wurde vermieden, daß der Gott Israels an bestimmte Orte gebunden war.

Wer die Bräuche der Kanaanäer gewohnt war, deren Gottesverehrung sich an festen heiligen Stätten abspielte und an Kultfiguren von Göttern und Göttinnen gebunden war, muß sich über das Bilderverbot sehr gewundert haben. Aber das war ja gerade dessen Absicht: Nichts auf der Welt sollte mit Jahwe vergleichbar sein, er war einfach nicht darstellbar und verharrte in Unsichtbarkeit. »Du kannst mein Angesicht nicht schauen, denn kein Mensch bleibt am Leben, der mich schaut.«[10]

Trotz mitunter geäußerter gegenteiliger Auffassungen war Jahwe für die Israeliten nicht unbedingt der Herrscher aller Welt, auch wenn man ihn dann und wann – ebenso wie zuvor den kanaanäischen Gott El – als Schöpfer und Herrn der Welt apostrophierte. Im allgemeinen bewegte sich das Denken der Israeliten in ganz anderen Bahnen. Im Mittelpunkt stand hierbei die Vorstellung von Jahwe als Beschützer seines Volkes. Hierbei allerdings geriet der Gott Israels mit anderen Völkern in Konflikt, der nur durch ihre Niederwerfung gelöst werden konnte. Jahwe war – ganz wie seine kanaanäischen Vorläufer auch – ein kriegerischer Gott, der ein kämpferisches Volk regierte. Seinen Ausdruck fand dies in der Vorstellung vom »Heiligen Krieg«, bei dem die Feinde Israels mit Jahwes Hilfe unterworfen und die Gefangenen und die gemachte Beute Gott als Opfer dargebracht wurden.

Die religiöse Reform des Mose ist möglicherweise von ägyptisch-monotheistischen Strömungen, wie sie unter Amenophis IV. (alias Echnaton) gepflegt wurden, beeinflußt. Mit Sicherheit vertrat Mose eine frühe Form des Monotheismus. Dies kommt deutlich im ersten Gebot zum Ausdruck, in dem es heißt: »Ich bin der Herr, dein Gott . . . du sollst keine anderen Götter neben mir haben.«

Bis zur endgültigen Durchsetzung des Monotheismus aber sollte noch viel Zeit vergehen. In vielen alttestamentlichen Texten tauchen immer noch Beinamen des an bestimmten Orten verehrten Gottes El auf, was davon zeugt, daß es auch nach der Mosaischen Reform immer noch polytheistische Elemente in Israels Religion gab. Noch Jahrhunderte nach Mose enthält keines der biblischen Bücher eine klare Aussage, daß die Existenz anderer Gottheiten ganz und gar unmöglich sei.

Mose selbst allerdings war der festen Meinung, daß Israel sich ganz und gar der Verehrung Jahwes widmen mußte. Nichts anderes besagen die sechs hebräischen Wörter des *Schema Israel* (Höre Israel), eines Textes, der im jüdischen Gottesdienst eine wichtige Rolle spielt: »Höre Israel: der Herr, unser Gott, ist *ein* Herr. Und du sollst den Herrn, deinen Gott, lieben von ganzem Herzen, von ganzer Seele und mit aller deiner Kraft.«[11] Dies war das Glaubenbekenntnis einer Religion, deren Anhänger einen Gott verehrten, von dem man sagte, er kenne keine Kompromisse und dulde als *el ganna*, der ausschließlich Eine, keinen anderen Gott neben sich.

Mit Mose als Mittler besiegelte Jahwe nach jüdischem Glauben auf Sinai seinen Bund (*berit*) mit Israel – eine eidliche Verpflichtung, deren geläufige Umschreibung mit dem Wort »Bund« im Grunde recht unzulänglich ist. Die entscheidenden Worte nämlich waren Jahwes Versprechen: »Ich will euch als mein Volk annehmen und will euer Gott sein.«[12] Fortan wurde, so will es die Überlieferung, diese Zusicherung von Generation zu Generation immer wieder erneuert.

Der an Verträge gemahnende Wortlaut und Stil solcher Texte verrät, daß sie zum Teil recht jungen Datums sind (vgl. Kap. 14). Doch im allgemeinen herrscht in der Fachwelt Übereinstimmung, daß die betreffenden Überlieferungen im innersten Kern auf sehr alte Quellen, wenn nicht gar auf Mose selbst zurückgehen.

Der Bund von Sinai hat eine doppelte Bedeutung: Es handelt sich um eine Verpflichtung, die Jahwe selbst eingegangen ist, um einen Gnadenerweis also, der sich an die Heilstat des Auszugs aus Ägypten anschloß. Gleichzeitig verpflichtet er jedoch auch das Volk, dem das Versprechen gilt, zum Gehorsam gegenüber Jahwe.

Es ist nicht erwiesen, ob es irgendein Vorbild für einen solchen Vertragsschluß eines Gottes mit einem auserwählten Volk gibt. Wenn sonst in der Bibel von einem Bund Gottes mit irgendwelchen biblischen Gestalten der Vergangenheit – beispielsweise mit Noah und den Erzvätern – die Rede ist, so handelt es sich um Erzählungen legendenhaften Charakters, in denen es um Bündnisse Gottes mit auserwählten Einzelpersonen geht. Der Bund von Sinai ist dagegen nicht auf ein Individuum zugeschnitten, er umfaßt die Gemeinschaft als ganze und schließt keines ihrer Mitglieder aus. Im Sinai-Bund wird das Verhältnis des Volkes Israel zu seinem Gott neu bestimmt. Gottesverehrung bedeutet nicht mehr Beschwichtigung unberechenbarer Mächte, vielmehr wird Jahwe Vertragspartner seines Volkes, und der Bund zwischen beiden regelt ihr gegenseitiges Handeln.

Die Bundestreue (*hesed*) – ein dornenreicher Pfad, der jedem das Höchste abverlangt – gilt als oberste, unverzichtbare Tugend: »Ich werde die ehren, die mir Ehre erweisen.«[13] Zu dieser Bundestreue gehört, daß man einen ganzen Katalog strenger moralischer Forderungen erfüllt. Schon die Religion der Kanaanäer, der die israelitische so viel verdankt, kannte die Vorstellung eines fehllosen, »tugendhaften«, barmherzigen und gnädigen Vatergottes, dem nachzueifern die Menschen verpflichtet waren (vgl. Kap. 2). Die Verfasser der biblischen Bücher betonten sowohl das gute Handeln Gottes als auch die Verpflichtung seiner Anhänger zu moralisch richtigem Verhalten. Die biblischen Moralforderungen legten allerdings nicht wie die kanaanäischen den Hauptakzent auf die Gottesverehrung. Im Mittelpunkt ihres Denkens stand die Wahrung von Sitte und Menschlichkeit. Ganz gleich, welchen gesellschaftlichen Status man besaß, jedermann war dazu verpflichtet, ein untadeliges Leben zu führen. Die grundlegenden Forderungen der israelitischen Religion finden sich in den Zehn Geboten, welche Gott selbst auf steinerne Tafeln geschrieben haben soll. Diese Gebote finden sich in der Bibel in zwei leicht voneinander abweichenden Formulierungen: in einer »ethischen« und einer »rituellen« Version. Die »rituelle« Form fügt sich besser in den Rahmen einer Gesellschaft seßhafter Ackerbürger und scheint die jüngere der beiden Fassungen zu sein. Der älteren Version der Zehn Gebote sind einige Forderungen vorangestellt, die man eigentlich nicht als ethisch bezeichnen kann. Es sind Gebote, die sich auf die Person des Gottes beziehen, der Israel aus Ägypten geführt hat, nicht durch Bilder dargestellt werden darf und auf andere Götter eifersüchtig ist. Diesem Gott ist das Volk Israel zu Liebe und Treue verpflichtet. An diese Gebote schließen sich folgende Moralvorschriften an:

»Ehre deinen Vater und deine Mutter . . .
Du sollst nicht töten.
Du sollst nicht ehebrechen.
Du sollst nicht stehlen.
Du sollst nicht falsches Zeugnis reden wider deinen Nächsten.
Du sollst nicht begehren nach dem Hause deines Nächsten: du sollst nicht begehren nach dem Weibe deines Nächsten . . . nach irgend etwas, was dein Nächster hat.«[14]

Die Form dieser Ge- und Verbote pflegen wir als apodiktisch zu bezeichnen. Dies bedeutet, daß sie uneingeschränkt gelten, ohne abschwächende Zusätze wie »unter der Voraussetzung, daß . . .«, wie sie für die argumentative, kasuistische Art der Rechtsfindung und Rechtsprechung charakteristisch sind.

Kasuistische Gesetze waren bei den Kanaanäern sehr verbreitet. Die apodiktisch formulierten Zehn Gebote scheinen indessen von der kanaanäischen Tradition abzuweichen. Vielleicht handelt es sich dabei um eine Eigenheit, die nur Israel kannte und die mit ziemlicher Wahrscheinlichkeit noch aus der Zeit vor der Einwanderung nach Kanaan stammt. Obwohl wir heute wissen, daß die hebräische Schrift erst sehr viel später in Gebrauch kam (vgl. Kap. 8), heißt dies, daß die Zehn

Gebote vielleicht auf Mose zurückgehen. Möglicherweise hat er sie verkündet, als er Zwistigkeiten zwischen den einzelnen Stämmen, Clans und Familien zu schlichten hatte – und zwar nirgendwo anders als am Gerechtigkeitsbrunnen (*en mischpat*) zu Kadesch Barnea.

5. Kapitel
Landnahme und Seßhaftwerdung

Josua und die Richter

Nachdem Mose gestorben war, gebot Jahwe – so berichtet die Bibel – Josua, dem Sohn des Nun, Moses designiertem Nachfolger, sein Volk in das Gelobte Land, nach Kanaan zu führen. Nach der Durchquerung des Jordan bei Gilgal errichtete Josua unweit der Furt zwölf Gedenksteine und eroberte danach Jericho, dessen Mauern durch ein Wunder beim bloßen Klang der Posaunen und des Feldgeschreis der Israeliten einstürzten.

Danach nahm er mit Hilfe einer Kriegslist Ai ein und errichtete auf dem Berg Ebal bei Sichem einen Altar. Anschließend hatte er gegen einen Bund von Königen aus dem Süden zu kämpfen, die von Adonisedek, dem Herrscher über Jerusalem, angeführt wurden. Auch gegen eine Koalition von Königen aus dem Norden mußte Israel sich behaupten, und abermals blieb es Sieger.

Der zweite Teil des biblischen Buches, das Josuas Namen trägt, beginnt mit einem Verzeichnis noch uneroberter Regionen – hierzu gehören die Ebenen, Täler und Küstengebiete Israels. Aber auch die den Israeliten beiderseits des Jordan zugewiesenen Landstriche werden aufgezählt.

Man sagt Josua nach, er sei ein mitreißender Redner gewesen. So warnte er auf dem Berge Ebal mit flammenden Worten sein Volk, vom Pfad des Glaubens abzuweichen, und auf dem sogenannten »Landtag von Sichem« rief er in einer zündenden Ansprache den Israeliten die Befreiungstat Jahwes in Erinnerung und befahl ihnen, dem neuen Bund, den Jahwe mit ihnen geschlossen hatte, die Treue zu halten. Im übrigen enthält das Buch Josua zweifellos wichtiges und altes Material, doch die seinem Helden zugeschriebenen Taten sind teils übertrieben, teils sogar erdichtet: Eine in Wirklichkeit sehr viel komplexere Folge von Ereignissen wurde zur Geschichte einer einzigen Heldengestalt komprimiert – einer Geschichte, die infolgedessen voller innerer Widersprüche ist (vgl. Kap. 9).

Das Haus Joseph spaltete sich in zwei Gruppen, die den Namen der beiden Joseph-Söhne Ephraim und Manasse trugen. Josua, als Moses Nachfolger Oberhaupt all dieser Einwanderer, war offensichtlich Ephraimit. Jedenfalls lag der Platz, wo er begraben wurde, nachdem er im Alter von 110 Jahren gestorben war, »im Bereich seines Erbbesitzes«[1] im Ephraim-Gebirge, der reichsten und zivilisiertesten Region des Landes.

Außerdem ist deutlich erkennbar, daß Josuas Aktivitäten überwiegend mit der Landnahme der beiden genannten Stämme zu tun hatten. Diese erfolgte im gebirgigen, doch alles andere als kargen oder armen Kernland Kanaans, und von dort aus breiteten sich die neuen Ansiedler später in die Niederungen und Randgebiete aus, in die es auch andere Israeliten zog (vgl. Kap. 4).

Ihre Clans *(alafim)* waren zweifellos bereits in autonome Stämme unterteilt, deren Angehörige sich auf die Abstammung von gemeinsamen Ahnen beriefen. Als im Laufe der Zeit immer mehr Israeliten seßhaft wurden, kristallisierte sich allmählich die bekannte Zwölfzahl von Stämmen heraus. Zunächst freilich waren es nur elf Stämme, und benannt waren sie nach Joseph, seinem Bruder Benjamin (beide waren Söhne der Rahel) und neun ihrer Halbbrüder – zunächst Söhne der Lea (Levi, Simeon, Ruben, Juda, Issaschar und Sebulon), dann der Bilha (Dan und Naphtali) sowie schließlich der Zilpa (Gad und Ascher). Erst als der Stamm Levi – dem Mose angehört hatte (vgl. Kap. 4) – zur besonderen Priesterkaste erhoben wurde, die von der Landverteilung ausgeschlossen blieb, unterteilte man den Stamm Joseph in die Stämme Ephraim und Manasse, und so erreichte man die heilige Zahl zwölf. Bisweilen bezeichnet man allerdings das Gebiet beider Stämme kurzerhand als Gebirge Ephraim.

Ein sehr frühes Dokument, das Deborahlied (siehe unten), erwähnt lediglich zehn Stämme, und die uns von heutigen Landkarten her geläufige Gebietsaufteilung ist vermutlich erst Jahrhunderte nach Josua zustande gekommen. Obwohl die Bibel den Zeitpunkt einer Vereinigung aller israelitischen Stämme schon sehr früh ansetzt – beispielsweise ist davon die Rede, daß beim Landtag von Sichem alle Israeliten versammelt waren –, sollte noch sehr viel Zeit vergehen, bis es tatsächlich ein geeintes Volk Israel gab.

Bisher haben Archäologen keine Spuren gefunden, die von den ersten Eroberungsfeldzügen der Israeliten in Kanaan zeugen; diese waren übrigens unter Josua keineswegs beendet. Immerhin könnte die Überlieferung zutreffen, daß die Israeliten irgendwo in der Nähe von Gilgal den Jordan in ostwestlicher Richtung überschritten. Jedenfalls erreichte Gilgal schon bald nach der Zeit, in der diese Jordan-Überquerung stattgefunden haben muß, den Rang eines bedeutenden Heiligtums. Daß Josua Jericho einnahm – ein Ereignis, um das sich ein unentwirrbares Gestrüpp heroischer Legenden rankt –, wurde bestritten, weil sich in Jericho keinerlei Besiedelungs- bzw. Zerstörungsschicht nachweisen läßt, die aus der in Frage kommenden Zeit stammt (zuvor war die Stadt das letzte Mal vor 1300 zerstört worden). Manche Gelehrte allerdings halten es immerhin für möglich, daß im Jericho der Zeit Josuas noch immer eine kleine Festung existierte, die sich Josua gewissermaßen als »natürliches« Angriffsziel förmlich anbot. Die Eroberung von Ai dagegen, das an der Stelle liegt, wo die von Jericho heraufkommende Paßstraße nördlich von Jerusalem die Hochebene erreicht, scheint reine Legende zu sein. Man erfand sie wohl, um den Namen des Ortes zu erklären, der nichts anderes als »Ruine« bedeutet.

Auch von einer Schlacht bei Gibeon, einem acht Kilometer von Jerusalem entfernten, wohl erst kurz vor der Landnahme befestigten Handelszentrum, ist im Josua-Buch die Rede. Es liegt an der strategisch wichtigen Ost-West-Route, die von Jericho zur Küste führt. Wie wir erfahren, fühlte sich Adonisedek durch einen Vertrag herausgefordert, den die Israeliten mit Gibeons Herrscher abgeschlossen hatten, und es gibt keinen triftigen Grund, diese Überlieferung anzuzweifeln.

Hoch im Norden, bei Hazor, schlugen – laut Bibel – die Israeliten zwei erfolgreiche Schlachten, und zwar zu ganz verschiedenen Zeiten: die eine unter Josua, die andere erst nach Josuas Tod. Allerdings sieht es ganz so aus, als sei der erste dieser beiden Siege erfunden worden, um Josua auch noch diese Ruhmestat zuzuweisen. In Wirklichkeit drang Josua niemals so weit vor. Archäologischen Ausgrabungen zufolge muß Hazor vor 1200 zerstört worden sein, ebenso wie andere Städte Kanaans: Sie alle sanken im 13. bzw. im beginnenden 12. Jahrhundert in Trümmer, und dies ist genau die Zeit, in welcher die israelitische Landnahme unter Josua stattgefunden haben muß. Doch ist es möglich, daß die eine oder andere Stadt nicht durch Israeliten, sondern durch andere Angreifer in Schutt und Asche gelegt wurde.

So sehr auch das biblische Buch Josua die Erfolge seines Helden herausstreicht – am Schluß, als Josua bereits hochbetagt war, äußert Jahwe, daß ein großer Teil des Landes noch unerobert sei.[2] Später heißt es dann überraschenderweise, Jahwe habe sein Versprechen, Josua und seinem Volk das gesamte Gelobte Land zu geben, gehalten. Gewisse Bereiche seien lediglich unerobert geblieben, um die Israeliten, die bislang noch nicht an den Kampfhandlungen teilgenommen hatten, auf die Probe zu stellen. Diese Bemerkung findet sich im Buch der Richter, und zwar in einer Passage der jahwistischen Quelle (vgl. Kap. 9), welche die Situation unmittelbar nach Josuas Tod schildert. So sehr das Buch der Richter bestrebt ist, das Bild einer geeinten Nation zu vermitteln – seine Darstellung der Ereignisse läßt deutlich erkennen,

4 Palästina zur Zeit der Richter

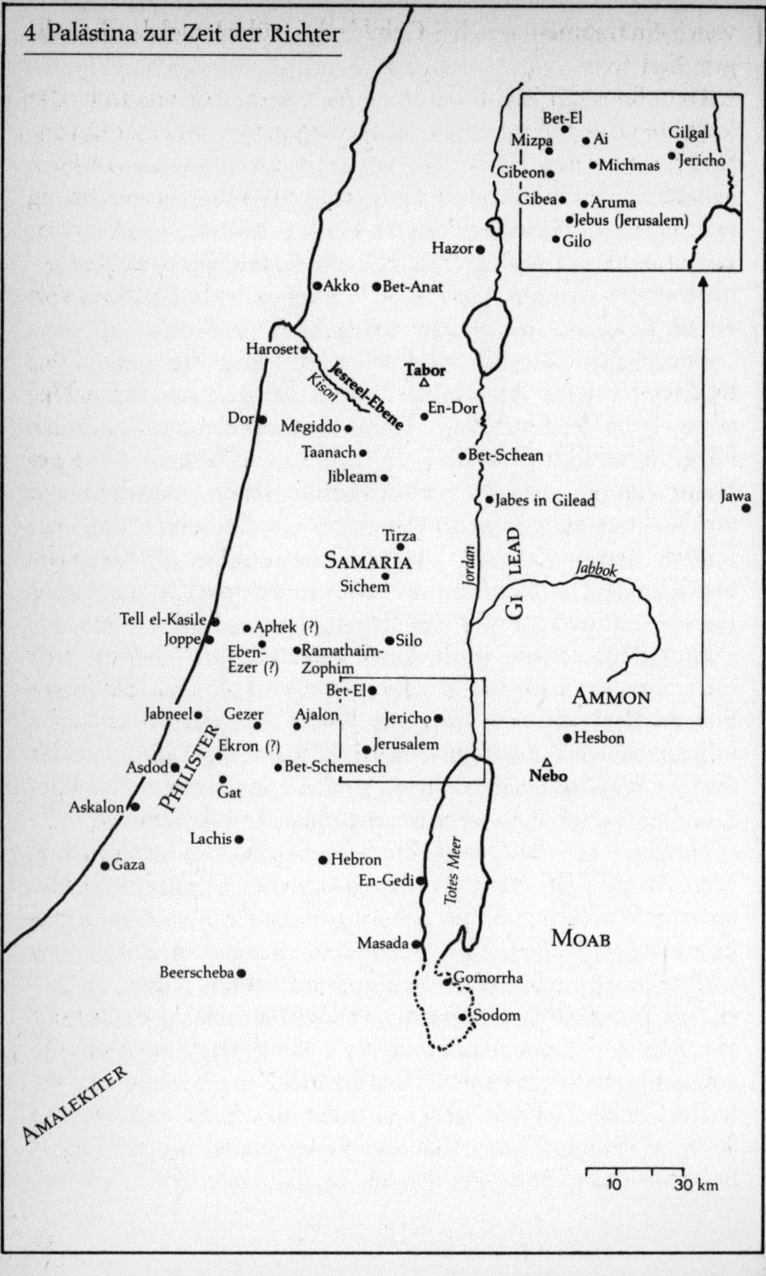

welch ein fragmentarisches Gebilde das frühe Israel der damaligen Zeit war.

Dem Buch der Richter zufolge waren einzelne Stämme oder kleinere Gruppen in Kanaan eingedrungen – und diese Wanderbewegung dauerte noch an –, welche unabhängig voneinander aus eigener Initiative und mit ganz unterschiedlichem Erfolg operierten. Im Buch der Psalmen heißt es hierzu: Die Israeliten waren »an Zahl noch unscheinbar . . . nur wenige und Fremde« im fremden Land, und so »zogen sie von Volk zu Volk, von einem Reich zum anderen«[3].

Befestigte Städte, die regelrechte Verteidigungslinien bildeten, hemmten das Vordringen der Israeliten. Zu diesen Stadtfestungen zählten Jerusalem, Ajalon (bei Gibeon) und Gezer; sie bildeten eine Art Festungskeil, der das Land förmlich in zwei Hälften teilte. Im Norden gab es weitere Festungen in der Hand von Nicht-Israeliten, so beispielsweise Dor, Megiddo, Taanach, Jibleam und Bet-Schean, welche die Jesreel-Ebene beherrschten. Zu dieser hatten die Israeliten ebensowenig Zugang wie zu Hazor, das noch jenseits der Ebene lag.

Immerhin scheint es Josua fertiggebracht zu haben, sich inmitten all dieser in fremder Hand befindlichen Städte in Sichem als Stadtherrscher zu etablieren und damit die Nachfolge jenes Labaya und seiner Söhne anzutreten, die einst das dortige Stadtkönigtum geschaffen und Sichem vor der Bevormundung durch Ägypten bewahrt hatten (vgl. Kap. 2).

Noch immer war Sichem ein bedeutendes Heiligtum. Doch ebenso wie die Wallfahrtsorte Gilgal und Bet-El wurde es später durch Silo überflügelt. Silo, das mitten im Gebiet des Stammes Ephraim lag, war Schauplatz eines jährlichen Erntefestes, des sogenannten Laubhüttenfestes (vgl. Kap. 8), und eine vielbesuchte Pilgerstätte. Seine Priester führten ihre Abstammung auf Moses Bruder Aaron zurück. Bei ihnen suchten die Angehörigen der Stämme Israels Zuflucht, wenn es Zwistigkeiten zu schlichten galt. Vielleicht haben heilige Stätten wie Silo dazu beigetragen, daß sich die voneinander unabhängigen Stämme allmählich näherkamen.

Bis heute ist ungeklärt, ob die Ansiedlungen dieser frühen Zeit mehr festungsartig-militärischen oder mehr friedlich-zivilen Charakter hatten. Die Bibel neigt eher zur ersten dieser beiden Ansichten. So ist sogar das Buch der Richter trotz seiner – im Vergleich zur Darstellung des Buches Josua realistischeren – Einschätzung der Landnahme als eines langsamen Prozesses nichts als eine immer wieder verblüffende Schilderung gnadenloser Kämpfe zwischen den Israeliten und den mit ihnen verfeindeten Kanaanäern, die sich gegen die Eroberung ihres Landes zur Wehr setzten.

Selbstverständlich gab es genügend Konfliktstoff zwischen den Angehörigen der Wanderstämme Israels und den Bewohnern der kanaanäischen Städte. Der Nachdruck aber, den die Autoren der Bibel auf den für Israel siegreichen Ausgang der Kämpfe legen, hat seinen Grund wohl letzten Endes in der ablehnenden Haltung, welche die Israeliten gegenüber der kanaanäischen Religion einnahmen.

Nach heutiger Auffassung – und ganz im Gegensatz zur Meinung der Bibel – verlief die Anfangsphase der Landnahme im allgemeinen friedlich, und nur ausnahmsweise kam es zu kriegerischen Auseinandersetzungen. In weiten Teilen der Zentralregion drangen die Zuwanderer in zumeist menschenleeres oder nur spärlich bevölkertes Terrain ein. In dichter besiedelten Gegenden dürften sie sich ganz allmählich der kanaanäischen Stadtbevölkerung angeglichen und deren seßhafte Lebensweise übernommen haben.

An einigen Stellen läßt die Bibel erkennen, daß die örtlichen Machthaber derartige Zuwanderer nicht ungern sahen. Da sie oft größere Viehherden besaßen und bereit waren, unbebautes Land zu erschließen, konnten sie diesen Herrschern von Nutzen sein. Daß Kanaanäer und Israeliten verwandte Idiome sprachen, erleichterte die gegenseitige Verständigung. Sichem etwa war nicht nur von Angehörigen beider Bevölkerungsgruppen bewohnt, sondern seine Bewohner praktizierten eine Mischreligion (vgl. Kap. 5). Gideon aus dem Stamme Manasse, von dem noch die Rede sein wird, besaß sowohl einen jahwistischen als auch einen kanaanäischen Namen: Gideon und Jerubbaal (allerdings versucht die Bibel den Eindruck zu erwecken, als habe dieser letztgenannte Name eine antikanaanäische Bedeutung).[4] Gideon nahm eine Kanaanäerin aus Sichem zur Nebenfrau; ihr Sohn, Abimelech, nutzte später die Vorteile dieser Verbindung.

Im Laufe der Zeit hatten beide Völker gemeinsame äußere Feinde, und ohne Zweifel gab es auch ein hohes Maß von Blutsbanden zwischen ihnen. Wegen der späteren Feindschaft der beiden Völker versuchten manche Bibelautoren, dies zu leugnen, doch noch Jahrhunderte später hält der Prophet Ezechiel der Stadt Jerusalem ihre kanaanäische Herkunft vor: »Nach Herkunft und Geburt stammst du aus dem Lande der Kanaaniter; dein Vater war ein Amoriter, deine Mutter eine Hethiterin.«[5]

Das Buch der Richter erzählt von zwölf bedeutenden und einflußreichen Volksführern, die nach Josuas Tod wirkten. Es handelt sich um die sogenannten *schofetim* (Richter). Sechs von ihnen, den sogenannten großen Richtern, schrieb man Heldentaten zu, die man einer ausführlichen Schilderung für würdig hielt. Die Rechtsprechung war nur eine von vielen Aufgaben, welche sie zu erfüllen hatten. Besonders begnadete Richter – wie etwa die Richterin Deborah – standen wegen der Weisheit ihrer Richtersprüche und ihrer unparteilichen Haltung in hohem Ansehen. Bei diesen Richtern handelte es sich um charismatische Volksführer auf lokaler bzw. Stammes-Ebene, die aus verschiedenen Regionen Israels kamen. Die Berichte über Leben und Wirken der Richter sind so angeordnet, daß die ursprünglich voneinander unabhängigen Ereignisse aufeinander bezogen sind und in eine chronologische Reihenfolge gebracht werden. Auf diese Weise wollte man zum Ausdruck bringen, daß es die Richter waren, die Israel zum Zwölfstämmeverband zusammenschlossen.

Die Phase, in der den Führern von Splittergruppen und Stämmen eine wichtige Bedeutung zukam, dauerte länger als

150 Jahre, und man datiert sie in das 12. bis 11. Jahrhundert. Waren die Zeitläufte ruhig, wurden die Stämme von einem Ältestenrat geleitet. Doch sobald von außen her – sei es von Kanaanäern, sei es von anderen Feinden – Gefahr drohte, der man durch außergewöhnliche Maßnahmen begegnen mußte, ernannte man Richter auf Zeit. Diese Richter waren zwar verschiedener Herkunft und von unterschiedlichem Rang, doch standen sie als Volksretter allesamt in hohem Ansehen. Man glaubte, Jahwe habe sie eigens berufen und für ihre Aufgaben auserkoren – sein Geist »überschattete« Otniel und »ergriff« Samson (vgl. Kap. 6): Dieses Ergriffenwerden verlieh übermenschliche Kräfte.

Einer der zwölf Richter, Gideon-Jerubbaal aus dem Stamm Manasse, hatte einer großen, ja nahezu tödlichen Gefahr entgegenzuwirken, die Israel von seiten der Midianiter, eines Nomadenvolkes, drohte (es handelte sich um den nördlichen Zweig der bewußten Stammesgruppe, dessen Wohngebiet von dem seiner Namensvettern auf Sinai ziemlich weit entfernt war). Sieben Jahre lang, so erfahren wir, hatten die Midianiter »Israel unterdrückt« und die meisten der von Israeliten bewohnten Gebiete unsicher gemacht. Gideon griff die midianitischen Streitkräfte am Berg Tabor an, einem für sein Vorhaben an sich äußerst ungünstigen Terrain, da das Gelände unmittelbar in die Jesreel-Ebene überging. Diese befand sich noch immer in kanaanäischer Hand. Der Feind besaß zudem durch den Einsatz von Kamelreitern eine große Beweglichkeit im Kampf.

Daß es Gideon gelang, mit Hilfe einer neuen Überraschungstaktik dennoch den Sieg zu erringen, war ein bedeutender Meilenstein in der Geschichte der Israeliten, die sich nun gegenüber den kanaanäischen Städten ringsum in einer überlegenen Position befanden. Gideons Erfolg brachte es mit sich, daß ihm die Stämme Ascher und Sebulon eine Art erblicher Herrscherwürde antrugen. Angeblich lehnte Gideon jedoch dieses Angebot ab und zog sich nach Erfüllung seiner Aufgabe wieder aus der Öffentlichkeit zurück. Nach Gideons

5 Die Zwölf Stämme Israels

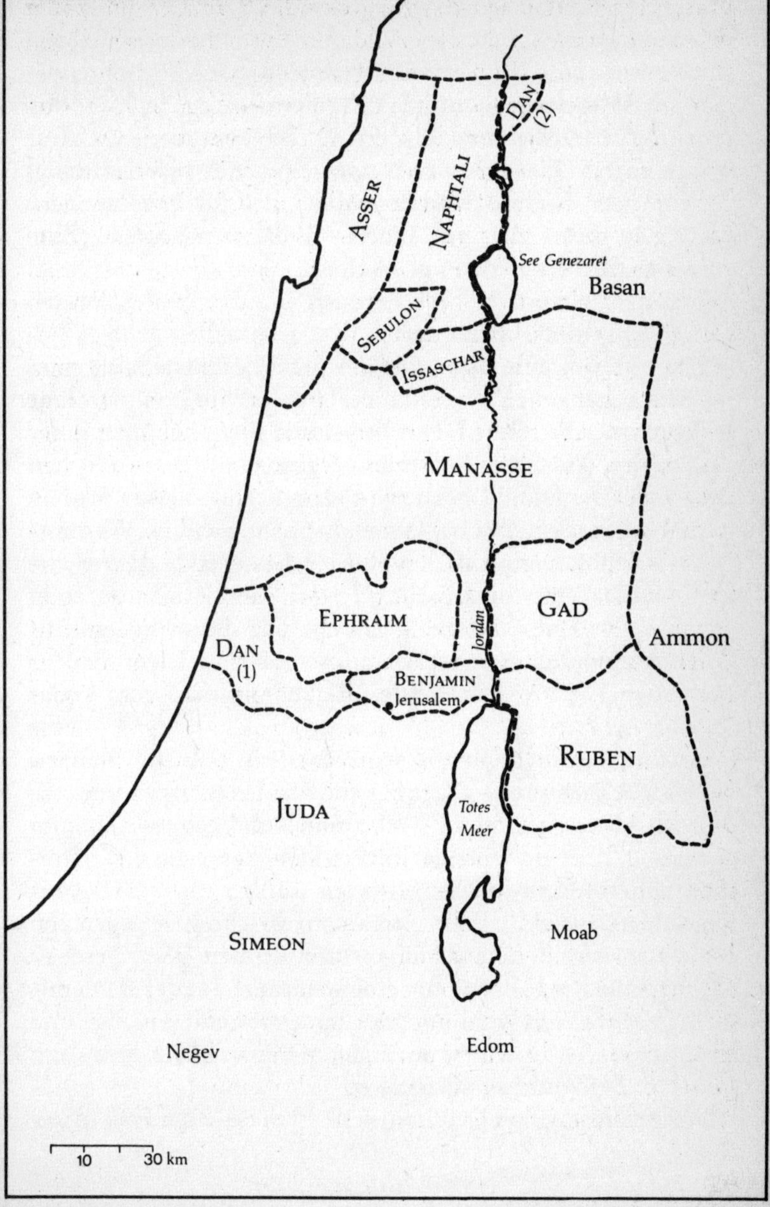

Tod errichtete sein Sohn Abimelech nach einem blutigen Staatsstreich in Sichem eine Gewaltherrschaft. Er residierte in der benachbarten Bergfeste Aruma, bis er bei einer Belagerung der Burg tödlich verwundet wurde.

Wie Abimelech stammte auch der Richter Jephtah von einer nichtisraelitischen Mutter ab. Sie war die Nebenfrau seines Vaters Gilead, dessen Namen ein Landstrich östlich des Jordan trägt. Hieraus wird ersichtlich, daß die Israeliten sich bereits zu dieser Zeit mit anderen Völkern mischten. (Zum Problem der Mischehen vgl. Anhang 4.)

Mit dem Namen Jephtah ist auch eine Erzählung von der Opferung seiner Tochter verbunden. Hierbei handelte es sich vermutlich um eine Sage, mit der man die Entstehung eines jährlich begangenen Festes zu erklären suchte, das vier Tage lang dauerte. Bei diesem Fest beweinten unverheiratete junge Frauen den Tod dieses Mädchens – ebenso wie man in Syrien den Tod des Adonis beklagte. Man beging dieses Fest in Ramat-Mizpa, einem Ort, dessen Lage ungewiß ist. Vermutlich war Jephtah, obwohl ihm eine solche Legende zugeschrieben wurde, eine historische Gestalt, der Anführer einer Gruppe von Freischärlern, der nicht nur die nicht-israelitischen Ammoniter vom östlichen Jordanufer vertrieb, sondern auch seine eigenen Landsleute (die Ephraimiten) vom Westufer.

An der Person Jephtahs wird deutlich, daß die Stämme Israels zur Richterzeit gegeneinander zu Felde zogen und daß es noch keinen geeinten Zwölfstämmebund gab. Der Stamm Benjamin, dem ein winziger Fetzen Land zwischen den Stämmen Ephraim und Juda zugewiesen worden war, wäre sogar von anderen israelitischen Stämmen, welche sich gegen ihn verbündet hatten, beinahe ausgerottet worden. Zwar geschah dies angeblich aus Rache für eine grausame Tat der Benjaminiten, doch war es wohl in erster Linie die zahlenmäßige und territoriale Überlegenheit der anderen Stämme, die diese dazu bewegte, Benjamin zu überfallen.

Die Erzählung von Deborah – sie ist die einzige Frau in der

Reihe der Richter und die erste der vielen bedeutenden (und von den Autoren der Bibel stets mit größter Hochachtung behandelten) Frauengestalten – finden wir gleich zweimal: einmal in Form eines Gedichts als Deborahlied, sodann in einer inhaltlich geringfügig abweichenden Prosaversion.

Deborah war die Anführerin einer Stammesgruppe, welche in der heiß umkämpften Gegend rings um die Jesreel-Ebene wohnte. Sie beauftragte einen Heerführer namens Barak damit, einigen feindlichen Staaten entgegenzutreten, die sich gegen Israel verbündet hatten. Anführer der gegnerischen Streitmacht waren Jabin, der König von Hazor, und sein Feldherr Sisera, der einen nichtsemitischen Namen trug und aus Haroset stammte. Im Deborahlied ist von Jabin keine Rede, hier wird Sisera als König bezeichnet.

Auf Deborahs Betreiben brachte Barak ein für damalige Verhältnisse recht ungewöhnliches Bündnis von nicht weniger als sechs israelitischen Stämmen zustande. Vier weitere nahmen an dem Konflikt nicht teil; die restlichen beiden Stämme bleiben unerwähnt. Am Südrand der Jesreel-Ebene, bei Taanach, fiel das Heer der Israeliten über die Feinde her, unter denen ein heftiger Wolkenbruch eine Panik auslöste. In dem regennassen Boden versackten die gegnerischen Streitwagen, und der plötzlich reißendes Wasser führende Bach Kison riß alle, die zu entkommen versuchten, mit sich.

Sisera fand Zuflucht im Zelt eines gewissen Cheber (Heber), eines aus dem nördlichen Arabien eingewanderten Keniters; als der völlig erschöpfte Krieger in den Schlaf gesunken war, zertrümmerte Jaël, Chebers Frau, ihm mit einem Zeltpflock den Schädel.

Deborah und Barak gelang es nicht, die Kanaanäer endgültig aus der Jesreel-Ebene zu vertreiben. Dennoch hatten die Richterin und ihr Feldherr einen bedeutenden Sieg errungen – vielleicht den ersten, den Israeliten je in offener Feldschlacht erzielten. Die Bedeutung des Ereignisses wird dadurch unterstrichen, daß das Deborahlied, das darüber berichtet, erhalten ist:

»Dann ziehen die Kampfentronnenen glanzvoll hinab,
Das Kriegsvolk des Herrn ziehe hinab als Helden . . .
Könige kamen und stritten.
Kanaans Könige kämpften damals
Zu Taanach an den Wassern Megiddos . . .
Vom Himmel aus kämpften die Sterne.
Von ihren Bahnen aus stritten sie wider Sisera.
Der Kisonbach schwemmte sie fort.
Der Kisonbach trat ihnen entgegen.
Zieh dahin voll Kraft, meine Seele!
Da stampften die Hufe der Rosse.
Da dröhnte der Hengste Stieben und Traben.«[6]

Die meisten Forscher stimmen darin überein, daß dieses Gedicht (das hier nur in Auszügen wiedergegeben ist) in seiner Grundsubstanz bis auf die Zeit zurückgehen muß, in welcher der Sieg über die Kanaanäer errungen wurde. Vielleicht sang man es sogar schon bei der Siegesfeier nach der Schlacht im Lager der Israeliten und musizierte und tanzte dazu. Angeblich stammt dieses Lied, das so voller Dramatik und von so großer Lebendigkeit ist, von Deborah selbst; allerdings sind die Anspielungen auf ihre Verfasserschaft, die sich im Text befinden, unschwer als spätere Einschübe zu erkennen. Ob die Hebräer schon zur Zeit Deborahs imstande waren, Texte schriftlich festzuhalten, läßt sich nicht beweisen (vgl. Kap. 8). Doch gibt es auf jeden Fall gute Gründe, Deborahs Lied nicht nur als unschätzbares Zeugnis der Richterzeit, sondern als ältestes erhaltenes Beispiel hebräischer Dichtung bzw. hebräischer Literatur überhaupt anzusehen. Enthält es doch Begriffe, Metaphern und andere Stilelemente, die an Verse aus Ugarit (vgl. Kap. 2) erinnern, und dort liegen ja die Anfänge der hebräischen Dichtkunst.

Die Bibel enthält auch andere Dichtungen mit ähnlich ausgeprägten kanaanäischen Merkmalen – Dichtungen, die vielleicht ebenfalls auf die Zeit der Richter zurückgehen. Dies gilt vor allem (ganz oder teilweise) für gewisse Psalmen, für die Sprüche des Propheten Bileam, die Mose und Miriam zugeschriebenen Lieder über den Durchzug durch das Rote Meer sowie für das Lied und die Segenssprüche des Mose.

Schon als sie aus Ägypten kamen, sprachen die Israeliten des Hauses Joseph eine semitische Sprache, die auf die Patriarchenzeit zurückging, allerdings dann später mit mancherlei zusätzlichen Elementen vermischt worden war. In Kanaan eingetroffen, hielten sie zwar noch immer am Grundbestand ihrer früheren Mundart fest, entwickelten aber allmählich aus einem von den Kanaanäern gesprochenen nordwestsemitischen Dialekt, der mit ihrer eigenen Sprache verwandt war, das biblische Hebräisch.

Diese Sprache erwies sich als Medium, das sich besonders gut für eine Dichtung eignete, die eine Form überhöhter Prosa war. Die poetischen Werke dieser Israeliten sowie ihrer Nachkommen gehören zu den großartigsten Schöpfungen, die wir dem Genius dieses Volkes verdanken. Solche Dichtung nimmt in der Bibel einen breiten Raum ein und ist meist älter als die biblische Prosa. Die Gewalt dieser dichterischen Sprache spürt man sogar noch in Übersetzungen, wenn diese nur einigermaßen gelungen sind. Natürlich vermag kaum eine neuere Bibelübertragung den biblischen Wortlaut so wiederzugeben wie etwa die Bibelübersetzung Martin Luthers, so viel exakter heutige Übersetzungen in manchen Einzelheiten auch sein mögen. Dennoch sind wir noch weit davon entfernt, den Bibeltext vollständig zu verstehen, und noch immer streitet man sich um die richtige Wiedergabe zahlreicher Bibelstellen. Das wichtigste Merkmal der biblischen Sprache ist ihre hohe Flexibilität, die es jederzeit erlaubt, die sprachlichen Wendungen dem jeweils Gemeinten anzupassen, d. h., daß die Form gänzlich durch den Inhalt bestimmt wird. Als Beispiel sei der typische Parallelismus der hebräischen Versstruktur genannt. Die Verse bestehen aus je zwei kurzen, nebeneinander angeordneten Elementen, die sich echoartig wiederholen, einander entsprechen und entweder Gleiches aussagen oder Entgegengesetztes. Letztlich beruht diese Versstruktur auf einem Denken in klaren, eindringlichen, konkreten Bildern, die den Gegebenheiten des bäuerlichen und später des städtischen Lebens entnommen sind.

Ausgrabungen haben überall Reste israelitischer Siedlungs-Neugründungen aus der Zeit der Richter ans Licht gebracht. Zu den jüngsten, die man entdeckte, zählt Gilo unmittelbar südwestlich von Jerusalem. Diese Funde zeigen deutlich, daß die Siedler und ihre Nachkommen damals im Begriff waren, sich die seßhafte Lebensweise anzueignen, die sie bei den Kanaanäern vorgefunden hatten, und sich – ebenso wie die früheren Bewohner des Landes – zu Dorf- und Stadtgemeinden zusammenzuschließen.

Unter anderem gab es dort mit wasserundurchlässigem, nicht-porösem Putz ausgekleidete Zisternen, die seßhaftes Leben auch in Bereichen ermöglichten, in denen bisher Wasservorräte fehlten.

Um 1200 begann in Palästina die Eisenzeit, denn damals drang die Kenntnis dieses neuen Metalls und seiner Verarbeitung aus Kleinasien, das die Hethiter bewohnten, in den südlichen Mittelmeerraum. Die Benutzung eiserner Pflugscharen erleichterte Rodungsarbeiten und den Anbau von Saatgut. Doch es dauerte geraume Zeit, bis sich der Gebrauch von Eisen vollends durchgesetzt hatte. Gegen Ende des zweiten Jahrtausends war es noch eine Rarität. Archäologen haben entdeckt, daß sich in derselben Epoche in Palästina ein reger Handel entwickelte. Dieser kam wohl eher durch die Kanaanäer als durch die Israeliten zustande. Diese nämlich blieben, was ihre zivilisatorische Entwicklung betraf, noch lange Zeit hinter den Kanaanäern zurück.

Die Zeit der Richter war von höchster Bedeutung für die Entwicklung der Israeliten sowohl im religiösen Bereich, im Rechtswesen als auch auf gesellschaftlichem Sektor. Nachdem das Gelobte Land wenigstens teilweise besetzt war, beschwor man erneut den einst zur Zeit Moses zwischen Gott und seinem Volk geschlossenen Bund. Vielleicht geschah dies noch unter Josua und durch diesen selbst. Der Bund wurde in der Folgezeit immer wieder aufs neue bekräftigt und zwar wahrscheinlich auf jährlich abgehaltenen Versammlungen, an denen Vertreter zumindest einiger Stämme Israels, die allerdings politisch immer noch nicht geeint waren, teilnahmen. Bevorzugter Ort für derartige Versammlungen war Sichem, das eng mit der Erinnerung an Josua verbunden war. Deshalb befand sich dort auch das Zentralheiligtum des Bundes, der Tempel des »Bundesbaals« *El berit* oder *Baal berit.*[7]

Die Bundeserneuerungsrituale in einem ehrwürdigen Heiligtum, das bereits auf dem Territorium des Gelobten Landes lag, vertieften den bereits durch den Auszug aus Ägypten genährten Glauben der Israeliten an die persönliche Fürsorge und Liebe (*hesed*), aber auch an den Zorn ihres Bundesgottes, je nachdem, ob sie sich diesem Gott genehm verhalten oder ihn gereizt hatten. Sie vertrauten darauf, das auserwählte, heilige Volk Gottes zu sein, ihm geweiht und damit von allen anderen Völkern unterschieden, ein Volk »allein, hoch über allen anderen Völkern«[8], hervorgehoben durch eine besondere Berufung, aber auch eine schwere Verantwortung, der sie sich nicht entziehen konnten. Als Zeichen des Bundesschlusses mit ihrem Gott übernahmen die Israeliten den Ritus der Beschneidung aller Männer, die sich zu ihrer Religion bekannten. Mindestens seit dem dritten Jahrtausend war dieser Ritus im Orient bekannt. Auch die Bibel, die ausdrücklich hervorhebt, daß man sich hierbei steinzeitlicher Feuersteinmesser bediente, weiß davon, daß man den Brauch auch anderswo kannte – dies ganz besonders bei den Völkern in ariden Wüstengebieten und halbariden Steppen am Wüstenrand. Außerdem behauptet die biblische Überlieferung, die Israeliten hätten diesen Brauch schon seit Abraham gepflegt. Dies ist zweifelhaft, mit Sicherheit jedoch wurde die Beschneidung nach der Einwanderung in Kanaan (wieder?) eingeführt. Ihrem Ursprung nach war die Beschneidung wohl ein Initiationsritus, der den Übergang von der Pubertät zum heiratsfähigen Alter hervorhob. Es war ein Opfer, das man der Gottheit darbrachte, um als junger Mann unter die erwachsenen Vollmitglieder seines Clans oder Stammes aufgenommen zu werden.

Die Israeliten verlegten die Beschneidung in die früheste Kindheit. Dies konnte nichts anderes bedeuten, als daß schon in seinen frühesten Lebensjahren jedes männliche Mitglied des Volkes Israel als zur Kultgemeinde Jahwes gehörig angesehen wurde.

Eine weitere Institution, in der die Besonderheit des auserwählten Volkes ihren Ausdruck fand, war der Sabbat. Auch dieser setzte sich erst während der Landnahme in Kanaan allgemein durch. Seine Ursprünge freilich könnten durchaus auf die Zeit Moses zurückgehen, ist doch schon in der »ethischen« Version der Zehn Gebote vom Sabbat die Rede (vgl. Kap. 4). Vielleicht ist die Sitte, den Sabbat zu halten, sogar schon ein gutes Stück älter und geht auf die Patriarchen zurück.

Manche Gelehrte sehen den Ursprung des Sabbats in bestimmten, aus dem normalen Monatsablauf herausgehobenen Tagen, die mit dem im alten Orient praktizierten Mondkult zusammenhingen. Bei den Babyloniern galten diese Tage als unheilbringend; die Israeliten griffen die Idee auf und bezogen sie auf die bestandenen Gefahren während des Auszugs aus Ägypten. Das Wort *sabbat* (Aufhören) brachten sie mit der Tatsache, daß man sie an einen »Ort der Ruhe« geführt habe, zusammen. So wurde der Sabbat Wesensbestandteil des Bundes; doch seine Bedeutung wurde noch ausgeweitet: Man feierte ihn als Freudentag, »gesegnet und geheiligt« durch Jahwe[9], dem er geweiht war; man entrichtete ihn gewissermaßen als Zeitopfer an Gott als den Herrn der Geschichte. Dieses Opfer erinnert die Juden an ihre einzigartige Sonderstellung, deren Mißachtung die Todesstrafe nach sich zog.

Die aus der Zeit des Bundesbeschlusses am Sinai stammenden Gesetze wurden zur Zeit der Richter erheblich vermehrt und ausgeweitet. Zwar kennen wir die betreffenden Vorschriften und Satzungen überwiegend aus sehr viel späteren Schriften (vgl. Kap. 14), doch ihr Inhalt geht auf eine frühere Epoche zurück. Er war Grundlage altisraelitischen Rechtsdenkens und bildete den Kern und das Fundament der Thora, der fünf ersten Bücher der Bibel. Das Gesetz war ein wichtiger Bestandteil der Religion Israels. Es enthielt neben den schon erwähnten Rechtssätzen auch einzelne Vorschriften für das tägliche Leben.

Glaube in Israel (*emuna*) bestand nicht einfach darin, etwas Abstraktes für wahr zu halten. Vielmehr waren die Israeliten ein Volk, das seine Religion tatsächlich lebte und erlebte und sich nicht allein an Lehrsätzen orientierte. Zum Glauben gehörte für sie die Treue zu Jahwe, dem Gott, der sich ihnen offenbart hatte, und darüber hinaus die Respektierung und Wahrung einer Gesetzgebung, die möglichst viele Einzelheiten festlegte. »Wie habe ich dein Gesetz so lieb! den ganzen Tag ist es mein. Dein Gebot macht mich weiser als meine Feinde; denn allezeit ist es mir gegenwärtig.«[10] Schon in mosaischer Zeit gehörten zum Bundesschluß apodiktische Gesetze, Rechtssätze, welche sich nicht auf einzelne konkrete Situationen beziehen, sondern grundsätzlich gelten. Wir haben sie in der Form der Zehn Gebote bereits kennengelernt. Diese Rechtssätze scheinen auf die früheste Zeit zurückzugehen, deren Ursprung wir verfolgen können (vgl. Kap. 4). Später kamen kasuistische Gesetze hinzu – Bestimmungen und Vorschriften für jede denkbare Situation, die sich im täglichen Leben ereignen konnte. Viele dieser kasuistischen Gesetze scheinen zur Zeit der Richter niedergelegt worden zu sein, denn sie waren für eine Bevölkerung verfaßt, die längst nicht mehr das Leben von Halbnomaden führte, sondern immer mehr aus Ackerbauern bestand, die Landwirtschaft trieben und in ortsfesten, seßhaften Gemeinschaften lebten.

In ihrem Inhalt sowie ihrem präzisen, prägnanten Stil erinnern diese Gesetzessammlungen an die Gesetzeswerke älterer Hochkulturen des Nahen Ostens seit der Zeit Sumers, insbesondere an den berühmten Kodex des babylonischen Königs Hammurabi (um 1728–1683). Allerdings lag bei Hammurabis Gesetzgebung der Hauptakzent auf dem Schutz des Eigentums, dessen Verletzung schwere Strafen nach sich zog. Bei den Israeliten dagegen zeigt sich ungleich stärker die Tendenz, die Grundrechte und -pflichten des Individuums in den Mittelpunkt zu stellen. Doch welchen Grad von Verwandtschaft man auch mit der babylonischen Gesetzgebung konstatieren mag: Israels kasuistische Gesetze waren sehr viel öfter und unmittelbarer von denen der Kanaanäer abgeleitet, denn schließlich lebten die Israeliten auf engem Raum mit den Kanaanäern und hatten ja auch deren Lebensweise übernommen.

Daß die Religion der Israeliten von der kanaanäischen nicht unbeeinflußt blieb, beweist die Tatsache, daß eine ganze Anzahl israelitischer Kultzentren die alten kanaanäischen Namen beibehielt. Es handelt sich hierbei um Namen, in denen auf das Wort für Haus, *bet*, der Name einer kanaanäischen Gottheit folgte, wie *Bet-El* (Haus des El), *Bet-Schemesch* (Haus der Sonne), *Bet-Anat* (Haus der Göttin Anat). Der Name des Heiligtums von Sichem, *Baal berit*, brachte gar den kanaanäischen Gott Baal mit dem Bund (*berit*) zwischen Jahwe und Israel in Verbindung. In derselben Stadt begegnen wir auch dem Personennamen *Jobaal* (Jahwe ist Baal). Nach Aussagen der Bibel zog man in Israel eine klare Trennungslinie zwischen jahwistischem Monotheismus und kanaanäischem Polytheismus. Tatsächlich wird es wohl über längere Zeit Mischformen aus beiden Religionen gegeben haben, und viele Israeliten haben vermutlich Jahwe verehrt, daneben aber auch zu den Göttern Kanaans gebetet, welche Wohlstand, Bildung und Kultur repräsentierten. Andere wiederum verehrten Jahwe, als sei er ein kanaanäischer Gott. Dennoch gab es von seiten der Israeliten immer wieder die denkbar heftigsten Angriffe auf derartige synkretistische Tendenzen.

Die kanaanäischen Götter waren mit bestimmten Örtlichkeiten verbunden, mit dem Boden des Landes, das ihre Anhänger bewohnten, sowie mit gewissen, zyklisch wiederkehrenden Naturphänomenen. Jahwe dagegen war ein Gott, dessen Walten sich in der Geschichte offenbarte. Aus diesem Grund räumten Mose und seine Nachfahren dem Auszug der Israeliten aus Ägypten einen zentralen Stellenwert ein. Mit der Zeit trennten die Israeliten immer mehr zwischen beiden Religionen, und die Vorstellung, daß Jahwe sich in der Geschichte seines Volkes offenbarte, damit Herr der Geschichte war und dieser ihren Sinn gab, nahm immer deutlichere Formen an. Immer mehr festigte sich die Überzeugung der Israeliten, der Auszug aus Ägypten und ihre Einwanderung in das Gelobte Land seien nichts anderes als unverkennbare Bekundungen der Pläne Jahwes; sie wollten den Weg beschreiten, den Jahwe ihnen vorgezeichnet hatte.

So übernahmen die Israeliten zwar die Heiligtümer Kanaans, doch verehrten sie ihren Gott an einem mobilen Heiligtum, das ein Teil der Israeliten auf seinen Zügen mit sich nahm und das an verschiedenen Orten aufgestellt wurde; während der letzten Jahre der Richterzeit befand es sich in Silo.

Es handelte sich dabei um ein Zeltheiligtum, wie wir es auch von anderen Völkern des Altertums, von Semiten ebenso wie von Ägyptern, her kennen. Dieses Zelt war gleichzeitig heilige Stätte und Zuflucht in schweren Zeiten. Dort bewahrten die Israeliten die heilige Lade auf.

Im israelitischen Denken finden sich zwei gegensätzliche Auffassungen von der Bedeutung der Lade. Einerseits nahm man an, daß sie – genauso, wie man von den ägyptischen Göttern glaubte, sie wohnten in den tragbaren Schreinen ihrer Tempel – eine Art Thron enthielt, der als eigentlicher Sitz Jahwes gedacht war. Die theologische Schule, welcher der Verfasser der Priesterschrift (vgl. Kap. 14) angehörte, vertrat die Ansicht, Jahwe habe sich den Israeliten in jenem Zeltheiligtum geoffenbart. Deshalb gab man diesem Zeltheiligtum die Bezeichnung *ohel moed* (Erscheinungsort, Stätte der Begegnung).[11] Anhänger einer anderen Tradition, der zufolge Jahwe sich nie einem Menschen gezeigt hatte (vgl. Kap. 4), interpretierten die Lade im Innern des Zeltheiligtums als »Bundeslade«[12], in der nicht etwa Jahwe präsent war, sondern lediglich die steinernen Tafeln, welche die Gesetze des Bundes enthielten, die Jahwe der Überlieferung nach einst Mose überreicht hatte. Sowohl die Lade als auch das gesamte Zeltheiligtum führte man auf die Mosezeit zurück.

Die Trennung zwischen den Religionen Israels und Kanaans wurde durch wachsende politische Spannungen und militärische Konflikte noch verschärft. Die Bibelautoren, welche die Erzählungen von Kain und Abel, von Esau und Jakob, von Nomaden und Bauern überlieferten, betonen diese Tatsache immer wieder. Sie wußten sehr wohl, daß die Israeliten sich zu assimilieren und sich dem seßhaften, bäuerlichen Dasein ihrer Gegner anzupassen begannen. Diese Assimilierung förderte den Konkurrenzkampf um den Besitz des anbaufähigen Landes und mußte unweigerlich zu Konflikten führen.

Es verwundert nicht, daß die Bibel mit vernichtender Kritik jene Aspekte der kanaanäischen Religion aufgriff, die die meisten Angriffsflächen boten (vgl. Kap. 2). Insbesondere galt dies für magische Fruchtbarkeitsrituale. So wurde der Brauch, ein Kind in der Milch der eigenen Mutter zu kochen, mit einem strengen Verbot belegt. Auch bildliche Darstellungen stießen in Israel auf Kritik. Die Figuren der Fruchtbarkeitsgöttin Astarte erregten einen solchen Anstoß, daß man den Israeliten die Verwendung jeder Art von Kultbildern untersagte (vgl. Kap. 4); besonders kritisch betrachtete man die Tempelprostitution, wobei sich die Polemik vor allem gegen männliche Prostituierte richtete. Die strengen Vorschriften der Bibel für das Sexualleben sind eine bewußte und deutliche Absage an die freizügigen Praktiken der kanaanäischen Religion.

Als besondere Scheußlichkeit betrachtete man die Opferung von Kindern. Unnötig zu betonen, daß man diesen Brauch in Bausch und Bogen verwarf. Dies bedeutet jedoch nicht, daß man in Israel auf jegliche Opfer verzichtet hätte. Im Alten Testament findet sich eine Vielzahl detaillierter Opfervorschriften. Nirgendwo findet sich ein Hinweis darauf, daß man der primitiven Vorstellung, aufwendige Opfer für Jahwe sicherten eine entsprechend reiche Belohnung, bzw. die Opferhandlung an sich sei schon ein Akt der Sühne und Läuterung, abgeschworen hatte. Allerdings verband man die Opferpraktiken sehr bald mit der Vorstellung des Einswerdens mit Gott, der Dankbarkeit gegenüber Jahwe.

Übernommen, wenn auch in charakteristischer Weise umgedeutet, wurden die drei alljährlich abgehaltenen Jahreszeit-Feste der Kanaanäer: das Fest der ungesäuerten Brote (*mazzot*), wenn der Frühling das Ende der Winterregen brachte, das Wochenfest oder Pfingstfest (*scharuot)* im Frühsommer und das Erntefest. Man betrachtete diese Zeremonien als Gelegenheiten, Jahwes Gegenwart und Walten näherzukommen. Jeder männliche Erwachsene war verpflichtet, an ihnen teilzunehmen, und aus demselben Grunde strömten zahlreiche Pilger zu den heiligen Stätten.

Eingängige und an Ausdrucksmitteln reiche Musik, ebenfalls ein Erbe der Kanaanäer, belebte diese Feiern. Die Angehörigen der israelitischen Stämme lernten die bäuerlichen Fertigkeiten, die für die Festlichkeiten notwendig waren, von den Kanaanäern. Insbesondere die Angehörigen des Hauses Joseph entwickelten neue Ideen und Vorstellungen. Sie brachten die festlichen Begehungen zyklisch wiederkehrender Ereignisse mit linearen *historischen* Begebenheiten in Zusammenhang, durch die Jahwe sich als Heilsbringer offenbart hatte. So wurde das Erntedankfest, das ganz besonders mit besonders mit Silo verbunden war, zum Fest der Laubhütten (*sukkot*). Hierbei gedachte man des Lebens in Zelten und Hütten während der Wanderung durch die Wüste, als Mose Anführer der Josephiten war. Das Wochen- oder Pfingstfest erfuhr eine ähnliche Umdeutung. Es wurde zur Erinnerung an den Bundesschluß Jahwes mit Israel gefeiert, von dem man glaubte, er habe in dieser Jahreszeit stattgefunden. Das Fest der ungesäuerten Brote verschmolz mit dem Passah-Fest, das ihm im Kalender unmittelbar voranging.

Das Passah-Fest geht wahrscheinlich als einziges der religiösen Feste Alt-Israels auf vorkanaanäische Zeit zurück. Es war seinem Ursprung nach ein Hirtenfest, an dem die Nomaden ein Jungtier als Frühlingsopfer darbrachten, um die Fruchtbarkeit der Herden zu sichern. Doch literarische Quellen bringen auch dieses Fest mit einer Heilstat Jahwes in Verbindung und zwar mit der Rettung Israels aus Ägypten. Jahwe hatte gesagt: »Ich will in dieser Nacht durch Ägypten schreiten und jede männliche Erstgeburt töten vom Menschen bis zum Vieh . . .« Außerdem hieß es: »Es ist ein Passah (Vorübergehen) des Herrn« (hiermit war das Verschonen der Israeliten gemeint, als Gott zur Strafe für die Widerspenstigkeit des Pharao die Kinder und Tiere der Ägypter umbrachte).[13] Der wirkliche Ursprung des Namen Passah wird sich wahrscheinlich nicht mehr ergründen lassen.

Ursprünglich war Passah kein Pilgerfest, obwohl es sich später dazu entwickelte. Man feierte es zu Hause, und ebenso wie bei öffentlichen Gottesdiensten sang man auch hier eine Reihe von Psalmen, das sogenannte *hallel*. Ebenso wie die drei anderen Feste, die man von den Kanaanäern übernommen hatte, rief das Passah-Fest jeder kommenden Israelitengeneration in Erinnerung, daß ihr Volk einst in Ägypten versklavt war, doch von Jahwe befreit und auserwählt wurde, sein Volk zu sein.

Das geeinte Reich

6. Kapitel

Die Philister, Samuel und Saul

Die Philister

Allem Anschein nach legten die Ägypter der Ansiedlung und Seßhaftwerdung der Israeliten in Kanaan keine nenneswerten Hindernisse in den Weg. Tatsächlich übten die Ägypter auch nur dem Namen nach die Herrschaft in Kanaan aus. In dem Jahr, in welchem der Pharao Merneptah (1213–1204) behauptete, in Kanaan Siege errungen zu haben (vgl. Kap. 3), sah Ägypten sich einer doppelten Bedrohung durch Libyer und sogenannte Seevölker ausgesetzt. Darauf ließ Ramses III. (1187–1156) in Medinet Habu einen sehr langen und durch Wandreliefs bebilderten Text anbringen, der seine Taten verherrlichte. In ihm wird berichtet, daß Ramses III. in seinem fünften Regierungsjahr einen Krieg gegen die Libyer gewann sowie drei Jahre später »die großen Land- und See-Überfälle« zurückschlug.[1] Allem Anschein nach handelte es sich bei den fraglichen Gegnern um Plündserergruppen unterschiedlicher Herkunft, die sich Ägypten als Angriffsziel ausgesucht hatten. Ramses III. gelang es, bis hinauf zur Jesreel-Ebene Ägyptens Oberhoheit wiederherzustellen, doch war dies nur ein vorübergehender Erfolg ohne nachhaltige Wirkung. Der romanhaft ausgeschmückte, letztlich aber doch auf historischen Tatsachen beruhende Reisebericht eines gewissen Wen-Amun, eines ägyptischen Beamten aus Theben, den Ramses IX. (1126–1108) in die Länder an der Levanteküste gesandt hatte, zeigt deutlich, daß es mit der Herrschaft Ägyptens über die Länder im Norden vorbei war.[2]

Immerhin aber war es gelungen, den Ansturm einiger dieser Seevölker zu stoppen. Zu ihnen gehörten die Philister (Peleschet). Die monumentalen Wandreliefs aus der Zeit Ramses' III. stellten sie als große, schlanke Krieger mit quastenbesetzten Lendenschurzen und auffälligen, geriffelten Kopfbedeckungen bzw. Helmen dar. Vermutlich kamen sie aus Zypern oder Kreta, zum größten Teil aber wohl aus Karien (Südwestkleinasien). Von dort stammte allem Anschein nach auch ihre nichtsemitische Sprache, welche in Silbenschrift geschrieben wurde und Ähnlichkeit mit Schriftzeichen aufweist, wie sie seinerzeit im mykenischen Griechenland üblich waren. Tatsächlich standen die Philister kulturell den Mykenern sehr nahe, deren Sprache eine Vor- bzw. Frühform des Griechischen war und deren mächtige Stadtstaaten in Griechenland zu der Zeit in Trümmer sanken, als die Seevölker Ägypten bedrängten.

Schon vor Ramses III. hatten sich Seevölker, darunter anscheinend auch Philister, in Kanaan niedergelassen. Damals mußten sich die Kanaanäer allein gegen sie zur Wehr setzen. Schließlich sah sich Ramses III. offensichtlich gezwungen, ihnen die Ansiedlung in größeren Gruppen zu gestatten. Es ist möglich, daß er hoffte, sie als treue Vasallen und Söldner zu gewinnen. Sie machten sich jedoch nach kurzer Zeit von allen Verpflichtungen gegenüber Ägypten frei.

Die Philister ließen sich hauptsächlich im Südteil der kanaanäischen Küstenebene nieder, einem Landstrich von rund 65 km Länge und etwa 24 bis 34 km Breite. Dort gründeten sie fünf Stadtstaaten, die im Laufe der Zeit sehr stark wurden. Möglicherweise haben die Ägypter sie hierbei unterstützt, in der Hoffnung, mit ihrer Hilfe Kanaanäer und Israeliten in Schach zu halten. Drei dieser Staaten, Askalon, Asdod und Gaza, lagen an der *Via Maris*. Askalon hatte schon seit langem einen Hafen, und sein Handel blühte. Gleiches galt für Gaza, die Nachfolgestadt von Bet-Eglaim, die über kriegswichtige Hilfsquellen verfügte, und auch das befestigte, knapp fünf Kilometer von der Küste entfernte Asdod, das die

Philister zuerst zerstört, dann aber wieder aufgebaut hatten, war eine florierende Stadt.

Eine weitere philistäische Festung, Gat – der Name bedeutet Kelter –, lag ein Stück weiter landeinwärts (beim heutigen Tell Gat bzw. Tell es-Safi); dort lag auch Ekron. Neben den fünf genannten Stadtstaaten gab es noch weitere Philistersiedlungen. Hier ist vor allem das reichbevölkerte Jabne zu nennen, das im Altertum eine Art Hafen besaß, desgleichen eine andere Hafenstadt, Tell e-Kasile – der damalige Name ist unbekannt –, das an der Mündung des Jarkon lag, eines Flusses am äußersten Nordrand des Philistergebietes.

Ausgrabungen sowie der Bericht des ägyptischen Gesandten Wen-Amun zeigen, daß dieser Ort von Philistern gegründet wurde, die von hier aus einen lukrativen Küstenhandel mit den Hafenstädten Phoinikiens trieben. Die Philister rüsteten außerdem Kamelkarawanen aus, die ins Landesinnere zogen. Diese beförderten eine neue Tonware, die erstmals den Stil mykenisch-griechischer Keramik nachahmte. Insbesondere übernahm man die Formen zyprischer Gefäße, obwohl später eine stärkere Annäherung an kanaanäische und israelitische Produkte zu beobachten ist.

Möglicherweise waren Gründung und Unterhalt von Jabne sowie Tell el-Kasile das Werk mehrerer philistäischer Stadtfürsten gleichzeitig. Diese hielten alljährlich gemeinsame Ratsversammlungen ab, und auch ihre Streitkräfte hatten einen Oberbefehlshaber. Diese Streitkräfte bestanden aus Berufskriegern, welche mit hervorragenden Waffen ausgerüstet waren und denen es gelang, die ortsansässige Bevölkerung in Schach zu halten. Die Qualität ihrer Waffen verdankten sie dem Monopol der Eisen-Metallurgie, deren Kenntnis erst jüngst nach Palästina gedrungen war (vgl. Kap. 5). Dieses Monopol wahrte man, so erfahren wir aus der Bibel, indem man den Israeliten rigoros den Zugang zur Eisenverarbeitung verwehrte und ihnen Eisenschmiede ebenso vorenthielt wie eiserne Waffen und Geräte.[3] Zweifellos verfuhr man den Bewohnern der kanaanäischen Küstenstädte gegenüber nicht anders.

Dennoch kam es im Laufe der Jahre zu einer Angleichung von Philistern und Kanaanäern, vermutlich sogar zu einer Mischung beider Völker. Ihre ursprünglich nichtsemitische Sprache wurde schließlich sogar durch einen kanaanäischen Dialekt verdrängt.

Ausgrabungen in Asdod haben gezeigt, wie ihre ursprünglichen Lebensgewohnheiten, die sich von denen semitischer Völker erheblich unterschieden, immer mehr mit kanaanäischen Elementen durchsetzt wurden. Sogar die im ägäischen Raum heimischen Gottheiten, deren Kult sie mitgebracht hatten, erhielten Namen kanaanäischer Götter. Dazu gehörten der ursprünglich aus Mesopotamien stammende Dagon, dessen Zentralheiligtum Asdod war und welcher der wichtigste Gott ihres Pantheons wurde, außerdem Baal, den man in Ekron als *Baalzebul* (erhabener Herr) verehrte, und schließlich die Göttin Astarte.

Trotz fortschreitender Anpassung entwickelten sich die Stadtstaaten der Philister, deren Aktionen mehr oder weniger koordiniert waren, zu immer bedeutenderen, unabhängigen militärischen Machtzentren. So konnte es nicht ausbleiben, daß ihr Expansionsstreben den offenen Konflikt mit den Stämmen Israels heraufbeschwor.

Diese Feindseligkeiten spiegeln sich in der Samson-Erzählung wider. Samson oder Simson – dieser Name bedeutet vielleicht der Sonnenhafte oder das Sonnenkind – kam aus dem Stamme Dan. Ihn hatten die Philister gezwungen, seine Wohnsitze in den Vorbergen aufzugeben und nordwärts zu wandern. Dort ließ er sich schließlich nieder. Samson soll der Erzählung nach eintausend Philister mit einem Eselskinnbakken getötet haben. Mit dieser Legende versuchte man, den Ortsnamen Ramat-Lechi zu erklären, was soviel wie »Kinnbackenhöhle« bedeutet.

Die Erzählung schreibt Samson auch eine Schwäche für Philisterinnen zu, die sich alle als Verräterinnen erwiesen.

Daß der Umgang mit Ausländerinnen gefährlich ist, war ein seit alters tradiertes Vorurteil. Schließlich geriet Samson in die Fänge der verführerischen Delilah, die ihm, als er schlief, sein Haar abschnitt, dem er seine Kraft verdankte. Doch später, als er mit nachgewachsenem Haar wieder zu Kräften kam, brachte er mit bloßen Händen den Dagon-Tempel von Gaza zum Einsturz. Alle Tempelbesucher (darunter die »Fürsten der Philister«) und er selbst fanden dabei den Tod.

Manche Gelehrte sahen sich veranlaßt, Samson als mythologische Gestalt zu betrachten. So sollte sein langes Haar die Strahlen der Sonne symbolisieren, ebenso sein Name (eigentlich *Schimschon*), der wohl mit dem Namen des kanaanäischen Sonnengottes (*Schemesch*) zu tun hatte, dessen Heiligtum (*Bet-Schemesch* oder *Ir-Schemesch*) sich einst inmitten des ursprünglichen Stammesgebietes von Dan befand.

Samson ging als ungestümer, »herkuleischer« Volksheld von sagenhafter Körperkraft in die biblische Geschichte ein. Dennoch war er vielleicht eine historische Persönlichkeit – vielleicht keiner der Richter, zu denen die Bibel ihn zählt, sondern eher ein Widerstandsführer, der sich während der Philisterkriege besonders hervorgetan hatte. Bewunderung erntete er auch dafür, daß er zu den Nasiräern gehörte, deren Haar niemals geschoren werden durfte.

Die Nasiräer galten als Geheiligte, über die der Geist Jahwes gekommen war. Von der Menge abgehoben, traten sie nach außen hin durch Ekstase und Askese in Erscheinung. Ursprünglich aus kanaanäischen Fruchtbarkeitskulten hervorgegangen (vgl. Kap. 2), wurde die Nasiräerbewegung durch die Israeliten in ein Instrument zur Zerstörung eben dieser Kulte sowie der Kulte anderer Fremder, beispielsweise der Philister, umgewandelt. Die Nasiräer schürten auch den Fanatismus, mit dem Jahwes Heilige Kriege geführt wurden. Widerstandskämpfer wie Samson spielten eine führende Rolle, wenn es darum ging, Haßgefühle gegen die Philister zu verbreiten, auf deren Unbeschnittenheit die Israeliten mit Verachtung blickten. Israelitische Kommandos lauerten philistäischen Karawanen auf, die aus der Wüste zurückkamen und drohten, in die Ebene einzubrechen. Die Philister ihrerseits errichteten im Landesinneren Grenzbefestigungen, die bei den Israeliten den Eindruck erweckten, als ob ein Angriff der Philister auf das Hochland, das Kerngebiet des von ihnen besiedelten Territoriums, unmittelbar bevorstünde.

Eine dieser Festungen war die alte, von mächtigen Wehrmauern umgebene Stadt Aphek, die sich genau dort befand, wo am Rande der Ebene die Vorberge begannen. Dort stellten die Philister um 1050 ein Heer auf, dem bei Eben Eser, einem in der Nähe gelegenen Ort, die Mehrzahl der Stämme Israels (vielleicht sogar alle zwölf) gegenübertrat, die sich bei dieser Gelegenheit erstmals gegen einen gemeinsamen Feind in so großer Zahl zusammenschlossen. Als es zum Kampf kam, besaßen die Israeliten die Verwegenheit, ihr Heil in offener Feldschlacht zu suchen. Das Resultat war eine totale Niederlage. Nach der Katastrophe ließ man – laut biblischem Bericht – aus dem inzwischen in Feindeshand gefallenen Silo die Bundeslade kommen (vgl. Kap. 5), um die Moral der in die Flucht geschlagenen israelitischen Kämpfer zu stärken. Doch erwies sich aller Hoffnung zum Trotz diese Maßnahme als unwirksam, denn es kam zu einem zweiten vernichtenden Rückschlag. Sogar die Bundeslade fiel in Feindeshand und wurde nach Asdod gebracht.

Die Philister errichteten in Gibea eine massive Festung in symmetrischer Bauweise. Sie befand sich in günstiger Lage, denn man konnte von dort aus das gesamte Gebiet des Stammes Benjamin kontrollieren.

Damit hatten die Philister mitten im Herzen des Siedlungsgebietes der Israeliten Fuß gefaßt. Zwar war es nicht die erste schwere militärische Niederlage für Israel. Ein großer Teil, wenn nicht sogar die meisten ihrer Stämme waren bereits früher von syrischen (aramäischen) Invasoren unterworfen worden, und es hatte Jahre gedauert, bis sie das syrische Joch wieder abgeschüttelt hatten. Damals allerdings hatten sie sich von dem Schlag wieder erholt. Nun aber schien wenig Hoffnung zu bestehen, daß ihnen dies je wieder gelingen würde. Das Ende schien gekommen zu sein.

Samuel

Dennoch stellte sich heraus, daß die Israeliten unter neuen Anführern mit größeren Fähigkeiten durchaus zu überleben imstande waren.

Der erste dieser neuen Männer war Samuel, der Sohn Elkanas, aus dem Gebirge Ephraim. Die Schilderung seines Werdegangs im ersten Buch Samuel ist von zahlreichen Wundergeschichten überlagert, die einer Reihe verschiedener Sagenkreise und breitgestreuter, widersprüchlicher Traditionen entstammen. Dennoch lassen sie manche historischen Begebenheiten erkennen.

Samuel war – wie vor ihm Samson – Nasiräer (vgl. Kap. 6). Seine Jugend hatte er als Priester im Heiligtum von Silo verbracht, und zwar an der Seite des dortigen Priesters Eli, der seinen Stammbaum auf Aaron zurückführte. Als Silo nach der Niederlage von Aphek in die Hände der Philister fiel, wurde Samuel Anführer einer Gruppe Verschworener aus den Stämmen Israels, denen es offensichtlich gelang, sich der Kontrolle durch die Philister zu entziehen. Er trat als eine Art Richter auf – ebenso wie Gideon, Jephtah und alle anderen, die dieses charismatische Amt innehatten; allerdings stand er zum Schluß an der Spitze einer weit größeren Schar als jeder von ihnen. Sein Hauptquartier befand sich zunächst in Mizpa an der Grenze des Stammes Benjamin, rund 13 km nördlich von Jerusalem; danach in seinem Geburtsort Ramatim oder Rama im Ephraim-Gebirge. Im Süden des Landes, in Beerscheba, kämpften seine Söhne in seinem Namen – weit genug von den Stadtstaaten der Philister entfernt, um sich nicht zu gefährden. Doch hierin erschöpft sich die Bedeutung Samuels bei weitem nicht. Er war ein Nothelfer, ein Retter Israels ganz besonderer Art. In seiner Heimat, aber ebenso in Sichem, galt er als Heiliger, der Orakelsprüche verkündete, als Weissager und Prophet.

Propheten, von denen man glaubte, daß sie den Willen Gottes (oder irgendwelcher Götter) durch Orakelsprüche kundtaten, kannte man seit langem auch anderswo im Nahen Osten. Bereits vor dem Jahr 2000 hatte sich in Ägypten ein Priester und Prophet namens Ipuwer durch Weissagungen hervorgetan, und spätestens im 18. Jahrhundert sagte ein anderer ägyptischer Seher namens Nefer-Rohu Strafgerichte sowie die Wiederherstellung der alten Ordnung voraus. Eine ägyptische Darstellung zeigt, wie der Pharao persönlich die Weissagungen dieses Propheten auf Papyrus schreibt, wobei Nefer-Rohu in unterwürfiger Haltung vor ihm auf dem Boden liegt.

Auch bei den Kanaanäern hatte es Seher gegeben (vgl. Kap. 2), und der ägyptische Gesandte Wen-Amun begegnete in Byblos einem phönikischen Propheten. Weiterhin spricht die Inschrift eines syrischen Königs von Prophetie, und die Bibel erwähnt einen mesopotamischen (?) Propheten namens Bileam, den angeblich König Balak von Moab in seine Dienste nahm, um Israel zu verfluchen.[4] Man brachte ihn zeitlich mit Mose in Zusammenhang, und auch Mose wurde zum Propheten erklärt wie vor ihm schon Abraham. Auch die Richterin Deborah stand im Rufe, Prophetin zu sein, und machte von ihren Fähigkeiten Gebrauch, um sich gegenüber ihren Feinden der Macht Jahwes zu bedienen.

Nicht selten sangen Propheten und Prophetinnen ihre Orakelsprüche. Dabei verfielen sie in eine Art Trancezustand. Obwohl diese Propheten oft den Eindruck hinterließen, Wahnsinnige, Narren oder einfach betrunken zu sein, brachte man ihnen Achtung entgegen, ja man zeigte sogar Ehrfurcht vor ihnen, denn ihre aufrüttelnde Sprache und ihre Art, sich zu geben, schienen zu beweisen, daß Jahwe tatsächlich durch sie sprach, daß sie »bei seinem Rat blieben«[5] und gleichsam der Mund waren, durch den er sich persönlich äußerte. Das semitische Wort *nabi* (Prophet) bezeichnet jemanden, der für einen anderen (in diesem Falle für Gott) spricht; auch die ältere Bezeichnung *roëh* könnte eine ähnliche Bedeutung gehabt haben. Als Sprecher Gottes konnten die Propheten aber auch umgekehrt bei Gott für sein Volk eintreten.

Später traten Israels Propheten vor allem als Wahrsager auf, die von der Zukunft kündeten. Bisweilen deuteten sie auch die Vergangenheit, um Jahwes Beschlüsse zu erläutern.

Da Propheten in großem Ansehen standen, wagte niemand, sie mundtot zu machen, selbst wenn sie sich kritisch über einflußreiche Personen äußerten. Dies war in frühen Zeiten allerdings selten, da die Propheten in enger Verbindung mit den herrschenden politischen Institutionen und auch den offiziellen religiösen Einrichtungen standen. Viele von ihnen waren – ebenso wie Samuel – gleichzeitig Priester. Im übrigen gehörten Israels Propheten oft zu kleinen Gruppen, denen jeweils ein »Vater« vorstand; diese Institutionen gab es, der Bibel zufolge, schon zur Zeit Samuels. Zunächst handelte es sich dabei weniger um Schulen als um herumziehende Gruppen ohne Bindung an irgendeinen Ort, die die Erinnerung an Israels halbnomadische Vergangenheit wachhielten. Das erste Samuelbuch beschreibt sie folgendermaßen: »Von der Höhe herabkommend, vor ihnen her Psalter, Harfe und Pauke, sie selbst ergriffen vom Geist der Prophetie.«[6]

Samuels Auftreten als Prophet brachte ihm zunächst einen Achtungserfolg in einer nicht genauer bezeichneten Stadt (wahrscheinlich Ramatim) ein, wo er für seine Dienste Geld nahm. Dann aber verbreitete sich sein Ruf überall; er verdankte ihn nicht allein seiner Veranlagung zur Wahrsagerei, sondern auch seiner Zugehörigkeit zum Nasiräertum, das er mit Samson gemeinsam hatte (vgl. Kap. 6). Nasiräischer Fanatismus ließ ihn beispielsweise erklären, es sei Jahwes Wille, daß die mit den Edomitern verbündeten Amalekiter, ein halbnomadisches Volk, das mit den Israeliten in Konflikt geraten war, ausgerottet würden.[7]

Der Anspruch der Nasiräer, für Jahwe zu sprechen, brachte sie den Propheten nahe, wie die Bibel ausdrücklich betont; Samuel erfüllte offensichtlich beide Funktionen gleichzeitig. Zwar war er in seinen Jugendjahren Priester, doch distanzierte er sich offenbar von der offiziellen Priesterhierarchie und schloß sich statt dessen einer Prophetengruppe an. Es waren Propheten, nicht Priester, die die Nachfolge der Richter als Übermittler der Ratschlüsse Jahwes antreten sollten. Gleichzeitig waren sie die Vorläufer künftiger prophetischer Sozialreformer. Auch im politischen Bereich ergriff Samuel die Initiative. Gemeint ist sein erfolgreicher Plan, Saul zum König zu machen, denn es bedurfte einer einheitlichen politischen Führung, um die Philister aus dem Land zu vertreiben. Allerdings gibt das erste Samuelbuch eine ziemlich verworrene Schilderung dieser Ereignisse und Entwicklungen, weil sein Verfasser oder Redaktor zwei parallele, miteinander aber nicht zu vereinbarende Quellenschriften eingearbeitet und fest miteinander verwoben hat (vgl. Kap. 9).

Die erste und ältere der beiden Quellen steht dem Königtum positiv gegenüber. Sie berichtet, wie Samuel auf göttliches Geheiß zu Mizpa im Gebiet des Stammes Benjamin Saul dem Volk als König vorstellte. Nach der zweiten Quelle kam der Ruf nach einem König jedoch vom Volke (vermutlich von den Stammesältesten) selbst, und Samuel widersetzte sich zunächst, weil Jahwe seiner Auffassung nach der einzige Alleinherrscher war, den die Israeliten über sich dulden durften. Erst nach langem Zögern gab er, dieser Quelle zufolge, schließlich nach und betrieb Sauls Inthronisation, doch schon bald darauf bedauerte er dies.

Diese zweite Quelle stammt aus späterer Zeit, in welcher das Königreich bereits in Mißkredit geraten war. Daher ist es wohl sehr fraglich, ob Samuel tatsächlich so gezögert hat, wie diese Quelle es schildert. Andererseits könnten Äußerungen über ein späteres Zerwürfnis zwischen Saul und Samuel durchaus den Tatsachen entsprechen. Saul hielt es für unklug, daß die über die Amalekiter verhängte Strafe auch die Vernichtung ihrer Tierbestände miteinbeziehen sollte; damit jedoch handelte er gegen den Willen Jahwes, den Samuel beachtet sehen wollte.

Angesichts dieser widerspruchsvollen Traditionen muß man sich auf die Aussage beschränken, daß Samuel die Monarchie begründete und Saul dem Volke als ersten König Gesamtisraels vorstellte. Als politischer und zugleich religiöser Volksführer war Samuel so erfolgreich wie keiner seiner Landsleute je zuvor. Hierfür ehrte man ihn, indem man ihn als von Jahwe auserwählte Persönlichkeit beschrieb, welche die verschiedensten Aufgaben zu erfüllen in der Lage war. So galt Samuel als Richter, Heerführer, Nasiräer, Priester und Prophet. Und trotz mancher Versuche heutiger Gelehrter, seine Bedeutung herunterzuspielen, scheint er tatsächlich eine solche Persönlichkeit gewesen zu sein.

Saul

Im ausgehenden 11. Jahrhundert bestieg Saul, der Sohn eines gewissen Kisch aus dem Stamme Benjamin, den Thron. Seine erste bedeutende militärische Leistung war sein Sieg über die Ammoniter, eine halbnomadische Völkerschaft jenseits des Jordan. Besagte Ammoniter hatten gedroht, Jabes in Gilead, das Zentrum des östlich des Jordan lebenden Zweiges des Stammes Manasse, dem Erdboden gleichzumachen. Nach diesem Sieg wurde bei dem altehrwürdigen Heiligtum von Gilgal Sauls Königsweihe erneuert. Hiermit sollte die enge Verbundenheit der Israeliten mit ihrer Vergangenheit zum Ausdruck gebracht werden. Anschließend zog Saul aus, um die Amalekiter zu schlagen, allerdings ging er dabei weit weniger grausam vor, als Samuel es gefordert hatte.

Die eigentliche Herausforderung jedoch, mit der Saul sich auseinanderzusetzen hatte, war die Bedrohung durch die Philister, deren schlagkräftige, unter einem zentralen Oberkommando geeinten Truppen noch immer den größten Teil des

Landes besetzt hielten. Trotz der für die Israeliten scheinbar aussichtslosen Lage verwickelte Saul sie in mindestens drei bedeutende Schlachten. Bei Michmasch südlich von Bet-El gelang es Saul, die Philister zu schlagen. Allem Anschein nach veranlaßte dieser glänzende Sieg seine Gegner, ihre Truppen zunächst aus den von ihnen eroberten Regionen abzuziehen. Damit endete auch das Eisenmonopol der Philister, die den Israeliten dieses für den Bau von Streitwagen notwendige Metall vorenthalten hatten.

Bald darauf jedoch verließ Saul der Erfolg, und er verlor zusehends an innenpolitischem Einfluß. Aus der außerordentlich verwickelten, an inneren Widersprüchen reichen biblischen Darstellung kristallisieren sich zwei Hauptursachen für diese Entwicklung heraus. Die erste war Sauls Zerwürfnis mit Samuel. Dennoch bedauerte Saul, wie der Bericht mit einer Mischung aus Ehrfurcht und heidnischem Aberglauben fortfährt, nach Samuels Tod heftig den Verlust dieses heiligen Mannes und brachte die Hexe von Endor dazu, seinen Geist zu beschwören. Der zweite Grund, den die Bibel für Sauls Prestigeverlust angibt, ist seine Eifersucht auf seinen jugendlichen Günstling David, der später sein Rivale wurde und schließlich sogar gegen ihn rebellierte. Alle diese Belastungen scheinen bei Saul einen psychischen Zusammenbruch bewirkt zu haben; immerhin hatte er noch einmal Gelegenheit, sich am Berge Gilboa, der die Jesreel-Ebene überragt, in offener Feldschlacht mit den Philistern zu messen. Doch das Treffen endete mit einer totalen Katastrophe. Drei Söhne Sauls, darunter sein Erbe Jonathan, fielen im Kampf, und Saul selbst beging, von einem Pfeilschuß schwer verwundet, Selbstmord, indem er sich in sein Schwert stürzte. Die Philister enthaupteten den Toten, hängten den kopflosen Leichnam an der Stadtmauer von Bet-Schean auf und stellten seine Waffenrüstung im Tempel der Astarte zur Schau. Sodann eroberten sie den größten Teil des einst von ihnen besetzten Landes zurück.

Sauls Versuch, die Philister zu vertreiben, hätte nicht schmählicher mißlingen können. Angeblich dauerte seine

Regierungszeit nur zwei Jahre. Wahrscheinlich herrschte er jedoch wesentlich längere Zeit über Israel. Trotz seines kläglichen Endes bleibt Saul als der erste König Israels eine Gestalt von überragender Bedeutung.

Die Legende schildert ihn als einen jungen Mann, der ausgezogen war, um ein paar entlaufene Eselinnen einzufangen, unterwegs zu Samuel kam und dabei ein Königreich fand, das immerhin 400 Jahre Bestand hatte. Daß Saul aus dem Stamme Benjamin kam, war deshalb günstig, weil Benjamin viel zu unbedeutend war, um den Neid anderer Stämme auf sich zu ziehen. Im Stammesgebiet von Benjamin lagen die Orte Mizpa und Gilgal, die bei der Errichtung des nationalen Königtums eine wichtige Rolle spielten. Auf dem Territorium der Benjaminiten erbaute Saul auch seine Residenz. Archäologen haben eine kleine Festung von rechteckigem Grundriß aus unbehauenen Steinblöcken, die Rekonstruktion eines Philisterbauwerks, freigelegt. Benjamin und das benachbarte Ephraim hatten am schwersten unter den Philistern gelitten, und sie bildeten zusammen mit den israelitischen Siedlungen jenseits des Jordan, in denen Saul, nachdem er Jabesin Gilead befreit hatte, in besonders hohem Ansehen stand, die Basis seiner Macht. Die Tatsache, daß Benjamin an das weiter südlich gelegene Juda angrenzte, erleichterte den Kontakt mit diesem wichtigen Landesteil Gesamtisraels. Und obwohl die Beziehungen der Judäer zu den Stämmen im Norden niemals besonders gut waren, bewunderten doch auch die Bewohner des Südens Sauls Leistung – die Philister, ihre mit ihnen verfeindeten Nachbarn, vertrieben zu haben.

Während der Regierungsjahre Sauls taten sich die zwölf Stämme erstmals zu einer politischen Einheit zusammen, die ganz Israel umfaßte. Endlich gab es nun einen einheitlichen Staat, obwohl noch immer Feindseligkeiten zwischen den verschiedenen Stämmen fortbestanden. Um das Ziel der nationalen Einheit endgültig zu erreichen, mußten die einzelnen Stämme nicht nur ihre ausgeprägten Unabhängigkeitsbestrebungen aufgeben, sondern auch die ihnen wesensfremde

Staatsform der Monarchie hinnehmen – eine Staatsform »wie bei anderen Völkern«[8], insbesondere bei den Kanaanäern, von denen die Israeliten sie als eines ihrer wesentlichsten Erbteile übernahmen. Trotz aller Lippenbekenntnisse Sauls zum volksnahen, von der Gunst des Augenblicks getragenen Charakter seiner Herrschaft beabsichtigte er auf dem Höhepunkt seiner militärischen Erfolge, eine Dynastie mit seinem Sohn Jonathan als erstem Nachfolger zu errichten. Diese kam freilich nicht zustande, weil Jonathan ebenso wie sein Vater bei der Katastrophe am Berge Gilboa den Tod fand.

Auf Grund der widerstreitenden Gefühle, die Sauls Monarchie später bei den Verfassern und Redaktoren der Bibel hervorrief, ist nur schwer zu entwirren, welche Rolle dort die damals bereits mächtigen prophetischen Gruppierungen spielten. Auf Samuels Doppelrolle haben wir bereits hingewiesen, doch wir erfahren außerdem, daß sich der König entweder vor oder nach seiner Inthronisation mit einer Gruppe von Propheten traf, in Ekstase verfiel, tanzte, Schreie ausstieß wie diese Propheten und sich (nach einer Erzählversion) die Kleider vom Leibe riß. Zuschauern entlockte dies einen Ruf, der zum geflügelten Wort wurde: »Was kann nur mit dem Sohn Kischs geschehen sein? Ist auch Saul unter die Propheten gegangen?«[9] Diese Erzählung läßt durchblicken, daß Saul es möglicherweise aus diplomatischen Gründen für ratsam hielt, sich auf die Seite der Prophetenbewegung zu schlagen, der er zuvor nicht angehört hatte.

Selbstverständlich mußte er noch zu anderen Mitteln greifen, um sein wenig gefestigtes, allein auf den Schwertern seiner Truppen basierendes Königtum zu erhalten. Er belohnte seine Anhänger großzügig, indem er ihnen Land schenkte, und schuf so eine neue Schicht Privilegierter, die eher dem Hofe verpflichtet waren als ihrem Stamm.

Samuel soll vorausgesagt haben, Saul werde seine Untertanen unterdrücken. Ob dies tatsächlich zutraf, läßt sich nicht mehr feststellen.

Wir vernehmen allein, daß er ein Berufsheer aufstellte

(David war einer von Sauls Berufssoldaten) und Söldner anwarb, um das Aufgebot aus den Reihen der Israeliten zu ergänzen. Auch die Richter und Heerführer der Richterzeit (wie etwa Jephtah oder Abimelech) hatten bis zu einem gewissen Grad nichts anderes getan. Aber erst Saul, der seinen Vetter Abner zum Heerführer machte, wurde der eigentliche Begründer des Berufs- und Söldnerheeres der Israeliten. Im Kampf gegen die Philister, die ähnliche Methoden anwandten wie er, errang er zunächst aufsehenerregende Erfolge, doch nachdem die Philister ihren entscheidenden Sieg am Berg Gilboa erkämpft hatten, wandte sich das Blatt zu Sauls Ungunsten. Sie konnten Saul deshalb so weit im Norden angreifen, weil Davids Rebellion das Heer der Israeliten erheblich geschwächt hatte. Am Ende des Kampfes sah sich der schwerverwundete Saul von Wagen und Reitern der Feinde eingekreist. Es muß seinen Feinden also gelungen sein, ihn aus den schützenden Bergen in die Ebene zu locken, wo sie Verstärkung von Sauls kanaanitischen Gegnern erhielten. Damit war sein Schicksal besiegelt.

Die Bibel schildert Sauls Werdegang und die Ereignisse seiner Regierungsjahre mit kritischem Abstand. Diese Art der Darstellung läßt eindeutig antimonarchistische Einflüsse erkennen (vgl. Kap. 14). Als Vorgänger Davids durfte Saul auch deshalb keine zu bedeutende Rolle spielen, damit Davids Ruhm heller erstrahlen konnte. Auch sahen die Anhänger des Jahwe-Glaubens im Lande Saul wohl eher kritisch, denn sein Verhältnis zu den religiösen Führern war alles andere als zufriedenstellend. Seine Versuche, sich der Unterstützung durch die Propheten zu versichern, waren wohl nur von geringem Erfolg gekrönt, und die Priester, die Söhne jenes Eli, unter dem einst Saul sein Priesteramt ausgeübt hatte, hatten Sauls Unwillen erregt. Als die Priesterschaft von Nob in Verdacht geriet, Davids Rebellion unterstützt zu haben, beauftragte er einen berufsmäßigen Mörder, den Edomiter Doëg, ein Blutbad unter den dortigen Bewohnern anzurichten. Nicht weniger als fünfundachtzig Jahwe-Priester verloren bei diesem Massaker das Leben. Saul war also den Anhängern des Jahwe-Glaubens keineswegs freundlich gesinnt. Er sympathisierte wohl eher mit einfachen, populären religiösen Strömungen. Zwar ließ er Totenbeschwörer verbannen – zweifellos betrachtete er sie als umstürzlerisch –, dieses Vorgehen aber, so hören wir, hinderte ihn nicht, seinerseits die Dienste der Hexe von Endor in Anspruch zu nehmen. Im übrigen stand er unter dem Einfluß der kanaanäischen Religion. Einer seiner Clangenossen aus dem Stamme Benjamin hieß Bealia (Jahwe ist Baal); zwei seiner eigenen Söhne trugen ähnliche Namen: Eschbaal (Baal lebt) und Meribbaal (Baal belohnt). Allem Anschein nach verehrte Saul Jahwe und die Götter Kanaans nebeneinander. Für ihn waren sie untrennbare Größen ein und derselben Religion.

Auch in der Folgezeit sollte es in Israel und Juda noch so manchen König geben, der sich ähnlich verhielt. Dies trug den betreffenden Herrschern seitens der biblischen Chronisten und Propheten die schwersten Zurechtweisungen ein, doch sahen sie hierin wohl die einzige Möglichkeit, ihr ethnisch und religiös gemischtes Land erfolgreich zu regieren. Auch Saul muß dieser Ansicht gewesen sein.

Die Bibel enthält in ihrer heutigen Form neben diesen eher von Feindseligkeiten und Ablehnung geprägten Einschätzungen Sauls Reste älterer Darstellungen, darunter das Buch Jaschar[10] (die Rechtschaffenen oder Helden?), welche die Tapferkeit Sauls und die Ausstrahlung verherrlichen, die von seiner Person ausgingen, oder zumindest diese Eigenschaften bei ihm voraussetzten.

Das Nebeneinander derart widersprüchlicher Auffassungen bei den Schreibern der biblischen Geschichte bietet uns ein faszinierendes Bild, das vielleicht von der Komplexität der historischen Wahrheit gar nicht so weit entfernt ist, aber auch etwas vom Pathos der griechischen Tragödie hat: Saul wird zur Heldengestalt, die über alles Mittelmäßige hinausragt, ein brillanter und begabter Mensch, der sich alle Mühe gab, rechtschaffen zu sein, jedoch Gefangener des Bösen war, das er selbst verursachte, nichts Gutes vollenden konnte und schließlich für seine Fehler bezahlen mußte. »Hochmut kommt vor dem Fall«, heißt es im Buch der Sprüche.[11]

So rücksichtslos er sein mochte und so verheerend sein Sturz am Ende seiner Laufbahn gewesen sein mag, es ist Saul überzeugend gelungen, Israel erstmals unter einer Königsherrschaft zu vereinigen.

7. Kapitel
David

Das Königreich Davids

David war der jüngste der acht Söhne Jesses (Isaias) aus Bethlehem, einem kleinen Städtchen unweit der Nordgrenze des Stammesgebietes von Juda. Bethlehem lag auf einer Anhöhe oberhalb fruchtbarer, wohlbewässerter Senken an einer wichtigen Verkehrsstraße, die das Jordantal mit dem Kernland Judäas verband.

David, ein gutgewachsener, mit strahlenden Augen in die Welt blickender, rothaariger junger Mann, begann seine Laufbahn als Soldat in Sauls Gefolge. Schon bald erwarb er sich einen bedeutenden Ruf als Krieger. Davon zeugt die einprägsame Erzählung von seinem Kampf mit dem riesenhaften Philister Goliat aus Gat, eine Sage, welche die Bibel in verschiedenen, voneinander abweichenden Versionen wiedergibt.

Gegen den Brautpreis von 200 Vorhäuten erschlagener Philister erhielt David Sauls Tochter Michal zur Frau. Außerdem wurde er zum Befehlshaber der königlichen Garde ernannt. Die Frauen in Israel sangen: »Saul hat Tausende erschlagen, David aber Zehntausende.« Diese Popularität aber trug ihm die Eifersucht und den Zorn seines Herrn ein. Auf Warnungen des Kronprinzen Jonathan hin, mit dem ihn eine enge Freundschaft verband, sagte er sich, daß es wohl besser wäre, den Hof zu verlassen. Zusammen mit einem Priester namens Abiatar, der dem von Saul angerichteten Blutbad von Nob entkommen war, floh David zur Höhle von Adullam in die unwirtlichen Wüstengebiete des Südens, wo er eine Schar Unzufriedener, Abenteurer und Schuldenmacher um sich sammelte. Durch seine zweite Ehe mit Abigail, der Tochter eines reichen jüdäischen Herdenbesitzers, gewann er in Juda Freunde und Helfer. Danach trat David in den Dienst des philistäischen Königs Achisch von Gat, der ihm die Stadt Ziklag als persönlichen Besitz übereignete. In seiner neuen Rolle als philistäischer Söldnerführer mehrte er seinen Ruf als Krieger und Diplomat.

Als Saul in der verlorenen Philisterschlacht am Berge Gilboa umkam und auch sein Sohn Jonathan den Tod fand, überlebte nur Sauls vierter Sohn Eschbaal als Thronerbe. Dessen Reich schrumpfte erheblich, denn die Philister eroberten den größten Teil des Landes, Galiläa und das Ost-Jordanland. David begab sich als ihr Vasall nach Hebron, um die Herrschaft über Juda anzutreten. Erst sieben Jahre später gelang es ihm – vielleicht noch immer mit Unterstützung oder zumindest Billigung der Philister –, Eschbaal zu beseitigen. Sein wichtigster Parteigänger Abner, Sauls ehemaliger Oberbefehlshaber, wurde von Davids General Joab umgebracht.

David bestritt, mit diesem Mordanschlag etwas zu tun zu haben. Er wurde etwa im Jahre 1000 zum König über ganz Israel gesalbt.

Unverzüglich ergriff er Maßnahmen, um seinen Herrschaftsanspruch zu verwirklichen. Von Hebron aus zog er gegen Jerusalem und eroberte die Stadt, die bis dahin in der Hand der Philister gewesen war (vgl. Kap. 2). Danach eroberte er die verschiedenen noch existierenden kanaanäischen Stadtstaaten im Lande ringsum. Er errang entscheidende Siege über die Philister und führte bisher nie dagewesene Eroberungskriege: gegen die halbnomadischen Bewohner von Edom, ein Land, wo es Kupfer- und Eisenminen gab; gegen Moab mit seinem Viehreichtum; gegen Ammon, ein Gebiet, dessen Bewohner als nicht seßhaft und räuberisch bekannt waren, sowie gegen das mit den Ammonitern verbündete Aram-Zoba in Syrien. Alle diese Territorien wurden dem ungeheuer erweiterten Herrschaftsbereich der Israeliten einverleibt, indem sie entweder Israel direkt angeschlossen oder zu tributpflichtigen Vasallenstaaten gemacht wurden. Um diese verschiedenen Völkerschaften zusammenzuhalten, nahm David, der bereits mit Michal und Abigail verheiratet war, zahlreiche Frauen aus den verschiedenen Stämmen Israels sowie den Völkern, über die er herrschte, in seinen Harem auf. Die Folge war, daß es zu familiären und politischen Rivalitäten kam, die bis zu gefährlichen Revolten der eigenen Söhne Davids, Amnon, Adonja und Absalom, führten. Letzterer, der Anwärter auf die Thronfolge, fiel, sehr zum Kummer Davids, im Kampf. Adonja wurde dann sowohl von Joab als auch von dem Priester Abiatar favorisiert. Daraufhin erkor David seinen Sohn Salomo, dessen Mutter seine jebusitische Nebenfrau Batseba war, zu seinem Nachfolger. David starb, nachdem er dreiundfünfzig Jahre über Israel geherrscht hatte. Seine entscheidende Tat blieb die Eroberung Jerusalems.

Von den ursprünglichen Herren Jerusalems, den Jebusitern, übernahm er nicht nur die massive, auf Terrassen errichtete älteste Stadt hoch oben auf dem Berg Ophel, sondern er erweiterte seine neue Hauptstadt beträchtlich durch die Errichtung von Neubauten, so daß das Stadtgebiet auf 44 000 bis 48 500 m^2 anwuchs. Es erstreckte sich nun weit über den Ophelkamm. Jüngst entdecktes Mauerwerk, darunter die Überreste massiver Mauerzüge, die durch querlaufende Strukturen zusammengehalten wurden, gehen möglicherweise auf David zurück.

Durch seine Eroberungen war Jerusalem Davids Stadt geworden, und er konnte sie mit vollem Recht für sich beanspruchen. Unzählige Lobsprüche in der Bibel preisen die Heiligkeit dieser Stadt. Es war ein besonders glücklicher Wurf, daß David gerade Jerusalem zu seiner Residenz erhob, lag es doch weit außer Reichweite des Stammesgezänks der Israeliten. Darüber hinaus befand es sich in günstiger Position zwischen den Nordstämmen und Juda, deren gegenseitige

6 Das Davidische Reich

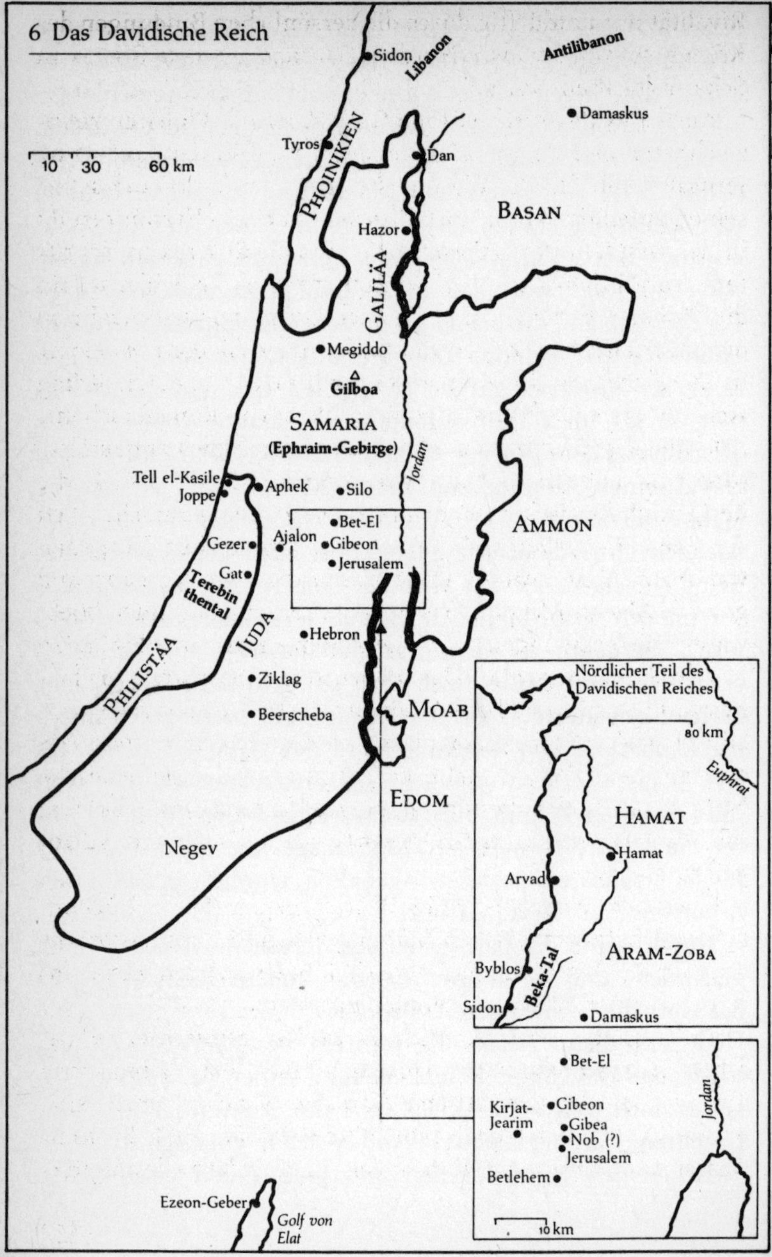

Rivalität nur notdürftig durch die persönlichen Bindungen des Königs sowohl an den Norden als auch an den Süden in Schach gehalten wurde.

Auch Davids entscheidende Siege über die Philister kennzeichneten den Beginn einer neuen Ära. Mit der Eroberung Jerusalems brachte er die Philister gegen sich auf und setzte seinen guten Beziehungen zu ihnen ein Ende. »Vernimmst du in den Wipfeln der Bakasträucher das Geräusch von Schritten«, sprach Jahwe zu David, »dann ziehe in die Schlacht, um die Philister zu schlagen.«[1] So trieb David, wie wir erfahren, die philistäischen Krieger von Gibea (oder Gibeon) bis Gezer in die Flucht. Nicht einmal die Stadt Gat, mit deren König Achisch er einst befreundet war, blieb vor ihm verschont. Allerdings ist nicht sicher, ob er Gat auch wirklich annektierte (über ein anderes Gat in Judäa: vgl. Kap. 12). Auch die übrigen philistäischen Stadtstaaten entgingen wahrscheinlich der Annektion, weil sich Ägypten einem solchen Vorgehen widersetzt hätte. Allerdings verloren diese Städte ganz und gar ihre Macht. Mit dem wenigen Hinterland, das ihnen blieb, waren sie gezwungen, ihre gesamten, einst so blühenden Handelsbeziehungen an David abzutreten. So wurde das bisherige philistäische Handelszentrum Tell el-Kasile zum israelitischen Warenumschlagplatz. In dieser Zeit entwickelte sich ein neuer Typ israelitischer Tonware, der philistäische Muster nachahmte. Sein handpolierter Überzug (Engobe) war mit Hämatit, einem natürlich vorkommenden Eisenoxyd rot gefärbt.

Die blutrünstigen Feldzüge Davids gegen die drei bedeutendsten halbnomadischen Stämme östlich des Jordan brachten ihm die Feindschaft des syrischen Staates Aram-Zoba, das mit den Ammonitern verbündet war, ein.

Die Aramäer, ursprünglich Nomaden gemischter ethnischer Zusammensetzung, sprachen eine dem Hebräischen ähnliche nordwestsemitische Sprache, welcher noch eine große Zukunft beschieden sein sollte (vgl. Kap. 16). Im Kielwasser von Amoritern, Kanaanäern und anderen Immigranten waren die Aramäer in einer großen Einwandererwelle aus den Randgebieten der syro-arabischen Wüste zu ihren späteren Wohnsitzen gezogen. Nach dem Niedergang des Hethiter-Reiches, Ägyptens und Babylons gegen Ende des zweiten Jahrtausends nahmen sie den Weg nach Norden durch die Flußtäler Mesopotamiens und drangen westwärts nach Syrien vor, wo ihnen die fruchtbare nordsyrische Ebene (*aram naharain*, Feld der zwei Ströme) den Namen Aramäer einbrachte.

Tatsächlich ließen sie sich dort nach und nach nieder, verheirateten und versippten sich, züchteten Schafe, bestellten Äcker, trieben aber auch Karawanenhandel, der angesichts des zunehmenden Einsatzes von Kamelen immer größere Bedeutung erhielt. Was ihre Religion angeht, so verehrten sie neben babylonischen Gottheiten auch assyrische; später kamen kanaanäische Götter hinzu. Ihre Hauptgottheit war eine Mischung aus der kanaanäischen Fruchtbarkeitsgöttin Astarte mit Anat, deren Kult ebenfalls in Kanaan und Phoinikien verbreitet war. Wie kaum anders zu erwarten, übernahmen sie auch die kanaanäisch geprägte Zivilisation. Bald gelang es ihnen, eine Anzahl recht einflußreicher Königtümer zu errichten.

Eines davon war das an Kupfer reiche Aram-Zoba. Im Beka-Tal zwischen Libanon und Antilibanon (nordwestlich von Damaskus) gelegen, war es Grenznachbar der nordisraelitischen Stämme und bereits mit Saul in Konflikt geraten. David erfocht einen entscheidenden Sieg über den König Ben Hadad I. (Hadadeser), entriß ihm die Kupferminen nebst anderer wertvoller Beute und brachte das gesamte Reich in seine Gewalt. Außerdem unterwarf er noch ein weiteres Aramäerreich, Hamat am Orontes. Zwar annektierte er es nicht, machte es aber zum abhängigen Vasallenstaat. Hamat trieb einträglichen Handel mit Elfenbein von syrischen Elefanten.

David konnte seine Herrschaft über diese Aramäerreiche wegen des Machtvakuums zwischen den damaligen Großreichen ungehindert ausüben. Sie ermöglichte Israel eine Kontrolle über den größten Teil Syriens, wie es sie nie zuvor ausgeübt hatte und auch künftig nie wieder ausüben sollte.

Die ersten beiden Regierungsjahrzehnte Davids waren fast ausschließlich eine Zeit blutiger Kriege. Mit Hilfe Joabs, der ein glänzender Heerführer war, hatte David begonnen, die Israeliten zu mobilisieren. Von Saul hatte er außerdem ein Berufsheer sowie eine Söldnerstreitmacht übernommen, die er durch Rekrutierung philistäischer und anderer Söldner weitgehend vergrößerte. Diese Männer setzte er als seine Leibgarde ein, über die er persönlich eine strenge Aufsicht führte.

Der einzige bedeutende Teil Syro-Palästinas, den David nicht unter seine Kontrolle brachte, war Phoinikien, der Küstenstreifen des heutigen Libanon. Mit diesem Gebiet verfuhr er anders. Seine Bewohner waren ihrer Herkunft nach Kanaanäer und sprachen ein nordwestsemitisches Idiom, das wie das Hebräische aus dem Kanaanäischen hervorgegangen war. Insgesamt hatten Übergriffe, Einwanderungen, Ansiedlungen und Kampfhandlungen der Seevölker sowie der Israeliten und Aramäer die Kanaanäer um drei Viertel ihres Landes und neun Zehntel ihrer Getreideanbauflächen gebracht. Es blieb ihnen nur noch der zentrale, von den Phönikiern bewohnte Küstenstreifen mit seinem unmittelbaren Hinterland – eine Region voller Bergwälder, in der man sich ansiedeln und Holz schlagen konnte.

An dieser Küste lagen die wehrhaften, enorm aktiven Seestädte Byblos, Sidon, Tyros und Arwad. Ihre Regierungen und Geschäftsleute machten sich das allgemeine Chaos zunutze, das vor und nach der letzten Jahrtausendwende im Nahen Osten herrschte. So bauten sie beeindruckende Handelsflotten und entfalteten einen Seehandel, den die beunruhigenden Überfälle der Seevölker nur vorübergehend zu stören vermochten. Bis zu einem gewissen Grad konnte Ägypten allerdings immer noch intervenieren, so geschwächt es auch war. Die alte Hafenstadt Byblos, die als Verlade- und Verschiffungsplatz für Zimmerholz einen raschen Neuaufschwung erlebte, nahm Ägyptens nominelle Herrschaft in Kauf, um besser gegen Übergriffe seitens der Sidonier geschützt zu sein.

Tyros, das nur ein kleines Stück weiter im Süden liegt, war als sidonische Kolonie gegründet worden, hatte jedoch, wie es nicht selten geschieht, seine Mutterstadt schon bald überflügelt. Ursprünglich ein Fischerdorf, wurde es nach der Bibel später ein bedeutendes Handelszentrum, in welchem reiche fürstliche Familien herrschten. Tyros' Herrscher Hiram I., »der Große« (um 970–936), ein Eroberer, der emsige Bautätigkeit entfaltete und dem es gelang, mehrere Rebellionen niederzuschlagen, war entzückt von Davids Siegen über die Philister. Nichts kam seinem Seehandel mehr zugute, stand ihm doch für die Verschiffung des Zedernholzes, das er exportierte, nun der Seehafen Joppe (Jaffa) zur Verfügung. Außerdem wünschte er Beteiligung am Handel auf den Überlandrouten, die unter Davids Kontrolle standen. So verbündeten sich die beiden Monarchen miteinander. Die Bibel berichtet, daß beide bald eine enge persönliche Freundschaft verband. Durch die enge Verbindung der beiden Monarchen geriet die weitere Entwicklung der israelitischen Zivilisation allerdings stark unter phönikischen Einfluß. Indem David seine Eroberungen mit dieser klug kalkulierten politischen Allianz abrundete, schuf er sich einen imponierenden Macht- und Einflußbereich, der bruchlos vom Golf von Elat bis hin zum oberen Euphrat reichte. Zum ersten und einzigen Mal in seiner Geschichte stieg Israel im Nahen Osten zu einer bedeutenden Macht auf – einem Imperium, das sich aus den unterschiedlichsten Elementen zusammensetzte.

Doch diese so ganz unerwartete, sensationelle Entwicklung schuf zahlreiche Probleme im israelitischen Mutterland. Schon Saul hatte getan, was er konnte, um die alten Ideale und Wertvorstellungen aus der Nomadenzeit der zwölf Stämme in dem neuen Konzept monarchischer Zentralisation zu verankern. David sah sich vor der sehr viel schwierigeren Aufgabe, diese Ideale mit den Erfordernissen seines neuen

Reichs in Einklang zu bringen. Um mit diesem Problem fertigzuwerden und die Länder seines Machtbereichs effektiv und zeitgemäß verwalten bzw. besteuern zu können, sah er sich gezwungen, einen umfangreichen Beamtenapparat zu schaffen. Diese Institution – die Beamten bezeichnete man als »Diener« oder gar »Knechte des Königs« – beruhte auf wohldurchdachten phönikischen Vorbildern, profitierte aber auch von den noch größeren Erfahrungen Ägyptens, von wo man Beamte kommen ließ, die beim Aufbau des Verwaltungs- und Steuerwesens helfen sollten. Diese und ihre israelitischen Kollegen bildeten alsbald eine neue, städtisch geprägte, kleine, doch einflußreiche und wohlhabende Oberschicht. »Der kleine Mann« dagegen, der »Durchschnittsbürger«, sah und spürte wenig oder gar nichts von den Vorteilen der neuen imperialen Ordnung. Er hatte Steuern zu zahlen und wurde zur Zwangsarbeit verpflichtet – eine alte Einrichtung, die man von den Kanaanäern entlehnt hatte.

Auch von Davids beträchtlichen Bauvorhaben hatte der Durchschnitts-Israelit nichts. Die Bautätigkeit, deren Spuren von Archäologen aufgedeckt wurden, brachte ihm keinen unmittelbaren Nutzen. Zu den Hilfskräften, die Hiram I. von Tyros David zur Verfügung stellte, gehörten Zimmerleute und Maurer, die die neue Residenz in Jerusalem aufbauen halfen. Auch in Megiddo entstanden vermutlich zur Zeit Davids Paläste, ein Magazin sowie ein ansehnlicher kleiner Torbau. Bei einigen dieser Bauwerke verwendete man säuberlich in rechteckige Blöcke zugeschnittene Steine, die mit außerordentlicher Präzision aneinandergefügt waren. Offensichtlich war diese Bauweise phönikischen Ursprungs, doch will es der Zufall, daß sich die ältesten Beweise für ihre Anwendung ausschließlich an archäologischen Stätten Israels fanden. Gleiches gilt wohl für jene steinernen Säulenkapitelle, deren Zierat aus Voluten oder »eingerollten Palmenzweigen« bestand. (Solche Kapitelle haben klassische Archäologen irrtümlich als »protoäolisch« oder »protojonisch« bezeichnet.)

Frühe Beispiele dieser Kapitellform kamen in Megiddo,

Hazor, aber auch anderswo zum Vorschein. Insgesamt fand man bisher mehr als dreißig Exemplare dieser Kapitellform im ganzen Land. Sie alle stammen aus der Zeit Davids und seiner Nachfolger. Vielleicht gehen sie auf hölzerne Kapitelle aus Nordsyrien zurück, doch spielten die Phönikier wahrscheinlich die Vermittlerrolle. Mächtigere Torbauten in Dan im Norden sowie in Beerscheba im äußersten Süden des israelitischen Mutterlandes werden gleichfalls David zugeschrieben; allerdings ist diese Zuweisung alles andere als sicher.

Die Davidische Religion

Sein ungeheurer Erfolg schien David als einen Herrscher auszuweisen, der in ganz besonderer Weise der Gnade Gottes teilhaftig war. Er nutzte dies, indem er das Königtum unter religiösen Aspekten betrachtete, es als religiöse Institution deutete und behauptete, die Autorität seiner Monarchie beruhe in der Tat auf göttlichem Gnadenerweis. Sehr geschickt belebte er den mosaischen Bundesgedanken neu und deutete ihn um, so daß seine Bindung an Jahwe ins rechte Licht gerückt wurde. Bundesgenosse bei diesem Übereinkommen war nun nicht mehr das Volk Israel in seiner Gesamtheit, sondern König David selbst, Israels charismatischer Herrscher. »Ich schließe meinen Bund mit dem, den ich erwählt habe«, so tönt es in den Psalmen aus Jahwes Munde. »Ich nenne ihn meinen Erstgeborenen, den höchsten unter den Königen der Erde . . . dein Königszepter ist ein Zepter der Gerechtigkeit.«[2]

Um dies zu bekräftigen, überführte David die Bundeslade nach Jerusalem. Von den Philistern bei Aphek erbeutet, dann aber wieder zurückgegeben, war sie von den Israeliten nach Kirjat-Jearim oder Baalach-Juda bei Gibeon (Kirjat-Enab oder Chribet Erma?) gebracht worden. Von dort holte David sie in feierlichem Zug nach Jerusalem. Um so leichter sollte es künftig sein, Jerusalems Rang als »heilige Stadt« zu unterstreichen. Die Propheten nannten es gern »Zion«, wenn es um diese Bedeutung der Stadt ging. Auch hatte ein früherer Jerusalemer Stadtherrscher namens Melchisedek im Dienste des El Eljon (vgl. Kap. 2) sich einen legendären Ruf als Priesterkönig erworben. David konnte so, nachdem ihm der erneuerte und nunmehr auf ihn zugeschnittene Bund mit Jahwe den Nimbus des Sakrosankten verliehen hatte, der Öffentlichkeit als Priesterkönig gleichen Zuschnitts präsentiert werden: »Du bist Priester ewiglich nach der Ordnung Melchisedeks.«[3]

Hier hat der Psalmist mit Sicherheit übertrieben. Auch wenn David als Herrscher, dessen Herrscheramt man als charismatisch ansah, eine »geheiligte« Persönlichkeit war oder sogar sakrale Funktionen erfüllte, so war er weder ein »Priesterkönig« oder gar »Hoherpriester« (dieser Begriff entstand erst sehr viel später) noch überhaupt Inhaber irgendeiner priesterlichen Würde. Mochten auch die Grenzen zwischen geistlichem und weltlichem Führertum ein wenig fließend sein, gänzlich verwischt waren sie auf keinen Fall. Mit anderen Worten: David, der als König herrschte, überließ das oberste geistliche Amt anderen. Zadok und Abiatar bekleideten es gemeinsam. Beide führten ihre Abstammung auf Moses Bruder Aaron zurück. Allerdings wurde Abiatar in die zum Scheitern verurteilte Revolte des Adonja verwickelt, und dies bedeutete das Ende seiner Karriere. Überhaupt scheint unter David die Macht der Leviten-Priesterschaft gebrochen worden zu sein. Man erreichte dieses Ziel, indem man die Angehörigen dieser Priesterkaste über das gesamte Land verteilte (vgl. Kap. 4). Hierbei stützte sich David auf den Propheten Nathan, dessen Dienste für ihn von unermeßlichem Wert waren. Schon Saul hatte Verbindung zur Prophetenbewegung gesucht, doch David interessierte sich weit mehr für sie. Ganz im Einklang mit den Traditionen älterer Fürstenhöfe band er mit Erfolg Propheten – darunter jenen Nathan – an seinen Thron. Vielleicht lag hier zumindest einer der Schlüssel zu seinem so überaus großen Erfolg.

Die Verfasser und Redaktoren der Bibel freilich sahen die Dinge anders. Aus späterer Zeit war ihnen geläufig, daß Propheten furchtlos Herrschern den Spiegel vorhielten und sich nicht scheuten, schonungslos an ihnen Kritik zu üben (vgl. Kap. 11). So legten sie auch Nathan Worte der Kritik in den Mund und ließen ihn David ins Gewissen reden – so beispielsweise, als David den Hethiter Uria in den Tod geschickt hatte, um dessen Frau, die schöne Batseba, seinem Harem einzuverleiben. Außerdem heißt es in der Bibel, Nathan habe David gewarnt, als dieser in Jerusalem die Tenne des Jebusiters Arauna gekauft und dort einen Altar errichtet habe. Angeblich wollte David auch einen Tempel bauen, doch Nathan, so heißt es, habe ihn zur Vorsicht gemahnt. Daran könnte etwas Wahres sein, wenn auch nicht aus den Motiven, die die Bibel angibt und die einander widersprechen – etwa weil Jahwe kein ortsgebundenes Heiligtum benötigte oder weil David gekämpft und Blut vergossen habe –, sondern weil ein Tempel mit festem Standort zu sehr deutlich gemacht hätte, wie sehr Davids Religiosität von Kanaan beeinflußt war.

In der Tat war David – wie vor ihm schon Saul – nicht abgeneigt, derartigen Einflüssen nachzugeben. Ja vielleicht trug er einst sogar den kanaanäischen Namen *Elchanan* (Gnade Els)[4]; dies gilt auch für einen seiner Söhne *Beeliada* oder *Eliada*. Sein »Springen und Tanzen vor dem Herrn« zum Klange ritueller Musik, das seine Gemahlin Michal (die ohnehin schon verbittert war, weil Davids Ruhm den ihres Vaters Saul so sehr in den Schatten stellte) als lächerlich und unwürdig empfand, war ein Ritual, das unmittelbar auf kanaanäische Praktiken zurückging.[5] Die Staatsreligion, deren oberster Hüter David war, war keineswegs rein jahwistisch, sondern eher eine Mischung aus Jahwedienst und kanaanäischen Kulten.

Wohl auf Grund derartiger Überlegungen gaben sich spätere Bibelautoren alle Mühe, Nathan rückblickend als strengen Moralprediger und Opponenten des Königs hinzustellen, der mit seiner Kritik nicht hinter dem Berg hielt. In Wahrheit jedoch war er wohl eher eine Art Hofprophet alten Stils, der auf seiten des Königs stand. Verkündete er doch feierlich, Jahwe habe nicht nur mit David allein seinen Bund geschlossen, sondern für alle Zukunft auch mit seinem Hause (»dein Thron soll bestehen immerdar«[6]) – ein Spruch, der entscheidende Auswirkungen auf die künftige Geschichte des Judentums und Christentums haben sollte.

Ebenso wie Saul, nur wesentlich intensiver, beabsichtigte David, eine Dynastie zu gründen, die ihre Existenz auf göttlichen Willen zurückführte. Allerdings gab es – wie bei anderen Erbmonarchien des Nahen Ostens auch – keine klare Erbfolge, und als David alterte, wollte oder konnte er keinen Thronfolger benennen, dessen Herrschaftsanspruch unbestritten gewesen wäre. Infolgedessen waren seine letzten Jahre ein Alptraum voller Unschlüssigkeiten, voll erbitterter Intrigen und blutiger Rebellionen, bis David schließlich – in diesem Entschluß von Nathan, Zadok und seiner Nebenfrau Batseba bestärkt – Batsebas Sohn Salomo zum Nachfolger bestimmte.

Davids geradezu dämonischer Energie und seiner geistigen Beweglichkeit verdankte Israel eine lange Periode des Friedens und Wohlstandes, den es noch nie zuvor in seiner Geschichte genossen hatte und auch nie wieder genießen sollte. Trotz der blutigen Ereignisse, die Davids Historiograph durchaus nicht verschwieg (vgl. Kap. 9), nahmen sich seine Regierungsjahre im nachhinein wie ein Vorgriff auf das Goldene Zeitalter einer künftigen Herrschaft Jahwes aus.

Eine seiner vielen Begabungen und zugleich eines der größten Geschenke, das David seinem Lande machte, war seine Liebe zur Musik, die in einer langen kanaanäischen Tradition wurzelte. David war ein begnadeter Lautenspieler, und es heißt, diese Fähigkeit habe einst Sauls Aufmerksamkeit auf ihn gelenkt. Vor allem aber stand er in dem Ruf, ein talentierter Dichter und Sänger zu sein. Ein ihm zugeschriebenes Lied preist die Errettung vor seinen Feinden (zu denen auch Saul gehörte, nachdem die Freundschaft zwischen ihnen zerbrochen war): »Der Herr ist meine Burg, mein Fels, mein Retter.«[7] Auch die wohl als Wechselgesang vorzutragende Totenklage auf Saul und auf dessen Sohn Jonathan soll David verfaßt haben:

»Köstlicher war deine Liebe mir
als Frauenliebe.
Wie sind doch die Helden gefallen
und umgekommen die Streitbaren!«[8]

Diese Klage erinnert an die Trauerverse Gilgameschs über seinen Freund Enkidu im mesopotamischen Gilgamesch-Epos.[9] Sie hat eine ergreifende, zu Herzen gehende Unmittelbarkeit, der sie trotz des eindeutig säkularen Inhalts ihre Kanonisierung verdankt. Vor allem jedoch ging David als Sänger und Dichter geistlicher Kompositionen in die Geschichte ein. »Aus vollem Herzen sang er Lobeshymnen, um seine Liebe zu seinem Schöpfer zu bekunden.«[10]

Nach dem Zeugnis des Alten Testaments kam David – und damit gleichermaßen bei Juden wie bei Christen – zu der Ehre, als Verfasser des gesamten Psalters angesehen zu werden. In Wirklichkeit freilich sind nahezu alle Psalmen nachweisbar jüngeren Datums (vgl. Kap. 13). Und doch enthalten einige von ihnen die eine oder andere Passage, die durchaus auf David zurückgehen könnte.[11] Andere dagegen hat man Asaph, Davids Musikmeister, zugeschrieben, der nach der Überlieferung einen Chor und ein Orchester von 5000 Personen leitete. Auch wenn diese Zahl übertrieben groß scheint, so steht doch fest, daß David größten Wert auf die Musik legte und ihr eine ungeheure Bedeutung für den Kult zuschrieb.

Als man die Bundeslade nach Jerusalem trug, tanzten er und »ganz Israel« vor ihr zum Klange von Harfen, Lauten, Tamburinen, Kastagnetten und Zimbeln.[12] Auch diese Art von kultischen Darbietungen mißbilligte Davids Gattin Michal.

8. Kapitel

Salomo

Die Politik Salomos

Als der Verfasser des Deuteronomistischen Geschichtswerks (vgl. Kap. 14) dem ersten Buch der Könige seine endgültige Form gab, schuf er ein in sich geschlossenes, ja allzu stimmiges Bild der Regierungsjahre Salomos (um 965–927). Insbesondere die ersten zehn Kapitel sollen Salomos Herrschaftszeit als eine Periode des Friedens und des Wohlstandes ausweisen. Außerdem erfahren wir, daß Salomo nicht nur außergewöhnlich weise, sondern auch über die Maßen reich war. Er verbündete sich mit Ägypten und besiegelte diesen Bund durch die Heirat mit der Tochter des regierenden Pharao, von dem er als Mitgift die kanaanäische Stadt Gezer erhielt, die offenbar bis dahin noch als Enklave unter ägyptischer Oberhoheit gestanden hatte. Auch die von David angebahnte Freundschaft mit Hiram I., dem Großen, von Tyros bestand unter Salomo fort; beide Herrscher unterhielten äußerst lebhafte Handelsbeziehungen. Mit Hirams Hilfe verwirklichte Salomo gewaltige Bauvorhaben. Nicht nur, daß er neue Städte errichtete – er ließ auch alte Städte neu aufbauen, soweit sie verfallen und in Trümmer gesunken waren. Allein in Jerusalem benötigte man zum Bau eines Palastkomplexes, zu dem auch der Tempel (der Erste oder Salomonische Tempel) gehörte, volle dreizehn Jahre, wovon nicht weniger als sieben auf den Tempelbau entfielen.

Dem Bau des Tempels verdankt Salomo seine günstige Beurteilung in den Büchern der Könige. Eine der diesem Teil der Bibel zugrundeliegenden Quellen freilich sieht die Dinge in nicht so günstigem Licht. Der Redaktor jedoch verlegte alles Ungünstige, was es über Salomo zu sagen gab, ohne Rücksicht auf die »historische Wahrheit« auf die letzten Jahre dieses Königs, die – der vorliegenden Schilderung zufolge – für Salomo eine Zeit des Niedergangs gewesen sein müssen. So erfahren wir etwa, daß Salomo an Einfluß verlor, als sich Edom von Israel trennte und sich unter einem Stammesfürsten namens Hadad selbständig machte. Auch die Aramäerstaaten auf syrischem Boden nahmen, so heißt es, ihre Angelegenheiten nun wieder in die eigenen Hände. Die führende Rolle dabei spielte nun nicht mehr Aram-Zoba, sondern das noch mächtigere Reich von Damaskus. Aber nicht nur hierdurch verlor Salomo buchstäblich an Boden, sondern er mußte außerdem zwanzig galiläische Städte an Hiram von Tyros abtreten, um seine Schulden zu begleichen. Und damit nicht genug: Man trug ihm außerdem die Begleitumstände nach, unter denen er Davids Nachfolge angetreten hatte, und dies führte zu nicht enden wollendem Streit. Schon bald nach der Machtübernahme hatte er sich seines älteren Halbbruders Adonja entledigen müssen, der sich einst gegen David erhoben hatte, aber auch aus anderen Gründen stand sein Thronanspruch auf denkbar schwachen Füßen, so etwa deshalb, weil seine Mutter, Batseba, Jebusiterin war und damit als Fremde, als Ausländerin galt.

All diese Schwierigkeiten indessen konnten Salomo nicht davon abhalten, eine äußerst rege Handelspolitik zu treiben. Mit Hirams Unterstützung schuf er in Ezeon Geber – unweit vom Scheitelpunkt des Golfes von Elat – eine Handelsflotte. Der Hafen dieser Flotte lag vermutlich auf der heutigen Pharaoneninsel (*Dschesiret Fara'un*), auf der man noch die Überreste einer massiven Befestigungsanlage erblickt, die sich allerdings nicht mit Sicherheit datieren läßt. Tell el-Keleife auf dem benachbarten Festland – einst Zankapfel zwischen Israel und Edom – war nicht, wie bisweilen vermutet, eine Kupferraffinerie der Zeit Salomos, sondern eine Festung und

Magazinstadt. Der Ort lag an einer wichtigen Route, die durch das trockene Gebiet der Negev-Wüste ins Landesinnere führte.

Aus Ophir (vielleicht Suppara bei Bombay?) brachten Salomos Schiffe Gold, Silber, Edelsteine, Elfenbein, Edelhölzer sowie Pfauen und Affen mit. Streitwagen bezog Salomo aus Ägypten und Rosse aus Ägypten und Koa (Kue, Kilikien in Südwest-Kleinasien). Zum erstenmal seit seinem Bestehen war Israel eines der großen Zentren kommerziellen und politischen Lebens, worauf auch die Angabe hindeutet, Salomo habe nicht weniger als siebenhundert Frauen und dreihundert Nebenfrauen besessen, von denen viele Ausländerinnen waren. Die Zahlen freilich mögen ein wenig übertrieben sein.

In die gleiche Richtung weist der Bericht vom Besuch der in der arabischen Literatur wegen ihrer Schönheit vielgerühmten Königin von Saba. Die Schilderung dieses Besuchs gab den Bibelautoren Anlaß, sich ausführlich über Salomos Weisheit und Reichtum auszulassen. Zweifellos enthält die Darstellung des Ereignisses dichterische Elemente, doch fraglos sind diese Erzählungen ein Beweis für Handelsbeziehungen zwischen dem Reich Salomos und Nordwestarabien. Die Sabäer sprachen Südwestsemitisch. Längs der Gewürz- und Weihrauchstraßen, die vom Indischen Ozean über Land nach Palästina und Mesopotamien führten, hatten sie ein Reich errichtet, das starke Expansionstendenzen zeigte. Salomo seinerseits kontrollierte beträchtliche Abschnitte der betreffenden Straßen, und so war es für beide Reiche nur sinnvoll, eine Übereinkunft zu erzielen. Ein früharabischer Siegelstempel aus Ton nicht sehr viel jüngeren Datums – er stammt aus dem folgenden Jahrhundert – scheint in Bet-El gefunden worden zu sein.[1] Damit war erstmals eine Verbindung zwischen Hebräern und Arabern angeknüpft worden – eine Beziehung, die Jahrhunderte dauern sollte.

Um all diesen außenpolitischen Aktivitäten den nötigen Nachdruck zu geben, benötigte Salomo eine starke Armee. David hatte sich noch weitgehend auf Fußtruppen gestützt,

Die Stadt Jerusalem von Salomo bis zu Herodes Agrippa (965 v. Chr.–44 n. Chr.)

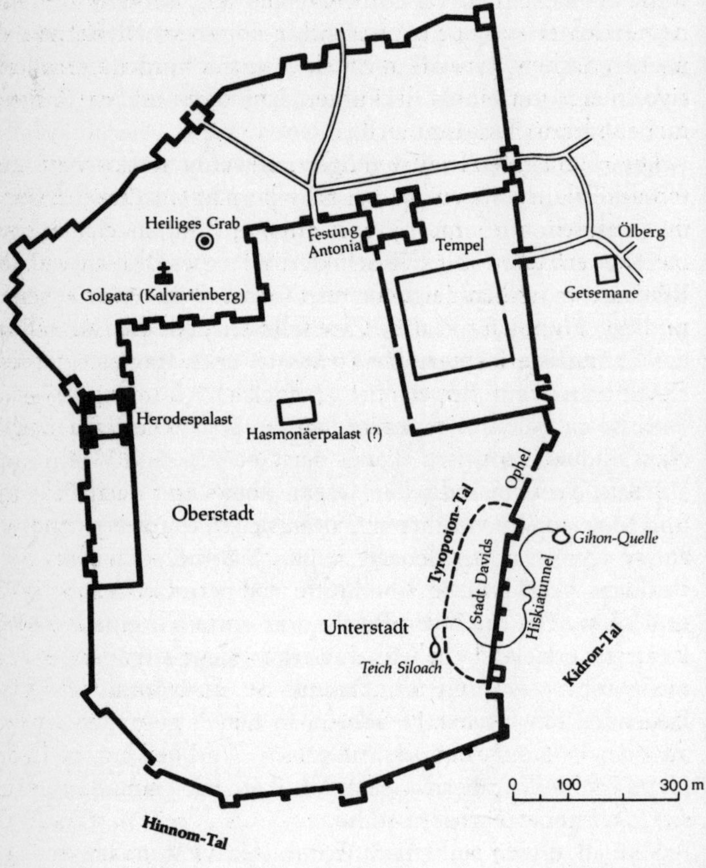

die sich aus Söldnern rekrutierten, doch unter Salomo spielte diese Art von Streitkräften eine viel unbedeutendere Rolle. Streitwagen bildeten nunmehr das Rückgrat des Heeres, und ihre Zahl wurde erheblich vergrößert. Stationiert war diese Streitmacht in der stark ausgebauten Festung Gezer, die Salomo von den Ägyptern erhalten hatte, desgleichen in Hazor sowie in Megiddo. Diese Stadt scheint Salomo – teilweise auf Kosten älterer Bauwerke aus der Zeit Davids – ganz neu errichtet zu haben. Es erhielt eindrucksvolle Paläste, die nach syrischen Vorbildern errichtet wurden, sowie eine massive Mauer mit einem dreifachen Tor, flankiert von Türmen mit quadratischem Grundriß.

Diese und andere aufwendige Unternehmungen veränderten das Bild Israels völlig. Bei archäologischen Ausgrabungen in Jerusalem stieß man jüngst auf die Fundamente der von Salomo erbauten Zitadelle. Das wichtigste Bauprojekt des Königs war freilich der Tempel auf dem Berge Moria, dessen massive Plattform – die Araber bezeichnen sie als *Haram esch-Scherif* (erhabenes Heiligtum) – erhalten ist. Ob schon David mit dem Tempelbau begann oder nicht (vgl. Kap. 7) – Salomo ist der Vollender dieses Bauwerks, das seinen Namen in aller Welt berühmt machte.

Dieser Tempel war Teil einer komplexen Palastanlage. Später wurde er von den Autoren der Bibel sehr eingehend beschrieben; an offenkundigen Übertreibungen und phantasievollen Ausschmückungen fehlt es den betreffenden Passagen nicht. Gleichwohl muß es sich um ein eindrucksvolles Bauwerk gehandelt haben. Der Tempel war in drei Räume unterteilt – eine Gliederung, zu der sich mancherorts in Palästina und Syrien Parallelen finden. Im großen ganzen scheint das Heiligtum von Silo als Vorbild gedient zu haben (zum Tempel von Arad, vgl. Anhang 6). Silo wiederum lehnte sich an kanaanäische Muster an. Tatsächlich war auch der Jerusalemer Tempel seiner Bauweise nach ganz und gar kanaanäisch oder vielmehr phönikisch. Schließlich hatte Hiram I. von Tyros, der bereits zu Davids Palastbau beigetragen hatte, auch Zedern- und Fichtenholz sowie Arbeitskräfte gesandt, um Salomos Tempel aufzumauern und auszuschmücken. Als Gegenleistung erhielt er von den Israeliten Weizen und Olivenöl.

In Israel gab es keine bildende Kunst. Der entscheidende Grund dafür war, daß man das zweite Gebot ganz radikal als allgemeines Bilderverbot deutete. Es besteht aber auch die Möglichkeit, daß es keine geeigneten Künstler gab. Jedenfalls war die gesamte Innendekoration des Tempels ihrem Charakter nach phönikisch. Hiram lieferte dafür Gold, und die beiden riesigen Cheruben, die aus Olivenholz bestanden, das mit Gold überzogen war, und die im Allerheiligsten des Tempels über der Bundeslade ihre Schwingen ausbreiteten, ähnelten phantastischen Mischwesen-Darstellungen, wie man sie in Byblos und Megiddo fand, Gestalten mit Menschenkopf, Löwenleib und Vogelflügeln, die der Astarte heilig waren. Zweifellos enthielt der Tempel auch Basreliefs, wie sie in phönikischen Gebäuden häufig vorkamen, ein Ergebnis der Erfahrungen, die man bei der Herstellung kostbarer Möbel gesammelt hatte. Durch die Verwendung edler Hölzer aus dem Libanon gelang es den Handwerker-Künstlern, ganz außerordentliche Leistungen zu vollbringen. Zwar fehlte es der phönikischen Kunst an Originalität, doch erwiesen sich die Phönikier als geschickte, geschmackvolle Imitatoren, die wirkungsvoll mesopotamische, hethitische, mykenische und ägyptische Motive miteinander zu kombinieren wußten.

Auch der Religion, die im Jerusalemer Tempel praktiziert wurde, fehlte es nicht an phönikischen Elementen; sie lassen sich sogar in reicher Fülle nachweisen. So erinnerten die Bronzepfeiler des Tempels an die Steinmale (*massebot*), die die Phönikier von den Kanaanäern übernommen hatten (vgl. Kap. 2).

Die Tempel Kanaans und Phoinikiens galten als Wohnsitze der Götter, denen sie geweiht waren, und in Salomos Tempel fiel es den Menschen wohl leichter zu glauben, Jahwe habe dort im Allerheiligsten Wohnung genommen, als ihn sich als körperloses transzendentes Wesen vorzustellen (vgl. Kap. 5). Eine Mischung religiöser Vorstellungen jahwistischen und kanaanäischen Ursprungs fand sich auch in den pompösen Ritualen, bei denen der von Salomo ins Priesteramt berufene Asarja den Vorsitz führte. Asarja war ein Sohn Zadoks, in dessen Linie sich das Amt noch lange weitervererben sollte. Die althergebrachten, auf kanaanäische Ursprünge zurückgehenden und israelitischem Empfinden angepaßten Feste wurden nun zu prunkhaften Staatsaktionen, die nicht zuletzt den Zweck verfolgten, das Ansehen der Krone zu festigen, und Salomos Fest der Tempelweihe erinnerte ganz und gar an die Feiern, die einst anläßlich der Vollendung von Baalsheiligtümern abgehalten worden waren. Denn trotz frommer, ja geradezu wagemutiger Versuche späterer Bibelautoren, Salomo, den Tempelgründer, mit besonderem Lob für diese Tat zu versehen, war er (der ja nur zur Hälfte Israelit war) noch weniger vom Glauben an Jahwe durchdrungen als einst Saul oder David. Gewiß, er betete zu Jahwe und übernahm bisweilen sogar priesterliche Funktionen in einem Ausmaße, wie seine Vorgänger es nie gewagt hätten, und doch verehrte er daneben ganz andere, fremde Götter.

Der Verfasser des Deuteronomistischen Geschichtswerks läßt daran keinen Zweifel und listet die betreffenden Gottheiten mit gebührender Abscheu auf: Ischtar (Astarte), die sittenlose Göttin der Sidonier, Kamosch, das Götzenscheusal der Moabiter, und Moloch, der grausame Gott der Ammoniter.[2] Für alle diese Gottheiten errichtete Salomo sogar neue Heiligtümer – beispielsweise in Gezer (wie es jedenfalls der archäologische Grabungsbefund nahelegt). Die Bibel weiß sogar davon zu berichten, daß er selbst in Jerusalem Kultstätten für Kamosch und Moloch errichtete, und zwar auf dem Ölberg direkt gegenüber dem Tempelberg. Auch tadelt die Bibel Salomo wegen seiner zahlreichen ausländischen Frauen und Konkubinen, die sie für seine religiösen Verirrungen verantwortlich macht. Zutreffender wäre freilich, daß beides – sein

»kosmopolitischer Harem« und sein religiöser Eklektizismus – ineinandergreifende Bestandteile ein und derselben Politik waren, die zum Ziel hatte, Israeliten, Kanaanäer und Untertanen anderer Herkunft zu einem einheitlichen Staat zu verschmelzen, was um so leichter war, wenn ihre verschiedenen Religionen sich nicht mehr feindlich gegenüberstanden.

Für strenggläubige Theologen des Jahwe-Glaubens ist dies ein Frevel; doch Salomo verlegte sich noch nachdrücklicher als seine Vorgänger auf dieses pragmatische Prinzip, um sein großes Herrschaftsgebiet, jenen Staat imperialen Zuschnitts, mit dem entsprechenden Gemisch von Völkern und Religionen regieren zu können.

Rasch nahm die Bevölkerung dieses Imperiums zu. Allein in Israel dürfte es damals nicht weniger als 800 000 Einwohner gegeben haben. Dies sind zweimal so viele wie in der Periode unmittelbar vor Beginn der Monarchie. Auch die Städte bedeckten nun mehr Flächenraum und übten auf die Bewohner der umliegenden Landgebiete eine große Anziehungskraft aus. Es galt, ganz neue und bessere Methoden zu finden, um dieses gegenüber früher viel komplexere Staatsgebilde zu verwalten. Zur Wahrung möglichst großer Kontinuität war Salomo darauf bedacht, Männer in seine Dienste zu nehmen, die sich bereits unter David bewährt hatten, oder deren Söhne an den Platz ihrer Väter zu stellen. Die Verwaltung der Städte überließ er lokalen Verwaltungsbeamten. Auf höherer Ebene dagegen erweiterte er die von David geschaffene Bürokratie und schuf einen noch viel aufwendigeren Verwaltungsapparat. Dabei griff er noch mehr als sein Vater auf in anderen Ländern übliche Verwaltungsmuster zurück und brachte ausländische Fachleute ins Land, um sicherzustellen, daß die eingeführten Modelle auch verwirklicht wurden. Die einflußreichen Bürokraten, die man ohne Rücksicht auf Geburt, Volkszugehörigkeit und Besitz auswählte, führten entscheidende Reformen im Bereich der Verwaltung durch. Das Land wurde in zwölf neue Verwaltungsbezirke unterteilt, von denen nur sechs die Namen der alten Stämme Israels behielten. Offenkundig bedeutete dies einen Schritt, der zu einem Bruch mit der althergebrachten Politik der Stämme führte. Diese war an überschaubaren Einheiten orientiert gewesen, die den Stämmen vertraut waren.

Zu den Aufgaben der neuen Verwaltungsbezirke gehörte es, Steuern einzutreiben, welche erhöht werden mußten, um die aufwendigen Kosten für die neu eingeführten Streitwagen zu decken.

Außerdem galt es, für den Verlust der Abgaben aus Edom, Aram und Teilen Galiläas Ausgleich zu schaffen. (Salomo hatte die betreffenden Gebiete an Tyros verpfändet und mußte sie abtreten, als sich herausstellte, daß er außerstande war, die Schulden zu begleichen, die er bei Hiram von Tyros gemacht hatte.) Königliche Monopole entstanden, und sehr viel mehr Waren als bisher wurden mit Zöllen und indirekten Steuern belegt. In viel höherem Maße als bisher wurden Leute zu Zwangsarbeiten herangezogen. David hatte dies von den Kanaanäern übernommen, doch Salomo setzte weit öfter und in größerem Umfange Zwangsverpflichtete ein als sein Vater und interpretierte die Aushebung zur Fronarbeit als eine Art Erweiterung der Rekrutierung zum Waffendienst. Eingesetzt wurden diese Arbeitskräfte bei der Errichtung öffentlicher Bauten und der Schaffung von Verteidigungsanlagen. Man zog für diese Zwecke vorwiegend Kanaanäer und andere Nichtisraeliten heran, die so zu Staatssklaven wurden – eine Praxis, die man dem ersten Buch der Könige zufolge auch in den Jahrhunderten danach beibehielt. Doch wenn im gleichen Atemzuge behauptet wird, Israeliten sei unter Salomo ein derartiges Schicksal erspart geblieben, so handelt es sich ganz offenkundig um den Versuch, Salomo von Schuld reinzuwaschen. Ein zweifelhafter Versuch, wenn wir an einer anderen Stelle desselben Bibelbuches folgendes erfahren: »König Salomo ließ aus ganz Israel einen Frondienst aufstellen. Zur Fron gehörten 30 000 Mann.«[3]

Eingesetzt wurden diese zwangsverpflichteten Arbeitskräfte beim Tempelbau, nachdem sie zuvor eine kurze Ausbildung erfahren und in den Steinbrüchen Phoinikiens gearbeitet hatten, wohin man sie in Schüben zu je 10 000 Mann verfrachtete. Die Zwangsarbeit entzog dem Land zahlreiche Arbeitskräfte, und dies wiederum beeinträchtigte die Leistungsfähigkeit der Landwirtschaft. Außerdem war sie bei den freiheitsliebenden Israeliten denkbar unbeliebt. Sie erweiterte die ohnehin immer tiefer werdende Kluft zwischen der neuen, begüterten Herrenschicht und der übrigen Bevölkerung des Landes.

Eine Art »geographischer Diskriminierung«, die Salomo sich zuschulden kommen ließ, hatte ein weiteres Anwachsen der Spannungen zur Folge: Juda gehörte nicht zu den zwölf Verwaltungsbezirken Salomos. Allem Anschein nach brauchte es die Lasten nicht mitzutragen, die Salomo den übrigen Reichsteilen auferlegte. In der Reichshauptstadt Jerusalem herrschte eine projudäische Stimmung, lag doch Jerusalem unmittelbar an der judäischen Grenze und hatte sozusagen nach Süden hin eine offene Flanke. Männer aus Juda bekleideten auch die höheren Regierungsämter. Die Stämme des Nordens reagierten darauf mit Mißstimmung und Verunsicherung. Sie hatten den Bewohnern Judas nie besonders freundliche Gefühle entgegengebracht. Um so mehr fühlten sie sich jetzt benachteiligt. Am größten war die Unzufriedenheit bei den Angehörigen des Stammes Benjamin, der einst den Kern des von Mose geführten Auswandererzuges gebildet hatte.

Dies führte dazu, daß der Benjaminit Jerobeam, der Fronaufseher über die Zwangsarbeiter aus dem Hause Joseph war, gegen den König zu intrigieren begann. Zwar mußte er nach Ägypten fliehen, doch vor seinem Exil hatte ihm Achia, ein Prophet aus Silo, Unterstützung durch die Bevölkerung der nördlichen Reichshälfte versprochen. Diese war auch deshalb unzufrieden, weil Damaskus Salomos Kontrolle entglitten war, und sie sah sich somit im Norden einem Nachbarn gegenüber, der eine gefährliche Bedrohung darstellte.

Damaskus – Syriens einzige Stadt, die nie an Bedeutung

verlor – liegt am Rande der Ostwüste an zwei Flüssen sowie am Schnittpunkt mehrerer Karawanenrouten nach Westen, Süden und Osten. Nachdem Aram-Zoba durch sein Kupfer zu Reichtum gekommen war, schuf man dort ein Streitwagenheer, das es mit Salomos Wagenstreitmacht aufnehmen konnte, und Arams Herrscher kontrollierten die fruchtbaren Weizenanbaugebiete von Basan, die bis zum Ostufer des Galiläischen Meeres hinabreichten. Von nun an galt Damaskus in Israel als bedrohliche, feindlich gesinnte Macht. Ganz gleich ob der Staat, dessen Hauptstadt Damaskus war, schon zu Salomos Zeit volle Souveränität oder nur Autonomie erlangte, Salomo mußte Damaskus ebenso abschreiben wie Edom, und die Behauptung des ersten Buches der Könige, Israel herrsche noch immer über die gesamte Levante, ist stark übertrieben. Auch die Angaben über Salomos Reichtum entsprechen wohl kaum der Wirklichkeit. Zwar trifft es wohl zu, daß Salomo durch seine erfolgreiche Handelspolitik zu einem der begütertsten Herrscher seiner Zeit wurde, aber von einem außerordentlichen oder sagenhaften Reichtum kann wohl kaum die Rede sein. Schließlich war wohl auch der Friede, der während seiner Regierungszeit herrschte, keineswegs so dauerhaft, ruhmvoll und idyllisch, wie Salomos Lobredner es uns weismachen möchten.

Davids und Salomos Regierungsjahre sind die einzigen Phasen jener kurzen, drei oder vier Generationen umspannenden Periode der altisraelitischen Geschichte, in denen Israel keine Theokratie, sondern eine »weltliche« Monarchie und zugleich ein geeinter Staat imperialen Zuschnitts war. Unter David hatte dieses Reich seinen Aufschwung erlebt, und Salomo regierte es in seiner Blütezeit, allerdings nicht, ohne daß sich Anzeichen einer Stagnation, ja eines beginnenden Niederganges abzeichneten.

Über die Persönlichkeit Salomos informieren uns allein die legendenhaften Elemente der hebräischen Überlieferung, weil sie durch keinerlei fremde Parallelquellen überprüfbar sind.

Für einen modernen Forscher war Salomo Herr über ein

Großreich, und als solcher versuchte er, sein Imperium mit einem vielfältigen politischen Instrumentarium zusammenzuhalten. Hierbei erwies er sich als fähiger Politiker; seine großzügige Hofhaltung war für einen Herrscher seines Formats durchaus angemessen.

Salomos Weisheit: Das Buch der Sprüche

Für seine Zeitgenossen ebenso wie für die Nachwelt beschränkte sich die Bedeutung Salomos keineswegs auf seine Rolle als Monarch. Vielmehr galt dieser bedeutendste Herrscher Israels als ein Weiser, wie wir den Erzählungen über die Königin von Saba und der Überlieferung über das berühmte Salomonische Urteil entnehmen können.[4] Jenes Urteil des Salomo war eine scharfsinnige Entscheidung, die er traf, als zwei Frauen vor ihm erschienen und Ansprüche auf ein und dasselbe Kind erhoben. Die Sprache der betreffenden Schilderung ist die der volkstümlichen Spruchweisheiten und Legenden; dies tut jedoch der Tatsache, daß Salomo über außergewöhnliche Geistesgaben verfügte, keinen Abbruch.

Zur Zeit Salomos entwickelte sich bei den Semitisch sprechenden Völkern ein eigenes Geistesleben. Grundlage dafür war die epochale Erfindung eines echten Alphabets durch die Kanaanäer, das Zeichen für vierundzwanzig Laute und drei Kehllaute umfaßte (vgl. Kap. 2). Bisher hatte es lediglich aus ungefügen Keilschriften bestanden, die sich dafür eigneten, in Tontafeln geritzt zu werden. Im Laufe der Zeit aber hatten die Phönikier eine elegantere Schrift aus nur mehr zweiundzwanzig Zeichen entwickelt, die sich mit Leichtigkeit zum Beschriften von Papyrus, Leder oder Holz verwenden ließ. Diese Schrift eignete sich auch dazu, andere semitische Sprachen festzuhalten; schließlich ergänzten die Griechen es noch durch Vokalzeichen. So entstand zu guter Letzt nach mehreren Entwicklungsstufen jener Alphabet-Grundtyp, mit dem man die indogermanischen Sprachen des Mittelmeerraums aufzuzeichnen begann, und der dann seinerseits in den einzelnen Sprachräumen, dem Bereich des Griechischen, Lateinischen etc., wiederum verändert wurde.

Zu den semitischen Sprachen, die in einer Variante dieser Schrift aufgezeichnet wurde, gehörte auch das Hebräische. Man begann damit zu der Zeit, als das Davidisch-salomonische Reich unter nachhaltigen phönikischen und aramäischen Einfluß geriet. Das bequeme althebräische Alphabet, dessen Buchstaben breiter, nicht so langgezogen und viel gedrungener waren als die Zeichen der Phönikier, breitete sich rasch aus und verlieh der Kultur der Israeliten starke Impulse. Die Originalität und Kreativität dieses Volkes lagen mehr im Bereich des Literarischen als in der bildenden Kunst. Vermutlich beherrschte man in Israel die Fähigkeit des Lesens und Schreibens schon gegen Ende der Richterzeit und hielt schon das Deborahlied schriftlich fest. Auch begann man wohl damals schon an historischen Prosawerken wie etwa dem in der Bibel mehrmals zitierten Buch des Rechtschaffenen (Buch Jaschar) zu arbeiten. Einen eindeutigen Beweis für die Existenz einer hebräischen Schrift besitzen wir jedoch erst für die Zeit nach 1000 v. Chr. Es ist der sogenannte »Bauernkalender von Gezer«[5]. Er besteht aus einer kleinen, flachen Platte weichen, kreidigen Kalksteins. Darauf ist eine Konkordanz eingeritzt, die die zwölf Lunationen (die Zeiten, in denen jeweils die Mondphasen einen vollen Wechsel durchlaufen) mit den Perioden des Bauernjahres in Einklang bringt. Die Sprache ist bereits als Frühform des Hebräischen erkennbar. Zwar sind die meisten Buchstaben noch nahezu mit den Schriftzeichen älterer semitischer Inschriften identisch, doch einige weisen bereits die typischen Formen des althebräischen Alphabets auf. Mag sein, daß dieser Bauernkalender nur ein Stück Lehrstoff war, das Schüler auswendig zu lernen hatten. Wenn es aber bereits auf dieser eher anspruchslosen Ebene Schriftkenntnis gab, müßte sie – wie auch die Bibel vermuten läßt – auf höherer Ebene und insbesondere in Hofkreisen erst recht verbreitet gewesen sein.

Salomos Weisheit pries man, indem man ihm 1005 Lieder zuschrieb (wohl um ihn als echten Sohn seines musikalischen Vaters auszuweisen) und außerdem 3000 Weisheitssprüche.[6] Tatsächlich bezeichnet man das biblische Buch der Sprüche (Proverbien) bis heute als »Sprüche Salomos« *(mischle schelomo)*. In Wahrheit hat man eine ganze Reihe dieser Sprüche einer sehr viel späteren Zeit zuzuweisen. Dennoch stammen viele Proverbien tatsächlich von Salomo selbst.

Weisheitsliteratur, wie sie das Buch der Sprüche verkörpert, gab es im Nahen Osten schon seit langer Zeit. Weise pflegten nicht nur ihre Ansichten über die Natur, über Medizin, Biologie, Zoologie usw. zu äußern, sie nahmen auch zu Problemen des menschlichen Zusammenlebens Stellung. Die Verfasser der Bibel kannten diese Traditionen anderer Völker und beriefen sich nicht selten darauf. Sie verglichen sogar Salomos außergewöhnliche Weisheit – die »so weit« reicht »wie der Sand an der Meeresküste« – ausdrücklich mit der Weisheit »aller Weisen des Ostens und ganz Ägyptens«[7].

Insbesondere bei den Ägyptern war die Tradition der Weisheitsliteratur sehr alt. Um 2400 stellte Ptahhotep, ein Wesir der 5. Dynastie, einen ethischen Traktat in Form einer Spruchsammlung zusammen, die zweifellos auf jahrhundertealter mündlicher Überlieferung beruhte und anhand von Beispielen Ratschläge für einen richtigen Lebenswandel gab. Zwar sind die betreffenden Lehren erst in einem Papyrus des Mittleren Reiches erhalten, doch gehen sie mit Sicherheit auf das Alte Reich zurück.

Im Neuen Reich – etwa um 1250 – entstand die »Lehre des Amenemope«. Das Schriftstück, das den betreffenden Text enthält, stammt aus der Zeit um die Jahrtausendwende.[8] An Ptahhotep anknüpfend und in der für ägyptische Schriften dieser Art so charakteristischen Form der Mahnworte eines Vaters an seinen Sohn, erteilt das Schriftstück Lehren über das, was sich ziemt, über ehrliches Verhalten, Freundlichkeit und Selbstdisziplin. Das biblische Buch der Sprüche lehnt sich eng an die hier aufgezeichneten 610 Weisheitssprüche an.

Wenn in der Bibel einmal von »dreißig Sätzen« die Rede ist, so hat man darin wohl eine bewußte Anspielung auf die dreißig Kapitel zu erblicken, in die Amenemopes Schrift unterteilt ist.[9]

Auch in Mesopotamien fehlt es nicht an Weisheitsliteratur, die zeitlich bis zu den Sumerern zurückreicht. Später entstand dann bei den Babyloniern das Lied vom Leidenden Gerechten, dessen Urfassung vermutlich aus dem 15. Jahrhundert stammt. Diese Dichtung, die mit den Worten, »ich will den Herrn der Weisheit preisen«, beginnt, hat erstaunliche Ähnlichkeit mit dem bedeutendsten Beispiel hebräischer Weisheitsliteratur, dem Buch Hiob (vgl. Kap. 15). Außerdem weist das Buch Hiob Anklänge an die babylonische Theodizee, den Dialog über die Hinfälligkeit des Menschen, auf, welche in die Zeit um 1000 zu datieren ist.[10] Ganz ähnliche Überlieferungen spielten auch bei den Kanaanäern von Ugarit und anderswo eine bedeutende Rolle – Überlieferungen, deren Bilder und Gleichnisse sich in der biblischen Weisheitsliteratur immer wiederfinden. Auch in anderen biblischen Büchern findet sich die gleiche Thematik.

Die biblischen Weisheitsbücher selbst, allen voran die Sprüche, beruhen auf dem traditionellen *maschal*, womit man einen Aphorismus, ein Rätsel oder eine Allegorie bezeichnet. Diese spruchartigen, zum Teil in Frage- und Antwort-Form gefaßten Sätze sind gekennzeichnet durch kurze, pointierte Aussagen. Sie führen uns dramatische, auf genauer Beobachtung beruhende, nicht selten unvergeßliche Miniaturszenen vor Augen, die dem täglichen Leben entnommen sein könnten.

Das Buch der Sprüche hebt den moralischen Wert von Tugenden wie Menschlichkeit, Geduld, Ehrfurcht vor den Armen und Freundestreue, ja sogar Fairneß gegenüber Feinden hervor. Dies geschieht auf sehr konkrete Weise: »Wenn Hunger hat dein Feind, dann speise ihn mit Brot, und wenn ihn dürstet, tränke ihn mit Wasser!«[11] Diese Anweisung, die beinahe schon das christliche »halte ihm auch die andere

Wange hin« vorausahnen läßt, bewegte sich allerdings noch ganz auf dem Boden der Vernunft – beschwor doch Härte im Umgang mit dem Gegner, wie Fanatiker sie befürworteten, nur Haßgefühle und Racheakte herauf. Wer gemäß dem Buch der Sprüche weise handelt, legt stets auf Erfahrung beruhenden, den Gegebenheiten Rechnung tragenden und wohlüberlegten Gemeinsinn an den Tag. Toren bringen es zu nichts. »Schau den Wein nicht an, den roten, wie er Perlen treibt im Becher, ach, er rinnt so glatt hinein! Schließlich beißt er wie die Schlange, und er sticht wie eine Otter.« – »Für eine Buhlerin bezahlt man das letzte Brot, und eines Mannes Weib macht Jagd aufs teure Leben.«

Tatsächlich enthält das Buch mancherlei Sprüche über Frauen, über ihre Macht im Guten wie im Bösen, über ihr Verhalten und wie man mit ihnen umgehen sollte. Vom Ehebruch wird abgeraten, weil man sich damit eine Menge Unannehmlichkeiten zuzieht.[12] Im übrigen sollte man alle gegen das Gemeinwohl gerichteten Aktivitäten meiden. Bringen sie doch das Boot zum Schlingern, in dem man selber sitzt.

Alles in allem ist das Buch der Sprüche das konservativste Buch der gesamten Bibel. Neue Ideen werden als uralte Betrügereien abgetan, die wieder aufgewärmt wurden. Besser, man hält am Hergebrachten fest, das Stabilität verspricht. »Umstürzlerisches (meist freilich übersetzt: ›verkehrtes‹) Gerede hasse ich.«[13]

Wir haben es hier mit einer regelrechten Gruppenethik zu tun, dem allmählich entstandenen Produkt einander ablösender Autoritäten und Eliten, die natürlich nicht die Jugend repräsentieren. Es sind Eliten, die Verantwortung für die Weitergabe ererbter Traditionen und Bildungsideale tragen und bestrebt sind, die Bevölkerung auf der richtigen Linie zu halten. Personen, die hierbei eine führende Rolle spielten, bezeichnete man als *hakamim* (Weise).

In Israel – ebenso wie in Edom – bildeten sie in der Tat eine eigene Klasse von Wissenden und Ratgebern (vgl.

Kap. 16 sowie 18), und ohne Zweifel war ihr Einfluß auf die Bevölkerung nicht gering. Als die Propheten ihre Weissagungen vorbrachten, machten sie gern Anleihen bei den Spruchweisheiten, die sie aus der Tradition kannten. Andererseits aber wiesen sie das Denken der Weisen auch nicht selten zurück. Denn in ihren Augen mochte manches, was diese Verfasser geäußert hatten, als zu hartgesotten und realitätsbezogen erscheinen, ganz abgesehen davon, daß Jahwe und seine Pläne in diesen Spruchweisheiten viel zu wenig berücksichtigt wurden.

Als die endgültige Zusammenstellung der Sprüche erfolgte, betrachtete man Jahwe als einzigen Quell jeglicher Weisheit. Die ältesten Passagen des Buches sind – gleich ägyptischen und kanaanäischen Schriften derselben Art – auf das tägliche Leben der Menschen abgestimmt. Die Grundlage dieser Weisheitsliteratur hat nichts mit einer jenseitsorientierten Betrachtungsweise zu tun, sondern ist lebenszugewandt und realitätsnah.

Das zweite Buch Samuel enthält Passagen, in welchen von weisen Frauen die Rede ist, die bereits zur Zeit Davids in zwei Städten Israels wirkten.[14] Man darf wohl annehmen, daß es am Hofe Samuels derartige weise Frauen gab. Sie gehörten der neuen, kosmopolitisch eingestellten Klasse von Intellektuellen an, deren Aktivität durch die nun leichter zugänglichen Schriften sehr begünstigt wurde. Daß sie Schulen bildeten – regelrechte »Akademien« zur Heranbildung von Nachwuchs für die Staatsverwaltung –, ist zwar erst aus späterer Zeit belegt, doch können derartige Institutionen sehr wohl auf die Zeit Salomos zurückgehen. Das neue Verwaltungssystem mit seinem stark erweiterten Beamtenapparat benötigte ausgebildete Kräfte. Außerdem würde das Vorhandensein einer solchen »Akademie« sehr gut zu Salomos Ruf als »Weiser« passen, dem man die Verfasserschaft des biblischen Buches der Sprüche zuschrieb. Die Überschrift »Sprüche Salomos« ist zwar das Werk eines späteren Bearbeiters, doch schon früher schrieb man zwei umfangreiche Abschnitte dieses Buches

Salomo zu. Den einen soll er selbst zusammengestellt haben, während der andere zwar ebenfalls auf ihn zurückgehen, doch erst von Schreibern des Königs Hiskia von Juda im 7. Jahrhundert seine endgültige Form erhalten haben soll. Die erste dieser beiden Passagen umfaßt »dreißig Sätze«, parallele Spruchpaare, die an die »dreißig Kapitel« der Lehre des Amenemope erinnern. Der zweite der beiden Abschnitte, der außer Doppelzeilen auch noch vierzeilige Strophen aufweist, gleicht dem ersten in Inhalt und Form.[15] Beide verraten psychologisches Einfühlungsvermögen, das in kraftvollen Antithesen seinen Ausdruck findet. Es kann sich bei ihnen durchaus um echte Beispiele salomonischer Spruchweisheiten handeln.

9. Kapitel
Die Entdeckung der Geschichte

Das Geschichtswerk des Südreichs (Der Jahwist)

Vielleicht waren die Regierungsjahre Salomos eine Zeit, in welcher nicht nur die ältesten israelitischen Spruchweisheiten, sondern auch die frühesten israelitischen Geschichtsdarstellungen aufgezeichnet wurden. Die ersten fünf Bücher der Bibel, die »Fünf Bücher Mose« – Genesis, Exodus, Leviticus, Numeri und Deuteronomium –, bieten ein reiches historisches Material. Jedes von ihnen enthält darüber hinaus eine Fülle von Mythen und Legenden. Sie wurden von einer ganzen Reihe altisraelitischer Historiker und Redaktoren, deren Namen unbekannt sind, zusammengetragen und nur sehr unvollkommen zu einem Ganzen gefügt, bearbeitet, mit Deutungen versehen, erweitert oder gekürzt.

Teilweise stützten sie sich auf mündlich überliefertes Material aus älterer Zeit, welches z. B. in Liturgien fortlebte. Die Geschichtsschreibung war im Vorderen Orient bekannt. Die alten Ägypter waren noch nicht sonderlich an ihr interessiert, ihre Sicht der Welt war statisch. In Mesopotamien ging in der Regel jeder Gesetzessammlung ein historischer Abriß voraus. Doch erst die Herrscher der Hethiter in Kleinasien – vor allem Telepinu (um 1500), Mursili II. (um 1339–1306) und Hattusili III. (um 1275–1250) erkannten, daß man Geschichte aufzeichnen und dabei so zurechtbiegen kann, daß die eigene Sicht der Dinge darin zum Ausdruck kommt.

Auch die frühen Israeliten hatten ihre offiziellen Geschichtsschreiber, deren Schriften zwar verlorengegangen sind, doch gelegentlich in der Bibel zitiert werden: das »Buch des Rechtschaffenen« (Buch Jaschar, Josua 10, 13; 2. Samuel 18–27), das »Buch der Kriege des Herrn« (Numeri 21, 14), die »Chronik Salomos« (1. Könige 11, 41) sowie die »Chronik der Könige Judas« (1. Könige 14, 29).

Im 19. Jahrhundert fanden Bibelexperten heraus, daß die ersten Bücher der Bibel zum großen Teil Material aus drei Quellen enthalten, die man als J (Jahwist), E (Elohist; vgl. Kap. 11) und P (Priesterschrift; vgl. Kap. 14) zu bezeichnen pflegt.

Hinzu kommt D (der Deuteronomist) für die Zeit Moses. Inzwischen kann man die einzelnen Quellen klar voneinander scheiden. Die Bücher Mose stammten also nicht aus der Feder Moses, sondern sie wurden aus dem Material dieser Quellenschriften J, E, P und D zusammengestellt. J nimmt sich so aus, als sei hier ein einziger Verfasser am Werk gewesen (obwohl manche Alttestamentler eher zwei Verfasser annehmen). J stützte sich sowohl auf mündliche als auch auf schriftliche Überlieferungen. Wie es scheint, begann seine Schilderung 1200 und führte über den Exodus weiter bis zur Gründung der Monarchie Sauls. Man hat das Material aufgelistet, das wahrscheinlich (wenn auch bisweilen nicht völlig eindeutig) von J stammt.[1] Vor allem gilt J.s Interesse dem Südteil des von Israeliten bewohnten Gebietes, namentlich Juda. Den Norden dagegen scheint er nur vom Hörensagen gekannt zu haben. Obwohl ein beträchtlicher Teil des seiner Darstellung zugrundeliegenden Materials sehr frühen Ursprungs ist, lebte der Jahwist selbst wohl zur Zeit des Königs Salomo (um 965–927). Also zu einer Zeit, als sich die Kenntnis der Schrift durchzusetzen begann (vgl. Kap. 8). Mit allem gebotenen Vorbehalt darf man den Jahwisten als einen Mann am Hofe Salomos betrachten, den sein Stolz auf das unter Salomo geeinte Reich anspornte, eine Nationalgeschichte von epischer Breite zusammenzustellen. Von Israels ruhmreicher Vergangenheit ist die Rede. Dies geschah ein halbes Jahrtausend, bevor Thukydides die Geschichte der Griechen aufzeichnete. J.s Text ist eine faszinierende, fugenlose Mischung von volkstümlichem Material und anspruchsvollerer Geschichtsdarstellung nach Art späterer Geschichtswerke. Vor allem aber schrieb er Geschichte ganz aus der Sicht der Religion. Was es mit dieser Religion auf sich hatte, läßt seine – ganz gewiß unzutreffende – Ansicht durchblicken, Gottes heiliger Name, Jahwe, sei seit Urzeiten bekannt (vgl. Kap. 4). Dies ist auch der Grund, weshalb wir diesen Autor als Jahwisten bezeichnen. Entsprechend seiner Akzentsetzung, die das Walten des Göttlichen dermaßen in den Vordergrund stellt, verfolgt seine Aufzeichnung auch keinerlei weltlichen Zweck. Vielmehr will er ebenso wie die meisten anderen israelitischen Autoren deutlich machen, daß Jahwe immer wieder die Geschicke seines auserwählten Volkes lenkt und lenken wird, um seine alles menschliche Maß übersteigenden Verheißungen und deren machtvolle Verwirklichung zu erfüllen, wofür er freilich als Gegenleistung völlige Unterwerfung und bedingungslosen Gehorsam fordert.

Bei aller religiösen Orientierung des Autors erfahren wir doch einiges vom Lauf säkularer Ereignisse – und zwar in einer Sammlung inhaltlich verwandter Kurzgeschichten. Sie berichten von legendären Gestalten, nicht selten jedoch von historischen Persönlichkeiten, von Menschen, die liebten und haßten, die sich ihres Daseins freuten und Leid erduldeten.

Der Jahwist schreibt überzeugend und mit bildhafter Kraft. Auch entbehrt seine Darstellung nicht einer gewissen Ironie. Hier schreibt ein nüchtern denkender Autor, der über den Dingen steht. Seine zupackende, wortkarge Direktheit führt uns ohne Umschweife mitten ins Herz einer Szene, und nicht selten handelt es sich dabei um Szenen von strengem Pathos oder zu Herzen gehender Innigkeit. Die einfache, unprätentiöse Art, in der der Jahwist die aus seinen verschiedenen Quellen zusammengetragenen Dinge nacherzählt und umsetzt, entspringt keineswegs einem einfältigen Gemüt. Vielmehr hat er auf diese Weise bewußt einen Text verfaßt, der beste Voraussetzungen zum weiteren Nachdenken bietet.

Der Jahwist gehört nicht nur zu Israels ältesten, sondern auch zu seinen bedeutendsten Autoren – er ist einer der Bahnbrecher der nur als einzigartig zu bezeichnenden israelitischen Literatur.

Um Israels Geschichte in einen möglichst weiten Rahmen einzuspannen, begann der Jahwist seine Erzählung mit der Erschaffung des Menschengeschlechts und seiner Stammeltern Adam und Eva. Er berichtet, wie Jahwe Adam, den ersten Menschen, aus Erde schuf und ihm den Lebensodem in die Nase blies. Jahwe brachte Adam in den Garten Eden und formte aus seiner Rippe dessen Gefährtin Eva. Sämtliche erschaffenen Tiere führte er Adam vor, damit dieser ihnen Namen gäbe. Adam war von Gott verboten worden, die Früchte vom Baum der Erkenntnis des Guten und Bösen zu essen. Doch die Schlange verführte Eva, davon zu kosten, und sie gab auch Adam zu essen. Infolge dieses Ungehorsams begannen beide sich zu schämen und erkannten, daß sie nackt waren. Deshalb bedeckten sie ihre Geschlechtsteile mit Feigenblättern und versteckten sich vor Jahwe. Daraufhin verfluchte Jahwe die Schlange und verkündete Eva, sie werde künftig ihre Kinder mit Schmerzen zur Welt bringen und ihr Mann werde ihr Herr sein. Und zu Adam gewandt, erklärte er: »Im Schweiße deines Angesichtes sollst du dein Brot essen . . . denn Erde bist du, und zu Erde sollst du wieder werden.«[2]

Das Wort *adam* bedeutet im Hebräischen zunächst einfach Mensch, menschliches Wesen schlechthin. Der Gott, der den Menschen erschaffen hatte, war Schöpfer des Universums und der gesamten Menschheit, so daß ihm also nicht nur Israel allein am Herzen lag – eine Einstellung, die auch den Kanaanäern vertraut war, obwohl bei ihnen dieser Universalismus mit polytheistischen Ideen verknüpft war, ja von ihnen überlagert wurde (vgl. Kap. 2). Adam entstand aus dem Staub der *adama* (Mutter Erde). Er wurde nach Gottes Ebenbild geschaffen, was wohl ursprünglich bedeutete, daß man sich Gott so vorstellte, wie Adam aussah. Doch vielleicht schloß diese Aussage auch ein, daß man Adam für fähig hielt, mit Jahwe in Verbindung zu treten und – wenn auch als Partner untergeordneten Ranges – an der Verwirklichung seiner Ratschlüsse teilzuhaben.

Wenn Adam die Tiere vorgeführt werden, damit er ihnen Namen gebe, so zeigt sich darin etwas vom Einfluß alter Weisheitslehren (vgl. Kap. 8) auch im Buch der Sprüche ist immer wieder vom Menschen als dem Beherrscher der Natur die Rede. Der Name Evas (hebräisch: *hawwa)* hängt möglicherweise mit *hay* (Leben) zusammen, war Eva doch »die Mutter aller Lebenden«. Sie ist aus demselben Fleisch wie ihr Mann, worin man zunächst eine gewisse Gleichstellung der Geschlechter sehen kann; andererseits ist es *sein* Fleisch, aus dem sie besteht, und dies wiederum degradiert sie zu einem Geschöpf zweiter Ordnung. Hier kommt – ebenso wie in der Vorstellung, der Schöpfergott sei männlichen Geschlechts – die für diese Zeit typische nachgeordnete Stellung der Frauen gegenüber dem Mann zum Ausdruck. Eva wird schließlich dazu verurteilt, im Mann ihren Herrn und Meister zu sehen.

Der Garten Eden läßt an Wandmalereien im Palast der kanaanäischen Stadt Mari denken. Man hat ihn sich wohl als eine Art idyllischer Oase vorzustellen, wie Wüstenreisende sie nach langem Wüstenmarsch freudig begrüßt haben dürften. Er gilt als das Paradies, das weiterbestanden hätte, wäre die Menschheitsgeschichte nicht anders verlaufen. Der »Baum der Erkenntnis« entspricht dem Welten- oder Lebensbaum alter Mythen, der »großen Zeder« des Gilgamesch-Epos, dem »Baum von gewaltiger Höhe inmitten des Erdkreises« bei Daniel.[3] Doch der Jahwist nennt ihn den Baum der Erkenntnis »von Gut und Böse«. In seiner maßlosen Selbstüberschätzung sucht der Mensch die vollkommene Erkenntnis, die allein Gott vorbehalten bleibt.

Die Schlange symbolisiert in der Bibel bisweilen Heilung und angeborene Weisheit, doch gewöhnlich hat ihre Schläue etwas Hinterlistiges. Ihre Symbolbedeutung geht auf die verabscheuten Fruchtbarkeitskulte der Kanaanäer und Aramäer zurück. Vielleicht geht der Name Eva gar nicht auf *hay*, sondern auf *hiwya*, das aramäische Wort für Schlange, zurück. In ihrer Frühzeit hatten die Israeliten von den Kanaanäern den Kult mit einer magischen, Krankheiten heilenden Bronzeschlange übernommen.[4] Kein Wunder, daß einer ihrer gottesfürchtigen Herrscher späterer Zeit, Hiskia, diesen Kultgegenstand in Stücke brach! Der Jahwist übertrifft dies alles noch, indem er die Schlange zur Verkörperung der Dualität von Gut und Böse macht. Diese Dualität spielte bei den Persern eine so zentrale Rolle, daß sie später auch in die israelitische Religion Eingang fand (vgl. Kap. 18).

Bei vielen Völkern des Vorderen Orients gab es volkstümliche Überlieferungen, nach denen Männer und Frauen der Unsterblichkeit und anderer göttlicher Privilegien teilhaftig wurden. Aber durch Dämonen zur Anmaßung verleitet, gingen sie der göttlichen Gaben wieder verlustig. J zufolge hatten Menschen kein Anrecht auf derartige Vorrechte. Sie waren lediglich Geschöpfe, aber keine Schöpfer. Doch verstrickten sie sich in den Irrglauben kanaanäischer Kulte, für welche die Schlange stand. Damit lehnten sie sich gegen Jahwe auf, denn allein seine Pläne sollten ihrer Geschichte den Sinn geben. So waren sie plötzlich nackt und aus Eden vertrieben, allen Nöten des Lebens und Sterbens ausgesetzt. Ebenso erging es Israel, das sich ständig neuen Problemen und Schwierigkeiten gegenübersah, weil es, obwohl es Jahwes auserwähltes Volk war, immer wieder gegen ihn rebellierte.

Allem Anschein nach war die Ur-Rebellion, die erste Auflehnung Adams gegen Gott, eine philosophische und theologische Notwendigkeit, um die wirklich sehr schwere Frage zu beantworten, wie ein gütiger und allmächtiger Gott das Böse zulassen kann (mit diesem Problem befaßten sich Jeremia, vgl. Kap. 13, und Hiob, vgl. Kap. 15, eindringlich). J zufolge kam das Böse nicht aus der Unfähigkeit Jahwes, darüber Herr zu werden, sondern wegen Adams Ungehorsam in die Welt. Denn seinem ersten Vergehen, das so viel Unglück heraufbeschwor, folgten im Laufe der Generationen immer neue Verfehlungen. Einer Krise folgte die nächste. Israels gesamte künftige Geschichte wurde so eine einzige Serie mühevoller Versuche, mit Jahwes Hilfe, die sowohl Trost als auch Zurechtweisung bedeuten konnte, das verlorene Paradies wiederzugewinnen.

Der Apostel Paulus prägte daraus in Übereinstimmung mit einigen späteren jüdischen Autoren (so etwa in den Apokalypsen IV. Esra und syrischer Baruch) den Begriff der »Erbsünde«. Demzufolge hatte Adams Verfehlung die gesamte Menschheit in einen Zustand ständiger Unvollkommenheit und Schuld gestürzt, aus dem sie nur durch den Sühnetod Jesu gerettet werden konnte (vgl. Anhang 9). Im Unterschied hierzu meinten die Autoren der hebräischen Bibel, daß die Menschen Jahwes Hilfe benötigen, um die Übel dieser Welt zu überwinden. Doch glaubten sie, solche Hilfe werde demjenigen gewährt, der danach strebe, rechtschaffen zu handeln. Damit entfernten sie sich mehr und mehr von dem althergebrachten Volksglauben, daß man für die Sünden der Väter zu bezahlen habe. Statt dessen meinten sie, ungeachtet der Auswirkungen von Adams Fall sei jeder nur für die Sünden verantwortlich, die er selbst begangen habe.

Das erste Unheil, das Adams Fall nach sich zog, ereignete sich schon sehr bald. Nach dem Bericht des Jahwisten gebar Eva zwei Söhne, Kain und Abel. Kain wurde Bauer und Abel Schafhirt. Als beide eines Tages Jahwe opferten, brachte Abel junge Lämmer, Kain dagegen die ersten Früchte seiner Felder dar. Jahwe nahm Abels Gabe an, Kains Opfer dagegen wies er zurück. Darauf überredete Kain seinen Bruder, ihm auf die Felder zu folgen, wo er ihn erschlug. Jahwe bestrafte ihn, indem er ihm verkündete, sein Land werde nicht länger Frucht tragen und er selbst müsse hinfort unstet umherwandern. Als Kain daraufhin befürchtete, jeder, der ihm begegne, könne ihn töten, versah Jahwe ihn mit einem Schutzmal, das ihn vor einem solchen Geschick bewahren sollte.

Diese Erzählung versinnbildlicht den Zusammenprall der

beiden Lebensweisen im Lande – die der seßhaften Bauern (Kanaanäer) und die der halbnomadischen Hirten (Israeliten). Beide Bevölkerungsgruppen werden durch einen der beiden Brüder repräsentiert. Der Ausgang des Konflikts zwischen den beiden enthält einen Widerspruch. Einerseits siegt Kains Brutalität, die im Mord an seinem Bruder gipfelt (worin im übrigen vielleicht sogar noch der alte kanaanäische Brauch des Menschenopfers nachklingt, welches man darbrachte, um die Fruchtbarkeit der Fluren zu gewährleisten). Damit siegt der Bauer über den Hirten, was ganz der historischen Wirklichkeit entspricht, denn nachdem sich die Israeliten der seßhaften Lebensweise zugewandt hatten, hatte das Nomadentum keine Überlebenschance mehr. Andererseits gilt unsere ganze Sympathie – und auch die des Autors – dem besiegten Abel. Jahwe akzeptiert sein Tieropfer, wogegen er Kains Feldfrüchte-Opfer verschmäht. Der Jahwist idealisiert in nostalgischer Weise die Lebensform der Hirten, aus der der Jahwe-Glaube hervorgegangen war, und dies zielt wohl gegen jene Überfremdung durch die kanaanäische Lebensweise, die er überall in seiner Umgebung beobachten konnte, besonders in höheren Gesellschaftsschichten. Darüber hinaus beklagt der Jahwist mit seiner Erzählung das Vergießen unschuldigen Bluts. Kain wird, weil er diese Schuld auf sich geladen hat, zur Einsamkeit verurteilt – dem Schlimmsten, was einem Menschen widerfahren kann. Der seßhafte Bauer wird zum unsteten Wanderleben verurteilt. Kains Vertreibung geht auf den uralten kanaanäischen Glauben zurück, nach welchem der älteste Sohn einer Familie zum Sündenbock gemacht werden konnte; sein Opfer entsprach dem der ersten Feldfrüchte, die man der Gottheit zurückgab.[5]

In der Folge schildert der Jahwist, wie sich der Ungehorsam der Menschen fortsetzt. Zur Strafe für ihre Übeltaten beschloß Jahwe, alles irdische Leben durch eine Flut auszutilgen. Doch Noah, der Enkel des erst mit 969 Jahren verstorbenen Methusalem, der zehn Generationen nach Adam lebte, hatte ein untadeliges Leben geführt und wurde durch den Bau einer Arche vor der Flut gerettet. Seine Frau und seine drei Söhne Sem, Ham und Japhet mit ihren Frauen begleiteten ihn, auch ein Paar jeder lebenden Tierart wurde gerettet.

Erzählungen über große Fluten waren zur Zeit des Jahwisten keine unbekannte Gattung. Besonders verbreitet waren sie in Mesopotamien, da es dort häufig bedrohliche Überschwemmungen gab. Ein ursprünglich eigenständiges Epos, das Ziusudra-Lied, das später in das Gilgamesch-Epos Eingang fand, wußte von einer Flut zu berichten, vor der ein gewisser Ziusudra sich durch den Bau eines Schiffes retten konnte. In einem babylonischen Mythos aus dem 7. Jahrhundert lautete der Name des Überlebenden Atrachasis (wörtlich: der überaus Weise), in einer jüngeren assyrischen Fassung heißt der betreffende Held Utnapischtim (der Ferne).

Wenn auch in Kanaan mit Fluten mesopotamischen Ausmaßes nicht zu rechnen war, konnte es doch nicht ausbleiben, daß die alten Flutsagen in die kanaanäische Tradition eingingen. In allen Fällen spielte hier die Rivalität zwischen verschiedenen Göttern eine Rolle. Die Bibel setzte, wenn sie solche Überlieferungen verwendete, neue Akzente und deutete sie im Sinne eigener theologischer und ethischer Vorstellungen um. Hierbei scheint der Jahwist bereits eine führende Rolle gespielt zu haben. Bei ihm heißt es, daß sich Jahwe durch den »lieblichen Wohlgeruch« des Opfers, das Noah darbrachte, gnädig stimmen ließ.[6] Deshalb begann auf sein Geheiß der Kreislauf der Natur noch einmal von vorn. Hiermit distanziert sich der Jahwist von dem alten kanaanäischen Glauben an das Wirken verschiedener Gottheiten in den zyklisch wiederkehrenden Naturereignissen; an ihre Stelle tritt Jahwe als Herr über Natur- und Weltgeschehen.

Der Konflikt zwischen beiden Religionen bleibt dennoch bestehen. Dies wird deutlich am Fortgang der Erzählung. Noah nämlich läßt sich von den Verlockungen, die das Landleben in Kanaan mit sich bringt, hinreißen. Er genießt die Früchte seines Weinbergs im Übermaß und wird im Zustand der Trunkenheit von seinem Sohn Ham unbekleidet aufgefunden. Daraufhin verflucht Noah diesen mitsamt dessen Sohn Kanaan und sagt voraus, daß sie und ihre Nachkommen Knechte der Brüder Hams und ihrer Nachkommen sein werden.[7]

Nach dieser Erzählung waren die Kanaanäer als Abkömmlinge Hams und Kanaans für alle Zeiten dazu verurteilt, eine untergeordnete Rolle zu spielen – dies insbesondere gegenüber dem Hause Sems, des Urahnen aller Semitisch sprechenden Völker, dem auch Eber angehörte, von dem die Hebräer ihren Namen ableiteten.[8] Auf diese Weise löst der Jahwist in seiner Erzählung das Problem der Rivalität zwischen Israel und Kanaan. Im folgenden berichtet er vom Turmbau zu Babel. Nach der Sintflut sprachen die Menschen noch immer nur *eine* Sprache. Doch dann planten sie, auf der Ebene Sinear (Sumer) in Mesopotamien einen Turm zu bauen, dessen Spitze bis an den Himmel reichen sollte. Jahwe mißbilligte dieses Vorhaben und vereitelte das Werk, indem er ihre Sprachen verwirrte, so daß die Menschen von Stund an in verschiedenen Zungen sprachen, einander nicht mehr verstanden und »über das Angesicht der Erde verstreut« wurden.[9]

Die historische Grundlage dieser Turm-Erzählung bildeten die riesigen Tempelplattformen (Zikkurat) mesopotamischer Städte wie Ur, wo ein Bau dieser Art etwa seit dem Ende des dritten Jahrtausends v. Chr. bestand. Der Jahwist bringt mit dieser Geschichte zweierlei zum Ausdruck. Einmal wird zu erklären versucht, woher diese »Tempeltürme« kommen, zum anderen wie es zur Sprachenvielheit der Menschen kam. Diese wird auf ein Abgleiten in religiöse Verirrungen zurückgeführt. Eine einheitliche Menschheitssprache hätte eine einmütige, bei allen Völkern übereinstimmende Verehrung ein und desselben Gottes bedeutet. »Babylon« heißt zwar wörtlich Tor Gottes, doch die Hebräer übersetzten den Namen als »Verwirrung«. Zwar sah man in den Zikkurat eine Art Verbindung zwischen Himmel und Erde, doch Babylon galt bei den Israeliten als gottlos.

In der Folge schildert J die wichtigsten Wanderzüge und Eroberungen Abrahams, und zwar in der altakkadischen und literarischen Form der als *naru* bezeichneten Preisung eines Herrschers. Mit jedem nur denkbaren Nachdruck setzt der Autor den Akzent auf die Verheißungen und Segenswünsche, die Abraham von seiten Gottes zuteil werden: »Ich werde dich zu einem großen Volk machen . . . Ich gebe dieses Land deinen Nachkommen.«[10] Der mit Mose geschlossene, später von David erneuerte und seinen Zwecken angepaßte Bund wird nun rückwirkend schon mit Abraham geschlossen. Dieser, so heißt es, entsagte der Verehrung anderer Götter, um nur noch Jahwe zu dienen, und damit führte er die Menschheit wieder auf den Pfad des Gehorsams, den Adam verlassen hatte.

Abraham wird hier zum Prototyp des gläubigen Menschen, der auf Befehl Gottes ein neues Leben wagt, ohne zu wissen, was ihm die Zukunft bringen wird, und absolutes Vertrauen in die Richtigkeit der Weisung Jahwes setzt. Diese ihrerseits erfährt keinerlei nähere Erklärung; sie bleibt ein Geheimnis. Abraham wird von Gott auserwählt, ohne daß er irgendwelche Vorleistungen erbracht hätte. In dieser Tat Jahwes sind schon alle Elemente enthalten, welche später bei der Wahl Israels zum Volk Jahwes eine Rolle spielen.

Wir verdanken dem Jahwisten eine Erzählung, die eine deutlich ethische Perspektive enthält. Es ist die Geschichte von Abrahams Neffen Lot. Abraham und Lot waren mit ihren Herden nach Kanaan gezogen, doch reichten dort die Weidegründe für ihre Herden nicht aus, und es kam zum Streit zwischen ihren Hirten. Daraufhin trennten sie sich, und Lot zog ostwärts nach Sodom und Gomorrha, zwei Orte, die vermutlich in der Ebene am Südende des Toten Meeres lagen.

Später erhielt Abraham Besuch von zwei Fremden, die sich als Abgesandte Jahwes zu erkennen gaben, deren Auftrag die Vernichtung der beiden Städte war, da sie sich durch ihre Sittenlosigkeit gegen Gott versündigt hatten. Tatsächlich wird der Name Sodom noch heute in vielen Sprachen mit abartigen sexuellen Praktiken in Verbindung gebracht.

Abraham bat bei den Boten Jahwes für die Sünder vergebens um Gnade. Allein Lot, seine Frau und ihre beiden noch unverheirateten Töchter erhielten Gelegenheit zur Flucht, doch wurde ihnen verboten, sich unterwegs umzudrehen. So machten sie sich zur Nachbarstadt Zoar auf. Inzwischen zerstörte Jahwe Sodom und Gomorrha mit Feuer und Schwefel. Unterwegs mißachtete Lots Weib die Weisung Gottes, sah sich um und wurde zur Salzsäule.[11]

Die übrigen Mitglieder der kleinen Flüchtlingsgruppe zogen ins Gebirge. Dort machten Lots Töchter, in der irrigen Meinung, die einzigen noch lebenden Menschen zu sein, ihren Vater betrunken, verführten ihn und gebaren zwei Söhne: Moab und Ben-ammi. Von ihnen stammten der Sage nach die Moabiter und Ammoniter ab.

Die Erzählung von der Zerstörung Sodoms und Gomorrhas hat – wie so viele Erzählungen dieser Art – ätiologischen Charakter, d.h. sie sucht nach der Ursache für ein bestimmtes Phänomen – in diesem Fall vielleicht ein Erdbeben, das sich einst am Südende des Toten Meeres ereignete. Doch weist die Erzählung von Lot auch ethische Aspekte auf. So erfährt der Leser von Gottes Strafe für menschlichen Ungehorsam, außerdem ergeht das Todesurteil über Sodom und Gomorrha als Repräsentanten der kanaanäischen Religion. In Kanaans Kultstätten hielten sich auch männliche Prostituierte auf (vgl. Kap. 2), und die »Städte in der Ebene« wurden zum Inbegriff der von Jahwe so sehr verabscheuten Homosexualität. Gleichzeitig ergreift der Autor die Gelegenheit zu erklären, warum die jenseits des Jordan wohnenden Moabiter und Ammoniter trotz ihrer offenkundigen Verwandtschaft mit den Israeliten doch halbe Fremde waren oder zumindest rangmäßig unter den Israeliten standen – waren sie doch aus einer inzestuösen Vereinigung hervorgegangen.

Im weiteren Verlauf der Erzählung erfahren wir, daß Gott drei Engel zu Abraham sandte, um ihm anzukündigen, daß seine Gattin Sara, trotz ihres schon hohen Alters, einen Sohn gebären werde. Dieser Sohn erhielt den Namen Isaak und wurde als zweiter der biblischen Patriarchen oder Erzväter verehrt.

Die Legenden, die Isaaks Gestalt umranken und in der Umgebung von Beerscheba ihren Ursprung haben, bildeten eine gegenüber den Abraham-Überlieferungen selbständige Erzähltradition (vgl. Kap. 3).

Rebekka, die Frau Isaaks, brachte Zwillinge zur Welt, und der jüngere der beiden, Jakob, kaufte seinem älteren Bruder Esau, einem rothaarigen Jäger, gegen ein Linsengericht das Erstgeburtsrecht ab. Von seiner Mutter Rebekka unterstützt, beging Jakob eine weitere Täuschung: In Esaus Kleider gekleidet und an Händen und Hals mit Ziegenfell bedeckt, erschlich er sich von seinem blinden, alten Vater Isaak den väterlichen Segen, der eigentlich Esau zugestanden hätte. Infolgedessen mußte Esau fortziehen, sich mit dem Schwert durchs Leben schlagen und seinem Bruder dienen, und seine Nachkommen – die in der Wüste lebenden Edomiter – wurden (wie Moabiter und Ammoniter auch) mehr oder weniger als feindliche Ausländer betrachtet.

Die Erzählung vom Linsengericht scheint einer älteren Tradition zu entstammen, die der Jahwist übernahm und seiner eigenen Darstellung einfügte, wogegen wir es bei dem Bericht von der Täuschung Isaaks wohl mit einer Mischung aus Elementen der Schrift des Jahwisten mit einer anderen, jüngeren Quelle zu tun haben. Wir erkennen hier abermals das Kain-und-Abel-Motiv, die Vertreibung des erstgeborenen Sohnes, der zum Sündenbock und Opfer wird. Auch wiederholt sich die Dualität seßhafter Bauern und nomadischer Hirten, wie wir sie auch bei Kain und Abel finden. Abermals unterliegt der Nomade gegen seinen Zwillingsbruder, den seßhaften Bauern (Jakob, dessen Name möglicherweise »erfolgreicher Rivale« oder »Stellvertreter« bedeutet). Hier allerdings findet im Unterschied zur Kain- und Abelgeschichte der Sieg des Bauern über den Hirten Billigung.

Der Jahwist sowie andere Autoren vor und nach ihm geben dieser Erzählung beinahe dramatische Züge. Allem Anschein nach empfanden sie ein gewisses Maß von Bewunderung für den durchtriebenen Jakob, ähnlich wie Griechen die List des Odysseus bewunderten.

Jahwe, so erfahren wir beim Jahwisten weiter, verlieh Jakob den neuen Namen Israel. Ursprünglich waren die mit beiden Namen verbundenen Überlieferungen voneinander unabhängig. Vielleicht bezogen sie sich auf zwei ganz verschiedene legendäre oder auch nur halblegendäre Gestalten.

Als geographischer Begriff bezog sich Israel ursprünglich vielleicht nicht auf das gesamte Land, sondern nur auf die bergigen Territorien der Stämme Ephraim und Manasse, die den Kern der Siedler aus dem Hause Joseph bildeten (vgl. Anhang 11). Hier haben wir es also mit einer Überlieferung aus Mittelpalästina zu tun, die der Jahwist mit anderem Material mischte, das sich eher auf den Süden bezog. Vielleicht geschah dies zu dem Zweck, die Reichseinigung zu legitimieren, da das geeinte Reich ja neben Juda auch alle anderen Stämme Israels umfaßte.

Abraham, Isaak und Jakob sind als Gestalten zu verschwommen und fragwürdig, um als historische Persönlichkeiten in Betracht zu kommen. Man wird daher wohl guttun, sie eher als Symbolgestalten anzusehen. Doch bei Joseph und seinen Nachfahren ist der Unterschied zwischen Legende und Wirklichkeit weniger groß (vgl. Kap. 3–4). Dies bedeutet freilich keineswegs, daß diese Gestalten ohne Verwendung legendärer Motive dargestellt wären. Ein solches Märchenmotiv steht sogar im Zentrum der Josephstradition: Josephs Laufbahn entspricht ganz der altbekannten Fabel vom Aufstieg eines Unbekannten zu höchsten Ehren. Auch sonst enthält die Josephserzählung eine ganze Reihe direkter Anklänge an zahlreiche Märchen aus Ägypten und dem Vorderen Orient.

In ihren Grundzügen geht die Josephstradition in ihrer endgültigen Form wohl auf die Zeit Davids und Salomos zurück. Ein großer Teil wurde wahrscheinlich von J zuammengestellt, wozu später noch Ergänzungen durch den nordisraelitischen Autor E kamen (vgl. Kap. 11). Die Erzählungen beruhen auf verschiedenen mündlichen Überlieferungen. Wie bei dem Namen Israel in der Jakobstradition weist auch hier ein Überlieferungsstrang in den Süden des Landes, ein anderer dagegen in die Zentralregion, insbesondere in das Gebiet um Sichem, wo die Erzählung beginnt und wo Joseph angeblich auch begraben wurde.

Aus diesem vielfältigen und bruchstückhaften Material schuf jemand (möglicherweise der Jahwist) einen einheitlichen Roman voll dramatischer Spannung – eine der kompositorisch kunstvollsten Erzählungen der Bibel. Die verschiedenen Schauplätze sind lebendig und anschaulich beschrieben. Die Josephsgeschichte ist ein Vorläufer späterer Romane (vgl. Anhang 4). Josephs Charakter wird mit psychologischer Eindringlichkeit gezeichnet. Hinter allen pittoresken Elementen, die die Szenerie beleben, spürt man kaum die vom Autor zwar mit allem Nachdruck verfolgte, doch denkbar unaufdringlich ins Spiel gebrachte religiöse Absicht: Er versucht darzulegen, wie Jahwe Böses in Gutes umwandeln kann.

Die Mosegeschichte war ursprünglich eine selbständige Einheit, welche mit den wesentlich älteren Erzählungen über die Patriarchen nichts zu tun hatte. Dies wird an dem Bruch zwischen den beiden biblischen Büchern Genesis und Exodus deutlich.

Auch für das Buch Exodus scheint zu gelten, daß die Vielzahl von Legenden, mit denen wir konfrontiert werden, einen historischen Kern enthält, in dessen Mittelpunkt eine zwar nur vage sichtbar werdende, doch allem Anschein nach authentische Persönlichkeit steht (vgl. Kap. 4). Auch hier ist es nicht einfach, die Fäden von J und E zu entwirren. Doch abermals scheint es J gewesen zu sein, der unter Verwendung älterer, heute verlorener schriftlicher Quellen (oder fragmentarischer mündlicher Traditionen) Mose als der überragenden Zentralfigur der gesamten Vergangenheit Israels ein Denkmal gesetzt hat.

In Wirklichkeit war die Gruppe, die unter Moses Führung Ägypten verließ, nur eine von verschiedenen anderen, die später zusammen das Volk Israel bildeten. Aber der Jahwist arbeitete mehr als jeder andere darauf hin, daß der Eindruck entstand, die Gruppe um Mose sei die einzige gewesen, die Erwähnung verdiente. Wegen dieses einzigartigen Geschehens nämlich – so schildert es J – konnte Israel sich als ein besonderes Volk betrachten, dem zuliebe Gott in einem bestimmten historischen Augenblick in die Menschheitsgeschichte eingegriffen hatte – eine entscheidende Heilstat, auf welche die Schaffung der Welt hinführte und von der aus die weitere Geschichte ihren Lauf nahm.

Tatsächlich geht die Vorstellung, Israel sei Jahwes auserwähltes Volk, möglicherweise schon auf das 10. Jahrhundert und damit auf unseren Autor J zurück; allerdings sind nicht alle Alttestamentler dieser Ansicht.

Jahwe hatte im Exodusgeschehen seine Macht unter Beweis gestellt. Dennoch kann man keineswegs mit Sicherheit behaupten, daß J ein radikaler Universalist oder auch nur Monotheist war. Zwar bezeichnete er seinen Gott als »Richter der ganzen Welt«[12] und betrachtete ihn als deren Schöpfer, doch eine entsprechende Vorstellung kannten auch die Kanaanäer, deren Religion im übrigen bekanntlich rein polytheistisch war. Jahwe kümmerte sich zwar auch um die Angelegenheiten nichtisraelitischer Städte wie etwa Sodom und Gomorrha – aber nur indem er die betreffenden Städte bestrafte und vernichtete. Andere Völker, dieser Auffassung war der Jahwist zweifellos, hatten ihre eigenen Götter. Allerdings sollte Israel mit Jahwes ständiger Hilfe dafür sorgen, daß diese Götter in ihre Schranken gewiesen wurden und den ihnen zustehenden untergeordneten Rang erhielten. Diese Auffassung fügte sich hervorragend in den Rahmen des imperialen Universalismus König Salomos, in dessen Regierungszeit der Jahwist vermutlich lebte und wirkte. Salomo selbst freilich machte aus politischen Gründen noch viel größere Zugeständnisse an polytheistische Strömungen als der Jahwist.

Auf den Exodus, welchen der Jahwist als Flucht aus Ägypten (und nicht wie E als Vertreibung) interpretiert und mit dem Passah-Fest in Zusammenhang bringt, folgt Moses Begegnung mit Jahwe auf dem Berg Sinai. Manche Forscher sind der Auffassung, daß man es hier mit zwei Traditionen zu tun hat, welche in zwei verschiedenen Gruppen von Israeliten entstanden und nebeneinander herliefen, bis der Jahwist sie miteinander verschmolz.

Eine frühe Schilderung des Bundesschlusses zwischen Jahwe und Mose scheint auf ihn zurückzugehen, obwohl er sie nur mit wenigen Worten erwähnt. Gleiches gilt vielleicht auch für die rituelle Version der Zehn Gebote.[13] (Die ethische freilich kann noch älter sein, vgl. Kap. 4.)

Umfangreiche Spuren einer literarischen Tätigkeit des Jahwisten und anderer Geschichtsschreiber findet man auch im Buche Josua. Auch die realistische, historische Wiedergabe der Landnahme im ersten Kapitel des Richterbuches (vgl. oben Kap. 5), welche die vereinfachende und idealisierende Auffassung, Josua habe von vornherein alle Probleme der Seßhaftwerdung ein für allemal geregelt, überlagert, scheint aus der Quelle J zu stammen. Andererseits aber könnte J es auch gewesen sein, der (in diesem Fall allerdings im Widerspruch zu den tatsächlichen Ereignissen während der Landnahme) die einzelnen Richter-Erzählungen miteinander verknüpfte, so daß sich das Bild einer zusammenhängenden Reihe von Volkserrettern ergab, die gewissermaßen die Monarchie des geeinten Reiches vorwegnahmen und damit rückwirkend historisch legitimierten.

Auch die dramatisch unausgewogene, an inneren Widersprüchen so reiche Schilderung Sauls, die wir im ersten Samuelbuch finden (vgl. Kap. 6), könnte, was ihre monarchiefreundliche Seite betrifft, auf den Jahwisten zurückgehen.

Ein weiteres bewundernswertes Stück biblischer Historiographie (2. Samuel 9–10, 1. Könige 1–2) ist der Bericht über Davids Lebenslauf. Es muß sich von Anfang an um ein Werk aus einem Guß gehandelt haben, denn die einzelnen Ereignisse bilden zusammen ein einheitliches Ganzes. Zwar geht es bei diesem Bericht in erster Linie um Davids Regierungsjahre, doch den Höhepunkt bildet die Thronbesteigung Salomos, welche stattfand, nachdem dieser seine Brüder beseitigt hatte, so daß sie ihm nicht mehr als Rivalen den Thron streitig machen konnten (vgl. Kap. 7).

Zwar haben bei dieser Erzählung auch spätere Bearbeiter ihre Spuren hinterlassen, doch die Kenntnisse aus erster Hand, über die der Verfasser dieses Werks offensichtlich verfügte, weisen ihn als Zeitgenossen Davids und Salomos aus. Zwei Passagen, die persönliche Erinnerungen zu enthalten scheinen, lassen auf die Autorschaft des Ahimas, eines Sohnes des Tempelpriesters Zadok[14], schließen, der sich die Aufgabe gestellt hatte, zu schildern, wie Salomo zu der Ehre kam, von Gott als Erbauer seines Tempels auserkoren zu werden. Wie dem auch sein mag, die Hofgeschichte entstammt sehr wahrscheinlich Salomos Regierungsjahren oder den ersten Jahrzehnten unmittelbar nach seinem Tod.

Der Autor, wer immer es war, scheint mit der internationalen – und inzwischen auch hebräischen – Weisheitsspruch-Tradition vertraut gewesen zu sein. Dies wird an einer Parabel über die Skrupellosigkeit der Besitzenden deutlich, die dem Propheten Nathan in den Mund gelegt wird. Dieser war es angeblich auch, der David, nachdem er dem Uria die Frau weggenommen hatte, tadelte. Dies ist jedoch recht unwahrscheinlich (vgl. Kap. 7).[15]

Die Prosa des Hofhistorikers ist klar und geschliffen, sein Stil brillant und präzise zugleich. Er ist ein begabter Dramatiker, seine Schilderung ist voller Kontraste und lebensvoller, bildhafter Details. Er arbeitet mit einer reichen Fülle von

Nebenmotiven. Dabei geht es um so beunruhigende Dinge wie Vergewaltigungen, Inzest, Mord und Intrigen der rücksichtslosesten Art. Doch verliert der Autor bei all dem nie das Hauptthema aus dem Auge. Niemand erfaßt besser als er die subtile Ambivalenz heikler Situationen. Er beschreibt eine Vielzahl differenzierter Charaktere und verknüpft sie geschickt mit den rasch aufeinanderfolgenden Ereignissen der Erzählung. Mit echter Meisterschaft – typisch für hebräische Erzählkunst in ihrer besten Form – läßt er alle seine Gestalten für sich sprechen.

Manche Alttestamentler neigen dazu, sein Werk eher als Biographie zu klassifizieren. Und tatsächlich zeugt seine Beurteilung Davids von geradezu unheimlichem Scharfsinn. So weiß der Autor nicht nur Davids Größe ins rechte Licht zu setzen, sondern scheut sich auch nicht, mit gleicher Deutlichkeit seine schwerwiegenden Charakterfehler aufzudecken, die in der Schilderung einer ganzen Reihe dramatischer Episoden bloßgelegt werden. Auf diese Weise erfährt David die ausführlichste und lebendigste Würdigung, die je einer Gestalt der Bibel zuteil wurde.

Es wäre übertrieben, wollte man das Meisterstück dieses Autors auch noch als Musterbeispiel objektiver, sachbezogener Reportage feiern. Denn einmal läßt es noch immer Motive und Methoden älterer Erzähler durchschimmern; außerdem kann beispielsweise die Schilderung der Verführung Batsebas durch David nicht auf Beobachtung beruhen, da es sich hier eher um Begebenheiten handelt, bei denen es keine Zeugen gab. Gewiß ist das Werk sehr viel ausgewogener und objektiver als die plumpe Schmeichelei älterer ägyptischer Darstellungen von Männern und Frauen aus königlichem Hause. Das Anliegen des Autors war weniger von politischem als religiösem Interesse, denn Salomos Thronfolge entsprach dem Willen Jahwes. Selbst David vermag mit Jahwes Hilfe seine vielen Fehler zu überwinden. Wie so manche andere hebräische Geschichtsdarstellung ist auch diese ganz vom Glauben daran bestimmt, daß Jahwe die

Geschichte der Menschen lenkt und daß sich niemand auf Dauer seinen Fügungen entziehen kann. Die Hauptpersonen der Erzählung, so überzeugend sie auch porträtiert sein mögen, werden letztlich behutsam, aber mit Konsequenz dazu verwendet, moralische und religiöse Vorschriften und Standpunkte zu exemplifizieren.

Dennoch finden wir in dieser Erzählung eine Fülle von Informationen über die damalige Zeit. Wir haben es mit einem echten Geschichtswerk zu tun ebenso wie bei der Quellenschrift J. Dieser Bericht über David und Salomo ist Historiographie von höchster Qualität.

Das geteilte Reich

10. Kapitel

Israel – Das Nordreich

Die ersten Könige des Nordens

Nach dem Tode Salomos (um 927 v. Chr.) zerfiel sein Reich in zwei Teile. Das Nordreich Israel umfaßte die Gebiete der zehn Nordstämme. Das Südreich dagegen bestand aus dem Gebiet des Stammes Juda und dem kleinen Territorium des Stammes Benjamin.

Mit dem Zerfall des Reichs endeten nicht nur alle seine imperialen Ansprüche, er bedeutete das Ende jener Handlungsfreiheit, welche das Davidisch-salomonische Großreich besessen hatte. Von Israels alter Herrlichkeit blieb, nachdem es in zwei Kleinstaaten zerfallen war, kaum etwas übrig. Der größere von beiden, das Nordreich Israel, bedeckte lediglich eine Bodenfläche von knapp 100 mal 65 Kilometern! Und obwohl beide Staaten noch jahrhundertelang ihr Dasein fristeten, blieben sie doch nur für kurze Zeit von ihren mächtigen Nachbarn verschont. Über ihre Geschichte erfahren wir vom Verfasser des Deuteronomistischen Geschichtswerks in den beiden Büchern der Könige und der Chronik. Allerdings sind die Informationen, die wir dort finden, tendenziös gefärbt, denn die jeweiligen Autoren hatten – wie andere vor und nach ihnen – bestimmte Vorstellungen vom Sinn und Zweck ihrer Geschichtsdarstellung (vgl. Kap. 14 und 16).

Die Reichsteilung kam auf folgende Weise zustande: Als Salomo starb, folgte ihm sein Sohn Rehabeam auf dem Thron. Doch bei einem Treffen, das in Sichem stattfand, legten ihm die Nordstämme, auf deren separatistische Tendenzen sein Vater und Großvater stets mit Duldsamkeit und Diplomatie reagiert hatten, eine Liste von Forderungen vor. Man war nicht länger bereit, den aufwendigen Lebenswandel des Königshofes durch härteste Arbeit zu unterstützen und die drückenden Steuerlasten hinzunehmen. Durch diese Forderungen ließ sich der noch junge Herrscher zu einem sinnlosen Einschüchterungsversuch hinreißen, mit welchem er den Untertanen im Norden Gehorsam beibringen wollte. Daraufhin sagten sich die Nordstämme vom Hause David los und erhoben Jerobeam I. zum König[1] (er regierte um 927 bis 907; was die Datierung angeht, vgl. Anhang 1 und die dortige Anmerkung 1). Von Salomo zum Fronaufseher in seiner Heimat Ephraim bestellt, hatte Jerobeam an einer Verschwörung teilgenommen und zu Sheshonq I., biblisch Schischak (um 945–924), fliehen müssen. In sein Vaterland zurückgekehrt, wurde er nun zum ersten Herrscher des separaten Nordreichs Israel ausgerufen. Sein eigenes Stammesgebiet, Ephraim, das zur Zeit des geeinten Reichs bis zu einem gewissen Grade im Schatten Judas gestanden hatte, wurde nun zur Keimzelle des neuen Staates. Jerobeams Wahl war ein bewußter Versuch, vom Prinzip der Erbmonarchie loszukommen und zu dem alten Konzept eines auf persönlichen Verdiensten beruhenden Herrschertums zurückzukehren, das von Jahwe verliehen wurde; die Wahl des Königs sollte durch Beschluß der Bevölkerung (oder zumindest ihrer Vertreter) vollzogen werden. Israels Regierungsform war dadurch unabhängiger als die des Staates Juda. Der Staat Israel hatte auch deshalb eine stärkere Position als Juda, weil seine Bevölkerung viermal so groß war wie die des Südreichs und sein Boden, das Land rings um das Gebirge Ephraim mit den Bergen Garizim und Ebal, reiche Erträge brachte. Außerdem war Juda von feindlich gesinnten Nachbarn umgeben, während Israel sich nach außen hin frei entfalten und Land- und Seehandel mit Westasien pflegen konnte.

Jerobeam I. und seine Nachfolger waren allerdings nicht im

Besitz Jerusalems. Deshalb verlegte Jerobeam häufig seine Residenz. Zuerst fiel seine Wahl auf Sichem, gleichsam als Wiege des neuen Staates. Die Bibel berichtet, daß er die Stadt neu aufbaute; Überreste eines großen staatlichen Magazins sowie einer Mauer mit einer überwölbten Kasematte zeugen von dieser Bautätigkeit. Später errichtete Jerobeam rund elf Kilometer weiter im Nordosten eine neue Residenz in Tirza, wo er einen Teil jedes Jahres verbrachte. Tirza war ein altes kanaanäisches Zentrum, das wohl nie völlig in das System der Stämme Israels integriert war; es lag auf einem halbinselähnlich vorspringenden Felssporn und beherrschte sowohl die Nord-Süd-Route durch das Hochland als auch einen Paß, der zu einer Jordanfurt hinabführte. Jenseits des Jordan erbaute er Penuel am Jabbok. Dies war als zweiter Regierungssitz gedacht; es lag in sicherer Entfernung von Ägypten; auch konnte man von dort aus unschwer die westlich des Jordan gelegenen Gebiete kontrollieren. Jerobeam I. kam es darauf an, seinen Untertanen etwas zu bieten, das sie den Glanz des Salomonischen Tempels in Jerusalem vergessen ließ. Zu diesem Zweck ließ er die altehrwürdigen Kultstätten Bet-El und Dan an der Süd- und Nordgrenze seines Reichs wiederbeleben. Er vertrieb die Priesterkaste der Leviten, da ihre Angehörigen dem Hause David die Treue hielten, und setzte an ihrer Stelle Priester ein, die der Bewohnerschaft der betreffenden Orte entstammten. Sie gehörten sämtlichen Bevölkerungsschichten an, allerdings behaupteten die Priester von Bet-El, von Moses Bruder Aaron abzustammen; ihre Amtsbrüder in Dan führten ihre Herkunft sogar auf Mose selbst zurück. Die Priester von Jerusalem und ihre Anhänger hielten von derlei Stammbäumen nichts. Sie dachten nicht daran, irgendwelche Heiligtümer außer ihrem eigenen anzuerkennen – nicht zuletzt deshalb, weil Bet-El einen Teil des Pilgerstromes auf sich zog, mit dem man lukrativen Handel treiben konnte.

Die Klagen der Jerusalemer Hierarchie über die Heiligtümer des Nordreichs fanden Eingang in die Bibel. Die Bibelautoren werden nicht müde, diese verwerflichen Heiligtümer zu

7 Nach der Reichsteilung: Die Reiche Israel und Juda

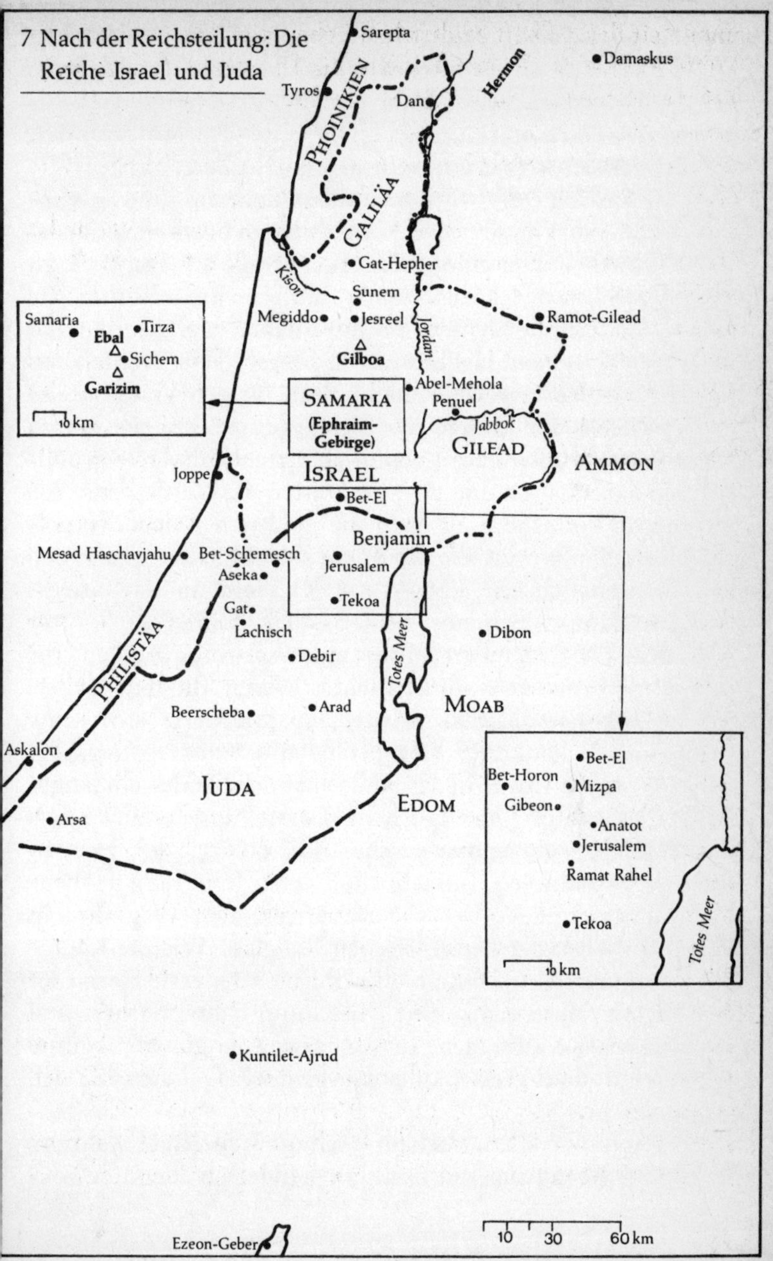

tadeln, die sich auf natürlichen Anhöhen oder künstlichen Hügeln erhoben. In Dan wurden die Überreste eines derartigen Heiligtums entdeckt. Nahe am Fluß des Hermongebirges und in der Nähe einer der als heilig geltenden Jordanquellen gelegen, war es für die am weitesten im Norden angesiedelten Stämme gedacht, die stets gegenüber Ephraim eine gewisse Distanz gewahrt hatten. Die Ausgrabungen brachten ein massives Doppeltor über einer Prozessionsstraße ans Licht, die zu einer Plattform mit 202 340 m^2 Grundfläche hinaufführte. Sie bildete das zentrale Element des mit Steinen gepflasterten und im Freien gelegenen Heiligtums. Es besteht kein Zweifel, daß Jerobeam es Jahwe geweiht hatte, doch für den Verfasser des ersten Buches der Könige (der tiefe Vorurteile gegen dessen Regime im Norden hatte) waren derartige Kultplätze grundsätzlich kanaanäisch und deshalb Stätten des Verderbens. Als Abgötterei betrachtete er auch die goldenen Kälber, vergoldete Stier-Skulpturen, die der König sowohl in Bet-El als auch in Dan aufstellen ließ. Ebenso wie der Zierat an der Bundeslade im Tempel Salomos zu Jerusalem sollten auch diese Bildwerke die Gegenwart Jahwes zum Ausdruck bringen; für die einen war Jahwe ein unsichtbares Wesen, für andere aber, welche weniger abstrakt dachten, manifestierte sich seine Gegenwart in konkreten Gegenständen.

Nachträglich wurde in das biblische Buch Exodus ein langer Absatz eingefügt, der figürliche Darstellungen Jahwes als kanaanäische, götzendienerische Aushöhlung des zweiten Gebotes verteufelte.[2] Tatsächlich ebneten Jerobeams Höhenheiligtümer, mißdeutbar wie sie waren, den Weg für ein Wiederaufleben der kanaanäischen Religion. Wie die Könige des Gesamtreichs vor ihm, hielt wohl auch der erste Herrscher des neuen Nordreichs eine Mischung jahwistischer und kanaanäischer Kultbräuche für keineswegs ungünstig, konnte er doch auf diese Weise Anhänger beider Religionen für sich gewinnen.

Dies war vor allem deshalb wichtig, weil Israel während Jerobeams Regierungszeit nach Jahrhunderten der Ruhe wieder starkem Druck von seiten Ägyptens ausgesetzt war. Der Angreifer hieß Sheshonq. Als Flüchtling hatte Jerobeam einst bei diesem Pharao Zuflucht gefunden, doch nun sah er sich von ihm bedroht. Die Bibel berichtet zwar nur vom Angriff dieses Pharao auf Juda, doch Sheshonqs Darstellung der Ereignisse, die wir im Amuntempel zu Karnak finden, zeigt 156 Gefangene, von denen jeder eine Stadt in Palästina repräsentiert, und die Liste dieser Städte beweist, daß Sheshonq in Israel ebenso wie in Juda schwerste Schäden angerichtet hatte.[3] Es ist möglich, das Jerobeam Sheshonq angestiftet hatte, Juda anzugreifen, doch dieser Pharao, der dynamische und tatkräftige Begründer einer neuen Dynastie, sah sich offenbar durch die Schwäche des geteilten Palästina in Versuchung geführt, auch Israel zu verwüsten. Glücklicherweise zwang ihn eine Krise im eigenen Reich alsbald zum Rückzug.

Gleichermaßen verhängnisvoll für die Zukunft Israels und Judas war die kurzsichtige gegenseitige Feindschaft beider Staaten. Während des ersten halben Jahrhunderts nach der Reichsteilung nahmen die Grenzstreitigkeiten und Grenzzwischenfälle zwischen beiden Ländern kein Ende.

Die Verunsicherung der beiden Staaten durch den Feldzug Sheshonqs blieb Israels nördlichen Nachbarn nicht verborgen. Der Aramäerstaat Damaskus, der schon der Kontrolle Salomos entglitten war (vgl. Kap. 8), hatte sich zu einem Machtfaktor entwickelt, den man nicht mehr übersehen konnte. Als Baësa aus dem Stamme Issaschar (906–883), der die ephraimitische Linie Jerobeams I. auf dem Thron Israels ablöste, einen befestigten Außenposten in Ramatajim (Rama) an der Grenze Judas errichtete, bestach der damalige König von Juda, Asa (908–867), Ben Hadad I. von Damaskus (um 885–870), Israel von Norden her anzugreifen, so daß Baësa sich zum Rückzug gezwungen sah. Er verlor Teile Nordgaliläas an Damaskus und mußte auch Moab sowie andere Territorien jenseits des Jordan aufgeben.

Dem drohenden Zerfall des Nordreiches Israel gebot König Omri Einhalt, der von etwa 882 bis 871 regierte. Er war ein begabter Feldherr, und es gelang ihm, seinem Rivalen Tibni ben Ginat Widerstand zu leisten. Wie eine bemerkenswerte dreiundvierzigzeilige Inschrift des Königs Mescha von Moab in Dibon, der Hauptstadt Moabs, beweist, gelang es Omri sogar, Moab zurückzuerobern.[4] Klugerweise schloß er Frieden mit Juda und trat außerdem der Bedrohung aus Damaskus entgegen, indem er zunächst einige erfolgreiche Feldzüge unternahm und später den Geschäftsleuten des besiegten Nachbarlandes gestattete, eine Art Handelsniederlassung in Jerusalem einzurichten.

Außerdem gewann Omri einen wichtigen Verbündeten und sicherte sich den Zugang zum Meer; er ließ nämlich Davids und Salomos alte Verbindungen mit Tyros in Phoinikien wieder aufleben, welches gerade eine neue Blüte erlebte. Diesen Bund besiegelte der König, indem er seinen ältesten Sohn und Erben mit Isebel, der Tochter des tyrischen Priesterkönigs Itbaal (um 873–842), verheiratete. Anfangs residierte Omri in Tirza, wo Spuren eines neuen, auf seine Initiative hin erbauten Residenzviertels ans Licht kamen. Doch man gab den Palastbau wieder auf, bevor er vollendet war, denn schon sechs Jahre später errichtete er etwa sechzehn Kilometer weiter westwärts in Samaria am Westhang des Gebirgsmassivs von Ephraim eine völlig neue Residenz (*schmer* »Wachtturm«), wo es zuvor nur ein unbefestigtes Dorf bzw. eine stadtähnliche Siedlung gegeben hatte. Der Ort verfügte über eine Quelle, lag auf einer runden, vorspringenden Anhöhe an der Nord-Süd-Hauptroute und bot einen weitreichenden Ausblick auf die Küstenstraße. Omri beabsichtigte nämlich, die enge Begrenzung Israels durch Gebirge auszugleichen und sein Land nach Westen, nach Phoinikien zur See hin, zu öffnen.

Samaria war leicht zu verteidigen, denn der Gipfel, auf dem

es sich erhob, war zwar nicht hoch, fiel aber nach drei Seiten hin steil ab und wurde durch den Bau einer massiven Mauer aus sorgfältig quadrierten Steinblöcken uneinnehmbar. Omri und nach ihm sein Sohn Ahab verwandelten den gesamten Gipfel zur königlichen Residenz. Ausgrabungen legten die Wohnbauten der königlichen Familie und ihrer Höflinge frei, außerdem kamen Magazine, Wasserreservoire und Getreidesilos ans Licht. Samaria war die erste und einzige altisraelitische Stadt, die aus dem Nichts geschaffen wurde. Möglich, daß sie sich in ihrer Anlage an Salomos Jerusalem anlehnte, das Omri bewußt zu übertreffen suchte. Außer dieser Residenz gehörte zum neuen Samaria aber auch ein tiefer am Abhang gelegenes Viertel für die ärmere Bevölkerung, das durch eine eigene Außenmauer abgesichert war. Die dortigen Bauten waren aus weniger haltbarem Material gefertigt, so daß von ihnen nur wenige oder gar keine Reste übrigblieben. Auch in Tirza gab es neben dem Palast bescheidenere Wohnquartiere für die weniger Begüterten. All dies zeugt von sich verschärfenden Klassenunterschieden, die es vordem nicht gegeben hatte. Für den inneren Zusammenhalt des Landes war dies keine günstige Entwicklung.

Samaria war wohl deshalb Residenzstadt geworden, weil das Problem der Mischbevölkerung sich dort auf einfache Weise zu lösen schien. Es sollte die Garantie für die Einigung von Kanaanäern und Israeliten unter ein und demselben Königtum bieten, eine Einigung im Zeichen der Gleichberechtigung. Omri hatte den Grund und Boden von einem Kanaanäer als sein Privateigentum erworben, und der Kauf war nach kanaanäischem Recht abgewickelt worden. Den Jahwekult allerdings gab es im damaligen Samaria allem Anschein nach wohl nicht. Statt dessen gab es kanaanäische Kulte, wie aus den kostbaren Prunkmöbeln mit ihren Intarsien und Elfenbeinschnitzereien, die nach dem Vorbild der Bauten Salomos in Jerusalem und Megiddo auch die Residenz von Samaria schmückten und die ihrem Stil nach rein kanaanäisch waren, leicht ersichtlich ist.

Omri (oder Ahab) erwarb noch eine weitere Hauptstadt, Jesreel am Fuße des Gilboa-Massivs, welche im Gegensatz zu Samaria nicht auf kanaanäischem, sondern auf israelitischem Gebiet lag. Möglicherweise war Samaria die Omridenhauptstadt für die kanaanäischen Untertanen gewesen, Jesreel dagegen die Residenz, in der das Omridenhaus über die israelitische Bevölkerung herrschte. Omri verehrte Jahwe aus politischem Kalkül; er hoffte, hiermit die Sympathie seiner Untertanen zu gewinnen. Der Autor des ersten Buchs der Könige äußert deshalb kritisch: »Omri tat, was dem Herrn mißfiel, und trieb es ärger als alle, die vor ihm gewesen waren.«[5]

Omris Sohn Ahab (871–852) hielt an der Politik seines Vaters fest und regierte in dessen Sinn weiter. Er pflegte friedliche Koexistenz mit Juda und unterhielt denkbar enge Kontakte zu Phoinikien, um der Bedrohung durch das Aramäerreich Damaskus wirkungsvoll entgegentreten zu können. Auch Damaskus gegenüber verfuhr er politisch außerordentlich geschickt. Zunächst errang er zwei Siege über den Aramäerkönig Ben Hadad (wohl den zweiten Träger dieses Namens, um 870–842). Doch dann einigten sich beide Herrscher, und es entstand sogar eine israelitische Handelsniederlassung in Damaskus – wohl als Gegenleistung für die entsprechende aramäische Einrichtung in Jerusalem.

Von dem Resultat dieser freundschaftlichen Beziehungen berichten assyrische Quellen. Assyrien, dessen Kernland im Gebiet zwischen dem Tigris und dem Großen Zab lag, war seit dem Untergang der Großreiche im 12. und 11. Jahrhundert wieder erstarkt und zu einer bedeutenden Militärmacht geworden, ja zur größten Bedrohung, die der Vordere Orient je gesehen hatte. Seine widerstandsfähigen, kampferprobten Bewohner legten plötzlich einen erstaunlichen Expansionsdrang an den Tag. Das Reich kam unter Assurnasirpal II. (881–859) zu neuer Blüte. Dieser für seine brutale Kriegführung berüchtigte Herrscher unterwarf sämtliche Kleinstaaten ringsumher und machte aus ihnen einen Schutzwall von Provinzen und Vasallenstaaten. Um an die Holzvorräte Phoinikiens zu gelangen, unternahm Assurnasirpal II. einen Feldzug an die Mittelmeerküste, »wusch seine Waffen im Meer« und erlegte den Herrschern Syriens Tribute auf. Sein Nachfolger Salmanassar III. verfolgte, wie wir aus assyrischen Quellen erfahren, eine noch entschlossenere Expansionspolitik nach Westen.[6] Er eroberte das benachbarte Aramäerreich in Nordsyrien, drang ins Zentrum des Landes vor, bedrohte Hamat und wandte sich unmittelbar gegen Damaskus.

In dieser äußersten Notlage eilte Ahab den Aramäern zu Hilfe und sandte ein Kontingent von 2000 Streitwagen sowie 10 000 Fußkämpfern, von denen ein Teil wohl aus Juda stammte. Im Jahre 854/53 – es handelt sich hier übrigens um die erste sicher belegte Jahreszahl der israelitischen Geschichte – lieferte diese Koalition den Assyrern ein erstes bedeutendes Treffen bei Karkar am unteren Orontes. Wie bei derartigen Gelegenheiten üblich, verkündete Salmanassar III. seinen Sieg. Doch da er diesen Sieg nicht politisch nutzte, war der Ausgang der Schlacht wohl eher unentschieden.

Die ihm entgegengetretene Allianz stellte, solange sie bestand, einen Sonderfall dar. Es war der längst überfällige und ausnahmsweise auch geglückte Versuch, die Völker des syropalästinensischen Raumes zu einigen. Fast unmittelbar danach jedoch brachen Israel und Juda wieder mit Damaskus, es kam zu einem bewaffneten Zusammenstoß bei Ramoth-Gilead jenseits des Jordan, bei dem Ahab den Tod fand. Daß sich Israel unter Ahab in die große Politik des nahöstlichen Raumes eingemischt hatte, sollte für das Land nicht ohne Folgen bleiben.

Ebenso energisch wie Ahabs Außenpolitik war auch seine Innenpolitik gewesen. Mit aller Kraft hatte er das Bauprogramm seines Vaters fortgesetzt. Aus seiner Zeit stammt wohl auch ein beträchtlicher, ja vielleicht der größere Teil der königlichen Akropolis von Samaria. Auch Jericho ließ er neu erbauen und besiedeln. In Hazor schuf er eine mächtige Zitadelle, Magazine für seine Truppen sowie ein hervorragendes, wohldurchdachtes Wasserversorgungssystem. Die Stadt selbst wurde auf das Doppelte ihrer bisherigen Größe erweitert. Megiddo erhielt ähnliche Einrichtungen und massive neue Wehranlagen. Alle diese Maßnahmen führten zu enormen Steuererhöhungen, doch dienten sie samt und sonders der Stärkung des Landes.

In den Augen strenggläubiger Jahwe-Anhänger wurde all dies dadurch zunichte, daß Ahab strikt an der Bevölkerungspolitik seines Vaters Omri festhielt und die israelitischen und kanaanäischen Teile der Bevölkerung als mehr oder weniger gleichwertige Partner behandelte. So scheint er das große Heiligtum in Dan, das bereits Ursache so vieler Mißverständnisse und großer Mißbilligung gewesen war, bedeutend erweitert zu haben. Außerdem ging er selbst in höchsteigener Person »hin, verehrte den Baal und warf sich vor ihm nieder. Er errichtete dem Baal einen Altar im Baalstempel, den er in Samaria erbaut hatte«[7], in jener Stadt also, die Omri als Hauptstadt für seine kanaanäischen Untertanen gegründet hatte. Der dortige Baal entsprach wohl dem tyrischen Gott Melkart, und die Verfasser der Bibel hatten zweifellos recht, wenn sie die Begünstigung der fremden Religion vor allem Ahabs phönikischer Gemahlin Isebel anlasteten. Ob sie allerdings tatsächlich 450 dem Baal und 400 der Astarte geweihte Priester bzw. Propheten unterhielt und ob man es ihr wirklich gestattete, zahlreiche getreue Anhänger Jahwes umzubringen[8], ist äußerst fraglich, denn Ahab hielt nach wie vor am Jahwekult fest. Er strebte sogar ein Amt innerhalb der Priesterschaft Jahwes an; dies stieß jedoch bei den Propheten auf heftige Kritik, denn sie waren nicht bereit, in Israel ein Priesterkönigtum anzuerkennen.

Der Prophet Elia (vgl. Kap. 11) beklagte Ahabs absichtliche Unentschlossenheit zweifellos zu Recht. Die Bibel enthält aber auch Spuren einer Tradition, in denen der König eine bessere Beurteilung erfährt. Hier wird z.B. sein Verhalten gegenüber Ben Hadad II. von Damaskus in ein günstiges Licht gestellt, letzten Endes jedoch überwiegt in der Bibel bei weitem die negative Beurteilung der Person Ahabs.[9]

Nachdem Ahab sowie sein Sohn Ahasja (852–851) gestorben waren und ein zweiter Sohn Ahabs namens Joram (851–845), der Juda in Moab einzudringen half, die Erbfolge angetreten hatte, rächten sich Jahwes Anhänger für die kanaanäerfreundliche Politik der Omri-Dynastie. Ihre Rache bestand im Staatsstreich eines höheren Offiziers namens Jehu (845–818). Jehu fuhr mit seinem Streitwagen achtzig Kilometer im Eiltempo nach Jesreel und tötete Joram, der vor ihm floh, mit einem Pfeilschuß. Isebel wurde aus einem Palastfenster gestürzt, von Pferden zertrampelt, und Jehu überließ, was von ihrem Leichnam noch übrig war, den Hunden zum Fraß. Die Anhänger des Aufrührers brachten Jorams Brüder um, deren Häupter man in zwei Haufen vor dem Stadttor aufstapelte. Ganz ähnlich erging es den engeren Freunden und Vertrauten des ermordeten Herrschers. Sie wurden alle umgebracht.

Das gleiche Schicksal ereilte schließlich sogar den neuen König von Juda, der ebenfalls Ahasja hieß. Er hatte nämlich unglücklicherweise Joram, dem König von Israel, einen Besuch abgestattet und wurde deshalb ebenfalls Opfer der Racheaktion. Auch vor den Baalpriestern in Samaria machte das Morden nicht halt. Man schleifte ihren Tempel und machte das, was von ihm übrigblieb, zur Latrine.

Hinter dieser grausamen revolutionären Säuberungsaktion standen die legendenumwobene Gestalt des Propheten Elisa sowie die extremistische, reaktionär-jahwistische Sekte der Rehabiten. Diese waren von einem gewissen Rehab begründet worden, dessen Sohn Jonadab die Nachfolge seines Vaters als Sektenoberhaupt angetreten hatte. Die Führer dieser Sekte, Nachfolger der puritanischen Nasiräer (vgl. Kap. 6), waren Viehzüchter, die eine gesellschaftliche Randexistenz führten. Sie verkündeten nomadische Ideale und verwarfen die von den Kanaanäern entlehnte seßhafte und bäuerliche Lebensweise, da diese im Gesetz Moses nicht vorgesehen war. Arme, die kein Land besaßen, unter den drückenden neuen Klassenunterschieden litten, von Schulden und Dürre geplagt wurden und sich im Irrgarten der Rechtspflege nicht zurechtfanden, fühlten sich von solchen Ideen außerordentlich angezogen.

So brachten die Rehabiten, die sich eigens von Jahwe dazu aufgerufen fühlten, Jehu an die Macht. Aber auch er, so heißt es in der Bibel[10], enttäuschte seine rechtgläubigen Anhänger (vgl. Kap. 14). Seine eigenen Motive für seinen Umsturz nämlich waren von ganz anderer Art als die seiner fanatischen Gefolgsleute, er strebte einen Ausgleich mit Assur an. Eine schwarze Stele aus der assyrischen Stadt Nimrud zeigt eine ausdrücklich als Jehu (Ya-ù-a) gekennzeichnete Gestalt, die bäuchlings vor dem assyrischen Herrscher Salmanassar auf dem Boden liegt, gefolgt von Dienern, die detailliert beschriebene Tribute darbringen.[11] Als erfahrener Truppenführer hatte Jehu bemerkt, daß die Erschütterungen, die seine Revolte hervorrief, Israel an den Rand des Abgrunds gebracht hatten. So erschien ihm die Unterwerfung unter die Assyrer, die 841 in Syrien eindrangen und Israel bedrohten, als Gebot der Stunde, sollte Israel nicht völlig vom Erdboden verschwinden. Vielleicht revoltierte er auch in der Absicht, die antiassyrische Fraktion in den eigenen Reihen zum Schweigen zu bringen.

Jehus Einsicht in die Schwäche seines neuen Regimes sollte sich alsbald als nur allzu gerechtfertigt erweisen, denn Israels Verwundbarkeit verlockte Hasael, der den Thron von Damaskus bestiegen hatte, einen vernichtenden Angriff gegen die östlich des Jordan liegenden Besitzungen des Nordreichs zu führen, die einzigen, welche Jehu noch verblieben waren. Mescha von Moab sagte sich von Israel los und erlangte volle Unabhängigkeit.[12] Unter Jehus Sohn Joahas (um 818 bis 802) wurde Israel zum Vasallen Hasaels, der die Auflösung der israelitischen Streitkräfte verlangte. Joahas sah sich in dieser Situation veranlaßt, die Politik seines Vaters wieder aufzugeben und sich aramäischen ebenso wie kanaanäischen Einflüssen zu öffnen. Dieser Schritt war der Bibel zufolge die Ursache aller seiner künftigen Mißerfolge.

In dieser Situation war es für Israel ein echter Glücksfall, daß Damaskus 802 durch einen Angriff der Assyrer schwere Verluste erlitt. Es gelang Joahas' Sohn Joas (802–787), drei Siege über Hasaels Nachfolger Ben Hadad III. zu erringen und eine Anzahl von Städten zurückzuerobern. In einer Schlacht gegen Juda (Bet-Schemesch) war Joas gleichfalls erfolgreich und gelangte sogar bis nach Jerusalem, wo er die königliche Schatzkammer ebenso wie den Tempelschatz plünderte.

Unter Jerobeam II. (um 781–747) erlebte das Nordreich die größte territoriale Expansion seiner Geschichte. Der König setzte die aggressive Politik seines Vaters gegenüber Damaskus fort und vereinigte weite Teile Syriens wieder mit Israel, darunter wohl das gesamte Beka-Tal. Außerdem eroberte er Gebiete östlich des Jordan zurück. Diese Landgewinne machten ihn zum mächtigsten König Israels seit der Reichsteilung und zum größten Herrscher seiner Zeit im syro-palästinensischen Raum. Mit Ussia, dem König des Südreichs Juda, pflegte er gutnachbarliche Beziehungen. Durch diese Politik mehrte er spürbar die Ressourcen, die dem Land einen wirtschaftlichen Aufschwung brachten. Nach den Worten des Propheten Amos war der Wohlstand allerdings sehr ungleich verteilt (vgl. Kap. 11). Aus der Regierungszeit Jerobeams II. stammen wohl die Samaria-Ostraka (*ostraka* bedeutet Scherben, insbesondere bezeichnet man damit solche, die mit Tinte oder Farbe beschriftet sind).[13] Auf diesen Ostraka befinden sich 63 Rechnungen für Wein und Öl, Güter, die der Hof vermutlich als Abgaben von den Verwaltern der Kronländereien empfing. Warum Jerobeam trotz seiner Taten und Leistungen von den Autoren der Bibel zu den Königen gezählt wurde, die in Jahwes Augen Böses taten, wird ebenfalls aus den Ostraka ersichtlich. Bei vierzig Prozent der Personen nämlich, die auf diesen Tafeln namentlich erwähnt werden, ist das Wort Baal Namensbestandteil. Jerobeam II. setzte offensichtlich die innere Aushöhlung des streng jahwistischen Regierungsprogramms Jehus im Interesse des inneren Friedens fort. Der Tod Jerobeams II. bedeutete das Ende der Jehu-Dynastie. In rascher Folge kamen nun Könige auf den Thron, deren Außenpolitik in eine unentrinnbare Katastrophe führte. Assyrien, das dem Untergang geweiht schien, erlebte unter Tiglatpilesar III. (745–727) einen machtvollen Aufschwung. Zu seinem riesigen, von einer starken Zentralgewalt zusammengehaltenen Reich, das sich von Armenien bis zum Persischen Golf erstreckte, gehörte auch ein Korridor zum Mittelmeer, von dem aus Tiglatpilesar ganz Syrien und Palästina beherrschte. König Menahem von Israel (um 747–738) wurde assyrischer Vasall und zahlte Tiglatpilesar einen Tribut von 1000 Silbertalenten. Er brachte diesen Betrag auf, indem er jedem in seinem Reich, der über Besitz verfügte, eine Sondersteuer auferlegte. Von unzufriedenen Nationalisten aufgestachelt, ermordete jedoch ein Offizier namens Pekah (735–732) Menahems Sohn Pekahja und tat alles, um ein Bündnis gegen Assur zustande zu bringen. Juda, von Pekah zum Beitritt aufgefordert, verweigerte die Teilnahme. Doch Damaskus, Ammon, Moab, Edom und einige der alten Philisterstädte schlossen sich der Koalition an.

Der hiermit vergleichbare Bund, den Ahab einst zustande gebracht hatte, war damals recht erfolgreich gewesen. Nun aber war der Feind zu übermächtig. Tiglatpilesar III. machte Damaskus dem Erdboden gleich und ließ den Aramäerkönig umbringen (um 733). Das damaszenische Aramäerreich wurde zerstückelt und in vier assyrische Provinzen aufgegliedert, ein großer Teil der Bevölkerung wurde in den Iran deportiert. Auch Israel wurde überrannt, verwüstet, auf ein winziges Gebiet reduziert, das über die unmittelbare Umgebung Samarias nicht mehr hinausreichte, und viele seiner Bewohner wurden nach Assyrien verschleppt. Hosea (sein Name bedeutet im Hebräischen Rettung), der von 731–723 regierte, ließ Pekah ermorden, trat dessen Nachfolge an und unterwarf sich den Assyrern. Allerdings unternahm er nach dem Tode Tiglatpilesars III. seinerseits einen – freilich vergeblichen – Versuch, das assyrische Joch abzuschütteln. Von

Tyros unterstützt, rief er sogar Ägypten zu Hilfe: »Ephraim (Israel) ist wie eine Taube, einfältig, ohne Verstand«, heißt es beim Propheten Hosea. »Ägypten rufen sie an, und sie laufen nach Assur.«[14] Doch Ägyptens Pharao war entweder zu schwach oder einfach nicht willens, der Bitte des israelitischen Königs zu entsprechen. Salmanassar V. (um 727–722), der nun den Thron Assurs bestieg, überfiel das, was von Israel noch übrig war, nahm den König gefangen und belagerte Samaria.

Drei Jahre zog sich die Belagerung hin, doch schließlich brach 722 die Widerstandskraft der Verteidiger zusammen – ungewiß ist nur, ob noch am Ende der Regierung Salmanassars oder kurz darauf, nach der Usurpation des Thrones durch Sargon II. Samaria wurde bis auf die Grundmauern niedergebrannt, und Israel hörte auf als Staat zu existieren. Es wurde dem Assyrerreich einverleibt. Nicht weniger als 27 290 seiner Bewohner – eine Zahl, die wahrscheinlich nicht Frauen und Kinder umfaßt – verschleppte man, so heißt es, in die Verbannung nach Assyrien und Medien.[15] Über den Verbleib der Deportierten ist nichts bekannt. Wahrscheinlich gingen sie in der jeweiligen Landesbevölkerung auf; immerhin waren viele von ihnen bereits in ihrer Heimat pro-assyrisch eingestellt gewesen. Israel wurde mit ehemaligen Bewohnern Syriens, Arabiens, Babyloniens und Mediens neu besiedelt.

11. Kapitel
Die Bedeutung der Prophetie für die Geschichte des Nordreichs

Elia und Elisa

Das 9. Jahrhundert brachte im Königreich Israel einen ganz neuen Prophetentyp hervor, dessen Wirken starke Eindrücke hinterließ. Bei den Kanaanäern und im geeinten Reich waren Propheten vor allem Ratgeber, Helfer und Stützen des Königshauses. Zur Zeit Ahabs (vgl. Kap. 10) scheint es einen abrupten Umschwung gegeben zu haben; zumindest aber wurde plötzlich das Ergebnis einer allmählich vollzogenen Veränderung sichtbar. Die beiden Propheten, die unter Ahab und seinen unmittelbaren Nachfolgern wirkten, Elia und Elisa, standen der Politik der jeweiligen Herrscher extrem ablehnend gegenüber. Aus ihrer oppositionellen Haltung machten sie kein Hehl. Als radikale Jahweanhänger attackierten sie schonungslos die laxe Haltung des Hofes, der neben dem offiziellen Jahwekult auch kanaanäische Praktiken duldete.

Es ist nicht leicht, die wahren Persönlichkeiten Elias und Elisas im Wust all der Legenden zu erkennen. Zuviel rankt sich um ihre Gestalten und ist in das Werk des deuteronomistischen Historikers (vgl. Kap. 14) eingegangen.

Elia trat ganz unvermittelt an die Öffentlichkeit. Wir wissen nur, daß er aus Tisbe stammte, einem noch nicht identifizierten Ort in Gilead östlich des Jordan am Wüstensaum. Ahab und seine Gemahlin Isebel verehrten Baal und andere kanaanäische Gottheiten. Deshalb wurde Elia von Gott gesandt, um dem König eine schreckliche Dürre zu weissagen. Nachdem er die ihm aufgetragene Botschaft überbracht hatte, entzog er sich dem Zorn des erbosten Herrschers durch Flucht. Er setzte sich über den Jordan an den Bach Kerit ab, wo Raben ihm Nahrung gebracht haben sollen. Später zog er nach Sarepta zu einer Witwe, deren Nahrungsmittelvorräte sich auf wunderbare Weise immer wieder von selbst erneuerten, und als ihr Sohn gestorben war, gab Jahwe ihm auf Grund des Gebets des Elia das Leben wieder.

Im dritten Jahr der Dürrezeit erging der Ruf Gottes an Elia, nach Israel zurückzukehren und abermals vor Ahab zu treten. Nach einem zornigen Wortwechsel stimmte der Herrscher einer Machtprobe zwischen Jahwe, dem Gott Elias, und Baal, dem Gott Isebels und der Astartepriester zu. Deren Zahl kann, wie wir andernorts vernehmen, auf 450 bis 400 geschätzt werden. Die Priester vollführten seltsame Rituale, riefen Baal an, versetzten sich in Raserei und zerfetzten sich die Haut mit spitzen Gegenständen. Trotzdem gab ihr Gott keinerlei Lebenszeichen von sich. Daraufhin ließ Elia sie an den Bach Kison schleppen und umbringen. Als Isebel ihm daraufhin mit dem gleichen Schicksal drohte, floh er in die Wüste Judas. Nach mehreren wundersamen Begebenheiten sprach Jahwe wiederum mit ihm und befahl ihm, Hasael und Jehu zu Königen von Damaskus und Israel zu salben. Diese Aufgabe übenahm später Elisa.

Als Ahab einst den Grundbesitzer Nabot umbringen ließ, um sich seines Weinberges zu bemächtigen, warnte Elia den König vor der Strafe Jahwes: dieser werde die gesamte königliche Familie dem Verderben anheimgeben. Die Moral dieser Erzählung entstammt eindeutig der Weisheitsspruch-Tradition.

Ahabs Sohn Ahasja, der Boten ausgesandt hatte, um den fremden Gott Baal-Zebul in der Philisterstadt Ekron um Rat zu fragen, traf die ganze Schwere des Prophetenzorns. Nicht lange danach begab sich Elia, der sein Ende nahen fühlte, ans Ufer des Jordan, wo er in einem feurigen Wagen zum Himmel auffuhr.

Aus einer Welt nomadischer Viehzüchter stammend, schob

Elia alle Übel seiner Zeit der seßhaft städtischen Lebensweise der Kanaanäer in die Schuhe. Er war so etwas wie ein Partisan Jahwes. Vielleicht war er ein vor innerem Eifer brennender Nasiräer (vgl. Kap. 6). Wenn er seine Stimme gegen Ahab erhob, wußte er viele Priester und andere Propheten hinter sich. Er konnte seinen Protest gegen den Herrscher so offen und lautstark äußern, daß Ahab ihn »Verderber, Aufwiegler Israels« nannte. Ein anderer Prophet, der auch Kritik äußerte, Michajahu, wurde von einem der Propheten in Ahabs Dienst sogar ins Gesicht geschlagen und eingekerkert.[1]

Diese antimonarchistischen Ansichten wurden während einer langanhaltenden Dürrezeit laut, die den Baalskult in eine Krise geraten ließ. Als Herr der Fruchtbarkeit, der Stürme und des Regens hatte der Gott zu offenkundig versagt.

Um das Versagen Baals zu demonstrieren, ließ Elia auf dem Gipfel des Karmelmassivs eine Machtprobe durchführen. Dieser Ort war nicht nur ein symbolträchtiger Platz, der Kraft, Schönheit und natürlichen Reichtum versinnbildlichte, sondern er war außerdem die Stätte kultischer Tänze für Baal. Der Prophet warnte das Volk davor, Ahab seine Nachgiebigkeit gegenüber der kanaanäischen Religion nachzusehen. Er forderte sie zur Entscheidung auf: »Wenn Jahwe Gott ist, dann folgt ihm. Ist aber Baal Gott, dann folgt diesem.« Schließlich schlachteten seine Anhänger in einem wahren Mordrausch Baals Propheten ab und riefen dabei: »Jahwe ist Gott! Jahwe ist Gott!«[2]

Wenn an dieser Machtprobe nur ein Körnchen Wahrheit ist – und dies könnte immerhin der Fall sein –, so hatten die Jahwe-Anhänger unter Elias Führung mit ihrer Aktion einen beachtenswerten Sieg davongetragen. Das Ereignis läßt eine deutlich wahrnehmbare Akzentverschiebung innerhalb der Gesellschaft zugunsten monotheistischer Auffassungen erkennen. Das hier gezeichnete Bild von Jahwe als blutdurstigem Kriegs- und Rachegott geht auf uralte Vorstellungen von Stammesgottheiten zurück, die von kleinen Gruppen verehrt wurden. Religionsgeschichtlich gesehen ist es aber wahrscheinlicher, daß es Elia eher um die Vorrangstellung Jahwes gegenüber allen anderen Göttern ging als um seine Einzigartigkeit. »Jahwe ist Gott«, kann auch bedeuten: »Jahwe ist mein Gott.« Neben ihm bleibt durchaus noch Platz für andere Götter, nur eben aus israelitischer Sicht Götter niedrigeren Ranges. Dennoch – Elias hartnäckig vorgebrachte Überzeugung, Jahwe sei groß genug, um auch in die Geschicke fremder Staaten (wie etwa Damaskus) einzugreifen, sowie die kompromißlose Versicherung, Baal sei ohnmächtig gegen ihn, bahnten (ganz allmählich wie entsprechende Überlegungen des Südreich-Historikers, vgl. Kap. 9) den Weg für den späteren, weiterentwickelten, universalen Monotheismus, den schon bald die auf Elia folgenden Propheten predigen sollten.

Jahwe, so erfahren wir, sprach persönlich zu Elia. Diese Vorstellung hat in der hebräischen Religionsgeschichte ausgesprochenen Seltenheitswert. Kein Gewitter, kein Erdbeben und kein Feuer vom Himmel begleiteten die göttliche Botschaft, sondern Gottes Stimme war, wie Luther es übersetzt, »ein stilles, sanftes Sausen«[3]. Dies sollte wohl besagen, daß Gott seinen Willen auf weniger primitive, weniger lärmende Art durchzusetzen wußte als der alte Sturm- und Donnergott Kanaans. Ganz anders als dieser sprach Jahwe gedämpft, leise und mit sanfter Stimme – einer Stimme, die nur zu hören vermochte, wer ihr voll gläubiger Hingabe lauschte.

Die betreffende Passage verweist auf eine spätere, mehr vergeistigte Sicht Jahwes. Zwar wurde sie schriftlich niedergelegt, als Elia längst tot war, dennoch könnte sie durchaus einen Überlieferungsstrang enthalten, der tatsächlich noch auf Elias Zeit zurückgeht. Von derselben abstrakten Gottesvorstellung zeugten die Auffassungen von den moralischen Pflichten eines Bürgers gegenüber Gesetz und Staat, welche im Zusammenhang mit dem Auftreten und Wirken Elias steht. Freilich enthalten die Überlieferungen, die sich an den Propheten knüpfen, wie wir sahen, auch wesentlich derbere, schlichtere und volkstümliche Elemente, deren Akzent mehr auf blutiger Grausamkeit, spektakulärem Wunderwirken und billiger, vordergründiger Wahrsagerei liegt.

Das plötzliche Auftreten jenes Mannes aus der Wüste, der etwas Drohendes, Unheimliches an sich hatte, einen härenen Mantel und einen Lendenschurz oder Ledergürtel um die Lenden trug[4], erregte die Phantasie späterer Generationen, die ihn als Urtyp eines Helden feierten. In seiner düsteren Strenge nahm er sich wie eine Art Unterweltsrichter aus. Seine Wunder bewiesen, daß Heilige der Natur ihren Willen aufzwingen konnten. Die Propheten erblickten in Elia ihr unerreichtes Vorbild. Daß er sein Volk vor der Verderbnis durch Kanaan befreite, erhob ihn auf den gleichen Rang wie Mose und Enoch, Methusalems Vater, der mit Gott lustwandelte. Elia fuhr – wie nach Meinung mancher auch Mose – zum Himmel auf.

Das orthodoxe Judentum wollte von Elias Himmelfahrt nichts wissen, doch sollte die betreffende Erzählung wohl lediglich sinnfällig vor Augen führen (und damit beweisen), daß es ein Leben nach dem Tode gibt. Wie dem auch sei – gerade auf Grund dieser Erzählung setzte sich hartnäckig die Auffassung durch, während der Zeit der letzten Menschheitskrise werde Elia als großer Retter wiederkehren. Es hat sogar Leute gegeben, die glaubten (und allen Ernstes verkündeten), Elia sei später als Johannes der Täufer bzw. als Jesus von Nazaret wiedergeboren worden.

Wie es heißt, ließ Jahwe Elia wissen, Elisa, der Sohn Saphats, eines Bauern aus Abel-Mehola im Jordantal, der am Schluß bei ihm war, werde sein Werk vollenden. Elisa wurde zum Helden zweier unterschiedlicher Arten von Erzählungen. Die eine Gruppe berichtet Episoden aus Elias politischem Wirken. Beispielsweise rettete er das Heer der Israeliten vor dem Verdursten. Er half seinem Volk, als fremde Invasoren es bedrohten. Dies gilt ganz besonders für die Belagerung Samarias durch König Ben Hadad II. von Damaskus. Damals stürzte Elisa sowohl den feindlichen König Ben Hadad als auch König Joram von Israel und setzte Hasael (in Damaskus) und Jehu (in Samaria) an ihre Stelle. König Joas von Juda erklärte er, er hätte gegen Damaskus härter kämpfen müssen.

Bei der zweiten Kategorie von Erzählungen geht es um Elisas übernatürliche Kräfte. Als sich beispielsweise Knaben über seinen Kahlkopf lustig machten, verfluchte er sie im Namen Jahwes. Sofort stürzten darauf Bärinnen aus einem nahen Waldstück und zerrissen zweiundvierzig der Spötter.[5] Gewöhnlich jedoch begegnen wir Elisa in menschenfreundlicheren Rollen. So erweckt er etwa den verstorbenen Sohn einer Witwe aus Sunem (bei Afule) wieder zum Leben, vermehrt auf wunderbare Weise die Lebensmittel für die Prophetenschulen und heilt Naëman, den Oberbefehlshaber der Streitkräfte von Damaskus, vom Aussatz, indem er ihm empfiehlt, sich siebenmal im Jordan zu waschen. Dieses Verfahren, das an die rituellen Waschungen der Juden denken läßt, war ein Bestandteil des Jahwekults und hatte den Zweck, geistige Befleckungen abzuwaschen oder Unreinheiten zu beseitigen, die durch Berührung mit Unreinem entstanden waren.

Die Erzählungen, die Elisas politisches Wirken betreffen, entsprechen mehr oder weniger der historischen Wahrheit. Bereits Elia hatte sich recht unverblümt in politische Affären eingemischt, wenn religiöse Erwägungen ihm dies geboten erscheinen ließen. Elisa jedoch ging sehr viel weiter. Dem Autor der entsprechenden Passagen der Bibel zufolge war es kein anderer als Elisa, der entscheidend dazu beitrug, daß das mit der fanatischen Rehabitensekte in Kollision geratene Haus Omri in einem wahren Blutrausch unterging. Und Elisa war es schließlich auch, der anschließend Jehu zum »König über Israel, das Volk Jahwes« salbte.[6] Propheten waren nicht mehr nur Ratgeber von Königen, sie hatten nun die Macht, Könige zu stürzen und neue einzusetzen. Sie bildeten ein zweites Machtzentrum im Lande, an Stärke dem Königtum fast ebenbürtig, doch an Ansehen demselben überlegen. Elisa war darauf vorbereitet, in Damaskus ebenso einzugreifen wie in Samaria. So konnte viele Jahrhunderte später Ben Sira mit vollem Recht erklären: »In seinem ganzen Leben brachte ihn kein Herrscher zum Erzittern, keiner vermochte ihn unter sein Joch zu zwingen.«[7]

Derselbe Autor, der von Elias politischem Wirken berichtet, erzählt von Wundern, die der Prophet vollbracht haben soll. Anschauliche Erzählungen und Charakterskizzen zeichnen ein Bild vom wundersamen Wirken dieses Gottesmannes. Bisweilen handelt es sich einfach um Dubletten von Geschichten, die bereits im Zusammenhang mit Elia erzählt wurden, nur sind sie hier gewöhnlich weniger differenziert und daher wohl älter und ursprünglicher. Es handelt sich um volkstümliche Anekdoten, wie sie weithin im Umlauf waren und weiterverbreitet wurden. Das entsetzliche (aber doch wohl nur fiktive) Blutbad unter den ihn bespöttelnden Knaben zeigt, daß die Erzähler solcher Geschichten durchaus bereit waren, jede Rücksicht auf Menschlichkeit und Ethik hintanzusetzen, um Elisas Fähigkeiten als Wundertäter herauszustreichen.

In einer dieser Geschichten ist von einer Gemeinschaft von Propheten[8] die Rede – wohl jener Art von Körperschaften, die Elisa als Machtbasis dienten. Man darf davon ausgehen, daß die Sammlung von Sagen und Legenden, die ursprünglich mündlich zusammengetragen worden waren, von einem Angehörigen einer solchen Gruppierung stammt. Die Reihenfolge, in welcher diese Erzählungen heute vorliegen, ist vermutlich Ergebnis späterer redaktioneller Arbeit. So wurden die Erzählungen über Elia und Elisa zu Manifesten einer oppositionellen Bewegung, die in rückständigen, noch halb in der Wüste lebenden Gruppen, denen alles Nichtjahwistische in Brauchtum und Kult von Übel erschien, ihre Wurzeln hatte.

Im Laufe des 8. Jahrhunderts entwickelte sich ein neuer und ganz anderer Prophetentyp. Über diese Propheten wissen wir mehr als über ihre Vorgänger, weil ihre Ansichten und Lehren erstmals schriftlich festgehalten wurden. Allerdings zeichneten sie ihre Prophezeiungen keineswegs selbst auf. Die wichtigsten Vertreter dieser Richtung waren Amos und Hosea. Auch sie kritisierten gnadenlos das Königshaus, allerdings wesentlich reflektierter als ihre Vorläufer. Sie schlugen mit ihrer zutiefst erschütternden, ungeheuerlichen Botschaft erschreckend pessimistische Töne an: Gottes Volk befinde sich auf einem gefährlichen Weg; Jahwe nämlich stünde im Begriff, beiden Königreichen seinen Schutz zu entziehen, ja sie sogar auszulöschen.

Das Buch Amos beginnt mit einer Prosa-Einleitung, welche die Berufung und die Herkunft des Propheten schildert. Er stammte aus dem Dorfe Tekoa im judäischen Oberland. Dort hatte er Schafe gezüchtet und Maulbeerfeigen angebaut. Dann zog er ins Nordreich, vermutlich um seine Wolle für einen günstigen Preis zu verkaufen. Schließlich treffen wir ihn als Propheten in einem der bedeutendsten Heiligtümer Israels, in Bet-El an.

Der größte Teil des Buches Amos besteht aus Dichtung. Zunächst haben wir es mit einer Reihe von Prophezeiungen gegen Israels Nachbarvölker zu tun. Wegen ihrer Verstöße gegen die Gesetze der Menschlichkeit wird Jahwe sie alle – eines nach dem anderen – vernichten. Doch diese Voraussagen gipfeln in Anklagen gegen Jahwes eigene Anhänger. Andere Propheten hatten ihnen vorgeworfen, sich vom wahren Gott abgewandt zu haben und die Idole der Kanaanäer zu verehren. Amos kritisiert jedoch vor allem den Niedergang in den Bereichen der Ethik und des sozialen Zusammenlebens, seiner Ansicht nach Folge des Abfalls Israels von Jahwe.

Im Umgang mit Armen und Unterdrückten waren die Menschen hart und gefühllos geworden. Sie hatten sich mit

Tempeldirnen eingelassen, und ihre Ohren waren gegenüber Jahwes Geboten taub geworden. Sie hatten den Bund gebrochen, den Jahwe mit ihren Vorvätern geschlossen hatte, und unternahmen nicht das geringste, um die Strafe abzuwenden, die Gott über sie zu verhängen beschlossen hatte. Amos kündigte an, daß Jahwe das mißbrauchte Heiligtum zu Bet-El zerschlagen werde; kaum eine Spur seines bisherigen Reichtums sollte übrigbleiben. Die vielgepriesene Religion der Israeliten nämlich, so fährt der Prophet fort, sei nichts als eine hohle Fassade. Durch Hunger, Dürre, Mißwuchs und Krankheit hatte Jahwe die Seinen gewarnt und ihnen zu verstehen gegeben, daß sie in ihr Unglück rannten. Doch alle seine Mahnungen waren vergebens. Dennoch appellierte der Prophet in letzter Minute an sie, ihr Leben zu retten und Jahwe wieder die Treue zu halten. Dies bedeutete keineswegs, Gott auf den besudelten Altären der Heiligtümer ringsumher im Lande Opfer darzubringen, sondern eine Umkehr im Denken, Fühlen und Tun gemäß den Weisungen Jahwes für das richtige Handeln im privaten wie im öffentlichen Leben. Andernfalls werde der bevorstehende »Tag des Herrn«, an dem das Volk Israel nach endgültiger Demütigung und Ausrottung seiner Feinde in ein Zeitalter des Segens und der Vollkommenheit einzugehen hoffte, genau das Gegenteil davon bringen und zu einem Tag des Wehklagens, der Vernichtung und der Finsternis werden.

Das Leben im Wohlstand hatte nach Meinung des Amos zu übergroßer Selbstherrlichkeit, ja Selbstsicherheit geführt, die jeglicher Grundlage entbehrte. Die Strafe hierfür konnte nicht unbegrenzt auf sich warten lassen. Der Priester Amasja, so fährt das Amos-Buch fort, hatte Amos aus dem Reichsheiligtum von Bet-El verjagt und ihn aufgefordert, seine Botschaft lieber in seinem Heimatland Juda zu verkünden. Doch Amos verkündete weiterhin in Jahwes Auftrag, ein ins Land einfallendes Feindesheer werde Amasjas Frau rauben, seine Kinder abschlachten, ihm seinen Grundbesitz nehmen und ihn selbst in die Gefangenschaft schleppen, wo er elend zugrunde gehen werde. Zwar neigten die Menschen dazu, ihre Untaten für zu geringfügig zu halten, als daß Jahwe sie beachte. Doch sehe er sie alle. Nicht eine einzige entgehe ihm. Den Armen aber, die in der Regel am schlechtesten davonkämen, gelte seine besondere Fürsorge. Eine letzte Hoffnung läßt der Prophet durchschimmern: Selbstverständlich gelte die Strafandrohung zwar für das Volk insgesamt, nicht aber für jeden einzelnen. Mit der »Nation« werde Jahwe verfahren wie mit allen anderen Völkern. Den wenigen Treugebliebenen sei jedoch ihr Lohn sicher.

Amos wirkte nur während der wenigen ereignisreichen Jahre am Ende der Regierungszeit Jerobeams II. von Israel (um 787–747), also ein Jahrhundert, nachdem Elia und Elisa Ahab entgegengetreten waren. Als Amasja ihm verbot, weiterhin in Bet-El zu weissagen und ihn aus dem Reichsheiligtum verwies, gab Amos zur Antwort: »Ich bin kein Prophet und keines Propheten Sohn, sondern ein Hirt bin ich und ein Maulbeerfeigenzüchter. Doch der Herr nahm mich von der Herde weg, und der Herr sprach: ›Gehe hin und weissage meinem Volke Israel.‹«[9] Tatsächlich war er kein Prophet »von Hause aus«, sondern wurde es erst – und zwar ein Prophet ganz eigener Prägung. Amasja freilich blieb skeptisch. Denn wie sollte man feststellen, ob jemand ein wahrer Prophet war, wenn er nicht eine Prophetenschule durchlaufen hatte?

Diese Frage hat aber noch eine andere Dimension von weit größerer Tragweite und Bedeutung. Selbst wenn jemand einer Prophetenschule entstammte, wie in aller Welt vermochte man zu entscheiden, ob er ein wahrer oder falscher Prophet war? Und es gab damals eine Menge Propheten, die sich samt und sonders auf Jahwe beriefen!

Wie die leidenschaftlichen, ja sogar mit Handgreiflichkeiten ausgetragenen Debatten zur Zeit Ahabs bewiesen hatten, hielten die Herrscher und ihr jeweiliger Freundeskreis diejenigen für falsche Propheten, die sich der Politik des Hofes widersetzten. Die unterprivilegierten Klassen der Bevölkerung waren selbstverständlich gegenteiliger Ansicht!

Der Prophet Jesaja nannte als Erkennungsmerkmal, daß falsche Propheten dem Wein ergeben seien und sich oft über den ganzen Tisch erbrächen. Micha (vgl. Anhang 5) war der Meinung, betrügerische Propheten erkenne man daran, daß sie nur Unheil verkündeten, es sei denn, man gebe ihnen ordentlich zu essen. Ein anderer Bibelautor schrieb Mose die Auffassung zu, wahre Propheten wiesen sich dadurch aus, daß sich das Vorhergesagte erfülle.[10] Hierbei ist zu bedenken, daß während einer ziemlich langen Zeitspanne überhaupt nicht sichtbar wurde, ob eine Voraussage zutraf, und daß die Zukunftsschau nur *eine* der Aufgaben und Fähigkeiten eines Propheten war. Im Endeffekt lief alles auf eine reine Glaubenssache hinaus. Amos, Hosea und alle die anderen waren nur deshalb wahre Propheten, weil die Bibel sie als solche bezeichnete.

Auf jeden Fall aber waren sie Denker von erstaunlichen Qualitäten. Amos hatte auf Grund seiner bescheidenen Herkunft eine gewisse Abneigung gegen theoretisierende Spekulationen. Doch nach der charakteristischen Diktion seiner überlieferten Sprüche zu urteilen (selbst unter Berücksichtigung der Tatsache, daß ihre ausgewogene Sprache einer späteren Zeit angehörte und daß ein Redaktor in den Text eingegriffen hat), war er gewiß kein unbeholfener, ungebildeter Bauerntölpel. Beispielsweise entbehren manche seiner Texte nicht der Ironie, und auch die Weisheitsspruch-Tradition hat sich in seinen Reden niedergeschlagen (vgl. Kap. 8). Die Wiedergabe seiner Visionen und der an ihn von Jahwe ergangenen Weisungen hat etwas besonders Unmittelbares und daher Fesselndes. Er vergleicht seine Begegnung mit Gott, die etwas von einem gewaltsamen Ergriffenwerden an sich hatte und zur völligen Aufgabe seiner früheren Identität führte, mit dem Schrecken, den Löwengebrüll hervorruft.[11] Damit befindet er sich ganz in der Tradition der älteren Propheten und ihrer Ekstase-Übungen. Amos' Berufungsbewußtsein war dennoch eine Sache besonderer Art und ganz und gar ihm eigen.

Amos schritt auf dem Wege, den seine Vorgänger – der Historiker des Südreichs und Elia – bereits eingeschlagen hatten, weiter voran. Dieser Weg führte schließlich dahin, daß man Jahwe nicht nur als Herrn über Israel, sondern als Gott aller Völker betrachtete. Denn schließlich, so hebt Amos hervor, habe Jahwe nicht nur Israel geholfen; im folgenden klagt der Prophet in einer Reihe von Untergangsprophezeiungen (einer literarischen Form, die später zum festen Bestandteil der prophetischen Tradition wurde) ausdrücklich auch andere Nationen der Auflehnung gegen Jahwe an. Die Götter, die andere Völker verehrten, sind für Amos keiner ernsten Auseinandersetzung wert. Und tatsächlich legt er – hierbei ganz anders als Elia und Elisa – keinerlei oder zumindest kaum Interesse an den Tag, gegen diese Götter zu polemisieren. Ihm geht es vielmehr, überraschend genug, um Kritik am Verhalten der Jahwe-Gläubigen selbst. In seinen Augen war ihre Art der Religionsausübung nichts als eine Abfolge sinnentleerter Rituale, eine Täuschung und Selbsttäuschung, solange mit ihr nicht eine zündende Besserung der individuellen und vor allem der sozialen Moral Hand in Hand ging. Diese Forderung nimmt die Buß- und Mahnrufe eines Jesaja und Jeremia vorweg (vgl. Kap. 13).

Eines der größten Verdienste dieses Propheten war seine Kritik an der prunkhaften, neureichen Lebensweise in der Stadt Samaria. Er rief hierdurch eine der ruhmreichsten Traditionen des Judentums ins Leben, indem er Bewußtsein für soziales Unrecht schuf. Er prangerte die Unterdrückung der Armen an. »Sie zertreten auf dem Staub der Erde das Haupt der Geringen.«[12] So zu handeln betrachtete Amos als persönliche Beleidigung Jahwes. Er kündigte an, daß die Zeit kommen werde, da alle die luxusgewohnten Frauen, die von ihren Männern erwarteten, stets reichlich mit Wein und duftenden Essenzen versehen zu werden, wie Fische am Haken davongezerrt und durch das nächste Mauerloch geworfen würden. Dies sei nur einer der vielen Akte der Vergeltung, die der »Tag des Herrn« bringen werde, vor dem es kein Entrinnen gebe.

Zu Amos' Zeit war in Israel die Hoffnung tief verwurzelt, am Jüngsten Tag werde Israel erleben, wie Jahwe seine Feinde zerschmettert. Amos widersprach dieser Auffassung, und dies auf recht massive, ja brutale Art. So legt er Jahwe in den Mund: »An jenem Tag werden die Palastsängerinnen Trauerlieder heulen. Groß wird die Zahl der Toten sein. Überall wirft man sie einfach stumm hin.«[13]

Für Amos waren Jahwes Helfershelfer bei diesem Zerstörungswerk eindeutig die Assyrer, wenn er sie auch nicht ausdrücklich beim Namen nennt. Seine Vorhersage sollte sich erfüllen, denn keine dreißig Jahre später fiel Samaria (vgl. Kap. 10). All denen, die voller Enttäuschung gegen seine Worte protestierten, weil sie überzeugt waren, derartiges könne Jahwes auserwähltem Volk nie widerfahren, erklärte Amos: Gerade weil Gott sich so ganz besonders für dieses Volk eingesetzt habe, sei Israels Strafe um so härter.[14]

Dennoch endet das Buch Amos mit der Verheißung Gottes, ein Rest werde bei der Zerstörung verschont bleiben. Davids gestürztes Haus werde wieder aufgerichtet, sein Volk wieder auf heimischem Grund und Boden angesiedelt, und fortan könne es niemals mehr entwurzelt werden.

Diese Lehre von einem Rest, welcher den Fortbestand Israels garantiert, erlangte (und besitzt noch immer) in Israel große Bedeutung, doch handelt es sich hierbei um eine nachträgliche Hinzufügung späterer Redaktoren zum Buche Amos, denen dessen Text zu wenig trostbringend erschien. In der Tat war Amos seiner ganzen Natur nach kein Prophet, der Trost spendete, vielmehr verkündete er bittere Anklagen und sagte Dinge voraus, die jedermann Schrecken einflößten. Selbstverständlich war das Buch nicht einmal in seiner Urform tatsächlich ein Werk des Mannes, dessen Namen es trägt. Zweifelsohne gab man die Prophezeiungen, die es enthielt, anfangs nur mündlich weiter. Doch nachdem man Amos in Bet-El zum Schweigen gebracht und aus dem dortigen Heiligtum verstoßen hatte, hielten seine Zuhörer und Jünger – wohl Mitglieder einer der Prophetengruppen – es offenbar für wichtig, seine Sprüche schriftlich festzuhalten. Also sammelte man, was an Überlieferungen vorlag; später wurde daraus das Buch Amos.

Nur kurze Zeit später vernahm man die Stimme eines anderen Propheten, Hosea, der mehr als Amos der Tradition seiner Vorgänger entsprach, denn er richtete heftige Angriffe gegen die Kulte Kanaans. Allerdings gab er seiner Kultpolemik eine völlig neue Form.

Hosea, ein Mann ungewisser Herkunft, begann gegen Ende der Regierungszeit Jerobeams II. (um 787–747) in Israel als Prophet zu wirken. Dies tat er etwa zwanzig Jahre lang in jener unruhigen Phase der Wirren, bevor die Stadt Samaria in die Hand Assurs fiel. Das biblische Buch, das seinen Namen trägt, enthält – ebenso wie das Buch Amos – gewisse nachträgliche Überarbeitungen und »Verbesserungen« von der Hand späterer Redaktoren. Doch ebenso wie das Amos-Buch dürfte es schon vor dem Ende des 8. Jahrhunderts, als die Erinnerung an den Propheten noch sehr lebendig war, eine Fassung erhalten haben, die nicht allzuweit von seiner uns heute vorliegenden Endfassung entfernt war. Auch in anderer Hinsicht ähnelt es dem Buch Amos: beide Bücher bestehen zum größten Teil aus Dichtung.

Wie wir vernehmen, befahl Jahwe Hosea erstaunlicherweise, Gomer, eine Dirne und Ehebrecherin, zu heiraten und mit ihr Kinder zu zeugen. Jedes dieser Kinder aber erhielt einen Namen, der auf Gottes Botschaft an Israel anspielt. Dies bedeutete, daß Jahwe seinem Volk eine letzte Chance einräumte, sein Verhalten zu ändern, bevor der Tag der Vergeltung kam, damit Israel, wenn überall auf Erden die dem Jüngsten Tag folgende Zeit des Friedens angebrochen sei, wieder Gottes geliebte Braut sein könne. Weiterhin ist davon die Rede, daß Gomer, die allem Anschein nach die Sklavin eines anderen Mannes war, zurückgebracht wurde und eine Art Prüfung auf sich nehmen mußte. Ebenso wie Gomer werden die Israeliten, so fährt der Text fort, nachdem sie lange geglaubt hatten, ohne ihren wahren Herrn auskommen zu können, »ihn (Gott) wieder suchen und sich zu ihm bekennen . . . und ängstlich nach seinem Heil suchen am Jüngsten Tage«.

Hosea wirft Israel und Juda vor, als Folge der Übernahme verwerflicher kanaanäischer Kultpraktiken religiöse Prostitution betrieben zu haben, welche letztlich zum Zusammenbruch aller gesellschaftlichen Ordnungen führte und den Niedergang jeglicher Werte bedeute.

Hosea verstand sich als Sachwalter Jahwes, Wächter über die von Jahwe gesetzte Ordnung, und so konnte er nicht schweigen. Er kündigte seinem Volk an, daß es in die Sklaverei Assurs geraten werde, so wie es sich einst in der Knechtschaft Ägyptens befunden hatte, und daß sein Land verwüstet werde. Doch trotz ihrer Untreue, mit der sie eigentlich keine Gnade verdient hätten, schrecke Jahwe davor zurück, sie völlig auszurotten. Für diejenigen aber, die ihm treu geblieben seien, werde sein Strafgericht nicht das Ende bedeuten, sondern ein hoffnungsvoller Neubeginn sein – der Anfang einer ganz neuen Beziehung zu ihm.

Bisweilen hat man Hoseas Buch als das rätselhafteste der gesamten hebräischen Bibel bezeichnet. Tatsächlich bedient sich Hosea einer nicht immer leicht verständlichen Bildersprache. Seine Heirat mit der Hure Gomer spielt dabei eine zentrale Rolle. Weitschweifig und detailliert verbreitet er sich über Gomers unmoralischen Lebenswandel. Doch beklagt Hosea dabei keineswegs nur kummervolle persönliche Erfahrungen, denn Gomer steht immer wieder gleichnishaft für Israel, das seinen Gatten Jahwe verlassen hat, um mit Baal und all den anderen Gottheiten zu buhlen, die zu Baals Kreis gehörten.

Hosea verabscheute die kanaanäische Religion tiefer als die anderen Propheten Israels.

Wer ihr anhänge, so erklärte er, sei nichts als ein Götzendiener, der sich bei leblosen Holzblöcken Rat hole und von Fetischen Weisungen erteilen lasse. Die schmutzige sakrale

Prostitution, die in Kanaans Tempeln gang und gäbe war (vgl. Kap. 2), verglich der Prophet mit der Prostitution der Hure Gomer. Er beschuldigte die Bewohner des Nordreichs, die »ihre Gebete herunterleierten«, dieser Religion verfallen zu sein und ihrem Gott, der sie einst aus Ägypten geführt hatte, die Treue gebrochen zu haben.

Für Hosea bestand zwischen Jahwe und Baal ein Gegensatz, wie er größer nicht denkbar war. Ganz besonders bemühte er sich, der weitverbreiteten Irrmeinung entgegenzutreten, daß Bodenerträge und Fruchtbarkeit Baal zu verdanken seien. Auch Gomer, so betont er, hinge dieser irrigen Ansicht an, dies sei jedoch ein Irrtum, denn Jahwe, nicht Baal sei der Geber alles Guten und damit auch all der Reichtümer der Natur und des Bodens. So übermittelte Hosea Israel den folgenden Ausspruch Jahwes: »Von mir kannst du Früchte sammeln!«[15]

Hosea verband seine allegorische Redeweise mit bemerkenswert geradlinigem, scharfsinnigem und begrifflichem Denken, mit dem er Jahwes Göttlichkeit zu erfassen suchte. Für ihn ist sie der Inbegriff zärtlicher Vaterliebe, die Jahwe immer und immer wieder bewies. Dieser Liebe wegen wollte Jahwe sein Volk – mochte es durch seinen Sittenverfall und seinen Ungehorsam auch längst verdient haben, vom Erdboden vertilgt zu werden – nicht gänzlich und nicht für immer vernichten. Diese Botschaft der Hoffnung ist im Gegensatz zu Amos ursprünglicher Bestandteil der Verkündigung Hoseas. Er sagt Israels Nachkommen eine »Auferstehung am dritten Tage voraus«[16], der die Herrschaft über die ganze Erde folgen werde. Diese Äußerung ist nicht frei von Ideen, welche aus dem kanaanäischen Fruchtbarkeitskult stammen; in den Ohren gläubiger Christen allerdings klingen sie wie eine Vorwegnahme neutestamentlicher Äußerungen über Jesu Auferstehung.

Hosea stammte aus einer Levitenfamilie, und dies trug zweifellos dazu bei, daß er über eine weit umfassendere Bildung verfügte als Amos. Dennoch war seiner Ansicht nach weder von Priestern noch von Propheten entscheidende Hilfe für Israel zu erwarten. »Priester! Du wirst straucheln am Tage, und straucheln wird auch der Prophet mit dir bei Nacht . . . Wie Räuber lauert die Rotte der Priester; sie morden am Wege nach Sichem . . . Mag Israel schreien: ›Der Prophet ist ein Narr, verrückt ist der vom Geiste Ergriffene!‹ Wegen deiner großen Schuld ist groß auch die Anfeindung.«[17] Der Neubeginn zwischen Jahwe und seinem Volk muß auf etwas anderem beruhen, das erst die Zukunft bringen wird, und es kommt von keinem Priester und von keinem Propheten, sondern aus dem Herzen jedes einzelnen: *hesed*, warme, beständige, nicht wankende Liebe zu Jahwe und vollständige Änderung der eigenen Lebensweise. Abermals vernehmen wir hier mit unüberhörbarer Deutlichkeit jenen Aufruf zum Neubeginn, den wir bereits von Amos kennen und der von vielen späteren Propheten aufgegriffen wurde. Der Begriff *hesed* ist Hoseas unvergänglicher Beitrag zum hebräischen Glaubensleben. *Hesed* wird allen Menschen, ungeachtet ihrer Herkunft, zuteil, und dafür müssen sie ihrerseits, ohne zu zögern, Jahwe *hesed* erweisen. Nur so kann Israel seine Position als auserwähltes Volk Gottes, die es aufs Spiel gesetzt hat, wiedererlangen. Wenn sein Volk aber zum Gehorsam gegenüber Gott zurückgefunden habe, werde Jahwe »wie Tau für Israel werden, daß es wie eine Lilie blühe und Wurzeln schlage wie der Wald des Libanon . . . Wie ein Weinstock wird sein Ruhm sprießen, wie Wein vom Libanon.«[18]

Bei der Vorschau auf diese glückliche Zukunft erlaubt sich der sonst eher unpolitische Hosea – wie so viele seiner Zunftgenossen – einen Seitenblick auf die Tagespolitik. So geißelt er die wankelmütige Politik des Königshauses, das heute Ägypten und morgen Assur hofiere. Ganz im Gegensatz zu seinem Vorgänger Elisa verabscheut er das Blutbad, das der Usurpator Jehu einst anrichtete. In seinen Augen ist der gewaltsame Griff nach der Macht eine Sünde gegen Jahwe und ein Zeichen seines göttlichen Zornes. Die politische Lösung der Probleme der Teilstaaten Israels und Juda sieht

Hosea in ihrer Wiedervereinigung. Mit Recht sieht er in der Reichsteilung die Ursache der hoffnungslosen Schwäche beider Staaten. Der einzige Weg zur Überwindung dieses beklagenswerten Zustandes jedoch war für Hosea hingebungsvoller, unbedingter Gehorsam gegenüber Jahwe. Dies drückte Hosea in der ihm eigenen Bildersprache aus: »An jenem Tage, da wird sie, spricht der Herr, mich nennen ›Mein Mann‹ und mich nicht mehr nennen ›Mein Baal‹. Dann entferne ich die Namen der Baale aus ihrem Munde . . .«[19]

Der Historiker des Nordreichs (Der Elohist)

Den großen Historiker des Südreichs bezeichneten wir als Jahwisten, weil seiner Meinung nach der Gott Israels seit der Zeit der Patriarchen unter dem Namen Jahwe verehrt worden war (vgl. Kap. 9). Auch das Nordreich brachte einen bedeutenden Geschichtsschreiber hervor; diesen bezeichnet man als Elohisten (E), weil er im Gegensatz zum Jahwisten die eigentlich überzeugendere Ansicht vertritt, Jahwes göttlicher Name sei den Israeliten erst zur Zeit Moses geoffenbart worden. Vorher habe man ihn Elohim genannt – die Mehrzahlform des kanaanäischen Gottesnamens El (vgl. Kap. 2). Trotz mancher Meinungsverschiedenheiten in Einzelfragen hat sich der unterschiedliche Gebrauch des Gottesnamens als der wichtigste Unterschied zwischen J und E erwiesen, und man darf wohl darüber hinaus folgern, daß der Elohist ebenso wie J und wie später auch der Verfasser der sogenannten Priesterschrift, dessen Werk über die gleiche Zeit berichtet (vgl. Kap. 14), eine konkrete Person gewesen ist. Es lohnt sich, wie bereits im Falle des Autors J, von E verfaßte Passagen aus dem biblischen Gesamttext herauszuschälen.[20]

E greift ebenso wie J auf sehr alte Erzählungen zurück, die bei weitem nicht alle auch J bekannt waren, und einige davon beruhen zweifellos (wie auch manche Episoden, die J berichtet) auf althergebrachter mündlicher Überlieferung. Allerdings verwendet er kein Material über die Urzeit und die damit verbundenen Mythen. Den Anspruch, zu erklären, wie die Welt entstand, erhebt er nicht; auch teilt er nicht J.s Ansicht von der Universalität Jahwes.

Doch so wenig sich E auch mit der Urzeit befaßt – um so wichtiger ist für ihn die Geschichte der Urväter Israels. Hierbei hält er sich ganz und gar an die Tradition, indem er beständig Jahwes besonderen Ratschluß betont, der Israel vor allen anderen Völkern auszeichnet. Auch in dem Bild von der Patriarchenzeit, das der Elohist entwirft, zeigt sich dieser göttliche Ratschluß; vor allem in der Fürsorge, die Jahwe seinem Volk nach dessen Vertreibung (nicht Flucht wie bei J) angedeihen läßt und die schon auf seinen Zug in das Gelobte Land verweist. All diese Ereignisse erhalten dadurch besonderes Gewicht, daß Gott Mose seinen Namen offenbart. Ein besonderer Akzent liegt dabei auf Moses besonderer Stellung als Mittler zwischen Gott und Menschen, der nicht seinesgleichen hat noch haben wird. E spielt dabei wohl auf spätere Epochen der Geschichte Israels, nämlich die Königszeit, an, die ihm zeitlich näherstehen als das Zeitalter Moses; ganz im Gegensatz zu J fand E die Herrschaft der Könige beklagenswert und möchte darlegen, daß Jahwe einst durch Institutionen ganz anderer Art seine Ratschlüsse in die Tat umsetzte. Für E war Geschichte der Hintergrund, auf welchem Israel seinem Gott entweder Gehorsam erwies oder sich seinen Beschlüssen widersetzte. In diesem Gesamtbild war das Königtum ein störendes Element. Mose, der nie König war, war dagegen der Inbegriff des Helden.

So entsteht vor uns ein idealisiertes Bild des Israel der mosaischen Zeit, in dem noch ungebrochen Glaube und Gesetz herrschten. In seiner Darstellung der Ereignisse auf Sinai ergänzt E die Quelle J erheblich. Jahwes Bund mit seinem Volk sowie die »ethische« Version der Zehn Gebote spiegeln die Lebensbedingungen einer seßhaften bäuerlichen Gemeinschaft wider. Sie ersetzen bloße Ritualvorschriften durch wohlüberlegte, klare Anweisungen, die sich auf verschiedenste Situationen des täglichen Lebens beziehen. Häufiger als J fällt E differenzierte Werturteile, und die moralisch fragwürdigen Elemente der Patriarchenerzählungen ignoriert er.

Selbstverständlich verurteilt auch der Elohist den kanaanäischen Fruchtbarkeitskult, welcher vor nicht langer Zeit von Omri und Ahab toleriert worden war. Auch Wundergeschichten erzählt E, doch finden sich in seinem Werk bereits Ansätze theologischen Denkens. Die Distanz zwischen Jahwe und den Menschen ist bei E größer als bei J, Gott gilt als ein Wesen, das im Himmel wohnt und kaum direkte Kontakte mit den Menschen unterhält, sondern ihnen seine Weisungen durch Engel oder Träume übermittelt.

Der Elohist versucht das Wesen des Göttlichen zu ergründen und bringt das Geheimnis des göttlichen Seins auf die feierliche, aber kryptische Formel: »Ich bin, der ich bin.« Vielleicht geht sie tatsächlich auf die Zeit Moses zurück. Möglicherweise bedeutet sie, Jahwe sei der Gott, der sich im Laufe der Ereignisse offenbare (vgl. Kap. 4).

Zwar ist der Stil des Nordreich-Historikers nicht so kraftvoll und lebendig wie der des entsprechenden Bibel-Autors aus dem Südreich (J), dafür aber zeigt er ausgeprägtes Interesse an den innerseelischen Vorgängen der Menschen. So zeigt er etwa, wie Jahwe den Gehorsam seiner Gläubigen auf harte, ja grausame Proben stellt. Das krasseste Beispiel hierfür ist die Gehorsamsprobe Abrahams, die den Leser erschauern läßt, aber auch zum Nachdenken anregt. Von Jahwe geheißen, auf dem Berge Moria in Jerusalem seinen Sohn Isaak zu opfern, baute Abraham einen Altar, band seinen Sohn fest und hielt bereits das Messer in der Hand, um ihn zu töten, als Jahwe ihn erlöste und einen Widder sandte, den er als Opferersatz für Isaak akzeptierte.[21]

E greift hier auf eine Erzählung recht urtümlichen Charakters zurück. Seit alter Zeit brachten bekanntlich die Kanaanäer Menschenopfer dar, um den Zorn der Götter abzuwenden. Hierzu gehört die auch im Buch Exodus erwähnte Vorstellung, man habe den erstgeborenen Sohn als Erstlings- oder Sühneopfer, als eine Art Sündenbock, den Göttern zurückzugeben.

Dieser Gedanke liegt wohl noch Erzählungen zugrunde, in denen erstgeborene Söhne (wie Kain und Esau) entweder von Gott verstoßen werden oder ihr Erstgeburtsrecht verlieren. Auch von Jephtah, dem Richter, hieß es, er habe sein erstgeborenes Kind – in diesem Fall seine älteste Tochter – geopfert. Derartige Bräuche, die noch keineswegs völlig in Vergessenheit geraten waren, kannte auch der Elohist; er verabscheute sie aufs heftigste. Die Geschichten aus der Quelle E, die sich mit diesem Thema befassen, sind in kritischer Absicht überliefert. Fast mit Sicherheit nämlich darf man davon ausgehen, daß in der Urfassung der Isaak-Geschichte das Opfer auch wirklich vollzogen wurde. Bei E dagegen wird das Menschenopfer dank Jahwes Intervention in ein Tieropfer umgewandelt. Möglicherweise wurde in den großen Heiligtümern das Menschenopfer tatsächlich durch Tieropfer abgelöst. Neben seiner Kritik am Menschenopfer ergreift E hier die Gelegenheit, den Namen des Platzes zu erklären, wo Abraham den Widder fand. Er lautete *Jahwe-jire* (Gott wird sehen, d.h. Vorsorge treffen). Der Hauptgrund dafür, daß E eine so alte und grausame Erzählung in sein Werk aufnahm, liegt wohl auf einer ganz anderen Ebene: Abraham hatte einen schrecklichen Befehl von Gott erhalten; Jahwe schien sich ganz und gar von ihm abgewandt zu haben. Dennoch tat Abraham, was Gott von ihm verlangte, und dachte nicht an den hohen Preis, den er für diesen Gehorsam zahlen mußte. Damit gab er ein Beispiel bedingungsloser Glaubenshingabe und uneingeschränkter Einwilligung in Gottes Ratschluß. Und deshalb segnete Gott, nachdem er Abraham die Last abgenommen hatte, den Kindesmord vollbringen zu müssen, alle künftigen Generationen aus Abrahams Stamm und versprach ihnen die Städte ihrer Feinde als Besitz.

Isaaks »Opferung« (*akeda*) spielt bis heute eine besondere Rolle im Ritual jüdischer Synagogen und islamischer

Moscheen. Für den Kirchenvater Augustinus war die Erzählung ein klassisches Beispiel der »Mühsale, die uns geschickt werden, um uns zu prüfen«.

Der dänische Philosoph Sören Kierkegaard äußerte im 19. Jahrhundert, der Vorfall enthülle die unüberbrückbare Kluft zwischen landläufiger Moralität und der Moral eines Gottes, der es fertigbringt, einem Menschen eine derartige Prüfung zuzumuten. Für E jedoch war Jahwe, dessen war er sich sicher, ein gerechter Gott, dessen Gerechtigkeit jedoch als Gegenleistung von seinem auserwählten Volk die denkbar strengste Unterwerfung verlangte.

Daß man E dem Nordreich Israel zuordnete, hängt mit dem besonderen Interesse des Autors an den Stämmen Zentral- und Nordpalästinas zusammen. Ganz besonders gilt sein Augenmerk Ephraim und dessen Heiligtümern Bet-El und Sichem. Da Israel im Jahr 722 zerstört wurde (vgl. Kap. 10), muß man E.s Wirken als Autor wohl vor diesem Zeitpunkt ansetzen. Vielleicht schrieb er sogar schon vor 800, da – jedenfalls gewinnt man immer wieder diesen Eindruck – die Perversion der Macht unter Omri und Ahab sein Denken ganz und gar beschäftigt. Außerdem erinnern seine Proteste gegen heidnische Kultbräuche sehr stark an die Legenden, die sich um Elia ranken. Auf jeden Fall schrieb E zu einer Zeit, als die Prophetie große Bedeutung hatte, und er gibt sich jede erdenkliche Mühe, sowohl Abraham als auch Mose als Propheten hinzustellen.

Es ist möglich, daß nach dem Fall Samarias Flüchtlinge, die nach Süden ins Königreich Juda auswichen, das auf den Elohisten zurückgehende Manuskript oder wenigstens das Material, daß er zusammengetragen hatte, mitbrachten. In Juda stießen sie auf die bereits fest eingewurzelte Erzähltradition des Jahwisten, und so konnte es nicht ausbleiben, daß beide Versionen miteinander verschmolzen, wobei der Elohist sozusagen die Rolle des Juniorpartners spielte.

12. Kapitel

Juda — Das Südreich

Die ersten Könige des Südreichs

Obwohl bei der Reichsteilung nur die Gebiete der Stämme Juda und Benjamin an Juda fielen, gab es doch so manches, was diesen Mangel aufwog. So erwies es sich als unschätzbarer Vorteil, daß Jerusalem Hauptstadt blieb, und die Bevölkerung hielt treu zum Hause David. Es gab zwar auch im Südreich Fehden innerhalb des Königshauses, doch kam es sehr viel seltener vor als in Israel, daß ein Außenstehender sich auflehnte und die Macht ergriff. Darüber hinaus erfreuten sich Städte und Dörfer einer gewissen, wenn auch bescheidenen Blüte, denn seine geschützte Lage machte Juda viel weniger anfällig für Angriffe von außen.

Allerdings ließ schon die Regierung des ersten Königs von Juda, des Salomo-Sohnes Rehabeam (um 926–910), kaum Zweifel daran, daß diese Sicherheit nicht allzu groß war. Als nämlich der ägyptische Pharao Sheshonq seinen Feldzug gegen Israel unternahm, verwüstete er auch Juda. Viele Städte wurden im Sturm genommen, Kostbarkeiten aus den Schatzkammern des Tempels und des Palastes als Beute davongeschleppt. Nach Sheshonqs Abzug umgab Rehabeam seine Grenzen mit einem Ring von Festungen. Das im Süden, östlich von Beerscheba gelegene Arad, diente nicht nur als Bollwerk gegen die Ägypter, sondern war gleichzeitig zur Verteidigung gegen Nomadenangriffe aus dem Ostjordanland bestimmt. Auch nach Westen hin waren Verteidigungswerke nötig, denn nach der Reichsteilung hatten sämtliche Küstenstädte, die nun in Philisterhand waren, ihre alte Unabhängigkeit vom Hinterland wiedererlangt, und Juda verfügte nun nicht mehr über unmittelbare Zugangswege zum Mittelmeer. Die Liste der von Rehabeam erbauten Festungen im zweiten Buch der Könige enthält eine Zahl befestigter Städte, die der Verteidigung gegen die Philister dienten. Eine dieser Festungen bezeichnet die Bibel als Gat oder Ipa (anscheinend hatte sie mit der Philisterstadt Gat nichts zu tun). Der Ruinenhügel der Stadt Lachisch ist mit seiner Höhe von rund sechsunddreißig Metern der höchste seiner Art in ganz Palästina. Rings um den Gipfel zog sich eine nahezu sechs Meter dicke Mauer. Am Hang darunter breitete sich ein aus Stein- und Ziegelmauerwerk geschaffenes Glacis aus. An der Nordgrenze seines Machtbereichs, nach Israel hin, errichtete Rehabeam die Festung Aseka, deren innerer Kern von einer mit acht mächtigen Türmen versehenen Mauer geschützt wurde.

Ebenso wie das Nordreich war auch Juda von einer Mischbevölkerung bewohnt, und Rehabeam verfolgte, was die Religion betraf – nicht anders als die Herrscher des Nordreichs –, eine Politik, die auf Ausgleich und Versöhnung zwischen der Jahwereligion und den Kulten Kanaans abzielte. Der Verfasser des Deuteronomistischen Geschichtswerks (vgl. Kap. 14) berichtet daher voller Entrüstung von »Höhlenheiligtümern, Weihesteinen und heiligen Pfählen auf jedem höheren Hügel und unter jedem grünen Baum«, ja sogar von männlichen Tempelprostituierten in den einschlägigen Kultstätten. »Alle Scheußlichkeiten der Heidenvölker, die der Herr vor den Israeliten zuschanden gemacht hatte, verübten sie.«[1]

Rehabeams Sohn Abia (um 910–908) beanspruchte im Namen des Hauses David das gesamte Gebiet beider Königreiche; es gelang ihm sogar, sich der Stadt Bet-El zu bemächtigen. Doch Abia starb früh. Er hinterließ vierzehn Frauen, zweiundzwanzig Söhne und sechzehn Töchter.

Die Nachfolge trat sein Sohn Asa an, der etwa von 908 bis 868 regierte. Durch einen Gegenangriff Baësas von Israel bedroht, rief er mit Erfolg Ben Hadad I. von Aram-Damaskus zu Hilfe. Nachdem Baësas seine Truppen abgezogen hatte, umgab Asa die strategisch günstig gelegene Festung Mizpa in Benjamin mit einer starken Wehrmauer. Außerdem ließ er die Zitadelle von Arad umbauen. Asa wandte sich von der prokanaanäischen Religionspolitik Rehabeams ab, zerstörte die kanaanäischen Idole, vertrieb die männlichen Prostituierten aus den Tempeln und degradierte seine Großmutter, die Maacha – ein Titel, der möglicherweise ägäischen (philistäischen) Ursprungs war. Sie verlor ihren Rang als Herrin (*gebira*), als Strafe dafür, daß sie durch Errichtung eines anstößigen Kultbildes den Ascheren-Kult gefördert hatte. So ging Asa als einer der wenigen Könige, die von seiten der Bibel-Autoren uneingeschränktes Lob ernteten, in die Bibel ein. Von ihm heißt es im 1. Buch der Könige: »Und Asa tat, was dem Herrn wohlgefiel, wie sein Ahnherr David.«[2] Sein Sohn Josaphat (um 868 bis 847) setzte die jahwistischen Reformen fort. Eine staatliche Rechtskommission wurde eingesetzt, um die Gesetze für das Tun und Lassen im religiösen wie im zivilen Bereich schriftlich festzuhalten. Zu den Mitgliedern dieses Ausschusses gehörten nicht nur Oberhäupter führender Familien, sondern auch Priester und Leviten. Dennoch fand Josaphats Politik nicht den ungeteilten Beifall des Deuteronomisten; er stieß bei den Priestern auf Widerstand, weil er ein Bündnis mit dem mächtigeren Nordreich Israel schloß und diesen Bund gar durch die Heirat seines Sohnes und Thronerben Joram mit Atalja, der Tochter (oder Schwester?) des israelitischen Königs Ahab besiegelte. Josaphat versuchte auch gemeinsam mit Ahab, das jenseits des Jordan gelegene Ramoth-Gilead aus den Händen von Aram-Damaskus zu befreien. Ahab fiel dabei im Kampf, doch Josaphat kam mit dem Leben davon und unternahm nun zusammen mit Ahabs Sohn Joram einen Angriff auf Moab.

Außerdem versuchte er, den Handel wiederzubeleben, indem er Salomos Hafen Ezeon-Geber am Roten Meer wieder in Betrieb nehmen ließ. Einige der Schiffe jedoch, die er bauen oder instandsetzen ließ, erlitten Schiffbruch. Dennoch wurde Josaphat sehr reich, und seine Regierungszeit brachte seinem Land wachsenden Wohlstand – zumindest der herrschenden Gesellschaftsschicht.

Joram (um 851 bis etwa 845) herrschte zunächst als Josaphats Mitregent. Ihm folgte sein Sohn Ahasja, der von Jehu ermordet wurde. Nun nahm Jorams Witwe Atalja (Herrscherin von 845–840) die Gelegenheit wahr, den Griff nach der Macht zu tun, wobei sie ihre Position als »Herrin« nutzte. Dieser gewaltsame Einbruch in die sonst friedliche Nachfolgeregelung unter den judäischen Königen war mit viel Blutvergießen verbunden. Mit Atalja kam die erste Herrscherin, die das Land regierte, auf den Thron. Nahezu acht Jahrhunderte lang sollte sie die einzige bleiben. Atalja ging radikal gegen die jahwistische Religion vor. Sie »ließ im Hause Gottes Risse entstehen und verwandte sämtliche Weihgaben, die für den Tempel des Herrn bestimmt waren, für die Baale«[3]. Sie förderte und begünstigte wie ihre Verwandten das Nebeneinander der Jahwereligion mit kanaanäischen und aramäischen Kulten. So zeigen gewisse Gräber in dem gegenüber dem Jerusalemer Ophelberg gelegenen Silwan Einflüsse fremder Kulte; möglicherweise sind es Grabmale phönikischer Freunde und Höflinge Ataljas.

Der Tempelpriester Jojada brachte Atalja schließlich mit Hilfe einer Verschwörung zu Fall. Außerdem ließ er Ataljas kanaanäischen Rivalen Mattan umbringen und den Baalstempel bis auf die Grundmauern schleifen. Die Königin fiel ihren Mördern an einem Tor des Palastes in die Hände; Jojada gelang es mit Hilfe von Söldnern aus Kreta oder Karien (Kleinasien), ihren sieben Jahre alten Enkel Joas (840–801) auf den Thron zu bringen. Als dieser erwachsen war, unterwarf er die Finanzverwaltung des Tempels einer strengen Kontrolle, schränkte die Macht der Tempelpriester drastisch ein und ließ Jojadas Sohn und Nachfolger Sacharja zu Tode steinigen, weil dieser die kanaanäischen Verirrungen des Hofes getadelt hatte. Eine Armee des Königs Hasael von

Damaskus, die gegen die Philisterstadt Gat marschierte, verursachte ein furchtbares Blutbad unter den Offizieren Judas und erhob demütigende Tribute, die das Land erheblich schwächten. Joas, schwer verwundet, erlag kurz darauf einem Anschlag zweier von der Priesterschaft unterstützter Palastbeamten.

Sein Sohn Amasja (um 801–773) erhob den Anspruch, ein nachsichtiger und gerechter Herrscher zu sein, weil er zwar die Mörder seines Vaters hinrichten ließ, nicht aber deren Söhne. Während seiner Herrschaft führte er eine Volkszählung durch und rottete einen großen Teil der Bevölkerung von Edom aus, um seine Handelsrouten nach Süden und Südosten zu sichern. Er brachte Bildnisse edomitischer Götter nach Jerusalem und verehrte sie, was ihm die denkbar schärfste Mißbilligung jahwistischer Kreise eintrug. Freilich war seine Handlungsweise nur als versöhnliche Geste gegenüber den Edomitern gedacht, die ihm den Rücken freihalten sollten, da Feindseligkeiten zwischen Juda und dem Nordreich Israel ausbrachen, über das damals Joas herrschte. Bei den folgenden Kriegshandlungen, die für Juda katastrophale Auswirkungen hatten, fiel vorübergehend sogar Jerusalem in Feindeshand, und Juda wurde zum Tributärstaat Israels degradiert. Gefangen, jedoch wieder freigelassen, lebte Amasja noch viele Jahre, wurde aber in Lachisch umgebracht, wohin er geflohen war, um einer Verschwörung zu entgehen.

Sein Sohn Ussia (um 781–736) machte eine politische Kehrtwendung und erfreute sich bester Beziehungen zu seinem nördlichen Nachbarn Israel unter dessen König Jerobeam II., der ihn dazu brachte, Edom erneut anzugreifen. Auch nach Osten hin expandierte Israel nun, ja, Ussia machte sogar die Ammoniter zu Vasallen. Aber auch nach Westen gegen das Land der Philister wandte er sich. Gat, Asdod und Jabne fielen Juda als Beute zu. Jerusalem wurde erweitert und erhielt neue Befestigungsanlagen. Gleiches gilt für andere Städte. Die Streitkräfte erhielten eine straffe

Organisation und neue Waffen, so daß ein schlagkräftiges Berufsheer entstand.

Auch unter dem Aspekt des materiellen Wohlstandes betrachtet, nimmt sich Ussias Regierungszeit recht eindrucksvoll aus. Die Bevölkerung des Reichs nahm erheblich zu. Geschäftsleben und Landwirtschaft florierten. Restauriert und neu befestigt wurde der Hafen von Ezeon-Geber, und nach seiner Instandsetzung wurden die alten Handelswege, die vom Roten Meer bis hinauf nach Phoinikien führten, wieder benutzt.

In Kuntilet-Ajrud an der Straßenabzweigung nach Gaza kam eine Reihe von in mehreren Sprachen verfaßten Inschriften ans Licht. Es gab dort wohl einst eine bedeutende Karawanenstation, in der es auch an religiösen Einrichtungen nicht fehlte. In vielen dieser neu- oder zurückeroberten semi-ariden Steppengebiete siedelte man Bauern an. Gibeon lieferte für ganz Palästina guten Wein. In Bet-Aschbea im Süden stellte man feinstes gebleichtes Leinen her. Eine bedeutende Wollindustrie entstand in Debir, einer Stadt, wo Ausgrabungen Zeugnisse einer sozial homogenen Bevölkerung ans Licht brachten; dies ist deswegen von Bedeutung, weil die Propheten sonst häufig die Verschwendung der begüterten Schichten beklagten.

Ussia erkrankte schließlich an Lepra und war gezwungen, sich von seiner Umgebung zurückzuziehen. Das zweite Buch der Chronik (vgl. Kap. 16) gesteht ihm zwar zu, in den Anfängen seiner Regierungszeit recht gehandelt zu haben, führt aber dann seine Krankheit auf einen Kultfrevel zurück: Er hatte im Tempel Weihrauch geopfert und sich damit ein priesterliches Vorrecht angemaßt.

Sein Sohn Jotam, der an seiner Statt Regierungsverweser gewesen war und schließlich als sein Nachfolger den Thron bestieg (er regierte von etwa 756–741), setzte seine erfolgreiche Politik fort. Er vergrößerte Jerusalem und baute die Befestigungsanlagen der Stadt aus. Außerdem umgab er auch andere Städte mit Mauern und verstand es, aus der Unterwerfung der Ammoniter Nutzen zu ziehen.

Unter seinem Sohn Ahas (um 741–725) wandte sich abermals das Blatt zuungunsten Judas. Die Philister gewannen verlorenes Territorium zurück, und auch ein Aufstand in Edom hatte Erfolg, so daß Ezeon-Geber in fremde Hände geriet. Pekah von Israel und Resin von Damaskus, erbost darüber, daß Ahas sich nicht mit ihnen gegen Tiglatpilesar III. von Assur zusammenschloß, fügten ihm eine schwere militärische Niederlage zu. Darauf wandte sich Ahas an Assur und ersuchte um Hilfe. Tiglatpilesar III. warf daraufhin Damaskus nieder, verwüstete Israel und belegte Ahas, der sich durch eigene Schuld isoliert hatte, mit schweren Tributzahlungen, ohne sich ihm im geringsten dankbar zu erweisen. Allem Anschein nach besetzte die assyrische Armee damals auch das Philisterland. Jedenfalls zeigen Ausgrabungen in Arza, südlich von Gat, daß es dort eine bedeutende assyrische Militärbasis gab, die als Bollwerk gegen Ägypten gedacht war.

Ahas hielt es für erforderlich, Assyrien einen Freundschaftsbesuch abzustatten, und nach seiner Rückkehr errichtete er sogar im Jerusalemer Tempel einen Altar im assyrischen Stil. Zuvor hatte er – der Bibel zufolge – kanaanäische oder aramäische Kulte ausgeübt, einschließlich der Opferung eines seiner vier Söhne[4] – ein herkömmlicher Kultbrauch in Zeiten besonders schwerer Not.

Reform und Zusammenbruch

In den ersten Regierungsjahren Hiskias, des Sohnes von Ahas (um 725–697), brachten die Assyrer die Eroberung Israels zum Abschluß. Juda blieb als einziger unabhängiger Staat im palästinensischen Raum übrig. Was Hiskia anging, so war dieser zunächst sehr darauf bedacht, Assur nicht zu provozieren. Vielmehr verwandte er seine ganze Kraft darauf, seinen eigenen Staat zu stärken. In Jerusalem schuf er – unter Einbeziehung einer älteren Anlage – einen Tunnel, der das Wasser der Gihonquelle zum Teich Siloa leitete. So war gewährleistet, daß der Stadt auch in Belagerungszeiten stets frisches Quellwasser zur Verfügung stand. Im Süden verlegte Hiskia die Landesgrenze weiter nach außen und tat alles, was in seinen Kräften stand, um die Grenzbefestigungen zu stärken. Er reformierte den gesamten Verwaltungs- und Finanzapparat, ging dabei selbst mit gutem Beispiel voran, und in eigens errichteten Vorratshäusern ließ er Reserven von Getreide, Wein und Öl anlegen. Auch Viehhaltung betrieb man der Vorsorge mit tierischen Primär- und Sekundärprodukten wegen.

Dann starb 705 der assyrische König Sargon II., und Hiskia, getragen von der »nationalistischen« öffentlichen Meinung, entschied, es sei Zeit, den Versuch zu unternehmen, sich gegen Assur aufzulehnen. Dessen neuer Herrscher nämlich, Sanherib, sah sich von zwei Seiten – von Babylonien wie von Ägypten her – bedrängt. Auch die Philisterstädte, allen voran Askalon, fühlten sich nun ermutigt, gemeinsam mit den Ägyptern gegen Sanherib aufzubegehren. Schließlich ließ sich sogar Hiskia dazu überreden, seine weitgehend aus Milizsoldaten bestehenden Streitkräfte den Verbündeten zur Verfügung zu stellen. Sanherib reagierte darauf mit einer verheerenden Invasion im Jahre 701 (oder – wie manche meinen – mit zwei Invasionen nacheinander in verschiedenen Jahren). Er fügte der Koalition eine vernichtende Niederlage zu und behauptete auf einem Siegesrelief – wenn auch vielleicht mit leichter Übertreibung –, er habe in Juda 46 befestigte Städte eingenommen und 200150 Bewohner deportiert.[5] Außerdem zeigt das Relief recht detailliert: Höhepunkt des Feldzugs war die Belagerung und Eroberung von Lachisch. In Gefangenschaft geraten, bot Hiskia die Kapitulation seiner Truppen und Tributzahlungen an, doch Sanherib forderte außerdem die Übergabe Jerusalems und wies darauf hin, daß noch keine Gottheit der von den Assyrern besiegten Völker ihren Anhängern je gegen Assur geholfen hätte. Bevor Jerusalem fiel, zogen die Assyrer überraschenderweise ab. Gott hatte – so sagt die Bibel – ein Wunder gewirkt und den Feinden die

Pest gesandt. Tatsächlich könnte eine Epidemie die Ursache dieses rätselhaften Truppenabzugs gewesen sein.

Hiskia ging an Magengeschwüren zugrunde. Doch war er davon überzeugt, der Friede und die Sicherheit, die er – mit welch bedenklichen Mitteln auch immer – für Israel errungen hatte, würden ihn überdauern. Er hatte zu diesem Zweck Jerusalem, dessen Bevölkerung sich durch den Zustrom von Flüchtlingen verdreifacht hatte, mit einer neuen, mehr als acht Meter dicken Mauer umgeben. Die als ein Wunder betrachtete Rettung vor den Assyrern veranlaßte Hiskia zu einer völlig neuen Religionspolitik.

Der Autor des entsprechenden biblischen Berichtes weist diese Neuorientierung allerdings in sein 18. Regierungsjahr und damit noch in die Zeit vor Sanheribs Invasion. Doch selbst wenn der König schon so früh mit seinen Reformen begonnen haben sollte, sie gewannen in der Folgezeit durch das Ansehen, das ihm der Abzug der Assyrer einbrachte, ungeheuer an Bedeutung.

Hiskia wandte sich entschieden von der Politik seines Vaters ab und widmete sich fortan ganz der Stärkung der Jahwe-Religion. Kanaanäische, aramäische und andere fremde Elemente des Kultes wurden rücksichtslos ausgemerzt, denn sie, so erklärten Hiskias Ratgeber, hätten den Niedergang des nordöstlichen Nachbarstaates Israel herbeigeführt. Eine völlige Kultzentralisation war offensichtlich unmöglich. Dennoch suchte Hiskia dem Tempel das Prestige des höchsten Kultzentrums seines Landes wiederzugeben. Er sandte Boten in die Städte des eroberten Israel und forderte deren Bevölkerung auf, an den religiösen Hochfesten des jüdischen Jahres nach Jerusalem zu pilgern.

Hiskias Sohn Manasse (um 696–642) ging religionspolitisch allerdings wieder auf Gegenkurs. In einer unverhohlen polytheistischen Atmosphäre entwickelten sich während seiner Regierung zahlreiche nichtjahwistische Kulte. Ausgrabungen bezeugen die Existenz entsprechender Heiligtümer nicht nur in Beerscheba, sondern sogar in Jerusalem, keine

300 Meter von der Tempelmauer entfernt; es gab sogar im Tempel selbst heidnische Altäre. Man sagte Manasse nach, er habe sogar seinen eigenen Sohn nach kanaanäischer Sitte als Menschenopfer dargebracht. Auch von früheren Königen wurde dergleichen behauptet, doch während sie mit ihrer religiösen Annäherung an Kanaan hauptsächlich einen politischen Zweck verfolgten, um zwischen den Anhängern Jahwes und Baals Brücken zu schlagen, kann man sich bei Manasse des Eindrucks kaum erwehren, daß bei ihm echte Sympathie für Baal im Spiel war. Oder wie es lapidar in der Bibel heißt: »Manasse verführte sie (seine Untertanen), noch viel Schlimmeres zu tun als die Völker, die Jahwe vor den Israeliten zuschanden gemacht hatte.«[6] Auch assyrische Kulte fanden nun ihren Weg ins Land. Nach assyrischer Darstellung begab sich Manasse als einer unter vielen von Assur abhängigen Herrschern nach Ninive.[7] Assurs Gebieter waren froh, ihn zu ihren Vasallen zählen zu können, war er doch für sie ein ideales Instrument, um jegliches Wiederaufleben rebellischer Gelüste auf seiten der Ägypter zu unterbinden, die Assur um 663 unterworfen hatte. Durch sein Verhalten gegenüber Assur gelang es Manasse, so geschwächt und machtlos Juda in diesem Spätstadium seiner Existenz auch war, sich mehr als fünfzig Jahre auf dem Thron zu behaupten.

Manasses Sohn und Nachfolger Amon (um 641/40) wurde fast unmittelbar nach seiner Thronbesteigung ermordet. Zweifellos hatten pro-jahwistische Kreise dabei die Hand im Spiel. Doch das Komplott erwies sich offenbar als Fehlschlag, denn nun machte man Josia (um 639–609), den erst acht Jahre alten Sohn des Toten, zum König. Josia aber warf, sobald er alt genug war, um selbst regieren zu können, das Ruder wieder völlig herum und steuerte einen ganz und gar jahwistischen Kurs. Im 18. Jahr seiner Regierung zeigte der Tempelpriester Hilkia dem »Staatsschreiber« (d. h. dem königlichen Sekretär oder Adjutanten) Safan eine als »Gesetzesrolle« (auch als »Buch des Gesetzes« oder »Bundesbuch«) bezeichnete Schrift, die er im Tempel gefunden hatte, als dieser auf des Königs Befehl von allen fremden Zutaten gereinigt und wiederhergestellt wurde.[8] Vermutlich handelte es sich dabei um eine frühe Version des Deuteronomiums, die vielleicht in der für gesetzestreue Jahwisten gefährlichen Regierungszeit Manasses verfaßt worden war und der damaligen jahwistischen Bewegung als Richtschnur gedient hatte.

Safan las den heiligen Text Josia vor. Dieser war entsetzt darüber, daß sich der religiöse Alltag so weit von Jahwes Gesetz entfernt hatte. Man befragte auch die mit dem Verwalter der königlichen Kleiderkammer verheiratete Prophetin Hulda, die die Richtigkeit der Schrift bezeugte. Auch verkündete sie, Jahwe werde in seinem Zorn das Königreich Juda vertilgen, jedoch erst nach der Regierungszeit Josias, da dieser ein gottesfürchtiger Mann sei. Danach verlas Josia den Text vor einer großen Menschenmenge, die im Tempel zusammengekommen war, und begann ein Programm zu verwirklichen, das dem seines Großvaters Hiskia ähnelte, doch sehr viel weiter reichte und wahrhaft revolutionären Zuschnitt hatte. Alle Kulte, die an kanaanäische, aramäische oder assyrische Religionen erinnerten, wurden radikal ausgemerzt, die Zentralisation des Jahwekultes hingegen wurde gefördert und zwar entschiedener und nachdrücklicher als unter Hiskia. Als nächstes ließ der König die Bevölkerung des gesamten Landes zusammenrufen, um im renovierten Tempel die größte Passah-Feier zu begehen, die je stattgefunden hatte.

Diese tiefgreifenden Reformen beruhten auf einem Übereinkommen zwischen Priestern und Propheten. Schon lange waren Prophetenkreise für ein derartiges Programm eingetreten, und Hilkia, ebenso wie seine priesterlichen Amtskollegen, hatte es unter der Bedingung unterstützt, daß die Interessen der Priesterschaft gewahrt blieben. Die Jahwe-Religion, welche in den Jahren zuvor durch den Einfluß fremder Kulte schwere Einbußen hatte hinnehmen müssen, wäre ohne Josias energisches Eingreifen vielleicht ganz verschwunden.

Durch seine Kultreform stieg Josias Ansehen; sein Regierungsstil scheint demokratischer als der der anderen Herrscher seiner Zeit gewesen zu sein. Auf den Thron gelangt war er offenbar auf Betreiben einer radikalen, jahwistisch orientierten Bewegung, die großen Rückhalt bei der Bevölkerung hatte. Seine öffentliche Verlesung des heiligen Textes weist darauf hin, daß er offensichtlich davon überzeugt war, daß die Bevölkerung ein Recht habe, über Dokumente von nationaler Bedeutung informiert zu werden, und der Prophet Jeremia, der gewiß nicht leicht zufriedenzustellen war, erklärte, der König habe recht gehandelt, indem er sich den Niedrigen und Armen zugewandt habe.[9]

Inzwischen sank Assurs Glücksstern unaufhaltsam. Diesem Umstand verdankte es Josia, daß sich sein Handlungsspielraum ständig vergrößerte. In Babylonien, das einen großen Aufschwung nahm, war den Assyrern eine tödliche Bedrohung erwachsen. Tatsächlich gelang es den Babyloniern, zusammen mit ihren medischen (nordiranischen) Bundesgenossen 612 die assyrische Hauptstadt Ninive zu erobern. Josia schlug Profit aus dieser Situation und unterwarf das ehemalige Nordreich Israel oder zumindest Teile davon, nachdem sich Assurs Zugriff im dortigen Bereich gelockert hatte. Außerdem erzielte er am Roten Meer Bodengewinne, desgleichen im Philisterland; Keramikfunde in Mesad Haschavjahu bei Jabne deuten daraufhin, daß der König vielleicht über griechische Söldner verfügte.

Tief beunruhigt über die Entwicklung der Dinge in Mesopotamien war der ägyptische Pharao Necho II. (der zweite Herrscher der 26. Dynastie). Er wollte den Assyrern zu Hilfe eilen, die sich noch immer gegen Babylon zur Wehr zu setzen suchten. Josia war jedoch fest entschlossen, dies zu verhindern. Doch im Jahre 609 fügten ihm die Ägypter am Paß von Megiddo eine Niederlage zu. Er selbst wurde schwer verwundet und starb.

Dieser katastrophale Rückschlag, der die oft in der Bibel zum Ausdruck gebrachte Vorstellung ad absurdum führte, daß Tugend und Frömmigkeit sich auszahlten, bedeutete nicht nur das Ende aller Träume von einer neuen, dem Königreich

Davids ähnlichen Herrschaft, sondern zugleich das Ende der Unabhängigkeit Judas. Dies wurde alsbald überdeutlich, denn Joahas, der Sohn des gefallenen Josia, regierte nur ganze drei Monate, dann setzte ihn der Pharao kurzerhand ab und deportierte ihn zusammen mit einer Anzahl seiner Untertanen nach Ägypten. Der Thron fiel an Joahas Halbbruder Jojakim (608 bis 598). Der neue König, ein energischer und entschlußfähiger Mann, ließ das bei Josias Niederlage zerstörte Arad wieder erbauen.

Jerusalem erhielt eine neue Zitadelle, die inzwischen durch moderne Archäologen ans Licht gebracht wurde. Sich selbst errichtete Jojakim einen neuen Palast in dem Militärstützpunkt Ramat Rahel an der Straße nach Bethlehem, wo man das Siegel seines Verwalters fand.

Im Jahre 605 erlitten die Ägypter zusammen mit ihren assyrischen Verbündeten bei Karkemisch an der Nordgrenze Syriens eine schwere Niederlage durch die Babylonier. Der Kronprinz Nebukadnezar, dem die Babylonier diesen Sieg verdankten, wurde kurz darauf König. Drei Jahre später lehnte sich Jojakim gegen ihn auf. Die Babylonier setzten daraufhin die Armeen ihrer Vasallenstaaten Ammon, Moab und Edom in Marsch, um Juda niederzuwerfen, und schließlich mußte Jojakims Sohn Jojachin vor Nebukadnezar kapitulieren (597). Jerusalems Palast sowie der Tempel wurden geplündert, und ein großer Teil der Bewohnerschaft einschließlich des Königs und seiner Familie ging in die Gefangenschaft. An Jojachins Statt erhoben die Babylonier seinen Enkel Zedekia zum Herrscher. Neun ruhige Jahre waren dem neuen Monarchen gegönnt. Doch dann erlag er den Einflüssen unfähiger Ratgeber und zettelte – angestachelt vom ägyptischen Pharao Apries, gleichfalls aus der 26. Dynastie – einen Aufstand gegen Babylonien an, um die Machterweiterung dieses Staates einzudämmen. Ägyptens Intervention zugunsten der Aufständischen erwies sich als wirkungslos, und Nebukadnezar fiel abermals über Jerusalem her. Eine Reihe beschrifteter Tonscherben (Ostraka) aus Lachisch ver-

Oben: Blick auf die Jerusalemer Altstadt mit Felsendom und Ölberg

Links: Modell des Jerusalemer Tempels aus der Zeit des Herodes (37–4 v. Chr.)

Oben: Eingang zum Palast des Feldherrn von König Ahab in Megiddo. Ahab regierte das israelische Nordreich von 871 bis 852 v. Chr.

Rechts: Vorratsbehälter aus der früh-kanaanäischen Periode, um 2100 v. Chr., in Megiddo

Unten: Wadi in der Wüste Zin (Negev)

Oben: Der Berg Mose im Sinai-Massiv

Unten: Mose bittet den Pharao um Erlaubnis, Ägypten verlassen zu dürfen (links hinter Mose sein Bruder Aaron). Syrische Buchmalerei aus dem 6. Jahrhundert

Links: Hebräische Schrift auf dem Gezer-Kalenderstein aus dem 10. Jahrhundert v. Chr. (Istanbul, Museum)

Unten: Brief der jüdischen Gemeinde von Elephantine aus dem Jahr 407 v. Chr. an Bagoas, den Statthalter von Samaria, mit der Bitte, den Wiederaufbau ihres von den Ägyptern zerstörten Tempels zu befürworten. Ältestes Zeugnis der jüdischen Diaspora

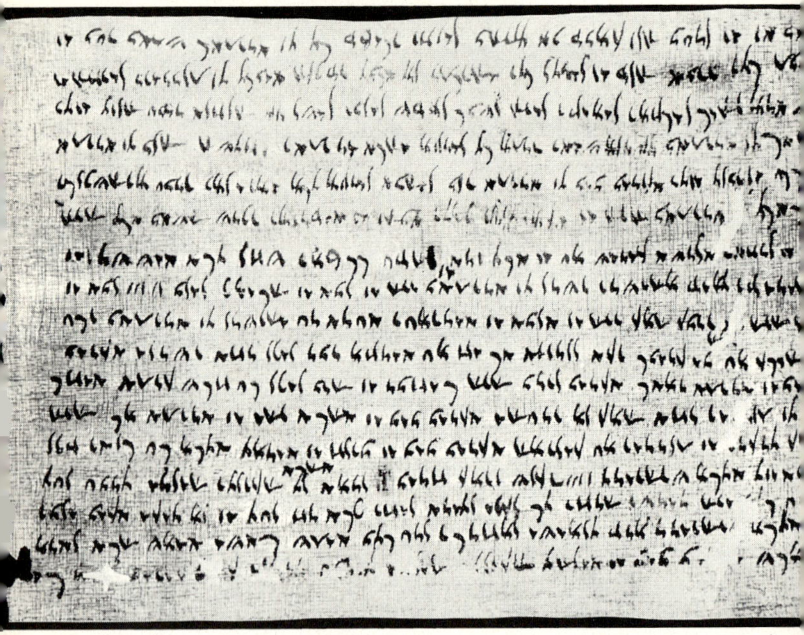

Oben links: Statuette eines ugaritischen Gottes aus Bronze und Gold, Höhe 12,2 cm, 14.–13. Jahrhundert v. Chr. (Damaskus, Museum)

Oben rechts: Syrisch-phönikische Astarte-Figur aus dem Libanon, Höhe 12 cm, 15.–14. Jahrhundert v. Chr. (Haifa, Sammlung Dagon)

Links: Zwei Schreiber, der rechte mit Pergament für die aramäische Schrift, der linke mit einer Tontafel für die Keilschrift. Wandgemälde im Gouverneurspalast von Tell Achmur (Paris, Louvre)

Oben links: Reliefporträt des assyrischen Königs Sargon II. (721–705 v. Chr.)

Oben rechts: Reliefporträt Amenophis' III. (1390–1353 v. Chr. (Berlin/DDR, Staatliche Museen zu Berlin)

Unten: Reliefdetail aus dem Palast des Königs Assurbanipal (um 668–630 v. Chr.) in Ninive, das den König auf der Löwenjagd zeigt (London, British Museum)

Darstellung des Gastmahls des Königs Ahasveros mit Ester und dem Höfling Haman, bei dem Ester den Plan zur Ausrottung der in Babylonien lebenden Juden aufdeckte. Ursprung des Purimfestes, 400 v. Chr. Hebräische Miniatur aus dem Jahre 1680 (Tübingen, Universitätsbibliothek)

Luftaufnahme der Felsenfestung Masada, die im Jahr 36 v. Chr. erbaut und 73 n. Chr. von den Römern zerstört wurde.

mittelt lebhafte Eindrücke aus der Zeit des Krieges, der nun ausbrach. In der Hauptsache handelt es sich bei diesen Schriftstücken um Berichte, die der Kommandant eines nördlich von Lachisch gelegenen Außenpostens an den Militärbefehlshaber von Lachisch sandte. Man fand die Dokumente in einem Wächterraum in der Stadtmauer von Lachisch. Der Tenor dieser Texte ist – verständlicherweise – zutiefst pessimistisch. Und die Ausgrabungen bestätigen, daß Lachisch und sämtliche Städte Judas, eine nach der anderen, in Nebukadnezars Hand fielen. Selbst Jerusalem war 587 nicht mehr zu halten. Hunger hatte seine Einwohner entkräftet. Zedekia floh, doch die Feinde holten ihn ein. Zunächst zwang man ihn zuzusehen, wie seine beiden Söhne umgebracht wurden, dann blendete man ihn und brachte ihn nach Babylon, wo er bis zu seinem Tod blieb.

Das Südreich hatte das Nordreich Israel um 135 Jahre überlebt. Nun hörte auch Juda auf zu existieren; damit ging eine Epoche der nationalen Unabhängigkeit zu Ende, die ein halbes Jahrtausend vorher in der Zeit der Richter begonnen hatte.

13. Kapitel
Legenden und Propheten im Südreich

Das Deuteronomium

Das kleine, ständig bedrohte Königreich Juda verdankt – ebenso wie sein nördlicher Nachbar Israel – seinen Ruhm weniger seinen Herrschern, Politikern oder Generälen als den Verfassern eines einzigartigen religiösen Schrifttums – Geschichtsschreibern, Propheten und Literaten. Sie verkörperten unterschiedslos nicht etwa den so oft von den Königen vertretenen kanaanäischen Standpunkt, sondern einen kompromißlosen Jahwe-Glauben, der solche Tendenzen mit aller Entschiedenheit ablehnte.

In diesen Kreisen entstand ein Buch, das man als *debarim* (Worte) bezeichnete. Es war eine Sammlung der Mose-Überlieferungen, welche zugleich eine neue Deutung erfuhren. Dieses Buch sollte für die gesamte künftige Entwicklung der jüdischen Religion von großer Bedeutung sein. Sein späterer griechischer Name Deuteronomium (zweites Gesetz) beruht auf der Fehlübersetzung eines hebräischen Terminus ins Griechische.[1]

Die Schilderung der Ereignisse um Mose beginnt in dem Lager, das die Israeliten in Moab bezogen hatten, bevor sie in Kanaan einrückten. Mose hält drei Reden, die ausführlich wiedergegeben werden. Die erste dieser drei Ansprachen ruft die Ereignisse in Erinnerung, die sich auf der Wanderung der Israeliten seit ihrem Aufenthalt am Berg Sinai begeben hatten. Sie endet mit der Ermahnung, Jahwe die Treue zu halten und sich seinen Gesetzen zu unterwerfen.

Die zweite, sehr viel längere Rede beginnt damit, daß Mose seine Zuhörer an die Bedingungen des Bundesschlusses mit Jahwe erinnert, zu denen die unbedingte Treue gegenüber Gott gehört. Sie ist Voraussetzung dafür, daß Israel das ihm verheißene Land besitzen kann. Eine Aufzählung vielfältiger Vorschriften schließt sich an. Ihr Sinn und Zweck ist es, das in dem Sinai-Bund geschlossene Verhältnis zwischen Gott und seinem Volk zu konkretisieren. Mißachtung der Vorschriften Jahwes, so wird hinzugefügt, wird dem Volk Unheil bringen.

Moses dritte Ansprache wiederholt eindringlich, daß das Volk Israel sich zwischen Gehorsam und Ungehorsam entscheiden muß. Selbst dann, wenn die Israeliten im Falle des Ungehorsams ihre Strafe träfe, würden durch Einsicht ihre Verfehlungen ungeschehen gemacht. Es folgen Nachträge, die von der Niederschrift des Gesetzes, seiner Aufbewahrung in der Bundeslade und der Ernennung Josuas zu Moses Nachfolger handeln. Auch enthalten sie das Lied sowie die Segenssprüche des Mose und berichten von seinem Tod und Begräbnis.

Nach den beiden Quellen J und E (vgl. Kap. 9 und 11) verkörpert der Autor des Deuteronomiums den dritten der vier wichtigsten Überlieferungsstränge, die der Thora, den Fünf Büchern Mose, zugrunde liegen. Von einer weiteren Quelle, der Priesterschrift, wird noch die Rede sein (vgl. Kap. 14).

Eine ältere, kürzere Fassung des Deuteronomiums scheint jene Gesetzesrolle zu sein, die der Tempelpriester Hilkia dem König von Juda zur Kenntnis brachte, denn die Reformen, die Josia – wie das zweite Buch der Könige berichtet – anschließend durchzuführen begann, entsprechen im wesentlichen den im Deuteronomium enthaltenen Vorschriften. Von den vierunddreißig überlieferten Kapiteln des Buches muß die Rolle, die Hilkia der Öffentlichkeit zur Kenntnis gebracht hatte, mindestens sechzehn, wenn nicht gar zweiundzwanzig umfaßt haben– jene Kapitel nämlich, die die wichtigsten Gesetzesvorschriften enthielten.[2]

Die Anordnungen, um die es dabei geht, sind nicht alle jungen Datums, denn sie haben oft etwas ausgesprochen Archaisches und gehen allem Anschein nach auf ältere Überlieferungen zurück, die in einzelnen Fällen mündlich weitergegeben worden sein müssen. Einen wesentlichen Beitrag mündlicher oder schriftlicher Art müssen dabei Flüchtlinge aus dem Norden geleistet haben. Jedenfalls weisen die betreffenden Stellen oft enge Berührungen mit dem Werk des Nordreich-Historikers E auf.

Vielleicht geht die Schriftrolle, die zur Zeit Josias zum Vorschein kam, größtenteils auf die Regierungsjahre seines Großvaters Manasse (um 696–642) zurück, als sich die Anhänger der Jahwe-Religion gezwungen sahen, sich im Untergrund zu verbergen. Ob Hilkia die fragliche Buchrolle tatsächlich fand oder ihr Versteck kannte und nur den rechten Augenblick abwartete, um ihre »Entdeckung« bekanntzugeben, läßt sich nicht entscheiden. Vielleicht nahm man ihren Fund zum Anlaß, eine neue und verbesserte Textversion auszuarbeiten. Auf jeden Fall sind später noch weitere Überarbeitungen erfolgt.

Das Deuteronomium stellt einen anspruchsvollen Versuch dar, die religiösen Überlieferungen des Gottesvolkes zu systematisieren und zusammenzufassen, wobei darauf Wert gelegt wurde, daß die Religion Jahwes die kultische Verehrung jeder anderen Gottheit ausschloß. Einzig und allein Jahwe hatte man zu verehren, nur ihm allein durfte ungeteilte Hingabe und Unterwerfung gelten. Die Lehre der Bibel, wonach dies der alleinige Weg zum Heil und die einzige Möglichkeit war, katastrophalen Vergeltungsmaßnahmen Gottes zu entgehen, erreicht in diesem Buch ihren Höhepunkt. Auch das Thema der Buße, das bei den Propheten eine so wichtige Rolle spielte, klingt an. Der Gesetzestext wird als Ausdruck des göttlichen Willens betrachtet. Die paradox anmutende Vorstellung, daß ausgerechnet das kleine, unbekannte Volk der Hebräer Gottes auserwähltes Volk sein soll, obwohl keinerlei Verdienst diese Wahl einsichtig macht, findet hier den klarsten Ausdruck, der ihr je gegeben wurde.[3] Ihre Erwählung verpflichtet die Israeliten, Gott mit aller Kraft ihres Herzens zu lieben. Seine vergangenen Heilstaten werden noch einmal in neuen Farben nachgezeichnet. Der Auszug aus Ägypten, das Sinai-Ereignis (mit dem das Buch beginnt) und die Landnahme werden noch einmal in dem Credo lebendig ins Gedächtnis gerufen. Der Deuteronomist verdankt es einer älteren Quelle.

»Ist er nicht dein Vater
und dein Herr?
Ist's nicht er allein, der dich gemacht
und bereitet hat?
Gedenket der Tage der Vorzeit,
Achtet der Tage der vergangenen Geschlechter,
Frage deinen Vater,
der wird dir's verkündigen,
deine Betagten,
sie werden es dir sagen.«[4]

Wenn man diese Botschaft mißachtet, die einen lehrt, wozu man bestimmt ist, bezeugt man Jahwe gegenüber krassesten Undank und beschwört seine Vergeltung herauf. Hierum geht es in dem Bunde, den Jahwe einst mit Mose schloß. Dieses Mal ist er in einer weniger archaischen Sprache verfaßt als in früheren Fassungen und erinnert an zeitgenössische Vasallenverträge. Der Bundesbegriff erhält zentralen Stellenwert im jüdischen Denken.

Das Denken des Deuteronomisten ist eng mit prophetischen Ideen verwandt. Die regelrechte Verpflichtung etwa, Jahwe zu lieben, erinnert an Hosea (vgl. Kap. 11); auch spätere Propheten knüpften immer wieder an Worte des Deuteronomisten an. Beispielsweise beharrt er – trotz einer das Gegenteil besagenden Glosse – immer wieder darauf, daß jeder nur für sein persönliches Tun und Lassen und nicht für die Fehler seiner Vorfahren verantwortlich zu machen sei.[5] Jeremia sollte genau dasselbe sagen. Vielleicht war der Deuteronomist sogar selbst Mitglied einer Prophetenschule, wenn er nicht Levit oder Priester war. Auf jeden Fall äußerte er sich ganz im Sinne von Propheten und Priestern, jenen zwei Gruppierungen, denen Manasse das Leben nach Kräften schwergemacht hatte.

Die Liebe, so hebt D hervor, die jeder aus tiefstem Herzen Jahwe schulde, müsse ihren Ausdruck in einem Kult finden, der absolut frei von jeglichen fremden Elementen sei – einem Kult, der unter strengster Überwachung nur in einem einzigen zentralen Reichsheiligtum stattfinden dürfe und nichts mehr enthielte, was auch nur entfernt an kanaanäische, phönikische oder aramäische Rituale erinnere. Jahwe, so erklärt der Autor, verabscheue diese Dinge so sehr, daß jeder, der einen Rückfall erlitte und in derartigem Schmutz wühle, nichts anderes verdient habe, als zu Tode gesteinigt zu werden.

Aggressive Gefühle dieser Art waren es wohl, die dazu führten, daß der Deuteronomist sich dann und wann in Widersprüche verwickelte. In einem solchen Fall geht es um die Kanaanäer, denen das Volk Israel im Lande der Verheißung begegnet war und deren Stelle es eingenommen hatte. Mose wird die Prophezeiung in den Mund gelegt, man werde sie auf Gottes Geheiß ausrotten.[6] Anderswo im selben Buch aber liest es sich anders. Dort heißt es:

> »Er (Gott) ist es, der auch die Fremdlinge liebt und ihnen Brot und Kleidung gibt.
> Auch den Fremdling sollt ihr also lieben, denn Fremdlinge seid auch ihr im Ägypterlande gewesen.«

Was immer der Grund dieser offenkundigen Unstimmigkeit ist – das Versehen eines Redaktors oder dessen Vorliebe für bestimmte Gruppen von Ausländern, wenn es nur keine Kanaanäer waren –, dieser Gegensatz bringt in dichtgedrängter Form zum Ausdruck, mit welchem Dilemma sich Gottes Volk während des gesamten Altertums herumzuschlagen hatte: entweder war man der Lebensweise Fremder (und damit auch jener Fremden, mit denen man nach der Landnahme zusammenlebte) gegenüber aufgeschlossen und tolerant, oder man lehnte sie radikal ab. Sogar dem Deuteronomisten scheint dieses Dilemma Schwierigkeiten bereitet zu haben, denn er kommt zu dem Ergebnis (dies zweifellos ganz auf der Linie auch anderswo geübter Praktiken), daß jegliches Entgegenkommen Israels gegenüber Fremden unbedingt mit wirtschaftlichen Nachteilen für diese gekoppelt sein müsse. Zweck derartigen Denkens und Handelns war es, Menschen nicht-jahwistischer Gesinnung in Schranken zu halten, damit ihr Einfluß nicht überhandnehmen konnte:

»Am Ende jedes siebenten Jahres sollst du (Schulden-)Erlaß gewähren . . . einen Ausländer kannst du (mit Mahnungen) bedrängen, doch von dem, was du von einem Stammesbruder zu fordern hast, sollst du die Hand ablassen . . . von deinem Stammesbruder darfst du keinen Zins nehmen, weder Zins für Geld noch Zins für Speisen, überhaupt keinen Zins für etwas, das man verzinsen kann. Von einem Ausländer darfst du Zinsen nehmen, aber von deinem Stammesgenossen nicht.«[7]

An anderer Stelle gibt sich der Deuteronomist dagegen liberal und zeigt Mitgefühl für die Fremden. Ihm ist klar, daß die Unterdrückung und Schließung lokaler Heiligtümer deren Priester brotlos macht, so daß der Jerusalemer Tempel für sie Ausfallzahlungen zu leisten hat. Im übrigen hält er sich an die biblische Tradition der Menschlichkeit sowie der Vorsorge für Arme und Unterdrückte, denn Gott »kennt kein Ansehen der Person und nimmt sich der Witwen und Waisen an«. Insbesondere hebt der Deuteronomist hervor, welche Rolle Personen ganz einfachen Standes unter Königen wie Hiskia, Joas und Josia gespielt hatten. Außerdem entgeht ihm keineswegs, daß die glanzvolle Königsherrschaft Salomos auch ihre Kehrseite hatte. D ermahnt die Könige, ihre Herrscherpflichten nicht zu vergessen, und macht in diesem Zusammenhang Vorschläge für neue Gesetze. Die Maßnahmen, um die es dabei geht, nehmen sich bisweilen recht utopisch aus, doch gelingt es dem Autor, die bisherige, enge, rein kultbezogene Betrachtungsweise des Gesetzes durch eine mehr sozial orientierte, weitere Sicht zu ersetzen. Wer in der Tradition der

Weisheitsspruch-Literatur großgeworden war (vgl. Kap. 8), dem mochte seine Art, die Vergeltung Gottes ins Spiel zu bringen, wohl etwas naiv und leichtgläubig erscheinen. Doch wenn D auf ihre Überlieferung zurückgriff, gelang es ihm, sich nicht in Einzelvorschriften zu verlieren, was bisweilen ein Nachteil der Weisheitsliteratur ist. D vertritt moralische Normen, die weit über dem liegen, was vor seiner Zeit je geäußert wurde.

Er verdankt seine außergewöhnliche Autorität der Tatsache, daß er seine Ethik nicht auf kultische Rituale beschränkte, sondern in den Bereich des Sozialen und allgemein Menschlichen ausweitete, und zwar sowohl auf das Denken als auch auf das Handeln bezogen. Der Deuteronomist schreibt außerdem in einem engagierten und überzeugenden Stil, der zwar nicht ganz der Rhetorik und Lehrhaftigkeit entbehrt, aber dennoch reich an Dynamik ist und eine auf nur ein Ziel hin gerichtete Entschlossenheit verrät. Diese muß den Jahwe-Anhängern in Juda in ihrem verzweifelten Kampf um ihr Überleben als religiöse Gemeinschaft sowie in den sich häufenden Krisen, die ihren Kult und ihr Staatswesen bedrohten und schließlich verschlangen, eine entscheidende Hilfe gewesen sein.

Das Deuteronomium fand wohl deshalb Eingang in die biblische Gesetzessammlung, weil es als schriftlich fixiertes Gesetz eine Grundlage für das Leben der hebräischen Glaubensgemeinschaft darstellte. Man setzte es, gleichsam als Zusammenfassung und Wiederholung der vier älteren Bücher, deren Bekanntheit bei seinen Lesern vorausgesetzt wurde, ans Ende der Fünf Bücher Mose. Zuvor hatte die Bibel nur als eine Art Fragment, als mehr oder weniger zusammenhängende Sammlung von Schriften, die man als Produkt göttlicher Inspiration betrachtete, existiert. Erst durch das Deuteronomium erhielt die Thora ihre endgültige Form als geschlossene, kanonische Einheit.[8] Die Autorschaft schrieb man Mose zu, obwohl das Deuteronomium von dessen Lebensende berichtet.

Die Thora bildet die Grundlage der jüdischen Religion, und alles, was man in anderen Schriften findet, gilt als in ihr und durch sie offenbart oder doch als zumindest in Ansätzen enthalten. Gewöhnlich übersetzt man *thora* mit »Gesetz«, doch bedeutet dieses Wort viel mehr, da Gesetz, Religion und Moral untrennbar miteinander verbunden sind. Der ursprüngliche Wortsinn war wohl eher »Unterweisung« über das richtige Verhalten im Alltag mit besonderer Berücksichtigung kultischer Verrichtungen. Später dehnte man die Bedeutung von *thora* auf jede nur denkbar Art von Lehre aus, die sich auf Jahwes Weisungen zurückführen ließ und deren Zweck es war, die Menschen in Heiligkeit und Übereinstimmung mit den Satzungen des Bundes zu unterweisen. Schließlich umfaßte die Thora das gesamte, ineinander verzahnte System von mündlich und schriftlich weitergegebenen Regeln, auf denen die Kontinuität des Judentums im Laufe der künftigen Jahrhunderte beruhte. Sie enthält Lehr- und Glaubenssätze, Regeln und Rituale, Geschichtsdeutung und Prophetie, Rückblicke und hoffnungsvolle Vorausschau, Sprichwörter, Rätsel, Legenden, Mythen, Ätiologien, Fabeln, Kurzgeschichten und Novellen.

Der Prophet Jesaja

Als das Deuteronomium entstand, spielten neben den Königen auch die Propheten eine entscheidende Rolle in Juda. Ebenso wie der Deuteronomist waren diese außergewöhnlichen Persönlichkeiten überzeugte Jahwisten sowie entschiedene Gegner kanaanäischer Kulte und Riten. Dies brachte sie zwangsläufig in Kollision mit der Schaukelpolitik der Herrscher, die es beiden Seiten recht machen wollten. Allerdings zeigt die Verehrung, die die beiden legendenumwitterten Gestalten Elias und Elisas bei der Bevölkerung des Nordreichs Israel genossen, daß die Staatsmacht, die sie in Schach zu halten suchte, ihre Grenzen hatte. Nachfolger der beide Propheten im Nordreich waren Amos und Hosea – Vertreter ihrer Zunft, die »eigene« Bücher hinterließen (»eigen« in dem Sinne, daß die betreffenden Bücher der Bibel ihre Namen tragen und ihre Aussprüche enthalten; vgl. Kap. 11). Die bedeutendsten Männer im Südreich Juda, die diesen geistigen und geistlichen Führern des Nordreichs entsprachen, allerdings später wirkten, waren Jesaja und Jeremia. Was wir über Jesajas Leben und Werdegang wissen, stammt aus den 39 ersten Kapiteln des Buches, das seinen Namen trägt und als eines der drei Bücher der »Großen Propheten« in die Bibel eingegangen ist (die beiden anderen tragen die Namen Jeremias und Ezechiels).

Das Buch Jesaja beginnt mit der Verheißung des Gottesgerichtes, das nicht nur über andere Völker, sondern auch über Juda und Jerusalem wegen des Hochmuts des auserwählten Volkes, seiner Verwerflichkeit, seiner sozialen Ungerechtigkeit und seiner religiösen Verirrungen hereinbrechen werde. Jesaja trat zur Zeit der Bedrohung durch Assur auf. Er sah die Hoffnung für sein Volk in der Zukunft und verkündete, eine junge Frau werde einen Sohn gebären, und sein Name werde Emanuel sein. Dieses Kind werde der sehnsüchtig erwartete »Friedensfürst« sein; ein alle Ideale des Herrschertums verkörpernder König werde aus dem Hause David hervorgehen, denn ein Rest des auserwählten Volkes werde verschont bleiben.

Es folgen praktische Ratschläge und Ermahnungen, welche die Politik Judas in den Rahmen der Macht Jahwes über die Geschichte stellen. Ein erzählender Schlußteil geht besonders auf Jesajas Rolle in der Krise des Landes ein, die ihre unmittelbaren Ursachen darin hatte, daß 701 die Assyrer unter ihrem König Sanherib in Juda eingedrungen waren. Die betreffenden Kapitel sind komplex und erlangten ihre heutige Form erst nach einer langen Zeit, in der die Prophezeiungen, die sich tatsächlich Jesaja zuschreiben lassen, durch in späteren Jahrhunderten zusammengestelltes Material ergänzt wurden. Die Kapitel 1–12 tragen weitgehend, wenn auch nicht ganz und gar, Jesajas persönliche Handschrift. Wahrscheinlich hat man die Äußerungen über die Verwüstung Jerusalems in Kapitel 1 in die Zeit nach Sanheribs Invasion von 701 zu weisen; allerdings muß die Prophezeiung eines religiösen Einswerdens aller Völker, die sich auch bei den Propheten (vgl. Anhang 3) findet, nicht notwendigerweise von Jesaja selbst stammen. Gleiches gilt für den Lobpreis des durch Gottes Gericht gereinigten Jerusalem. Die Erzählung von der Berufung des Propheten durch Gott (Jes. 6) muß ursprünglich den Prolog einer separaten Sammlung von Orakelsprüchen gebildet haben. Die Kapitel 6–8 enthalten die Verheißung des begnadeten Kindes Emanuel. Sie entstanden in einer Zeit, als das aramäische Syrien und Israel gemeinsam erfolglos versuchten, König Ahas von Juda für ein Bündnis gegen Assur zu gewinnen (um 735).

Ein Gedicht mit Kehrreim schließt sich an. Seine Eingangsverse besagen, daß sich Jahwe der Heiden bediene, um sein eigenes Volk zu züchtigen. Dennoch verkündet eine Reihe daraufolgender Orakel auch den Heiden den Untergang am »Tage Jahwes«. Manche dieser Prophezeiungen (sie richten sich gegen Assur, die Philister, Aram-Damaskus und Israel) scheinen aus der Zeit Jesajas zu stammen, andere dagegen (Weissagungen gegen Babylon, Moab, Edom und Arabien) sind jüngeren Datums. Verwünschungen gegen Ägypten können zu jeder der beiden Kategorien gehören. Die Kapitel 24–27 bilden einen eigenen Abschnitt, der von einem Weltgericht und der Rettung der Juden handelt. Man bezeichnet ihn als »Jesaja-Apokalypse«, doch entstand dieser Teil wohl erst lange nach Jesajas Lebenszeit. Dagegen gehören die Kapitel 28–33, die von den auswärtigen Beziehungen Judas sprechen, sicher zu Jesajas eigener Lehre. Der erzählende Schlußabschnitt, Kapitel 36–39, wurde von einem späteren Redaktor einer Passage des zweiten Buchs der Könige entnommen (sofern nicht beide auf eine gemeinsame Quelle zurückgehen). Die Sprüche in den verbleibenden Kapiteln des Buches Jesaja (der sogenannte Deutero- und Tritojesaja) sind das

Werk verschiedener späterer Autoren bzw. Propheten (vgl. Kap. 15 und Anhang 3).

Jesaja wurde um 765 in Jerusalem geboren und hatte ab 742 prophetische Visionen. Wahrscheinlich regte er neben anderen die Reformen Hiskias (um 725–697) an und trat bis zum Ende des Jahrhunderts auf. Nach einer nicht gesicherten Überlieferung ließ ihn der antijahwistische König Manasse hinrichten.

Der Bericht über seine Orakelsprüche enthält die älteste Äußerung über einen Propheten, der einen Teil seiner Botschaft schriftlich niederlegt[9] – wenn die betreffende Stelle nicht nur bildlich gemeint ist. Doch selbst, wenn dies der Fall wäre, müssen Jesajas Äußerungen schon sehr früh in schriftlicher Form vorgelegen haben. Die Entdeckung einer sieben Meter langen Lederrolle in Qumran (vgl. Kap. 18), die fünfzig Kolumnen mit dem gesamten hebräischen Jesajatext enthält – es handelt sich mithin um die längste und am besten erhaltene Bibelhandschrift –, hat unseren Kenntnisstand über den Jesajatext erheblich erweitert. (Den Qumran-Funden insgesamt verdanken wir eine Fülle von Informationen über die Zeit um 1000 v. Chr.)

Zwar ist nicht ganz leicht zu bestimmen, welche Teile des Jesaja-Buches von Jesaja selbst stammen, doch immerhin kann man aus den erhaltenen Texten das Bild seines Autors nachzeichnen. Er verkündet unerhörte Botschaften, und dies in einer Sprache, die in der Bibel ihresgleichen sucht. Es ist, als ob der schöpferische Genius des jüdischen Volkes in Jesajas Worten seinen dichtesten, prägnantesten und lebendigsten Ausdruck gefunden hätte. Meisterhaft versteht es der Verfasser, mit dem Instrument der Sprache ein unerhört breites Themengebiet anzusprechen. Sein Stil ist oft zündend und von der Gewalt eines reißenden Stromes, aber auch lyrisch und von poetischer Anmut. Im Zentrum seines Denkens stehen die furchteinflößende Majestät, Gerechtigkeit und *Heiligkeit* Jahwes, die alle menschlichen Versuche, sich an seiner Größe zu messen, zunichte macht. Propheten früherer

Zeiten hoben Jahwes *Heiligkeit* nicht besonders hervor. In Jesajas Sprüchen jedoch rufen die Seraphim ihr »Heilig, heilig, heilig, ist der Herr, Gott, der Allmächtige! Himmel und Erde sind erfüllt von seinem Ruhm!«

Der Prophet wird von einer unvergleichlichen Vision von überwältigender, strahlender Kraft heimgesucht. Er ist einer der wenigen, die behaupteten (und denen man diese Behauptung auch abnahm), Jahwe sei ihnen erschienen. »Ich habe den König, den Herrn Zebaoth gesehen mit eigenen Augen.«[10] König freilich in einem Sinne, der alle Vorstellungen von menschlichem Herrschertum überragte. Vor allem aber ist Jesaja der Prophet des Glaubens und des Vertrauens in den Ratschluß Gottes. Seiner Vision gemäß wird Jahwe der Retter (*goël*) sein, der Israel von all seinen Verfehlungen loskauft, so wie man einen Sklaven freikauft oder ein Stück Land erwirbt. Die Metapher stammt aus dem Geschäftsleben, doch der Gedanke des Loskaufens ist kanaanäischen, ja sogar noch älteren Ursprungs (und begegnet uns oft im Zusammenhang mit der Verpflichtung des nächsten Anverwandten, für einen Mord Sühne zu leisten).

Ein weiterer zentraler Gedanke bei Jesaja findet sich ebenfalls schon in kanaanäischen Texten: gemeint ist die Vergebung. So ruft Jesaja, als er Jahwe erblickt, aus: »Ich bin ein Mensch mit unreinen Lippen, der mitten unter Menschen mit unreinen Lippen lebt.« Doch ein Seraph berührt seine Lippen und erklärt alle seine Sünden für getilgt. Denn: »wären deine Sünden auch rot wie Scharlach, sie werden doch weiß werden wie frischgefallener Schnee.« Nicht mehr zu sündigen und seine Sünden zu bereuen, hat die Vergebung Jahwes zur Folge. Solche Umkehr (*teschuba*), hatten vor Jesaja Amos, Hosea und der Deuteronomist gefordert, und Jeremia sollte später größten Nachdruck darauf legen.[11] Niemand, der an Jahwe glaubt, kann sich der persönlichen Verantwortung für seine Taten entziehen. Schon der Deuteronomist hatte dies betont. Um abermals ein häufig angewandtes, diesmal dem Rechtsleben entlehntes Bild zu gebrauchen: Jesaja sieht das ganze Volk wie in einem Gerichtssaal versammelt, um Rechenschaft für seine Taten abzulegen. Der Prophet ist ein denkbar kompromißloser Moralist, der sein ethisches Empfinden, das es schon bei den Kanaanäern gab und das auch dem Mosaischen Gesetz zugrunde liegt, sehr viel klarer und nachdrücklicher äußert als irgend jemand zuvor.

Menschliche Probleme sind für Jesaja Konflikte zwischen dem Bösen und Gott. Selbstverständlich erblickt er in Jahwe den Urquell aller Rechtschaffenheit und das unerreichte Vorbild jeglichen rechten Handelns.

Jesaja richtet heftige Angriffe gegen die Reichen, wobei ihm – wie schon anderen vor ihm – die Putzsucht der Frauen als Zielscheibe dient, und tritt für die Armen und ihre Rechte ein. Nicht indem er sich wie Amos mit ihrem Elend identifizierte, sondern indem er seine tiefe Überzeugung verkündet, das Wesen der Heiligkeit Jahwes sei Gerechtigkeit. »Darum harret der Herr, daß er euch gnädig sei, und hat sich aufgemacht, daß er sich euer erbarme; denn der Herr ist ein Gott der Gerechtigkeit.«[12] Jesaja, der diese Botschaft einem Volke nahezubringen versucht, das sie nicht hören will, ist sich der Gefahr, daß man ihm kein Gehör schenkt, durchaus bewußt.[13] Andererseits aber weiß er, daß Jahwe ihn zum Prophetenamt berufen hat. Vielleicht war er sogar Oberhaupt einer Prophetenschule in Jerusalem. Von seinen prophetischen Zunftgenossen allerdings hält er nicht viel, ebensowenig wie von den Priestern: »Aber auch diese sind vom Wein toll geworden und taumeln von starkem Getränk. Beide, Priester und Propheten, sind toll von starkem Getränk, sind im Wein ersoffen und taumeln von starkem Getränk; sie sind toll beim Weissagen und wanken beim Rechtsprechen.«[14] Außerdem hat Jesaja den Eindruck, daß beide Gruppen sich viel zu sehr an äußere Formen des Rituals und des Kultes klammern. Wie andere Propheten auch, greift Jesaja oft – doch nie unkritisch – auf Formen, Themen und das Vokabular der Weisheitsspruch-Tradition zurück, die sich bis in die Zeit Salomos zurückverfolgen lassen (vgl. Kap. 8). Vielleicht wirkte Jesaja sogar selbst eine Zeitlang am Jersualemer Hof. Mit Sicherheit jedoch sträubte er sich nicht, den Königen in außenpolitischen Fragen seinen Rat zukommen zu lassen, so beunruhigend und unwillkommen dieser auch sein mochte. Beispielsweise erklärte er, als Ahas (741–725), von einer Koalition zwischen Aram-Damaskus und Israel bedroht, Assur zu Hilfe gerufen hatte, der König habe damit den größten Fehler seines Lebens begangen. Das Hilfeersuchen eines weltlichen Herrschers erschien ihm als ein beklagenswertes Zeichen mangelnden Gottvertrauens. Darüber hinaus aber war Jesaja – und dies völlig zu Recht – der Ansicht, daß jedes Einlassen auf die kontrollierbare Macht Assurs in einer Katastrophe enden müsse.

Jesaja ging sogar noch viel weiter. Nachdem das Nordreich an Assyrien gefallen war, äußerte er klar und deutlich die Meinung, daß sich Judas Herrscher keinerlei Kopfzerbrechen über Bündnisse mit den Ägyptern zu machen brauchten; diese seien sinnlos, denn Juda werde – ebenso wie Israel – von Assur vernichtet. Diese Ansicht, die geeignet war, jeglichen Widerstandsgeist im Land zu lähmen, muß in Regierungskreisen einen erheblichen Schock und beträchtlichen Unwillen hervorgerufen haben, zumal Jesaja betonte, daß eine Verteidigung Jerusalems dieser Stadt nur zum Verderben gereichen werde. Ihre Bewohner nämlich hätten moralisch dermaßen versagt, daß Jahwe nicht daran denke, seinem auserwählten Volk in seiner verzweifelten Niederlage zu helfen, vielmehr werde er auf seiten der Assyrer stehen, um sein Strafgericht, das seine Anhänger so reichlich verdient hätten, Wirklichkeit werden zu lassen.

Das zweite Buch der Könige betont im Widerspruch dazu, als Sanherib 701 Jerusalem belagerte, habe sich Jesaja schließlich seiner patriotischen Pflichten erinnert und König Hiskia zu standhaftem Ausharren ermutigt. Da die Assyrer überraschenderweise wieder abzogen, konnte dieser Gesinnungswandel das Ansehen des Propheten nur heben. Sein außergewöhnlich geschliffener, machtvoller Geist hatte seinen Zeitgenossen mancherlei zu denken aufgegeben, und die Ereignisse hatten ihn in einer Zeit schwerster Krisen gerechtfertigt.

Doch schon vorher, als er noch Ahas' Erwartungen dämpfte, hatte er seine düsteren Voraussagen mit folgenden Worten gemildert: »Darum wird der Herr selbst ein Zeichen geben: Siehe, eine junge Frau (*alma*, ein Mädchen heiratsfähigen Alters oder auch eine bereits verheiratete Frau) wird empfangen und einen Sohn gebären, und sein Name wird sein Emanuel (Gott mit uns).« Verwüstung, so heißt es dann weiter (allerdings handelt es sich dabei möglicherweise um einen Einschub eines späteren Redaktors), werde über Damaskus und Israel kommen, bevor dieses Kind heranwachse. Christliche Autoren, die in der griechischen Version das hebräische Wort *alma* mit *parthenos* (Jungfrau) übersetzten, sahen in diesen Worten eine Vorhersage der Geburt Christi (vgl. Anhang 9). Jesaja jedoch scheint eher an die unmittelbare Zukunft gedacht und einen Sohn des Königs Ahas im Sinn gehabt zu haben – wohl dessen Nachfolger Hiskia, von dem er später hinsichtlich seiner Geburt und Thronbesteigung äußert: ». . . uns ist ein Kind geboren, ein Sohn ist uns gegeben, und die Herrschaft ist auf seiner Schulter und er heißt Wunderbar, Rat, Kraft, Held, Ewig-Vater, Friedensfürst.«[15] Außerdem wird »ein Reis aus der Wurzel Jesse hervorgehen«, das mit allen Tugenden begabt ist. Jesse war der Vater König Davids.

Hier geht es um einen späteren Nachfolger Hiskias, einen König ferner Zukunft, ein künftiges Mitglied des Davididenhauses, das als von Gott begnadet und als Herrscher einer von Gott gesegneten Stadt hingestellt wird, dafür bestimmt, eine ewig während Herrschaft anzutreten, wenn erst einmal die hochmütigen Könige Israels, auf die kein Verlaß ist, verschwunden sein werden.

Daß die betreffende Passage auf Jesaja selbst zurückgeht, ist keineswegs sicher. Ebensogut könnte sie wie die anderen Weissagungen, von denen soeben die Rede war, der nachträgliche Einschub eines späteren Redaktors sein. Andererseits aber gibt Jesaja selbst, und zwar abermals in einer Sprache, die von den Christen als Ankündigung des Messias angesehen werden konnte, eine Vorschau auf die Wiederkehr eines Zeitalters des Friedens und der Vollkommenheit – eines durch friedliche Eintracht gekennzeichneten, paradiesischen Zeitalters, denn: »Die Wölfe werden bei den Lämmern wohnen und die Panther bei den Böcken liegen. Ein kleiner Junge wird Kälber und junge Löwen und Mastvieh miteinander treiben . . . «[16]

Jesaja blickt weit über die brüchigen, vom Verhängnis bedrohten Kleinstaaten der Gegenwart hinaus in eine Zukunft, in der ein kleiner, besonders ausgesuchter, geläuterter Rest sämtliche Katastrophen überlebt und sich in ein neues Zeitalter der Glückseligkeit hinübergerettet haben wird. Seinen eigenen Sohn nannte Jesaja Schear-jaschub (ein Rest wird umkehren), und er stellte sich die neue Gemeinde als eine reumütige Schar vor, die sich Jahwe wieder zuwandte, so das Erbe Israels bewahrte und schließlich in einem wiederhergestellten Garten Eden ihren Platz fand.

Das neue Paradies aber sollte nicht nur den Überlebenden aus Jahwes auserwähltem Volk, sondern allen Völkern der Welt bestimmt sein. »Denn das Land ist voll Erkenntnis des Herrn, wie Wasser das Meer bedeckt.«[17] Für Jesaja stand fest, daß die Gottheit, die andere Nationen schlug und vernichtete, kein beliebiger fremder Gott, sondern niemand anderer als Jahwe selbst war. Und aus dem gleichen Grund sollte auch das Goldene Zeitalter, das Israel erwartete, ein Goldenes Zeitalter aller Welt sein. Dieser Universalismus scheint ausgeprägter und deutlicher als alles andere, was man in dieser Richtung bisher gedacht und geäußert hatte (vgl. Kap. 9 und 11). Doch was der Prophet voraussagt, kann nur eintreten, wenn die anderen Nationen, die als Werkzeuge in der Hand Gottes agieren, ihre verdiente Strafe erhalten, sich zum Glauben an ihn bekehren und seinen Segen verdienen.

Die zweite herausragende Prophetengestalt des Südreichs war Jeremia. Das Buch, das seinen Namen trägt, ist in zwei Hälften gegliedert. Ein Vorwort berichtet von Jeremias Herkunft aus Anatot im Gebiet des Stammes Benjamin (nicht weit von Jerusalem) sowie von Jeremias göttlicher Berufung. Die erste Hälfte des Werkes besteht weitgehend aus Drohungen, Mahnworten und Klagen, die der Prophet im Namen Jahwes an Juda richtet, das damals – kurz bevor die Babylonier das Land verwüsteten – von seinen letzten drei Königen (Jojachin, Jojakim und Zedekia) regiert wurde.

Kapitel 2 zählt eine Reihe von Verfehlungen Judas auf, und die Kapitel 4 und 6 enthalten Visionen vom Einmarsch fremder Völker und den katastrophalen Folgen für Juda, dazu Anklagen gegen die Korruption sämtlicher Bevölkerungsschichten Jerusalems. Kapitel 7 ist eine in Prosa abgefaßte Predigt. Sie richtet sich gegen alle diejenigen, die fälschlicherweise ihr ganzes Vertrauen auf den Tempel und die in ihm dargebrachten Opfer setzen. Nach einer Verurteilung der Verehrung fremder Götter (hierbei kann es sich freilich um einen späteren Einschub handeln) hat Kapitel 11 Jahwes Ruf an Jeremia zum Gegenstand, Juda zum Bund mit seinem Gott zurückzuführen; ausführlich wird davon berichtet, wie die Menschen im ganzen Land dem Bösen verfallen sind.

Anschließend lesen wir einen Bericht über einen Anschlag gegen Jeremia, welcher ausgerechnet in seiner Geburtsstadt Anatot geplant worden war; danach wird über die Klage nachgedacht, warum es Übeltätern so oft gut geht. Kapitel 14 enthält eine Reihe von Klageworten. Kapitel 21 kündigt den Fall Jerusalems an, und zwar in Form einer Antwort auf eine Anfrage des Königs Zedekia (597–587). Weitere Weissagungen handeln vom kommenden Sproß aus dem Hause David. Jeremia erhebt im folgenden Vorwürfe gegen Propheten, die in seinen Augen zu Frevlern geworden sind.

Dann vergleicht Jeremia diejenigen seiner Landsleute, die

um 598 ihrem Herrscher ins Exil folgten, mit denen, die zu Hause blieben; sein Vergleich fällt entschieden zugunsten der Exilierten aus. Kapitel 25 enthält eine Liste mit den Namen der Nationen, die Jahwe zu strafen beabsichtigt.

Im zweiten Teil des Buches geht es über lange Passagen hinweg um Jeremias eigenen Werdegang und sein wechselvolles Schicksal bei Hofe; die betreffenden Begebenheiten sind wohl nicht in der Reihenfolge wiedergegeben worden, in der sie sich ereignet haben. Kapitel 26 schildert, wie Jeremias mannhaftes Auftreten ihn unter König Jojakim (um 608–598) beinahe das Leben kostete. Kapitel 27 handelt wieder von der Zeit Zedekias; wir erfahren, daß Jeremia mit einem hölzernen Joch auf der Schulter durch die Straßen ging. Mit dieser Symbolhandlung will der Prophet zum Ausdruck bringen, daß Juda sich Babylon unterwerfen soll. Ein mit Jeremia rivalisierender Prophet, der gleichfalls im Namen Jahwes zu sprechen vorgibt, tritt ihm heftig entgegen. Doch die nachfolgenden Ereignisse, so wird ausdrücklich hervorgehoben, gaben Jeremia recht. In Kapitel 29 rät der Prophet den nach Babylonien Deportierten, die mit Jojachin verschleppt worden waren, sich an den ihnen zugewiesenen Wohnplätzen anzusiedeln. Nach siebzig Jahren jedoch, so verkündet eine Passage, welche man »Buch der Hoffnung« nennen könnte (Kapitel 30–33), werden die im Exil Lebenden zurückkehren; auch ist die Rede davon, daß mit diesem kleinen Rest der Jahwebund erneuert werden muß und daß dies geschehen wird.

Die Kapitel 34–39 bestehen aus verschiedenen Erzählungen, die meist von der Belagerung Jerusalems zur Zeit König Zedekias handeln, doch Kapitel 36 blickt auf eine frühere Zeit zurück, die Zeit König Jojakims nämlich, der die Schriftrollen mit Jeremias Text vernichten ließ. Der Sekretär des Propheten, Baruch, schrieb sie damals neu und versah sie mit Ergänzungen. Nach diesem Einschub folgt wieder eine Episode aus der Zeit Zedekias; der Prophet wird als Landesverräter gefangengesetzt. Es folgt eine Schilderung des Falls der Stadt Jerusalem, das unter babylonische Herrschaft gerät. Die

Sieger bieten Jeremia eine Stelle am Hofe zu Babylon an. Er schlägt dieses Angebot jedoch aus und entscheidet sich dafür, in Juda zu bleiben.

Die Kapitel 40–44 schildern das Schicksal der Juden, die unter dem von den Babyloniern eingesetzten Statthalter Gedalja, der in Mizpa residierte, in Juda geblieben waren. Doch Gedalja fiel einem Mord zum Opfer. Daraufhin verließ eine Gruppe von Männern, Frauen und Kindern das Land und machte sich nach Ägypten auf. Sie nehmen Jeremia mit, allerdings gegen seinen Willen. Dort entstanden die letzten Aufzeichnungen seiner Weissagungen und Mahnrufe. Sie enthielten Kritik an seinem Gastland, aber auch Ausfälle gegen seine eigenen Landsleute, die er der Idolatrie beschuldigte. In Kapitel 45 ist davon die Rede, daß Gott Jeremias Sekretär Baruch verheißen habe, er werde überleben; dem folgt eine zweite Reihe von Untergangsprophezeiungen gegen fremde Völker (Kapitel 46–51). Das Buch schließt in Kapitel 52 mit einer weiteren Schilderung des Untergangs von Jerusalem parallel zum zweiten Buch der Könige (ähnlich dem Epilog zu den Prophezeiungen Jesajas, nur kürzer).

Das Buch Jeremia enthält eine verwirrende Fülle von Material. Ohne Beachtung einer chronologischen Reihenfolge zusammengestellt, besteht es aus einer Mischung der unterschiedlichsten literarischen Formen: Prosa und Dichtung, Spott- und Klagelieder, Biographisches, Autobiographisches, Geschichtsschreibung und Parabeln. Frühere Propheten, die Weisheitsspruch-Tradition und insbesondere der Deuteronomist (vgl. Kap. 13) haben das Buch beeinflußt. Da auch spätere Generationen eigene Ideen und Vorstellungen hinzufügten, hat man an der Echtheit der Angaben über Jeremias Leben gezweifelt, und sicher gab es den einen oder anderen Bibelredaktor, der der Versuchung nicht widerstehen konnte, diesen oder jenen Vorfall aufzubauschen. Doch von all dem abgesehen, scheint es, als hätten wir hier die einzigartige Chance, einem Propheten gleichsam bei seinem Wirken über die Schulter blicken zu können. Das Buch enthält die erste ausdrückliche Aussage der Bibel über die Niederschrift einer ganzen Sammlung von Orakeln. Jeremia war zwar priesterlichen Standes, doch hatte man ihm das Betreten des Tempelbereichs untersagt. Alles, was er festzuhalten und mitzuteilen wünschte, diktierte er seinem Sekretär Baruch, und Baruch oblag dann die Aufgabe, die Textrolle mit den Sprüchen seines Meisters den Anhängern des Propheten vorzulesen. Nach einer zweiten Lesung, die von hohen königlichen Beamten veranlaßt worden war, riet man Baruch und Jeremia, sich zu verbergen, um gerichtlicher Verfolgung zu entgehen. Doch auch König Jojakim wurde das Dokument zu Gehör gebracht; dieser erzürnte und ließ es verbrennen. Außerdem fahndete er nach den Urhebern des Schriftstückes, doch konnte man ihrer nicht habhaft werden, und Baruch schrieb – wieder nach Jeremias Diktat – die Schriftrolle neu, nunmehr in noch erweiterter und, vom Inhalt her, noch schärferer Form. (Eine zweite Spruchsammlung, die Jeremias spätere Prophezeiungen enthält, könnte gegen Ende seines Lebens entstanden sein.)

Man hat die Vermutung geäußert, diese Erzählung, die etwas Theatralisches an sich hat, sei vielleicht nachträglich erfunden worden, um das Verdienst der Erhaltung des Buches den Schreibern zuzuschieben, den Bewahrern der Weisheitsspruch-Tradition, zu deren Zunft auch Baruch zählte.

Das Buch Jeremia behandelt Weise, Priester und Propheten als drei separate Klassen von Traditionswahrern, obwohl, wie im Fall Baruch, Schreiber und Weiser in einer Person vereinigt sind. Die Letztgenannten werden keineswegs immer positiv beurteilt. Spricht der Prophet doch vom »Lügengriffel der Schreiber« und erklärt die Weisen für »beschämt« und »bestürzt«, weil sie nicht auf Gottes Wort gehört hätten und am Ende ihrer Weisheit angelangt seien.[18] Mag sein, daß all dies nur die Zerstrittenheit der Schreiberzunft widerspiegelt und daß Baruch nur seinem Zorn gegen die Mitglieder anderer, mit ihm und seinem Meister verfeindeter Schreibergruppen Luft macht.

Das Buch beginnt mit der Behauptung, das »Wort des Herrn« sei im 13. Jahr der Herrschaft Josias (also 627/626 v. Chr.) an Jeremia ergangen. Doch wahrscheinlich handelt es sich bei der fraglichen Zeitangabe eher um das Jahr seiner Geburt, und es ist durchaus möglich, daß er erst unter Jojakim (608–598) als Prophet zu wirken begann. Dies würde die in Jahwes Mund gelegte Mahnung erklären: »Denn ich bringe ein Unglück her zu Mitternacht und einen großen Jammer«[19], da gerade damals die Bedrohung durch Babylon schwer auf dem Land lastete. Derartige Aussagen machten Jeremia bei König Jojakim nicht gerade beliebt, und seine Beziehungen zu dessen Nachfolger Zedekia gestalteten sich noch schlechter. Der Prophet glaubte nämlich – völlig zu Recht – nicht daran, daß der ägyptische Pharao Apries energisch genug einschreiten werde, um die Babylonier von Juda fernzuhalten. Für ihn war dieser Pharao nichts als »Getöse, das die Zeit verpaßte«[20].

So predigte Jeremia, der ein Joch auf seinen Schultern trug, wenn er durch die Stadt ging, totale Unterwerfung unter Babylon, bis Jahwe einen neuen Entschluß gefaßt haben werde. Dies werde erst nach der bevorstehenden, unausweichlichen Katastrophe der Fall sein. Diese Einstellung war natürlich geeignet, die Bereitschaft der Bevölkerung zu untergraben, sich gegen die Babylonier zur Wehr zu setzen. Als Jeremia eines Tages versuchte, Jerusalem zu verlassen, um auf seinem Besitz in seinem Heimatdorf nach dem Rechten zu sehen, legte man ihm dies als Desertion aus, nahm ihn gefangen und ließ ihn in eine teilweise mit Schlamm gefüllte Zisterne hinab. Allerdings zog man ihn schon bald aus dieser Grube wieder heraus, behielt ihn aber in Gewahrsam, bis Jerusalem in die Hände der Babylonier fiel. Dabei hatte er mehr Glück als ein anderer Prophet namens Uria, der für die Zusammenarbeit mit den Babyloniern eintrat. Jojakim bat die Ägypter – zu denen Uria sich geflüchtet hatte – um seine Auslieferung und ließ ihn hinrichten.

In vielen Kapiteln des Buches Jeremia finden wir jene erregenden Gedanken, Kommentare sowie in poetischer Sprache verfaßten Gebete und Klagen an Jahwe, die man als Jeremias Bekenntnisse zu bezeichnen pflegt. Obwohl nicht wenige Forscher gegenteiliger Ansicht sind, scheint ihr eigentlicher Kern auf Jeremia selbst zurückzugehen. Diese oft sehr persönlichen Äußerungen, die teilweise außerordentlich stark auf die Psalmen einwirkten, bezeugen die einzigartige Fähigkeit des Propheten, Gefühle zum Ausdruck zu bringen, und weisen ihn darüber hinaus als einen Menschen von großer seelischer Verletzbarkeit aus. Überall sieht Jeremia sich von Feinden umgeben – nicht nur von Königen und deren Höflingen, nicht nur von übelwollenden Finsterlingen aus den Zünften der Weisen und Schreiber, sondern sogar von seinen Nachbarn aus Anatot, die – so glaubt er wenigstens – über ihn tuscheln und nur darauf aus sind, ihn zu Fall zu bringen, »sobald er nur einen falschen Schritt« tue. Auf all ihre Häupter beschwört Jeremia Jahwes Rache herab.[21]

Jeremia fühlte sich gesellschaftlich isoliert, was für einen Angehörigen seines Volkes und seiner Religion höchst ungewöhnlich war. Sein Verzicht auf die Ehe machte die Sache nicht besser und war seinerseits höchst außergewöhnlich.

Doch Jeremias Ängste waren weit mehr als nur grundloser Verfolgungswahn, denn was er von sich gab, mußte ihm unweigerlich bitterste Ablehnung eintragen. So schroff und abweisend er sich indessen nach außen hin gab – es verbarg sich dahinter eine einsame, von Selbstzweifeln gequälte Persönlichkeit; Jeremia litt an der ihm auferlegten prophetischen Mission, denn seine Sendung hob ihn aus der Menge heraus und machte ihn gleichzeitig unbeliebt. »Warum soll ewig dauern mein Schmerz, meine Wunde unheilbar sein ohne Aussicht auf Genesung? . . . Verflucht sei der Tag, an dem ich geboren wurde!«[22]

Sich aus seiner düsteren Seelenverfassung zu befreien, dazu fehlte ihm die Kraft. Und er hörte auch nicht auf, Jahwe die Schuld zu geben, denn nur, weil er Gottes Wort verkündete, hatte ihn sein Elend befallen, wogegen es ruchlosen Menschen glänzend ging.[23] Jahwe hatte ihn wie ein Lamm zur

Schlachtbank geführt. »Du hast mich betört, o Herr«, so erklärt er, »und ich ließ mich betören. . . ich möchte mit Dir Rechtsfragen erörtern, ich breite meinen Fall vor Dir aus.« Für Jeremia war seine Beziehung zu Jahwe oft eine erbitterte Auseinandersetzung, die an seinen Kräften zehrte. Und doch war das Verhältnis zu Jahwe von außergewöhnlicher Vertrautheit bestimmt. »Gottes Wort kam zu mir«, so sprach er, doch *dabar*, der Ausdruck für »Wort«, kann ebensogut Ding, Sache bedeuten. Es war also die »Sache Gottes«, die Jeremia überkam – eine geradezu körperlich spürbare Erfahrung von überwältigender Macht. Und so sehr er unter seiner Beziehung zu Gott litt, so galt doch für Jeremia: »Ich habe meine Sache auf Dich gestellt.« Und weil ihn sein Verhältnis zu Gott, unauflösbar wie es war, so schwer quälte, spürte er den Drang zu weissagen, ebenfalls mit seinem Körper:

»Mein Leib, mein Leib! Ich winde mich,
O meines Herzens Wände!
Meine Seele bestürmt mich,
Ich darf nicht schweigen!«[24]

Ebenso wie Jesaja kündet Jeremia mit großer sprachlicher Kraft von Jahwe als einem Gott über alle Völker und Nationen. Er betrachtete auch sich selbst als einen »Propheten der Völker«. Für ihn war es selbstverständlich, daß die ganze Welt der Herrschaft *eines* Gottes unterworfen war, und dieser Gott konnte für ihn kein anderer sein als Jahwe. Wie schon so oft in der Bibel, weist auch Jeremia die Verehrung kanaanäischer und aramäischer Gottheiten mit Abscheu, ja geradezu Haß zurück, doch Jeremia äußert sich noch radikaler über diese Götter. Sie sind in seinen Augen nicht nur »machtlos« und »hilflos«, sondern überhaupt nicht vorhanden und reines Blendwerk – Nichtigkeiten *(hebel,* wörtlich: heiße Luft) »wie Vogelscheuchen in einem Gurkenbeet, die nicht zu reden verstehen«[25]. Doch Jeremia vergißt nicht, daß noch immer sehr viele Menschen diesen Machwerken kultische Verehrung entgegenbringen – beispielsweise gilt dies für einige Frauen, welche mit ihm zusammen nach Ägypten geflohen waren.[26]

Ganz in der Tradition Jesajas sah auch Jeremia den Grund für die Götzenverehrung in den schweren Mißständen innerhalb des Jahwekultes. Sogar Jahwe selbst, so erklärte er provokativ, könne seinen eigenen Tempel nur noch als Räuberhöhle betrachten.[27] Die Reformen des Königs Josia (vgl. Kap. 12) waren für Jeremia nichts als eine aufgebauschte Buchreligion ohne Leben. Der einst zwischen Gott und Mose geschlossene Bund war zerbrochen, und man benötigte nun eine völlige Neuordnung des Verhältnisses zwischen Gott und seinem Volk[28], das auf gegenseitiger liebevoller Hingabe beruhte – ein Bund, welcher nicht mehr nur zwischen Gott und dem gesamten Volk geschlossen wurde, sondern zutiefst im Herzen jedes einzelnen verankert war.

Selbstverständlich konnte Jeremia die kollektive Prägung der Religion der Hebräer nicht mit einer Handbewegung abtun. Da er aber seine neuen Vorstellungen vom Bund unmittelbar nach der Vernichtung des Südreichs und der Zerstörung des Tempels von Jerusalem verkündete, in einer Zeit also, in der sich jeder gläubige Jude auf sich selbst zurückgeworfen sah, konnte seine Verkündigung auf fruchtbaren Boden fallen. Schon der Deuteronomist hatte ja betont, daß jeder unmittelbar für sein eigenes Verhalten verantwortlich sei (vgl. Kap. 13). Die Dinge verhielten sich anders, als es die Weisheitslehren vertraten. »Stumpf werden die Zähne nur dem, der selbst unreife Trauben ißt.«[29] Anders die Weisheitstradition, nach welcher den Kindern die Zähne stumpf werden, weil ihre *Väter* saure Trauben gegessen hatten.

Die Zukunft sollte keineswegs nur Vergeltung, sondern auch Vergebung bringen. Bereits Jesaja (vgl. Kap. 13) hatte dies betont und auf die Notwendigkeit hingewiesen, Buße zu tun. Für Jeremia wurde die Aufforderung zur Buße ein zentraler Gedanke. Zwar war Buße nicht unabdingbare Voraussetzung der Vergebung wie später bei Johannes dem Täufer und den Evangelisten. Die Nachsicht, die Gott übte, galt als freie, einseitige Gnadengabe Gottes. Dennoch bestand zwischen Vergebung und Buße durchaus ein Zusammenhang;

später erklärte man, Jahwe blicke über die Sünden der Menschen hinweg, um die Menschen bußfertig zu machen. Zur Buße gehörte für Jeremia ein tiefes Verlangen nach Wiedergutmachung und bedeutete aufrichtige, freiwillige Rückkehr zu Jahwe und seiner Fürsorge.

Trotz der düsteren Stimmung, die sich im Buch Jeremia oft findet, entbehrt dasselbe nicht einer positiven Perspektive. Ebenso wie die entsprechenden Passagen im Buch Jesaja nicht durchweg spätere Zutat sind, so ist auch die Botschaft in Jeremias »Buch der Hoffnung« (Kapitel 30–33) allem Anschein nach echt. Zugegeben, Jeremia riet den Verbannten in Babylon, sich dort ruhig häuslich einzurichten, und wenn man dies ganz wörtlich genommen hätte, hätte es nie eine Rückkehr der Juden in ihre alte Heimat gegeben. Andererseits aber war sich der Prophet sicher, daß ein Rest – er benutzt dieses Wort viel häufiger als jeder andere Prophet – wieder den Weg nach Hause finden würde: »Für deine Nachkommen gibt es eine Hoffnung«, diese Worte legt er in Gottes Mund, »in ihre Heimat kehren die Söhne zurück.«[30] Hier fanden die Menschen so etwas wie eine »Theologie der Hoffnung«, welche sie nach der Katastrophe ihrer Vertreibung wieder aufzurichten vermochte.

Nicht zuletzt auf Grund der heilsgeschichtlichen Perspektive, die sich bei Jeremia findet – der Vorstellung vom Bund mit Gott, dessen Übertretung, der Buße und schließlich der Vergebung –, sahen sich manche frühen Christen veranlaßt, Jesus als wiedergeborenen Jeremia anzusehen (vgl. Anhang 9).

Die Psalmen

Die 150 Psalmen, die zusammen den Psalter bilden, sind von unschätzbarem Wert für unser Wissen um das Volk Jahwes. Ihre Komponisten, Textautoren, Redaktoren und Bearbeiter lebten in verschiedenen Jahrhunderten. Manche Psalmen (oder Teile von ihnen) lassen sich bis auf die Zeit Salomos, möglicherweise sogar bis zu David zurückdatieren (vgl. Kap. 7). Jedoch enthält der Psalter auch Texte, die erst nach dem Babylonischen Exil verfaßt wurden. Die meisten Psalmen entstanden während der Zeit der Reichsteilung. Besonders in Juda erlebte die Dichtkunst eine vorher nicht gekannte Blüte.

Wegen der außerordentlichen Vielfalt der Psalmendichtung ist eine Klassifizierung dieser Texte äußerst schwierig. Immerhin ist es Bibelforschern gelungen, bestimmte Kategorien von Psalmen auszumachen, die, bevor man den Psalter zu einem einheitlichen Buch zusammenfügte, wahrscheinlich schon als Einzelsammlungen existierten. So gibt es, ordnet man sie nach der Autorschaft, Psalmen Davids, Psalmen von Davids Musikmeister Asaph, Psalmen von Heman und Etan, der Serachiten (Nachkommen von Asaphs Ahnen, dem Leviten Serach), Psalmen der Korachiten, die sich teilweise mit den Lobespsalmen überschneiden, welche mit der rituellen Aufforderung »Preiset den Herrn« enden. Es gibt Psalmen des Gotteslobes, Psalmen des Glaubensbekenntnisses, Psalmen der Danksagung, Klagelieder über persönliches Mißgeschick oder das Unglück des ganzen Volkes, Fürbitten, die in Krisenzeiten eine Rolle spielten, Fluchpsalmen gegen Feinde, Weissagungspsalmen und schließlich Königspsalmen und Wohlfahrtslieder, welche sich teilweise mit den Lobespsalmen überschneiden.

Die Königspsalmen sind Produkte der Theologie des judäischen Königshauses. Wie in manchen anderen Psalmen auch spricht hier der Dichter in der ersten Person. Diese Ich-Form bezieht sich auf den König, repräsentiert aber – ganz im Sinne des für die Hebräer so charakteristischen kollektiven Denkens – die gesamte »Nation« oder doch zumindest eine Bevölkerungsgruppe. Hauptinhalt dieser Psalmen sind die Ausrottung des Bösen, im privaten wie im öffentlichen Bereich, die Verurteilung Andersdenkender und Vergeltung und Rache gegen die Feinde des Landes. Die Herrscher und ihr Volk fühlen sich durch innere wie äußere Feinde bedroht. »Mein Gott, mache sie der Räderdistel gleich wie Spreu vor dem Winde! . . . Der Gerechte wird sich freuen, wenn er Rache sieht und seine Füße im Blut des Frevlers baden kann!«[31]

Ein zentrales Thema der Psalmen ist die Liebe zur Thora. Aber auch Einflüsse der moralistischen Weisheits-Tradition schlagen sich in zahlreichen Texten nieder. Andere Psalmen wiederum stehen prophetischen Überlieferungen nahe, deuten die Vergangenheit, weissagen die Zukunft und teilen auch den Unwillen der Propheten gegen die zur reinen Routine erstarrte Praxis der Opferkulte – allenfalls von gelegentlichen Umschreibungen und Gleichnissen abgesehen. Besonders spürbar ist der Widerhall der Klageworte Jeremias (Jer. 14). So könnte sich die flehentliche Bitte: »Hilf mir, o Gott! denn die Wasser gehen mir bis an die Seele. Ich bin versunken in tiefem Schlamm, wo kein Grund ist«[32], auf Jeremias Haft in der schlammgefüllten Zisterne im Wachhof zu Jerusalem beziehen.

Das wie eine Wunde brennende, quälende Sündenbewußtsein, das in manchen Psalmen zum Ausdruck kommt, sowie die heilsgeschichtlichen Vorstellungen von Vergebung und Reue erinnern gleichfalls an Jeremia. Sieben Psalmen mit dieser Thematik sonderten die Christen später als Bußpsalmen aus.

Kein Gedanke indessen ist im Buch der Psalmen von größerer Bedeutung als die Vorstellung von der Allmacht und Allgegenwart Gottes:

»Stiege ich hinauf in den Himmel, so bist du dort;
schlüge ich mein Lager in der Unterwelt auf – auch da bist du.
Nähme ich Flügel der Morgenröte
Und ließe mich nieder zuäußerst am Meer,
So würde auch dort deine Hand mich greifen
Und deine Rechte mich fassen.«[33]

Die Psalmen verkünden Gottes Herrlichkeit auf denkbar unterschiedliche Art. Gott ist der Herr von Jerusalem/Zion.

Er ist aber auch Herr der Natur, und sein Kult tritt damit die Nachfolge der alten kanaanäischen Naturreligion an, von der das Denken der Psalmisten nie sehr weit entfernt ist.[34] Jahwe ist die Gottheit, der die Herden ihren Nachwuchs verdanken. Er ist der Gott des Regens über frischen Saaten, der Donnergott, der das schreckliche Ungeheuer Rahab überwindet, der Herrscher über Sonne und Mond.

Auch wenn in die Psalmen eindeutig Elemente der kanaanäischen Religion aufgenommen wurden, so haben die Psalmisten dennoch dieser Religion einen neuen Sinn gegeben, sie durch neues Gedankengut verändert. Der Gott der Psalmen ist in erster Linie der Gott der Geschichte, insbesondere der Geschichte Israels, der einst sein Volk durch eine wundersame Heilstat aus der Sklaverei in Ägypten rettete und den man in jeder Notsituation um Hilfe anrufen konnte. Davon zeugen Stellen wie die folgende:

». . . meine Felsenburg, mein Retter,
mein Gott, mein Fels, auf den ich baue,
mein Schild und meines Heiles Stärke,
meine Festung!«[35] oder: »Er hört mich, wenn ich rufe!«

Es handelt sich hier nicht um theologische Traktate oder Predigten, sondern um Dichtung: Die Psalmen stellen mit ihrem sinnlich erfaßbaren bildhaften Inhalt und ihrer ausgewogenen, durch Parallelen gekennzeichneten Form ein Herzstück hebräischer Lyrik dar. Von der düsteren Stimmung bis hin zur jauchzenden Freude drücken sie jede nur existierende Gefühlsregung aus.

Vorgetragen wurden die Psalmen bei verschiedensten religiösen Festen; Tanzdarbietungen sowie Musik, auch sie ein Erbe Kanaans, pflegten sie zu begleiten.

Folgender Psalmvers beschreibt die große Prozession zu dem Jahwe geheiligten Berg Zion, an der Tausende von Jerusalemern, aber auch stadtfremde Pilger teilnahmen: »Sänger zogen voran, danach Saitenspieler, inmitten von Jungfrauen mit Handpauken.«[36]

Psalmen wurden im Wechselgesang zwischen der Pilgerschar und einem Chor oder Solisten gesungen. Vielleicht stimmte ein einzelner Vorsänger den Gesang an, und alle zusammen sangen jeweils die zweite Zeile der doppelzeiligen Verse.

Viele Psalmen wurden zu verschiedensten Zeiten von unbekannter Hand umgeschrieben; obwohl häufig die Verfasser einzelner dieser Dichtungen genannt werden, wissen wir nicht, wer sie tatsächlich waren.

Die Psalmen zeugen vielleicht farbiger, offener und effektvoller als andere hebräische Dichtungen vom Leiden, vom Unglück, aber auch von der Hoffnung ihres Volkes. Der so oft in ärgster Bedrängnis geprüfte Glaube an Jahwe offenbart sich in all seiner zähen, von Zeitumständen unabhängigen Beharrlichkeit. Betuliche Frömmelei sucht man in diesen kraftvollen Dichtungen vergebens. Dies ließ die bewegte und ereignisreiche Geschichte dieses Volkes, die ja den Hintergrund solcher Dichtung abgibt, kaum zu. Die Psalmen bringen die Besonderheit der israelitischen Religion, welche sich Gott nicht ohne sein konkretes Handeln vorstellen kann, durch eine lehrhafte und gefühlvolle Sprache zum Ausdruck, welche nichts von den Regeln klassischer Ausgewogenheit kennt.

Die Herrschaft der Babylonier und Perser

14. Kapitel

Prophetie und Geschichtsschreibung in der Zeit des Exils

Der Prophet Ezechiel

Gegen Ende des 8. Jahrhunderts hatten die Assyrer zahlreiche Personen aus Israel deportiert. Sie und ihre Nachkommen wurden zu den »Verlorenen zehn Stämmen Israels«. Erst die Männer und Frauen aus Juda, die um 598 und 587 nach Babylonien verschleppt wurden, bildeten den harten, zentralen, lebendigen Kern der Israeliten in der *galut* oder *gola*, der Zerstreuung des Exils. Man siedelte sie in verschiedenen Gebieten Babyloniens an, besonders in Städten und Dörfern längs des kanalisierten Flusses Chebar, der durch die weitläufige, südöstlich Babylons gelegene Handelsstadt Nippur führte. Die deportierten Judäer machten zwar nur einen kleinen Teil der Gesamtbevölkerung aus, die Babylonier hatten jedoch die politische, gesellschaftliche, wirtschaftliche und kulturelle Führungsschicht des Landes ausgewählt. Diese war sich ihrer Verantwortung als Erbe und Hüterin judäischer Traditionen wohl bewußt, und während der nächsten Jahrzehnte sollte Babylonien zum Zentrum ihrer religiösen Aktivitäten werden. Jeremia hatte, wie wir sahen, den Exilierten empfohlen, das beste aus ihrem Schicksal zu machen und sich auf das Leben im fremden Land einzulassen. »Bauet Häuser«, so hatte er geraten, »und wohnet darin, pflanzet Gärten und esset ihre Frucht!«[1]

Die meisten der verbannten Judäer befolgten seinen Rat. Offenbar wurden die Deportierten von den Babyloniern schonend behandelt. Sie wußten, daß der Sturz des Davididenhauses den verbannten Hebräern eine schmerzhafte Wunde geschlagen hatte. Also bemühten sie sich, dies wiedergutzumachen. Im Jahre 598 v. Chr. hatte Nebukadnezar II. den vorletzten König von Juda, Jojachin (den Vorgänger seines später hingerichteten Onkels Zedekia), gefangennehmen und nach Babylon bringen lassen, wo er zwar allem Anschein nach in ehrenvoller Haft, aber doch in einer Art Hausarrest gehalten wurde. Mehr als dreißig Jahre später, als er bereits dreiundfünfzig Jahre alt war, gab ihm Nebukadnezars Sohn und Nachfolger, Amel-Marduk die Freiheit wieder, wies ihm einen Platz an der königlichen Tafel zu und setzte ihm auf Lebenszeit eine Pension aus. Die Bibel berichtet (und babylonische Urkunden bestätigen es), daß Jojachin und seinen fünf Söhnen aus den königlichen Magazinen Lebensmittel geliefert wurden und man ihm den Titel »König von Juda« zugestand.[2]

Jojachin war in Babylonien Oberhaupt der Diasporajuden und führte den Vorsitz in einem Ältestenrat, der sich um die Angelegenheiten der Exilierten kümmerte. Da es jedoch kein unabhängiges politisches Machtzentrum gab, wurden wieder Familien und Clans zu zentralen Strukturelementen der Exilgemeinde, wie sie es schon in Israels Frühzeit gewesen waren; man zeichnete aus diesem Grund Familienstammbäume auf. Allmählich integrierten sich die Judäer in die babylonische Gesellschaft. Man gestattete den Verbannten, Eigentum und Sklaven zu besitzen. Männer konnten in den Militärdienst eintreten und Söldner oder gar Offiziere im babylonischen Heer werden, andere erhielten Ämter in der Verwaltung, und wieder andere wurden Pächter königlicher Güter. Man fand Möglichkeiten, kostspielige Geschenke nach Jerusalem zu expedieren, und bald spielte eine ganze Anzahl Verbannter im wirtschaftlichen Leben Babyloniens eine wichtige Rolle. So findet man in einer Sammlung von 730 Dokumenten aus dem 5. Jahrhundert, die in Nippur zum Vorschein kamen, mehr als 100 hebräische Namen. In der vom Akkadischen abgeleiteten nordostsemitischen Sprache der Babylonier abgefaßt, enthalten diese Schriftstücke die Buchführung der Familie Muraschu – der wirtschaftlich stärksten Privatbankiers- und Kaufmannsdynastie Babylons.[3]

Man ließ die Leute in der Diaspora leben, wie sie es gewohnt waren, und auch gegen ihre Religionsausübung hatte man nichts einzuwenden. Kulthandlungen ohne den Tempel wären vor 587 in Juda undenkbar gewesen. Doch trotz der Zerstörung dieses Heiligtums – eine Katastrophe, die für die Juden etwas Traumatisches hatte – blieben unter den in Babylon Verbannten Religion und Kult außerordentlich lebendig. Als einst Teile der zehn Stämme des Nordreichs Israel nach Assyrien verschleppt worden waren, gingen sie dort buchstäblich »verloren«, weil sie sich vollkommen assimilierten. Sie gaben allmählich ihren jahwistischen Glauben auf und nahmen statt dessen die ortsübliche Religion an. In Babylon dagegen gab es zwar ebenfalls überall lokale Kulte sowie eine Staatsreligion, doch kam es nicht zu einer Assimilation der Verbannten wie in Assur. Im Gegensatz zu ihren Vorfahren zu Hause, die sich stets zur kanaanäischen Religion hingezogen gefühlt hatten, zeigten die Deportierten keinerlei Lust, sich die Glaubensvorstellungen ihrer neuen Nachbarn zu eigen zu machen. Nachdem Juda seine schwerste Niederlage erlitten hatte, trat Jahwes Macht über sein Volk deutlich zutage. Nun war er der einzige *echte* Herrscher, der *einzige* wirkliche König der Vertriebenen. Im Exil begannen die Judäer, sich in ganz neuem Licht zu sehen, und ihr Gefühl für ihre Identität als Jahwes Volk war nicht nur intensiver, sondern auch beständiger als je zuvor.

Allerdings gelang nicht allen Judäern die Anpassung an das Leben im fremden Land, wie Jeremia sie befürwortet hatte. In zahlreichen Psalmen aus den Jahren des Exils kommt der Kummer der Verbannten deutlich zum Ausdruck:

»An den Strömen Babels, da saßen wir und weinten,
wenn wir Zions gedachten;
an die Weiden im Lande hängten wir unsere Harfen.
Vergesse ich deiner, Jerusalem,
So müßte meine Rechte verdorren!«[4]

Ein anderer Psalmendichter beschwört Jahwe, an denen, die den Tempel verwüstet haben, Rache zu nehmen.[5]

Während der Zeit des Exils trat der Prophet Ezechiel auf. Trotz gewisser Vorbehalte wegen mancher Unstimmigkeiten im Text zählt das nach ihm benannte Buch zusammen mit den Büchern Jesaja und Jeremia zu den drei bedeutendsten prophetischen Werken der Bibel. Dies nicht nur wegen seines Umfangs, sondern vor allem wegen seines verschlüsselten geheimnisvollen Inhalts. Das Buch Ezechiel beginnt mit einer Berufungsvision. In blendendem Licht und unter donnerndem Rauschen ergeht der Ruf Jahwes an den Propheten – ein Ruf von solcher Gewalt, daß der Prophet noch nach sieben Tagen nicht sprechen kann. Die nächsten 20 Kapitel – auch sie voller phantastischer Bilder – verkünden nicht nur die Vernichtung fremder Völker, sondern auch die Verwüstung Judas und Jerusalems. Diese Prophetenworte werden als Weissagungen formuliert, sind aber wahrscheinlich erst *post eventum* (nachdem die Ereignisse bereits eingetreten waren) geschrieben worden. Allerdings ist diese Frage noch nicht endgültig geklärt.

In einer Situation, in welcher der Tempel durch Götzendienst besudelt ist und an seinem Portal Trauernde sitzen, die den sterbenden babylonischen Gott Tammuz (sumerisch: Dumuzi) beweinen, und überall falsche Propheten und Prophetinnen ihr Unwesen treiben, hat Jahwe sich von der Stadt abgewandt, und Ezechiel hat die Anweisung, folgendes Wort an das Volk zu richten:

»Siehe, ich zünde ein Feuer in dir an,
das soll in dir jeden frischen und jeden dürren Baum fressen. . .
schreie und heule, o Menschensohn!«[6]

Wie andere Propheten vor ihm, läßt auch Ezechiel einen Hoffnungsspielraum, um seine schwer vom Schicksal geprüften Landsleute zu trösten. Am Tag, an dem Jahwe sich der Welt als glorreicher Richter offenbart, wird ihn das Volk als seinen Herrn erkennen, und in seinem Lebenswandel wird

Gottes Heiligkeit erkennbar sein. Dann wird Juda wieder in seine Heimat zurückkehren dürfen.

Das Buch endet mit einer ausführlichen Beschreibung eines künftigen, glücklicheren Jerusalems; der Tempel wird wiederaufgebaut, und Gott wird dort mit großer Frömmigkeit verehrt werden.

Ezechiel gehörte zu jenem Bevölkerungsteil, der schon 597 nach Babylon verbannt wurde. Möglich, daß er kurz vor Beginn der letzten Belagerung Jerusalems durch die Babylonier noch einmal für kurze Zeit in seine Heimat zurückkehrte, doch lebte er nach seiner Deportation ununterbrochen in Tel-Abit am Chebar-Kanal. Fünf Jahre, nachdem er sich dort niedergelassen hatte, begann er zu weissagen, und abgesehen von einigen Intervallen, wirkte der Prophet bis zum Jahr 570. Das Buch Ezechiel enthält eine höchst ungewöhnliche Mischung aus detaillierter Diskussion um Fragen des Kultes und erhabener prophetischer Verkündigung voll düsterer Strenge, aber auch menschlicher Milde, aus getragener Prosa und gebundener Sprache, aus Argumenten, die an die Vernunft appellieren, und bizarren Visionen.

In dieser phänomenalen Vielseitigkeit erblickte man einen Beweis für das Zusammenwirken mehrerer Autoren am Zustandekommen des Ezechiel-Buches. Doch die ständige Wiederholung gewisser Formeln und Wendungen sowie die bemerkenswert genaue Einhaltung der Chronologie sprechen eher für das Gegenteil. Mithin haben wir es offensichtlich mit einer einzelnen Person zu tun, die gleichzeitig Prophet, Priester, Seher, Moralist, Gesetzeslehrer, Spruchautor sowie ein hochbegabter literarischer Künstler war.

Ezechiel überrascht durch eine außergewöhnliche Vorstellungskraft. Viele seiner Botschaften stellt er in symbolischen Handlungen dar. Für ihn sind Zeichen (*ot*) nicht allein Vorzeichen und Sinnbilder, sondern sie haben tatsächliche Wirkungskraft. Das, was sie versinnbildlichen, tritt auch ein und bestimmt den künftigen Gang der Dinge.

Auch Elisa, Jesaja und Jeremia hatten Zeichenhandlungen

begangen, jedoch, was sie sichtbar zu machen wünschten, begleiteten sie mit entsprechenden Kommentaren. Ezechiel indessen verwendete Zeichen, ohne sie genauer zu kommentieren, so daß ganze Abschnitte des Buches ein *ot* nach dem anderen enthielten; alle gingen auf Anweisungen Jahwes zurück. »Du, Menschensohn, nimm dir einen Ziegelstein lege ihn vor dich hin, dann ritze darauf eine Stadt ein, Jerusalem . . . Du, Menschensohn, nimm dir ein scharfes Schwert! Als Schermesser sollst du es dir nehmen und damit dein Haupthaar und deinen Bart abscheren; . . . Dann hole dir eine eiserne Platte und stelle sie als eiserne Mauer zwischen dich und die Stadt und richte dein Angesicht wider sie . . . In Form von Gerstenfladen sollst du dein Brot essen, und auf Menschenkot sollst du es backen vor ihren Augen.«

An einer anderen Stelle befiehlt Gott dem Propheten, eine Schriftrolle zu verzehren. Ezechiel wußte selbst, daß diese seltsamen und rätselhaften Äußerungen Kritik hervorrufen mußten. »Ach Gebieter und Herr«, so klagt er, »diese sagen von mir: ›Trägt er nicht lauter seltsame Gleichnisse vor?‹«[7]

Das Buch Ezechiel enthält eine geradezu barocke Fülle von in den leuchtendsten Farben gezeichneten Visionen. Tranceähnliche Ekstase gehörte zur prophetischen Tradition, doch nie zuvor hatte jemand seine visionären Erlebnisse so eindringlich geschildert. Die bizarren Bilder und Szenen von den Geschehnissen der Zukunft, mit denen Ezechiels Laufbahn als Prophet begann, haben in allen späteren Jahrhunderten immer wieder bei Apokalyptikern und Mystikern größtes Interesse hervorgerufen. In den Visionen Ezechiels funkelt und glitzert es nur so von Feuerstrahlen, zuckenden Blitzen, schimmernder Bronze, Gluthitze verbreitenden Kohlen und leuchtendem Topas.[8] Diese Texte sind ein Beispiel für die Vorliebe der Hebräer für Farben und anschauliche Beschreibungen. Was Ezechiel schildert, sieht den halluzinatorischen Empfindungen sehr ähnlich, die Psychologen als Photismen bezeichnen. Photismus bedeutet soviel wie »Lichterlebnis«, »Lichtschau«, und in der Tat handelt es sich um Empfindungen, bei denen man zwar auch Stimmen und andere Geräusche vernimmt, vor allem aber extrem starke Lichteindrücke. Sie erinnern an die Erleuchtung des Apostels Paulus an der Straße nach Damaskus, die seine Bekehrung zur Folge hatte; desgleichen an die Lichterscheinung, die das Leben Konstantins des Großen radikal änderte.

Außer den Lichterlebnissen hatte Ezechiel Empfindungen, die ihn zutiefst erschütterten. Hierzu gehört das Schaudern im Tal der Gebeine (das die Christen später mit ihrem Glauben an die Auferstehung der Toten in Verbindung brachten); der Prophet vernahm wüsten Lärm wie von Rauschen und Rollen, Hagelsturz, sah bächeweise Urin und Blut und bekam eine Glieder- und Zungenlähmung.[9]

Der Prophet war überzeugt, diese oft grauenvollen Visionen seien Ergebnis seiner besonderen Beziehung zu Jahwe. Nicht weniger als achtundsiebzigmal heißt es im Buch Ezechiel, »ihr werdet erkennen, daß ich der Herr bin«. Ezechiel teilt nicht die Gottesvorstellungen seiner Kollegen Amos, Hosea oder Jesaja, die die Menschen auffordern, Jahwe zu lieben. Für Ezechiel ist Gott fern und rätselhaft. Allerdings bedeutet dies, so der Prophet, keineswegs, daß Gott in seiner Macht einfach über das Leben der Menschen hinwegginge. Auch für ihn hat der Glaube an Gott Konsequenzen für ihr Zusammenleben. Mit Jeremia ist er sich darin einig, daß sich die Israeliten nach Judas Fall viel bewußter mit sich, ihrem Leben und der Welt, die sie umgibt, auseinandersetzen, daß sie die volle Verantwortung für ihre Taten auf sich zu nehmen gelernt haben und ihre Sünden und religiösen Verirrungen bereuen.

Ezechiel ist der Meinung, daß Israel das Exil als Strafe für seine Vergehen gegen Jahwe ertragen muß. Er prangert diese in aller Heftigkeit an, denn er sieht den wahren Gottesglauben selbst im Exil noch durch kanaanäische Kultpraktiken bedroht. Diese sind es, die Juda vom rechten Weg abgebracht haben, und Judas Abgötterei hat den politischen Zusammenbruch herbeigeführt. Ezechiel bezichtigt Juda, Idole verehrt und Menschenopfer dargebracht zu haben. Und nicht anders als Hosea (vgl. Kap. 11) vergleicht er Jerusalem mit einer kanaanäischen Dirne. »Du buhltest mit den Söhnen Ägyptens, deinen stark entwickelten Nachbarn . . . Du buhltest auch mit den Söhnen Assyriens . . . Du dehntest deine Buhlerei auf das Krämerland Chaldäa aus, doch auch davon wurdest du nicht satt . . . und doch warst du nicht wie eine gewöhnliche Dirne, denn du verschmähtest deinen Hurenlohn . . . Allen Dirnen gibt man Lohn; du aber gabst deine Geschenke allen deinen Liebhabern und bestachst sie, von überall her zu dir zu kommen, um es mit dir zu treiben. So war es bei dir anders als bei anderen liederlichen Weibern: Du hurtest, doch niemand lief dir nach. Du gabst noch Hurenlohn, statt ihn zu nehmen.«

Nach Meinung Ezechiels ist jedes Zugeständnis Israels an fremde Kulte das schlimmste Verbrechen gegen Jahwe. Der Prophet weist seinem Volk einen Ausweg aus seiner Schuld. Jahwes Worte: »Und ich werde euch ein neues Herz geben und einen neuen Geist in euer Inneres leben«, markieren einen Neuanfang Judas mit seinem Gott.[10] Ezechiel läßt Juda in die Zukunft blicken. Die Vergangenheit findet bei ihm viel weniger Beachtung als bei anderen Propheten; selbst der Auszug der Israeliten aus Ägypten fand keine besondere Beachtung. Die Zukunft Israels ist bei Ezechiel von übernatürlichen Phänomenen begleitet, wie sie in der späteren apokalyptischen Literatur oft anzutreffen sind (vgl. Kap. 18). Der Prophet sagt die Wiederherstellung der Staaten Juda und Israel und ihre Vereinigung in einem großen Reich voraus, über welches wieder das Haus David herrschen wird.

Dieser Gedanke ist möglicherweise der nachträgliche Einschub eines Redaktors. Ezechiel war nämlich an einem Wiedererstehen der Davidischen Monarchie kaum interessiert. Zu einer Zeit, in welcher die meisten Staaten im Orient nur von kurzer Lebensdauer waren, stellte sich Ezechiel die Zukunft Israels nicht als mächtiges Staatswesen, sondern als religiöse Gemeinschaft vor, welche ihren Platz in dem neuen Tempel namens *Jahwe schamma* (Hier wohnt der Herr), der sich aus der Asche des alten erheben sollte, finden würde. In diesem Zusammenhang werden zahlreiche Einzelheiten, die den neuen Tempelkult betreffen, beschrieben.

Nach Meinung Ezechiels sind derartige Rituale von größter Bedeutung für die Wiederherstellung eines guten Verhältnisses zwischen den Menschen und Gott. Die Voraussetzung hierfür, Buße und Reue der Menschen, findet ihren Ausdruck vor allem in religiösen Ritualen. Nur wer rigoros an diesen festhält, kann nach Meinung Ezechiels wirklich zu Gottes Volk gehören.[11]

Diese stark an den Forderungen einer Kultreligion orientierte Auffassung unterstreicht, daß Ezechiel wahrscheinlich einer auf den Priester Zadok zurückgehenden Priesterfamilie entstammte. So formalistisch eine solche Sichtweite anmutet, sie ermutigte die Menschen in der Diaspora, deren seelische Widerstandskraft zu erlahmen drohte, zum Durchhalten.

Später nannte man Ezechiel »Vater des Judentums«; der Prophet wurde somit zu einem der Stifter jener neuen Religion, die in nach exilischer Zeit eine zentrale Rolle in Israel spielen sollte (vgl. Kap. 16).

Das Deuteronomistische Geschichtswerk

Während des Babylonischen Exils hielt eine Gruppe von Historikern Rückschau auf alles, was sich bis zum Untergang Judas in der Geschichte des Volkes Israel zugetragen hatte, und befragte sie nach ihrer Bedeutung für die Gegenwart. Ein Beispiel solcher Geschichtsschreibung ist das sogenannte Deuteronomistische Geschichtswerk. Seine Autoren hatten es sich zur Aufgabe gemacht, die Geschichte Israels vom Einzug der Israeliten ins Gelobte Land bis hin zur Deportation der Juden nach Babylonien neu darzustellen. Wie andere Quellenwerke dieser Art ist auch diese Schrift nicht als unabhängiges Dokument erhalten, doch nimmt man an, daß sie mit der Freilassung des jüdischen Ex-Königs Jojachin aus babylonischer Haft (um 561) endete (vgl. Kap. 14). Dieses für Juda ermutigende Ereignis war möglicherweise Anlaß für die Abfassung des Werkes. Verfasser ist entweder eine Autorengruppe, doch vielleicht haben wir es mit nur einem Autoren zu tun. Da seine Identität unbekannt ist, bezeichnet man ihn nach einem Hauptmerkmal seines Geschichtswerks als Deuteronomisten. Das seiner Darstellung zugrunde liegende schriftliche oder mündliche Quellenmaterial verarbeitete der Autor so, daß es sowohl sprachlich als auch inhaltlich an das biblische Buch Deuteronomium erinnert. Dieses berichtet über die Zeit, die der Epoche, mit welcher der Deuteronomist einsetzt, unmittelbar vorausgeht (vgl. Kap. 13). Der Deuteronomist ist nicht mit dem Verfasser des Deuteronomiums identisch.

Eine Eigenheit des Deuteronomisten ist es, zahlreiche eigene Kommentare und Deutungen in die Berichte einzufügen, insbesondere im Buch der Richter und den beiden Büchern der Könige. Bisweilen stellt er historische Fakten so dar, daß sie seiner Auffassung von Geschichte entsprechen, anderswo fügt er erläuternde Abschnitte, manchmal ganze Kapitel ein. Auch die einheitliche Gliederung dieses Teils der Bibel, vielleicht sogar die Einteilung in Bücher verdanken wir diesem Autor.

Der Deuteronomist geht davon aus, daß die historischen Fakten seinen Lesern bereits aus anderen Quellen bekannt sind. Hierzu gehören unter anderem die Chronik Salomos sowie Listen, welche die Könige Israels und Judas verzeichnen. Der Deuteronomist verfolgt den Zweck der religiösen Unterweisung anhand der Geschichte, deren Verlauf er mit dem Eingreifen Jahwes, des Herrn der Geschichte, zu erklären sucht. Die Katastrophen, die über Gottes Volk hereinbrachen und alle seine Hoffnungen zunichte machten, hatten ihren Grund darin, daß Israel Jahwe den Gehorsam verweigerte. Die schlimmste Form des Ungehorsams wider Gott war für den Deuteronomisten die Übernahme der Religion der Kanaanäer; Israel wurde damit bestraft, daß Gott dem kanaanäischen

Erzfeind gestattete, in dem von den Israeliten besiedelten Gebiet zu überleben.[12] Die von der historischen Wirklichkeit entschieden abweichende Darstellung der Eroberung Kanaans unter Josua als kriegerisches Geschehen, an dem das ganze Volk Israel beteiligt war, ist besonders charakteristisch für den Deuteronomisten. Für ihn ist die Eroberung des Gelobten Landes eine der größten Heilstaten, die Gott an seinem Volke gewirkt hatte. Eine ähnlich idealisierende Darstellung erfährt die Epoche der Richter durch den Autor, indem er die einzelnen Richter-Überlieferungen in eine chronologische Ordnung bringt und die Richter zu Heroen von nationaler Bedeutung stilisiert. Auch die Hervorhebung der Bedeutung Samuels als Wegbereiter der Monarchie scheint auf ihn zurückzugehen; hierbei kommt er wahrscheinlich der historischen Wirklichkeit näher als im Fall der Josua- und Richter-Erzählungen. Sein Hauptanliegen war es, Samuel als Werkzeug Gottes hinzustellen.

Die Tradition der kritischen Betrachtung des Königtums geht ebenfalls auf den Deuteronomisten zurück; dieses war, als der Deuteronomist sein Geschichtswerk verfaßte, bereits kläglich gescheitert. Besonders kritisch verfährt der Autor mit dem Monarchie-Begründer Saul. Sauls Nachfolger David hingegen erscheint teils in günstigem, teils in recht ungünstigem Licht. Zwar bleibt der Autor bei seiner Überzeugung, daß Jahwe Strafwürdiges nicht ungeahndet läßt, doch betrachtet er das von David begründete Königshaus als von Gott auserwählt und sieht in Jerusalem die Stadt Gottes. Im Falle Salomos verfährt der Autor ähnlich widersprüchlich; auch stützt er sich auf ebenso komplexes Quellenmaterial wie bei der Darstellung Davids.

Die Reichsteilung bedauert der Deuteronomist zutiefst. So entwirft er ein äußerst ungünstiges Bild von dem Nordreich Israel. Die meisten Könige trifft das Verdikt, dem Willen Jahwes zuwidergehandelt zu haben, selbst wenn sie enorme politische Leistungen erbracht haben wie etwa Omri, Ahab oder Jerobeam II. Das, was die Herrscher in den Augen des

Autors vor allem belastete, waren ihre Versuche, eine Art Partnerschaft zwischen den der jahwistischen und den der kanaanäischen Religion anhängenden Bevölkerungsteilen zustandezubringen. Außerdem machte der Autor ihnen zum Vorwurf, daß sie Jerusalem (das sich freilich überhaupt nicht auf ihrem Reichsgebiet befand) nicht als legitimes Zentrum der hebräischen Religion anerkannten. Nicht einmal der fanatische Jehu, der mit Feuer und Schwert gegen die Baalsanhänger zu Felde zog, erntet daher uneingeschränktes Lob.

Auch die Herrscher des Südreichs Juda, dessen Hauptstadt Jerusalem war und die außerdem dem Hause David angehörten, erfahren mit Ausnahme weniger wie der der religiösen Neuerer Hiskia und Josia eine ähnlich unnachsichtige Behandlung wie die Könige des Nordreichs. Auch sie betrieben eine Politik der Aussöhnung zwischen Jahwisten und Kanaanäern. Manasse wird als besonders drastischer Fall eines religiösen Frevlers geschildert, und am furchtbaren Schicksal des Zedekia kommt Jahwes Vergeltung für dessen Untreue zum Ausdruck.

Voller Wohlwollen und Respekt betrachtet der Deuteronomist die Propheten. Daß er keinen von ihnen namentlich erwähnt – die einzige Ausnahme bildet Jesaja[13] –, liegt daran, daß der Autor davon ausging, daß man ihre Verkündigung aus eigenen, verfügbaren Werken kannte, die mit ihren Namen verknüpft waren. Höchst ehrenvolle, ausführliche Würdigung findet auch das Wirken ihrer Vorläufer Elia und Elisa, die Israel Unheil als Strafe für seinen Abfall von Gott angedroht hatten. Für den Deuteronomisten sind Elia und Elisa Prototypen der wahren Propheten, welche die Botschaft Gottes weitergaben, der zu Israel »durch seine Diener, die Propheten« sprach.[14] Der Deuteronomist legt Wert darauf zu beweisen, daß die Sprüche und Verheißungen, die Gott durch Propheten verkünden ließ, auch in Erfüllung gingen.

Alle Bücher von Josua bis zum zweiten Buch der Könige haben eine Affinität zur Prophetenbewegung. Die durch die Propheten weitergegebenen göttlichen Mahnungen verweisen nach Auffassung des Deuteronomisten auf die künftigen politischen Katastrophen, die zuerst über Israel und dann über Juda hereinbrachen.

Daß der Deuteronomist selbst einer Prophetengruppe angehörte, ist nicht bewiesen. Aber es ist ihm überzeugend gelungen, das Wirken der Propheten mit dem Verlauf der Geschichte in Zusammenhang zu bringen und dabei zu zeigen, daß sie recht behielten. Außerdem prägte er den volkstümlichen Begriff des Propheten, welcher für ihn nicht nur ein Seher war, der Gottes Willen deutete, sondern darüber hinaus ein Bild von der Zukunft entwarf. Die Zukunft Israels brachte der Deuteronomist mit dem Hause David in Verbindung. Die Verbannung nach Babylon war die verdiente Strafe für seine Sünden, aber mit ihm war das Schicksal Israels nicht besiegelt. Er war überzeugt, daß Jahwe, so wie er einst auf seiten des Hauses David gestanden hatte, ihm auch künftig wieder beistehen würde, und daß das Volk, das unterzugehen drohte, nicht sterben würde, da eines Tages die Nachkommen der Verbannten nach Jerusalem zurückkehren würden. Wie mancher andere weigerte sich der Deuteronomist beharrlich, an einen endgültigen Untergang Israels zu glauben.

Die Priesterschrift

Eine zweite, ebenfalls zur Zeit des Exils entstandene Geschichtsdarstellung, ist die sogenannte Priesterschrift (P). Sie wurde in die Fünf Bücher Mose eingearbeitet und behandelt nicht dieselben Epochen wie das Deuteronomistische Geschichtswerk, sondern wendet sich ebenso wie der Jahwist und der Elohist den Ursprüngen des Volkes Israel zu (vgl. Kap. 9 und 11). Als der Verfasser der Priesterschrift seine Arbeit aufnahm, waren diese beiden Quellen bereits zu einem Werk zusammengefügt worden. Dieses ergänzte der Autor durch umfangreiche Zusätze, welche oft aus sehr alten schriftlichen und mündlichen Quellen stammen; dies gilt insbesondere für die Passagen über das Heiligtum von Hebron.

Ebensowenig wie J und E liegt P uns als in sich geschlossene Quelle vor. Jedoch ist nicht ausgeschlossen, daß eine solche Schrift existiert hat. Die Passagen, die sich P zuordnen lassen, verraten nämlich einen eigenen, unverkennbaren Stil, der durch klare und präzise Aussagen, ein vollendetes Formgefühl, gelegentlich auch durch Pathos und Wiederholungen gekennzeichnet ist.[15] Charakteristisch für den Wortschatz dieses Historikers sind auch bestimmte sprachliche Wendungen, insbesondere solche, die aus dem Rechtsleben stammen, sowie eine Vorliebe für Zahlen, Listen, Maße und Stammbäume. Man hat dieses Werk Priesterschrift genannt, weil es – hierin dem Buch des Propheten Ezechiel nicht unähnlich (vgl. Kap. 14) – ein starkes Interesse an Ritus und Kult erkennen läßt. Es enthält zu diesem Zweck eine Sammlung priesterlicher Gesetze, welche für den Autor den eigentlichen Wert und Sinn der Thora darstellen. Der Priesterschrift entstammt auch das sogenannte Heiligkeitsgesetz. Dieses könnte die Überschrift »Ursprünge der religiösen Institutionen Israels« tragen. Für die Priesterschrift beruhen diese Institutionen auf Normen, die immerwährende Gültigkeit haben. Heilsgeschichte setzt die Schrift mit priesterlicher und kultischer Satzung gleich. Außerdem versucht der Autor, bestimmte Interessen der Priesterschaft, die von Davids Tempelpriester Zadok abstammt, zu rechtfertigen. Ein weiteres Anliegen von P ist es, die Konflikte, die fortwährend zwischen konservativen Priestern und radikalen Propheten bestehen, abzubauen.

Bei seiner Darstellung legt der Autor großes Gewicht auf die Heiligkeit des Bundes, den Gott einst mit Noah schloß. Dieser Bund wird als Rechtsinstitution begriffen, auf die letztlich die Etablierung jeglicher politischen Autorität zurückgeht. Für die Priesterschrift markiert er den Beginn eines Zeitalters, in dessen Verlauf immer neue Bundesschlüsse vollzogen werden, durch welche Jahwe sich Israel immer wieder aufs neue verpflichtet. Der Autor beschreibt die ethischen Grundprinzipien, welche Noah, so heißt es, von Jahwe geoffenbart wurden: Es handelt sich hierbei um sieben Gebote. (Diese waren in den Augen von jüdischen Theologen des Mittelalters sogar für Nichtjuden bindend.) Zu Beginn der Aufklärung beriefen sich sogar Philosophen zur Begründung des Naturrechts auf den entsprechenden Passus in der Bibel.

Als Gegenleistung für seine Bundestreue verspricht Gott Noah nicht nur eine regelmäßige Abfolge der Jahreszeiten, welche Grundlage für das Gelingen der Landwirtschaft sind; Noah wird auch zum Stammvater einer neuen Menschheit. Aus seinen unmittelbaren Nachkommen soll die gesamte künftige Erdbevölkerung hervorgehen – jedenfalls stellt es die Völkertafel so dar.[16]

Nach Aussage der Priesterschrift verkündet Gott Abraham: ». . . durch deine Nachkommen sollen gesegnet sein alle Völker der Erde, weil du meinem Rufe gehorchtest.« Allerdings äußert er auch: »Deine Nachkommen sollen die Tore (Städte) ihrer Feinde in Besitz nehmen.«[17] Zwar sollte das verheißene Heil der gesamten Menschheit zugute kommen, sein Mittler sollte jedoch Abrahams israelitische Nachkommenschaft sein. Das äußere Zeichen des Bundes mit Abraham ist die Beschneidung. Diese Äußerung mutet seltsam an, denn als die Priesterschrift entstand, lebte ein großer Teil der Nachkommen Abrahams in der Verbannung.

Höhepunkt heilsgeschichtlichen Wirkens bildet für die Priesterschrift die Übergabe der Gesetzestafeln an Mose auf dem Sinai. Dieser Akt besiegelt die einzigartige Stellung des Gottesvolkes. Was immer sich in der Zukunft ereignen wird, Israel darf nun keinen Deut mehr von den Gesetzesvorschriften abweichen. Hüter und Wahrer des Gesetzes ist für die Priesterschrift Moses Bruder Aaron, welcher entgegen aller Chronologie als erster Hoherpriester betrachtet wird.

Eine zentrale Rolle kommt innerhalb des Gesetzes den Vorschriften für die Ernährung zu. Diesen Vorschriften zufolge, deren Ursprünge unbekannt und umstritten sind, kommt nur eine kleine Auswahl von Lebewesen als Nahrungsquelle für Menschen in Frage, und der Verzehr von Blut ist ebenso verboten wie die Mischung von Fleisch- und Milchprodukten.

Ein Beispiel für die Bedeutung von kultischen Regeln und Vorschriften ist die Einrichtung des Jom Kippur[18], eines Festtages, dessen Entstehung auf Sühneopfer-Bestimmungen zurückgeht. Der tiefere Sinn des Jom Kippur – der Name bedeutet Tag der Versöhnung – ist die Reinigung von Sünden. Dies bedeutet, daß die Priesterschrift Opfervorschriften neu interpretiert und diesen eine ethische Dimension verleiht. Wie so oft in der Geschichte hebräischen Denkens begegnen wir am Beispiel des Jom Kippur einem Sündenbegriff, der eine ganze Reihe von Verstößen gegen das menschliche Gemeinschaftsleben einschließt. So weist der Autor beispielsweise darauf hin, daß Jahwe jede Form der Unterdrückung verurteilt.

Ein weiterer wichtiger Aspekt der Priesterschrift ist das *ius talionis*, jenes altmesopotamischem und kanaanäischem Denken entsprungene Prinzip, das sich konkret mit »Auge um Auge, Zahn um Zahn« beschreiben läßt. In der Priesterschrift wird dies nicht als Rache angesehen, vielmehr ermöglicht es einem Geschädigten, sich zu verteidigen. Erst viel später wurde das Prinzip der ausgleichenden Gerechtigkeit von Pharisäern und ihren Anhängern zu einem System von Geldbußen und finanzieller Wiedergutmachung verwässert.[19]

Besonders berühmt ist die Geschichte einer anderen ethischen Aussage: »Liebe deinen Nächsten wie dich selbst!« (oder: »Liebe deinen Nachbarn als einen Menschen, wie du es bist«).[20] *Rea,* meist mit der Nächste (seltener als der Nachbar) übersetzt, ist in der Bibel der Mitmensch, zu dem man in unmittelbarer, wechselseitiger Beziehung steht.

Das Gebot der Nächstenliebe hat deswegen heftige Diskussionen ausgelöst, weil eines der zentralen Probleme Israels, seine Beziehungen zu Fremden, durch dieses Gebot neue

Aktualität bekam. Es erhebt sich nämlich die Frage, ob man auch Fremdlingen Liebe entgegenbringen sollte. Wir kennen die spätere Auslegung dieses Gebots durch Jesus, welcher die Menschen dazu aufforderte, sogar ihre Feinde zu lieben. Eine so radikale Auffassung vertrat die Priesterschrift nicht, doch im Buch Leviticus ebenso wie in einem Überlieferungsstrang des Deuteronomiums äußert der Autor von P, daß man Fremdlinge, die nicht feindselig gesinnt seien, also die nichtjüdischen, kanaanäischen und alle anderen Minderheiten im selben Land, ebenso lieben soll, wie man seinen Nächsten zu lieben verpflichtet sei, und er begründet es damit, daß auch das Volk Israel eine Außenseiterexistenz führte, als es noch in Ägypten war: »denn auch ihr wart Fremdlinge in Ägypten.«[21]

Die Überzeugung des Autors, daß Gott Schöpfer und Herrscher aller Dinge ist, macht ihn (wie auch andere Autoren seiner Zeit) von der engen Vorstellung frei, daß sein Gottesglaube nur innerhalb der Gemeinschaft des israelitisch-jüdischen Volkes gelebt werden könne. Aus diesem Grunde verfaßte P seinen Schöpfungsbericht, mit dem er beweisen wollte, daß der Gott, an den Israel glaubte, derselbe Gott war, der die gesamte Schöpfung ins Leben rief. Diesen Bericht finden wir am Anfang des Buches Genesis. Die Erschaffung der Welt wird in feierlicher hymnischer Sprache geschildert. Die verschiedenen Schöpfungsakte werden auf sechs Tage verteilt. Jeder einzelne Schöpfungsakt wird durch die stereotype Formel »und Gott sprach . . .« eingeleitet. Am ersten Tag entstanden Licht und Finsternis, Tag und Nacht, am zweiten Tag die Erdatmosphäre und das Meer, am dritten trennten sich Land und Meer, und es wuchsen Bäume und Pflanzen. Am vierten Tag schuf Gott Sonne, Mond und Sterne, die Zeit wurde in Jahre und Tage aufgeteilt, und die Jahreszeiten entstanden. Am fünften Tag schuf Gott die Vögel und Wassertiere, am sechsten die Landtiere sowie ein Menschenpaar, einen Mann und eine Frau. Am siebten Schöpfungstag war das Werk vollendet, und der Schöpfer ruhte von seiner Arbeit. Hier haben wir es nicht mit einer mit menschlichen Zügen ausgestatteten Gottheit zu tun, die im Garten Eden Adam begegnet (vgl. Kap. 9), sondern mit einem allmächtigen transzendenten Gott, der mit machtvoller Gebärde am ersten Schöpfungstag das Licht von der Finsternis scheidet, während in der Tiefe die Erde noch »wüst und leer« war, Dunkelheit über dem Abgrund lag und ein gewaltiger Wind über die Wasser des Chaos hinwegfegte.[22]

Der Schöpfungsbericht der Priesterschrift hat Ähnlichkeit mit altmesopotamischen Schöpfungsmythen, insbesondere dem Epos Enuma Elisch, das die Priester beim babylonischen Frühlingsfest (Neujahrsfest) zu singen pflegten.[23] Außerdem müssen ältere Texte volkstümlichen Charakters P als Vorlage gedient haben. Allem Anschein nach hatten Priester aus Juda diese Kosmogonien (Berichte von der Entstehung der Welt) im Babylonischen Exil kennengelernt. Auch das Enuma Elisch verteilt die Schöpfung auf sechs Tage. Die Vorstellung, daß Gott nach sechs Tagen von der Arbeit ruhte, diente P als Begründung für die Einrichtung des Sabbat.

Nicht nur dieses zeitliche Schema entstammt fremden Vorlagen. Auch die Darstellung des zweiten Tags der Schöpfungswoche ist mesopotamischen Ursprungs. »Dann sprach Gott: ›Es entstehe ein festes Gewölbe inmitten der Wasser und bilde eine Scheidewand zwischen den Wassern.‹«[24] Hinter diesem Bild steht die Vorstellung, daß über der Erde ein Ozean voller Seewasser und unter ihr ein Süßwassermeer liegt; darin liegt eine Parallele zu der kanaanäischen Auffassung, daß der Gott El, der »Schöpfer alles Geschaffenen«, »am Zusammenfluß der beiden Ströme« wohnte, wo sich die Wasser der Unter- und Oberwelt trafen (vgl. Kap. 2).

Allerdings gibt es zwischen den altorientalischen Mythen und dem von P wiedergegebenen Schöpfungsbericht einige grundsätzliche Unterschiede. Der Wesenskern der orientalischen Mythen war stets ein Kampf, bei dem die Götter verschiedene Teile der Natur verkörperten. So zerschmetterte beispielsweise Marduk die von Tiamat angeführten Mächte der Unterwelt. Das Bedürfnis, die Schöpfung als Sieg über die

Mächte des Bösen, Ungeordneten, Chaotischen hinzustellen, findet zwar in einigen Psalmen und auch in anderen Teilen der Bibel seinen Ausdruck, doch im Buch Genesis fehlt das Motiv des Kampfes völlig. Der Gott der Priesterschrift verkörpert weder eine der vielen einander widerstreitenden Kräfte der Natur, noch ist er die Natur als Ganzes, sondern er steht außerhalb derselben. Er ist derjenige, der den Anfang allen Lebens setzte. Eine solche Auffassung klammert die Frage danach, was vor der Schaffung der Welt geschah, konsequent aus und hat auch nichts mit der buddhistischen Lehre, nach welcher die Erde stets war und stets bleiben wird, gemein. Im Jahre 1215 n. Chr. wurde die Vorstellung, daß mit Gottes Schöpfertat alles begann, zum christlichen Lehrsatz erhoben. Astronomen diskutieren die Frage nach dem Beginn aller Dinge noch immer. Die Priesterschrift verstand sich weder als philosophische noch als wissenschaftliche Abhandlung. Sie stellt den Versuch dar, das Problem des Ursprungs der Welt zu erläutern, und zwar mittels poetischer Imagination und einer entsprechend bildhaften Sprache.

Auch über die besondere Stellung des Menschen in der Natur äußert sich der Autor der Priesterschrift: »Und Gott schuf den Menschen nach seinem Bilde, nach dem Bilde Gottes schuf er ihn; als Mann und Weib schuf er sie.«[25] Hierin unterscheidet P sich deutlich vom Jahwisten, in dessen Schöpfungsbericht es heißt, zuerst habe Gott den Mann erschaffen und danach aus einem Teil von ihm die Frau. Man hat P.s Darstellung von der Erschaffung des Menschen als »Magna Charta der Humanität« bezeichnet. Zu dem Problem, worin eigentlich die Gott-Ebenbildlichkeit des Menschen besteht, gibt es die verschiedensten Meinungen. Man hat sie als Unsterblichkeit interpretiert sowie als die Fähigkeit, die eigene Existenz zu reflektieren, und überhaupt jede Art menschlicher Größe auf die Schaffung des Menschen nach Gottes Ebenbild zurückgeführt. Wahrscheinlich liegt der Schlüssel zum Verständnis der fraglichen Stelle in den vorangehenden und darauffolgenden Passagen der Priesterschrift;

hier ist davon die Rede, daß die Menschen über die Tiere herrschen sollen, ein Motiv, dem wir in der Erzählung über Noahs Arche wieder begegnen. Dies bedeutet, daß die Natur nicht mehr dem Willen babylonischer oder kanaanäischer Gottheiten untergeordnet ist, sondern allein Jahwe, dem Herrn der Schöpfung. Dieser stellte in seiner Großzügigkeit dem Menschen alles Leben auf der Erde zur Verfügung. Ein Jahrhundert später sollte in Griechenland Sophokles die ungeheure Macht des Menschen preisen, welche ihm den Göttern gegenüber eine gewisse Selbständigkeit und Autonomie verleiht. Im jüdischen Denken steht der Gedanke im Vordergrund, daß jegliche Macht und Größe, die Menschen erreichen können, letztlich ganz und gar Jahwe zu verdanken sei. In einem Psalm heißt es: »Du gabst ihm die Herrschaft über die Werke deiner Hände . . . nur wenig geringer als dich selbst hast du ihn gemacht.«[26]

Der Autor der Priesterschrift schreibt: »Und Gott sah, daß das Werk seiner Hände gut war.« In diesem Zusammenhang hat das Wort *tob* (gut) eine zentrale Bedeutung, nicht nur, weil der Bericht über Adam und Eva und das Leben der ersten Menschen, den ein Bearbeiter hinter die Schöpfungsgeschichte gestellt hat, in einer totalen Katastrophe endet (vgl. Kap. 8), sondern vor allem deshalb, weil eine Qualifikation der Schöpfung als »gut« einen Kampf von guten und bösen Mächten absolut ausschließt. P will unbedingt vermeiden, daß seine Auffassung von der Herrschaft Gottes über seine Geschöpfe durch dualistische Vorstellungen, wie sie etwa im Manichäismus vorkommen (vgl. Kap. 18) verfälscht wird. Für P kann die Welt und das, was sie enthält, auf keine Weise Gott feindlich gesinnt sein. Denn das Schöpferwerk Gottes kann nur gut sein, da Gott selbst gut ist.

15. Kapitel
Die Blüte hebräischen Denkens

Das Buch Hiob

Nachdem die beiden Königreiche gestürzt waren – Israel durch die Assyrer und Juda durch die Babylonier –, machte sich in Palästina ein deutlicher Zivilisationsrückgang bemerkbar.

Das Gebiet des ehemaligen Nordreichs Israel war zur neuen Heimat für Zwangsumsiedler aus dem assyrischen Großreich geworden, welche in die einheimische Bevölkerung, die nicht deportiert worden war, integriert werden sollten. Zu diesem Zweck unterwies ein Priester die neuen Kolonisten in der Religion Jahwes, woraus eine neue Mischreligion aus israelischen und fremden Kulten entstand. Jerusalem wurde zu einem Kultzentrum, zu dem Pilger aus Samaria, Silo und Sichem pilgerten. Da die im Exil lebenden Bibelautoren jener Tage solche Entwicklungen gänzlich ignorierten oder mit großer Skepsis verfolgten – einer Sektengründung der Samaritaner standen sie äußerst feindselig gegenüber (vgl. Anhang 6) –, erfahren wir nur wenig über die Verhältnisse im damaligen Israel.

Im eroberten Juda, das durch die Deportationen der Babylonier beinahe ein Viertel seiner Bevölkerung verloren hatte, erlag ein dem Jahwe-Glauben anhängender babylonischer Statthalter namens Gedalja (vgl. Kap. 13) einem Mordanschlag. (Die Juden beklagen dieses Ereignis noch immer als das eigentliche Ende ihrer Existenz als Staatsvolk.) Seine Nachfolger waren teils jahwistischen Glaubens, teils hingen sie fremden Religionen an.

Die fünf Klagelieder, deren Verfasser im eroberten Jerusalem zurückgeblieben war, geben die damalige Situation anschaulich wieder. Die in Trümmer liegende Stadt Jerusalem war eine Zeitlang kaum noch bewohnbar. Es fehlte an Wasser und Nahrungsmitteln, und es kam sogar zu kannibalischen Exzessen. Archäologische Ausgrabungen zeigen, daß sich damals auch andere Städte und Dörfer Judas in einem äußerst beklagenswerten Zustand befanden. Eine wichtige Rolle beim Neuanfang nach der Verwüstung des Krieges spielten die im Lande verbliebenen Bauern und Hirten; die neuen Herren teilten den Grundbesitz der Leute, die man nach Babylonien deportiert hatte, unter ihnen auf. Allerdings mußten sie, nicht anders als ihre israelitischen Landsleute im Norden, diesen neuen Landbesitz mit Neueinwanderern teilen, die in großen Scharen ins Land strömten. Einige kamen aus dem Philistergebiet, andere aus Ländern wie Ammon, Moab und Edom – Gebieten am Ostrand Judas, die ebenso wie Juda selbst unter den Folgen des Krieges litten. Keine Frage, daß durch diese Wanderungen der religiöse Synkretismus wieder auflebte. Ein unverfälschter Jahwe-Kult blühte an der Stätte des in Trümmern liegenden Tempels weiter, doch auch die nie gänzlich in Vergessenheit geratenen kanaanäischen Kulte erhielten eine neue Chance. Deuterojesaja (vgl. Kap. 15) ließ keine Gelegenheit aus, diejenigen zu schmähen, die sich diesen verhaßten Praktiken hingaben. »Seid ihr nicht Sündenkinder, eine Lügenbrut, die ihr in Brunst geratet bei den Terebinthen unter jedem grünenden Baum, die ihr Kinder schlachtet in den Tälern inmitten der Felsenklüfte!« Doch er weissagte auch Jahwes unnachsichtige Bestrafung der Zuwanderer, die diese Auswüchse förderten: »Und ich zertrat die Völker in meinem Zorn, zerschmetterte sie in meinem Grimm. Da spritzte ihr Saft an meine Kleider, und alle meine Gewänder besudelte ich.«[1]

Nach allen Katastrophen, die Juda erlebt hatte, war es nicht verwunderlich, daß man sich die Frage zu stellen begann, warum Gerechte leiden mußten, während es Übeltätern oft gutging. Jeden Gläubigen, für den Gott nicht nur Schöpfer des Universums ist, sondern auch die Verantwortung für alles, was geschieht, trägt, muß dieses Problem beschäftigen. Dies taten die gläubigen Jahwe-Anhänger, und besonders Jeremia widmete sich dieser Frage (vgl. Kap. 13).

Jahrhundertelang hatte man die Auffassung vertreten, daß Jahwe eines Tages die Tugendhaften belohnen und ihre Gegner bestrafen werde. Doch nach den Erfahrungen der jüngsten Vergangenheit war dies für viele Menschen keine befriedigende Antwort mehr. Ein Schriftsteller, der vermutlich im verwüsteten Mutterland geblieben war, setzte sich aufs neue mit der Frage nach der Gerechtigkeit Gottes auseinander. Dabei entstand das Buch Hiob.

Es besteht aus zahlreichen Gedichten, denen ein Prolog vorangestellt ist und auf die ein Epilog folgt; beide sind in Prosa verfaßt.

Hiob, so erfahren wir, stammte aus dem Lande Uz. Er war mit großem Reichtum gesegnet und zeichnete sich durch tiefe Frömmigkeit aus. Im Prolog des Hiob-Buches behauptet Satan, der in der Rolle eines Mitglieds einer himmlischen Ratsversammlung geschildert wird, Hiobs Frömmigkeit beruhe auf reiner Selbstsucht. Deshalb gestattet Jahwe ihm, Hiob zu versuchen, indem er Hiob all seines weltlichen Besitztums sowie seiner Kinder beraubt und ihn mit einer furchtbaren Krankheit schlägt. Satan erklärt, daß die Zeit kommen werde, in der ein Mensch, den so entsetzliches Unglück befällt, sich gegen Jahwe wenden und ihn verfluchen muß. Doch Hiob sträubt sich mit aller Macht, dies zu tun, obwohl er in dem Selbstgespräch, mit dem der poetische Teil des Buches beginnt, den Tag verflucht, an dem er geboren wurde.

Drei alte Freunde Hiobs, die gekommen sind, um ihn zu trösten, Eliphas, Bildad und Zophar, versuchen Hiob davon zu überzeugen, daß er seine Leiden hinnehmen müsse. Sie weisen darauf hin, daß Gottes Wege unerforschlich seien und Hiob wohl gesündigt haben müsse, da Jahwe stets nur die

Ungerechten strafe. Doch Hiob verwahrt sich gegen diese Denkweise. Er fordert Gerechtigkeit von Gott und verlangt einen unparteiischen Dritten, einen Vermittler, der ihm zur Seite stehen soll.

Hiob beteuert weiterhin seine Unschuld. Im folgenden tritt ein junger Mann namens Elihu auf und wiederholt in mehreren Reden die Gedanken, die Hiobs drei andere Freunde bereits geäußert haben, bringt aber bessere Argumente vor als diese.

Danach wendet sich Gott persönlich an Hiob. Er spricht von der überwältigenden göttlichen Macht, die sich im Wunder und der Vielfalt der Schöpfung offenbart und die kein menschlicher Geist zu erfassen vermag. In seiner Antwort an Gott beteuert Hiob noch immer seine Unschuld, spricht jedoch voller Ehrerbietung gegenüber Gott und fügt sich in sein Schicksal. Im Epilog erfahren wir, daß Jahwe seine Kritiker zurückweist und Hiobs früheren Besitz verdoppelt. Außerdem erreicht Hiob ein hohes Alter. Das Buch Hiob ist das umfangreichste dichterische Werk der Bibel. Die poetischen Abschnitte enthalten zahlreiche Metaphern und Gleichnisse. Sie sind angelegt wie ein Drama, können aber auch als Volksüberlieferung, Fabel, Orakel, Hymnus, Epos, Klagelied und lehrhafter Traktat gelesen werden. So gehört das Buch Hiob nahezu allen literarischen Gattungen an, welche in der hebräischen Bibel vertreten sind.

Man hat das Buch Hiob mit einer riesigen Kathedrale verglichen, an deren Bau ganze Generationen jahrhundertelang gearbeitet haben. Da der Text zum Teil unklare Stellen aufweist und auch die Thematik zeitlos ist, kann man den Zeitpunkt seiner Vollendung nur sehr ungenau festlegen. In seinen Grundzügen könnte es kurz nach der Zerstörung Judas vorgelegen haben, und wesentliche Teile des Textes dürften nicht sehr viel später fertiggestellt worden sein. Im großen ganzen kommt der Zeitraum zwischen 580 und 540 in Frage. Möglicherweise ist das Buch Hiob eine Antwort auf die Klagen des Propheten Jeremia, welcher noch das frühe

6. Jahrhundert erlebte. Eine inhaltliche Parallele zu Jeremia ist in der Aussage, daß Gott Lohn und Strafe nicht nach Maßstäben menschlicher Gerechtigkeit verteilt, zu finden.

Auch der Entstehungsort des Buches Hiob läßt sich nicht mit Sicherheit ausmachen; doch die Verzweiflung Hiobs, welche ein so zentrales Thema des Buches darstellt, kann als Hinweis darauf gelten, daß es in dem verwüsteten Land Juda und nicht in der babylonischen Diaspora geschrieben wurde.

Zu einer Zeit, in der die Hebräer keine eigenen Königreiche hatten, wandten sie sich mehr und mehr individuellen Problemen zu, beschäftigten sich mit der Macht, die das Böse über den einzelnen hatte, und fragten, warum dieses Böse in Jahwes Schöpfung einen so breiten Raum einnehmen konnte. Das Buch Hiob behandelt dieses Problem auf zuvor nicht gekannte geistreiche und differenzierte Weise; es scheint Äonen von der simplen Gläubigkeit früherer Generationen entfernt zu sein, obwohl Hiobs Freunde durchaus im Sinn einer solchen Frömmigkeit argumentieren. Der überkommene Gottesglaube der Israeliten wird im Buch Hiob einer fundamentalen Kritik unterzogen.

Der Prolog (Hiob 1–2) und der Epilog (Hiob 42, Vers 7–17) sind deutlich als spätere Zusätze zu der eigentlichen Hiob-Dichtung zu erkennen. Sie schildern nämlich einen Hiob, der sein unerträgliches Leid in beispielloser Gottergebenheit erduldet und am Ende dafür belohnt wird. Eine solche Darstellung greift auf traditionelle Muster zurück und stammt aus einer Zeit, in der der Glaube an Jahwe auf unbedingtem, unreflektiertem Gehorsam beruhte, der für Zweifel keinen Raum ließ. Möglicherweise gehen der Prolog und Epilog auf das 8. Jahrhundert zurück. Hiobs Name erscheint bereits in Texten des zweiten Jahrtausends. Hiob war einer der sprichwörtlich gewordenen Gerechten, der im gesamten Orient als ganz besonders herausragende Persönlichkeit galt. Und es ist bezeichnend für die ständige Auseinandersetzung der Hebräer mit dem Status Fremder, daß dieser Mann, der zum Inbegriff des geduldigen Leidenden wurde, ausgerechnet ein Fremdling war. Als seine Heimat galt das Land Uz, das entweder in Edom oder in Aram (Damaskus) liegen dürfte. Auch Hiobs Freunde scheinen aus Edom gekommen zu sein. Weisheitsliteratur, innerhalb welcher das Buch Hiob – dessen Held geradezu die Verkörperung der Weisheit bildet – zweifellos einen Höhepunkt darstellt, behandelt sehr oft das Thema der Fremden, wobei die Edomiter eine besondere Rolle spielen (vgl. Kap. 8). Hiob ist ein nicht-israelitischer Weiser ebenso wie Bileam, der von den Moabitern abstammende Prophet, oder Jetro, Moses Schwiegervater.

Allem Anschein nach haben wir es in Prolog und Epilog des Buchs Hiob mit einer alten nicht-israelitischen Legende zu tun, die von einem Weisen berichtet, der in längst vergangener Zeit lebte. Sie ist in einem mesopotamischen Gedicht aus dem zweiten Jahrtausend erhalten, das von einem rechtschaffenen Mann erzählt, den Krankheit und Leid heimsuchten; und ein »Lied von dem Leidenden Gerechten« aus Babylonien (15. Jahrhundert) hat dasselbe Thema zum Gegenstand. Gleiches gilt für eine um 1000 verfaßte Babylonische Theodizee (ein Buch, das dem Problem der Gerechtigkeit Gottes nachgeht), die auch unter dem Titel »Dialog über das menschliche Elend« bekannt ist. Die Leser des Buchs Hiob waren mit einer Tradition vertraut, nach welcher der kanaanäische Gott Baal leiden und sterben mußte und schließlich auferstand (vgl. Kap. 2). Die Probleme, welche das Hiob-Buch behandelt, waren also für die Menschen damals nicht neu.

Im Prolog wird Hiob mit Unglück geschlagen, damit er unter Beweis stellen kann, daß sein Glaube an Jahwe nicht auf Vorteile aus ist und auch im Elend weiterbesteht. Es hat etwas Erschreckendes, daß Jahwe Satan erlaubt, eine dermaßen grausame Glaubensprobe durchzuführen. Satan ist hier, obwohl sein Name »Widersacher« bedeutet, noch nicht der Teufel oder gar Oberteufel und Erzfeind Gottes, sondern Mitglied einer himmlischen Ratsversammlung. Wie in anderen Teilen der Bibel – die so oft von gerichtlichen Maßnahmen Gottes gegen Menschen spricht – hat er hier eher die

Funktion eines öffentlichen Anklägers oder Staatsanwaltes, der Schuldige sucht, dabei die Erde von einem Ende zum anderen durchstreift und die Erlaubnis Jahwes hat, mögliche Übeltäter aufzuspüren und zu jagen, bis er sie stellt.

Hiob lebt als Fremdling im Feindesland, jeder Willkür ausgeliefert, und erduldet jedes Unglück, das einem Menschen nur widerfahren kann. Doch selbst, als er in der Asche seines Hauses sitzt und seine eiternden Wunden mit einer Scherbe kratzt, weigert er sich noch immer, Jahwe zu schmähen, und weist seine Frau mit den Worten zurecht: »Wenn wir von Gott Gutes annehmen, warum nicht auch Schlimmes?«

Der poetische Teil des Buchs Hiob, der nun folgt, steht hierzu in bemerkenswertem Kontrast. Hier wird ein anderer Hiob dargestellt, der nicht eine so phänomenale Geduld aufbringt wie der Hiob des Prologs. Seine drei Freunde – Eliphas, Bildad und Zophar – kommen ihn besuchen. Sieben Tage und Nächte sitzen sie bei ihm und sprechen kein Wort. Dann erst bricht Hiob sein Schweigen und verflucht den Tag seiner Geburt.

Es folgen die Reden seiner Freunde (diesem Teil fehlt es nicht an einer gewissen Ironie; beispielsweise scheint keiner der Freunde ein guter Zuhörer zu sein). Hiob findet ihre Ansichten ganz und gar unbefriedigend und weigert sich, auch nur die geringste Schuld zuzugeben, die sein Unglück rechtfertigen könnte. »Bis zum Tode gebe ich meine Unschuld nicht auf«, erklärt er. »An meiner Gerechtigkeit halte ich fest und lasse sie nicht!«[2]

Jahwe hat seine grausame Wette gegen Satan gewonnen, weil Hiob ihm nicht flucht. Dennoch bringt Hiob Anklagen gegen seinen Schöpfer vor. Jahwe, so erklärt er, sei zwar allmächtig und allwissend, zeige aber keinerlei Interesse am einzelnen Menschen. Der einzelne sei vielmehr »zum Elend geboren, so sicher, wie Funken emporsteigen! Erkennt doch, daß Gott mich ungerecht behandelt und rings um mich sein Netz geworfen hat!« Hiob bezeichnet Gott als ungerecht, als

Feind der Menschen, der sie daran hindert, sich zu entfalten und ihn selbst, Hiob, ganz besonders.[3]

Gott beobachtet Hiob unablässig, dieser jedoch erklärt sich für nicht in der Lage zu sprechen und versucht ihn dazu zu bewegen, das ihm zu Unrecht widerfahrene Unglück rückgängig zu machen. Hiobs größtes Problem ist nicht das Leid, das ihm zugefügt wurde, sondern seine Entfremdung von Gott, die durch das Gefühl zu Unrecht erlittenen Unglücks entstanden ist. Hiob möchte Gott begegnen, um diesen wegen seiner Grausamkeit zur Rede zu stellen und auf diese Weise vielleicht Gottes Handeln zu begreifen.

»O wüßte ich, wie ich ihn finden könnte, gelangen könnte hin zu seiner Wohnstatt! Ich würde vor ihm ein Gericht anstrengen und meinen Mund mit Beweisgründen füllen. Ich erführe die Worte, die er mir antwortete, vernähme, was er mir erwiderte.« Sollte Gott doch eine Anklageschrift gegen ihn verfassen! Und selbst wenn er Richter, Zeuge und Vollstreckungsbeamter in einem wäre: »Würde er in der Fülle der Macht mit mir streiten? Nein, sicher würde er auf mich achten! Dann würde ein Redlicher mit ihm rechten, und ich käme für immer frei von meinem Richter!«[4]

Im Fall, daß eine Begegnung mit Gott für Hiob nicht möglich wäre, könnten ihre Differenzen durch einen Schiedsmann oder Freikäufer (*goël*) beigelegt werden, um die Kluft zwischen dem transzendenten Gott und den Menschen zu überbrücken; der Mittler könnte für Hiob Zeugnis ablegen und ihn freikaufen, wie dies bei einem Streit zwischen einem Mann und seinem Nachbarn geschieht (vgl. Kap. 13).

Hiobs Äußerung: »Ich weiß, daß mein Erlöser lebt!«, wurde später als eine Vorankündigung des Erlösers Christus verstanden. Hiob wollte jedoch einen *persönlichen* Retter und Mittelsmann, keinen kollektiven Heiland oder Messias – und auch an einer Intervention nach seinem Tod lag ihm nichts. Ihm ging es eindeutig um Rettung und Rechtfertigung zu Lebzeiten, im Hier und Jetzt, in der Welt, in der er lebte. Dies entsprach ganz dem hebräischen Denken.

Nachdem Hiobs drei Freunde ihre Reden beendet haben und es ihnen nicht gelungen ist, Hiob zu überzeugen, erscheint der junge Elihu und ergreift das Wort. Er legt Zorn und Ärger an den Tag, denn Hiob hat sich durch sein Rechten mit Gott selbst als gerechter als Jahwe erklärt, Gott angeklagt und sich selbst gerechtfertigt. Seine Freunde fänden keine Argumente mehr gegen ihn, sondern nähmen sich wie Narren aus. Die Elihu-Rede (nicht alle betrachten die Elihu-Reden als Original-Bestandteil des Buches) wiederholt im großen und ganzen die Argumente, die die anderen Freunde Hiobs bereits vorgebracht hatten. Wie diese – wenn auch beredter als sie – hebt er die wunderbaren Werke des Schöpfergottes hervor, dessen himmlisches Herrschertum ihn weit über alle menschlichen Schwächen erhaben macht und der auch mit dem begrenzten Verstand der Menschen nicht zu begreifen ist. »Gott ist groß, nicht zu begreifen«, und Hiob ist ein unwissender, uneinsichtiger, sündiger Rebell.[5] »Erst recht, wenn du sagst, du sähest ihn nicht oder er sehe dich nicht«, erklärt Elihu Hiob, »das Gericht steht bei ihm, und du mußt seiner harren.« Elihu sagt weiter, daß Hiob zur rechten Zeit erhalten werde, was er verdient. Ebenso wie Hiob spricht er von einem Mittler, doch dieser wird nur eingreifen, wenn Hiob sich schuldig bekennt. Danach kann er für Hiob eintreten mit dem Argument, Hiob habe genug für seine Schuld bezahlt. Elihu vertritt – ebenso wie Deuterojesaja – die Auffassung, daß Leiden ein Mittel zur Erziehung des Menschen ist. So heißt es: »Auch wird er gemahnt durch Schmerz auf seinem Lager, wenn das Zittern seiner Glieder nicht aufhört.«[6]

Hiob macht sich nicht die Mühe, Elihu zu antworten. Die meisten seiner Argumente kennt er bereits; außerdem erwartet er eine andere Lösung seines Problems. Und tatsächlich ereignet sich etwas Unerwartetes. Jahwe, der bisher unerreichbar schien, erscheint und spricht persönlich zu Hiob »aus einem Sturm«, wie einst der alte Gewittergott Kanaans.

Gott gewährt einem Menschen, ihm in seiner Majestät und Herrlichkeit zu begegnen, ein Ereignis, von dem in der Bibel nur sehr selten berichtet wird. Dann redet er zu Hiob. Man hat die Worte, die Gott an Hiob richtet, als ursprünglichen Teil des Hiob-Buchs angesehen. Ihr Inhalt ist überraschend und verwirrend; auf den ersten Blick erscheint es, als habe Gott enttäuschend wenig zu Hiobs Problem zu sagen. Mit keinem Wort geht Jahwe auf Hiobs Forderung ein, seinen Fall gerichtlich zu untersuchen und ihm Recht zuteil werden zu lassen, auch kommt er ihm nicht zu Hilfe, sondern offenbart seine ungeheure und unbegreifliche Macht. Ausführlich und eindringlich weist er auf sein mannigfaltiges Schöpfungswerk hin und fragt Hiob: »Wo warst du, als ich die Erde gründete?« In einer Reihe von rhetorischen Fragen weist Gott Hiob nach, daß seine Macht übergroß ist. Ein Beispiel hierfür ist der Sieg über das Landungeheuer Behemot und das Seeungeheuer Leviathan, welche im übrigen beide nichts anderes sind als die kanaanäischen Symbole für Urchaos und die Feinde des Himmels.[7]

Jahwes Werk und Wille sind für Hiob unbegreiflich. Immerhin wurde ihm die Begegnung mit Gott gewährt, die er so ersehnt hatte. Er hat daraus gelernt, daß das Dilemma der Menschheit in einem neuen Zusammenhang gesehen werden muß, bei dem menschliche Maßstäbe keine Geltung haben. Diese Erkenntnis bringt Hiob in seinem schrecklichen Elend keine unmittelbare Hilfe. Das Problem des Guten und Bösen ist allzu schwerwiegend, und Jahwe ist ein transzendenter, unerreichbarer Gott, von dem keine sofortige konkrete Hilfe zu erwarten ist. Doch Hiob hat seinem Gott gegenübergestanden und Einblick in seine Geheimnisse erhalten – Geheimnisse von ungeheurer Tragweite, die nicht vollends zu begreifen sind. Dennoch wird ihm damit ein Weg in die Zukunft gewiesen, welchen er allerdings vorerst nur undeutlich vor sich liegen sieht. Hiobs Begegnung mit Gott hat sein Denken verändert. In seiner letzten Rede, der Schlußpartie des poetischen Teils des Buches Hiob, gibt er zu, über Dinge gesprochen zu haben, die er nicht verstand, ja nicht verstehen konnte. Nachdem er Gott, den Allmächtigen, mit eigenen

Augen erblickt habe, sei er beschämt und bereue sein bisheriges Verhalten. Angesichts der ungeheuer großen Unterschiede zwischen Gott und den Menschen, durch die Konfrontation mit einer ganz anderen Bewußtseinsebene habe er begriffen, daß Jahwes Wege nicht die des Menschen sind und er selbst nicht die geringste Bedeutung besitzt. So sagt er: »Siehe, ich bin zu gering! Was könnte ich dir erwidern? Ich lege die Hand auf meinen Mund . . . Ich habe erkannt, daß du alles vermagst und nichts dir unmöglich ist.«[8] Diese letzten Worte Hiobs geben zu denken. Nach langen inneren Kämpfen hat er die Macht Jahwes erkannt und erkennt sie an, voller Würde und Verantwortung, ohne stolz zu sein oder sich durch diese Erkenntnis gedemütigt zu fühlen. Es ist ihm gelungen, zu akzeptieren, daß er Jahwe unterlegen ist, und er empfindet Scham darüber, daß er sich so lange dagegen gesträubt hat. Schuldgefühle oder Gewissensbisse hat er jedoch nicht. Noch immer versteht er sich als rechtschaffener Mensch, der leiden mußte, ohne daß er sich das geringste hatte zuschulden kommen lassen.

Damit ist das gesamte, schon von Jeremia angezweifelte deuteronomistische System, wonach die Guten belohnt und die Bösen bestraft werden, in Frage gestellt. Auf die Frage, was an dessen Stelle treten könnte, erhalten wir keine Antwort. Das quälende Problem, wie ein allmächtiger, allwissender und gütiger Gott das Böse geschaffen haben kann und warum er das unverdiente Elend zuläßt, das man überall in der Welt beobachtet, bleibt ungelöst.

Der kurze Prosa-Epilog entspricht in Form und Art der Darstellung ganz dem Prolog. Hiob wird in diesem ergänzenden Schlußteil rehabilitiert. Auf diese Weise erhält das Hiob-Buch doch noch ein befriedigendes Ende. Es scheint für Leser geschrieben zu sein, welche die offenen Fragen am Ende des poetischen Teils als allzu schwierig und deprimierend empfanden.

Eine der Töchter, mit denen Hiob am Ende gesegnet wird, trägt den Namen Keren-Happuch (Schminkhörnchen). Einen deutlicheren Hinweis darauf, daß man diesen Epilog im Gegensatz zur Tiefe der Dichtung zuvor nicht allzu ernst zu nehmen hat, könnte es kaum geben.

Deuterojesaja

Etwa drei bis vier Jahrzehnte nach der Zerstörung des Staates Juda gelang es dem Perserkönig Kyros II., dem Großen (559–530), das Reich der vormals mächtigen Babylonier zu erobern. Die Perser gehörten nicht zum semitischen Kulturkreis, sondern sprachen eine indogermanische Sprache. In einer Reihe von Kriegen besiegte Kyros seine früheren Herren und Verwandten, die Meder (550), errang einen Sieg über Kroisos (546), den König von Lydien, der Kleinasien beherrschte, und fiel in Mesopotamien ein, wo er im Jahr 539 die Babylonier niederwarf. Zusammen mit all den anderen Provinzen des Babylonischen Reiches fielen auch die ehemaligen Königreiche Israel und Juda in die Hand der Perser. Sie wurden einer persischen Satrapie (Provinz) eingegliedert, deren Name Abarnahara (Jenseits des Flusses, d. h. Westlich des Euphrat) lautete. In der Absicht, die örtlichen Kulte in den einzelnen Teilen seines Reiches zu fördern, erließ Kyros ein Edikt, das die Juden zur Instandsetzung und zum Wiederaufbau ihres teils beschädigten, teils zerstörten Jerusalemer Tempels ermächtigte.[9] Der Wortlaut dieser Urkunde ist in einem Bibeltext erhalten, wenn auch in veränderter Form. Scheschbasar, ein Mann aus Juda, plante, die Arbeiten auf Kosten des Hofes durchführen zu lassen; wahrscheinlich hatte er eine Art Statthalterfunktion inne. Eine beträchtliche Anzahl von Exilierten kehrte aus Babylonien nach Jerusalem unter Führung eines gewissen Serubbabel zurück. Dieser ist eventuell mit Scheschbasar identisch, jedenfalls haben manche Gelehrten dies vermutet. Beide tragen zwar babylonische Namen, stammen jedoch aus dem Hause David. Das größere Ansehen in der Bibel genießt Serubbabel. Zu seinem Kreis gehörte

Jeschua, ein Enkel des letzten Priesters vor der Zerstörung des Tempels. Der Überlieferung nach war er ein Hoherpriester, allerdings gab es diesen Titel in Wirklichkeit erst später.

Obwohl noch viele Juden in Babylonien blieben, schickte Kyros bei verschiedenen Gelegenheiten eine beträchtliche Anzahl von ihnen nach Hause. Die in der Bibel angegebenen Ziffern (50 000 einschließlich 6000–7000 Sklaven) sind wohl um einiges zu hoch. Die Repatriierten wurden in Jerusalem sowie dessen nächster Umgebung angesiedelt, dort lebten sie nicht halb so gut wie vorher in Babylonien. Daß sie dennoch kamen, lag wohl daran, daß sie glaubten, es sei notwendig, wenigstens ein winziges Gebiet sein eigen nennen zu dürfen, um als Volk bestehen zu können. Und Palästina – dies wußten sie von ihren Schreibern und Predigern – war das Land, das ihnen nach Jahwes Willen als Besitz zugedacht war.

Das neue Jerusalem, das allmählich wieder aus den Trümmern erstand, war anfangs recht klein, und der Wiederaufbau des Tempels kam nur sehr langsam voran. Doch unmittelbar nach Kyros' Tod (530) ging man erneut ans Werk – dies mit Hilfe der Leute, die während der gesamten Exilzeit im Land geblieben waren –, und im Jahr 516 war der sogenannte Zweite Tempel fertig. Obwohl er, was die Kostbarkeit des Materials für den Bau und den Zierat anging, hinter seinem Vorbild, dem Tempel Salomos, weit zurückblieb und auch nur dank persischen Entgegenkommens entstanden war, hatte man mit diesem Bau doch eine Leistung vollbracht, an die sich das gesamte spätere Judentum stets mit Stolz erinnern sollte. In vielen Psalmen finden sich Zeugnisse dafür, und so hat man das Psalmenbuch öfter als »Hymnensammlung für den Zweiten Tempel« bezeichnet.

Zwei Propheten – Haggai und Sacharja (vgl. Anhang 3) – hatten, wegen des verzögerten Wiederaufbaus ungeduldig geworden, die rasche Fortsetzung der Aufbauarbeiten gefordert. Im Exil in Babylon jedoch trat zur selben Zeit ein weitaus bedeutenderer Prophet auf. Da sein Name unbekannt ist, bezeichnet man ihn einfach als Deuterojesaja, was soviel wie Zweiter Jesaja bedeutet.

Wie viele Menschen im Vorderen Orient war er von dem fast legendären Erfolg und der bedeutenden Persönlichkeit des Königs Kyros fasziniert, der so entscheidende Maßnahmen zugunsten des jüdischen Volkes unternommen hatte. Es war für einen hebräischen Autor äußerst ungewöhnlich, so von einem Ausländer zu sprechen, wie es Deuterojesaja Jahwe in den Mund legt:

»Von Kyros spreche ich: ›Mein Hirt; er vollbringt alles, was ich will.‹ Von Jerusalem: ›Werde gebaut‹, und vom Tempel: ›Werde gegründet.‹«[10]

Dieser Prophet wird weder als großer noch als kleiner Prophet betrachtet, denn als man die Bibel endgültig zusammenstellte, kannte man seinen Namen und seine Identität längst nicht mehr. Seine Aussagen wurden dem Buch Jesaja einverleibt und finden sich dort in den Kapiteln 40 bis 66.

Das Buch Deuterojesaja beginnt mit der Ankündigung eines frohen Ereignisses: Jahwe hat beschlossen, sich des Kyros zu bedienen, um sein Volk aus der Verbannung nach Hause zu führen, gemäß seinem ewigen Ratschluß und Bund. Er will der Welt zeigen, daß er der einzige Gott ist, der Verehrung verdient. Der Prophet sagte – allerdings wahrscheinlich zurückblickend – den Sturz der Götter Babylons voraus. Eingefügt in dieses Material sind die vier sogenannten Gottesknecht-Lieder. Sie schildern die Sendung, die Sorgen und Mühen, die Rechtfertigung und den Triumph des erwählten Knechtes Jahwes. Verfolgung leidet dieser Knecht wegen der Sünden anderer. Doch Jahwes Hilfe ist nahe, und Jahwe wird es ihm ermöglichen, der Welt das Heil zu bringen. Wir kommen auf diese rätselhafte Gestalt noch zu sprechen.

Bisweilen finden sich bei Deuterojesaja Anklänge an die Sprache Jesajas. Das Buch könnte daher von einem jüngeren Mitglied der Schule Jesajas verfaßt worden sein. Wahrscheinlich war dies auch der Grund, weshalb man beide Spruchsammlungen zu einem Buch zusammenfaßte. Auf jeden Fall aber weisen die Anspielungen auf Kyros auf eine Entstehungszeit nach Jesajas Tod; auch bestehen zwischen beiden Autoren trotz der oben erwähnten Ähnlichkeit genügend stilistische Unterschiede. Eine Computer-Analyse bestätigte, daß beide ein gänzlich unterschiedliches Vokabular benutzen. Der straffe, klare Stil des ersten Jesaja weicht im Deuterojesaja einer gewandteren Sprache, die vor allem in der Verwendung rhetorischer Antithesen und Wiederholungen zum Ausdruck kommt. Das Buch Deuterojesaja ist von allen prophetischen Schriften der Bibel die am sorgfältigsten komponierte und stilistisch ausgefeilteste. Ihr Autor vereint in seinem Werk eine ungeheure Fülle vielfältigsten Überlieferungsmaterials, das aus den unterschiedlichsten Quellen stammt, ergänzt es aber durch eigene Beiträge von außerordentlicher Originalität und ist somit zweifellos einer der bedeutendsten Denker und Literaten der Bibel. Sein Werk enthält mehr lyrische Partien als jedes andere Prophetenbuch. Deuterojesaja bedient sich einer aufwendigen Bildersprache, die oft eine Aussage mit einer Erinnerung an Vorhergehendes verbindet und die verschiedensten Assoziationen auslöst. Nicht selten spricht der anonyme Autor von Liedern und meint damit seine Dichtung. Doch Lied muß hier im übertragenen Sinne zu verstehen sein, denn einige seiner Aussagen, die in diese Kategorie fallen, sind so lang und in ihrem Aufbau so anspruchsvoll, daß sie, selbst wenn sie wirklich gesungen oder auch nur laut deklamiert wurden, vorher schriftlich aufgezeichnet worden sein müssen. Und tatsächlich kann man sich vorstellen, daß der Deuterojesaja sie selbst aufzeichnete.

Der Autor, der stark den Traditionen der Propheten und der Weisheitsspruch-Literatur verpflichtet ist, übernimmt beide nicht einfach blindlings, sondern wandelt sie auf charakteristische Weise um und nimmt dabei nicht selten eine sehr kritische Haltung gegenüber der Tradition ein. So legt er beispielsweise Jahwe die Worte in den Mund: »Ich verwirkliche meiner Knechte Wort, führe meiner Boten Ratschlüsse aus«, doch läßt er Jahwe gleich danach sagen:

»Ich vereitle die Wunderzeichen der Zauberer,
stürze Wahrsager in Wahn;
Das Wort der Weisen verkehre ich in sein Gegenteil,
mache ihr Wissen zur Torheit.«[11]

Mit dem Buch Deuterojesaja beginnt eine neue Epoche theologischen und geistigen Lebens für Israel. Schon oft hatten Bibelautoren Ansätze gemacht, die Idee, daß jedes Land seine eigene Religion habe, hinter sich zu lassen und sich einem absoluten, uneingeschränkten Monotheismus zuzuwenden. Doch dies geschah nur in Ansätzen. Man beschränkte sich auf die Vorstellung, einen Gott zu haben, der stärker war als der anderer Völker. Zwar hatten schon Propheten früherer Zeit in der einen oder anderen Form monotheistisch gedacht, doch niemals mit der Deutlichkeit eines Deuterojesaja. »Ich bin der Herr und sonst niemand . . . es gibt keinen Gott außer mir, keinen gerechten und helfenden Gott außer mir . . . Wer ist's, der die Wasser maß mit seiner hohlen Hand und mit der Spanne den Himmel begrenzte? . . . Wer ist wie ich? Er möge aufstehen, sich erklären und seine Beweise vorlegen! . . . Gibt es einen Gott außer mir?«[12]

Jahwe beantwortet seine Frage selbst: Wo immer man im Universum auch nach ihnen suchen möge – es gibt überhaupt keine anderen Götter! Seinen Blick auf die babylonische Götterwelt gerichtet, die ihn umgab, macht Deuterojesaja die Existenz nur eines Gottes zu seinem Hauptthema. Er verkündet den kompromißlosen Glauben an einen wahren Gott. (Zweifellos hat er damit eine Tradition begründet, die später für Juden, Christen und Moslems eine entscheidende Rolle spielte.) Der Prophet fügt hinzu, daß die allumfassende Herrschaft Jahwes einen ebenso allumfassenden Glauben fordert. Die innige, geradezu zärtliche Treue, die ihm alle Menschen auf der gesamten Erde zu halten haben, muß auf absolute Unterwerfung unter seinen Willen gegründet sein. Trotz mancher Zweifel und unklarer Übergänge zum Gesamttext gehören die vier Gottesknecht-Lieder sehr wahrscheinlich zum ursprünglichen Bestand des Deuterojesaja-Buches. »Siehe, mein Knecht, den ich halte . . . nicht knickt er zusammen, bis er auf Erden das Recht festsetzt und auf seine Weisung die Inseln harren.« Im zweiten Lied spricht der Gottesknecht selbst zu den Bewohnern all dieser Gebiete: »Ich mache dich . . . zum Lichte der Völker, damit mein Heil reiche bis ans Ende der Welt.« Das dritte Lied hat autobiographischen Charakter. »Der Gebieter und Herr gab mir eine Jüngerzunge, daß ich verstünde, den Müden durch Zuspruch zu trösten. Er schärft jeden Morgen mein Gehör, damit ich nach Jüngerart höre.« Im vierten Gedicht erklärt Jahwe: »Siehe, Erfolg hat mein Knecht. Emporsteigen wird er, wird hoch und sehr erhaben sein.«[13] Auch außerhalb dieser vier Lieder, in anderen Passagen des Deuterojesaja, ist vom Gottesknecht die Rede. An manchen Stellen wird er mit dem Erzvater Israel (Jakob) gleichgesetzt, »den ich geholt von den Enden der Erde«. Anderswo wieder spricht Jahwe von »meinen Knechten« in der Mehrzahl. Allem Anschein nach ist damit das gesamte Volk Judas gemeint. Im zweiten Gottesknecht-Lied wiederum identifiziert er den Gottesknecht – diesmal wieder im Singular – mit »Israel, an dem ich mich herrlich erzeige!«[14] Einmal steht also die Bezeichnung »Gottesknecht« für die Gesamtheit der jüdischen Gemeinde oder doch zumindest für ihren glaubenstreuen Rest, der Judas und Jerusalems Katastrophe überlebte. Doch im vierten Gesang steht der Gottesknecht nicht kollektiv für Israel, sondern ist eine Einzelperson, welche Israel und der gesamten Welt eine Botschaft zu bringen hat.

Versuche, den Gottesknecht mit irgendeiner historischen Persönlichkeit gleichzusetzen, führen zu nichts. Der Prophet denkt an dieser Stelle schon längst nicht mehr an Kyros. Auch von sich selbst spricht er nicht, obwohl auch dies vermutet wurde. Die Person, welche er im Sinn hat, wird erst kommen, und ihr Erscheinen läßt sich auf keinen bestimmten Zeitraum festlegen.

Die Dualität im Denken Deuterojesajas, jenes Schwanken zwischen einer Auffassung des Gottesknechtes als Verkörperung einer Gemeinschaft einerseits und als Individuum andererseits, hat für uns fraglos etwas Verblüffendes. Doch den

Hebräern, die antiker Betrachtungsweise näher waren als wir, fiel es nicht schwer, sich zwischen beiden Polen zu bewegen. So berichtet beispielsweise das Buch Josua von einem Mann namens Aham, dessen persönliche Verfehlung der gesamten Gemeinschaft Unglück brachte.

Auch eine Königsgestalt kann man im Gottesknecht erblikken, in deren Reich die Belange der Gesellschaft und des Individuums einander durchdringen und sich vermischen.

Die Erlöser-Rolle des Gottesknechtes spiegelt die damals in der Großfamilie oder in der Verwandtschaft überhaupt praktizierte Solidarität wider; es konnte nämlich jemand als Mittelsmann (*goël*) fungieren und einen Verwandten aus einer Notlage retten, indem er ihn zu seinem Eigentum erklärte (vgl. Anhang 4, Ruth).

Der Gottesknecht muß viel Leid ertragen. Obwohl er unschuldig ist, nimmt er entsetzliche Verfolgung auf sich und folgt damit Jahwes Willen. Es sind nicht seine eigenen, sondern die Sünden anderer, für die er leidet. Bereits das dritte der Gottesknecht-Lieder spricht davon, noch mehr aber das vierte. Obwohl er »keinerlei Gewalttat verübt« hatte, »noch Trug in seinem Munde war«, war er

»verachtet . . . von Menschen gemieden,
ein Mann der Schmerzen, mit Krankheit vertraut . . .
durchbohrt« (wurde er) »für unsere Frevel,
zerschlagen wegen unserer Missetaten.
Durch seine Wunden werden wir geheilt . . .
Der Herr legte auf ihn all unsere Schuld . . .
er tat seinen Mund nicht auf, wie ein Lamm, das
zur Schlachtbank geführt wird, und gleich einem
Schaf, das vor seinen Scherern verstummt.
Nein – seinen Mund tat er nicht auf.«[15]

Das Buch Jeremia hatte die persönlichen Leidenserfahrungen dieses Propheten hervorgehoben und unterstrichen, was dieser, wenn auch unschuldig, durchzustehen hatte. Deuterojesaja schildert Leiden, obwohl es mit keiner konkreten Persönlichkeit verknüpft ist, sehr viel eingängiger, detaillierter und lebendiger. Er greift die Vorstellung des stellvertretenden Leidens auf – jene alte orientalische Überzeugung, die Leiden der Gerechten seien die Buße für die Schandtaten der Frevler. Abermals müssen wir feststellen, daß sich Spuren einer solchen Denkweise auch bei Jeremia finden. Doch wieder ist es Deuterojesaja, der das bei Jeremia nur anklingende Thema voll ausschöpft. Zwar ist nicht die Rede davon, daß ein Mensch einem anderen die Sünden abnehmen kann. Dennoch wird uns versichert, jeder, der sich ganz in den Willen Jahwes ergebe, wisse, und gebe sich mit diesem Wissen zufrieden, daß sein eigenes Leid für andere von unschätzbarem Wert sein könne. Eine solche Auffassung von Gott und seinen Ratschlüssen war weit von dem intellektuellen Versuch des Buchs Hiob entfernt, Übel und Leid zu erörtern. Und man kann bezweifeln, ob viele der Zeitgenossen des Deuterojesaja aus dem Konzept des stellvertretenden, die Schuld anderer sühnenden Leidens viel Trost in ihrer Bedrängnis zu schöpfen vermochten. Später sahen der Apostel Paulus und die christlichen Evangelisten in den oben zitierten Passagen eine unmittelbare Weissagung des Kreuzestodes Jesu.

Gott verspricht nach Deuterojesaja, daß dem stellvertretend duldenden Gottesknecht seine Qual schließlich zur Rechtfertigung und zum Triumph gereichen werde. »Darum werde ich ihm seinen Anteil unter den Großen geben, und mit den Mächtigen wird er den Erwerb teilen . . . um der Not seiner Seele willen wird er Licht schauen.«[16]

Zunächst sollte das neue Goldene Zeitalter dem getreuen jüdischen Bevölkerungsrest die Rückkehr in die Wohnstätten seiner Väter gewähren, wo der Bund Gottes mit dem Hause David erneuert werden sollte. Dies war wohl die Trostbotschaft des Deuterojesaja, und der Prophet feierte Kyros, weil er die Rückkehr und den Neubeginn in der Heimat möglich gemacht hatte.

Neben den speziellen Belangen des Gottesvolkes befassen sich die Gottesknecht-Lieder mit den für Deuterojesaja so charakteristischen monotheistischen Vorstellungen, die für die ganze Welt von Bedeutung sind. Jahwe will nämlich den Gottesknecht zum »Licht der Völker« machen, »damit mein Heil reiche bis ans Ende der Welt!« Obwohl nur die Juden an ihn glaubten, erhob Jahwe offenbar den Anspruch, auch in jedem anderen Land der Welt verehrt zu werden – auch Fremdlinge waren ihm als Verehrer und Diener willkommen. Gottes weltweiter Triumph schloß aber die Unterwerfung aller anderen Staaten ein. Ihre Könige und Fürsten werden »mit dem Antlitz zur Erde fallen . . . den Staub deiner Füße« lecken. »Dann erkennst du, daß ich der Herr bin.«[17] Bedenkt man, daß Deuterojesaja ein heimatloser Emigrant aus einem am Boden liegenden Kleinstaat war, erscheint seine Vision von der Zukunft ungeheuer optimistisch.

Hier tut sich eine neue Perspektive des Jahwe-Glaubens auf, die eine missionarische Neigung verrät. Diese findet sich neben Deuterojesaja auch bei anderen jüdischen Denkern seiner Zeit. Allerdings blieb man hierbei wohl skeptisch, ob ein derartiges Vorgehen ratsam sei, und die Haltung der jüdischen Gemeinde blieb eine unentschlossene Synthese aus universalistischem Sich-Öffnen einerseits und Sich-Abkapseln andererseits. Charakteristisch dafür war die Spannung zwischen dem aufrichtigen Wunsch, die Heiden (*gojim*) zu bekehren, und dem nicht minder tief empfundenen Bedürfnis, mit ihnen so wenig zu tun zu haben wie möglich.

16. Kapitel
Das Judentum

Nehemia, Esra und die Bücher der Chronik

Mit der Vollendung des Tempels (um 516) begann eine Periode von mehr als 70 Jahren, über die wir nur sehr schlecht informiert sind. Allerdings beklagen sich einige Propheten – darunter der anonyme Tritojesaja sowie Obadja und Maleachi (vgl. Anhang 3) – über die von der persischen Reichsregierung eingesetzten obersten Repräsentanten des politischen und religiösen Lebens. Anscheinend gewannen Skeptizismus gegenüber dem Glauben sowie Laxheit in der Ausübung des Kultes die Oberhand. Zum Beispiel verstieß man Frauen jahwistischen Glaubens, um lukrativere eheliche Verbindungen mit ausländischen Frauen einzugehen.

Ausländerinnen gab es genug, denn schließlich hatten tiefgreifende Bevölkerungs-Umschichtungen stattgefunden. Auch waren zahlreiche nichtjüdische Einwanderer während des Babylonischen Exils der Juden ins Land gekommen. Als unwillkommene Halb-Fremdlinge betrachtet, waren sie vor einer neuen politischen Macht geflohen, die ihre Heimat überrannt hatte. Es handelte sich um das Königreich Dedan (Kebar) in Nordarabien, das – anscheinend mit persischer Billigung – bis zur Sinai-Halbinsel und ins Niltal expandierte. Zwar hatte Israel wohl schon sehr früh Handelsbeziehungen mit Saba in Südarabien (dem heutigen Jemen; vgl. Kap. 8) unterhalten, doch dies war nun die erste unmittelbare Berührung mit Vertretern des Arabertums. Dessen große Stunde sollte freilich noch lange auf sich warten lassen. Es war der erste Zusammenstoß mit Menschen, die eine dem Sabäischen verwandte südwestsemitische Sprache redeten, aus der sich später das klassische Arabisch entwickelte, das auch heute noch in den meisten arabischen Ländern Hoch- und Schriftsprache ist. Sowohl geographisch als auch ethnisch standen sie den Jemeniten näher als den Hebräern, mit denen sie nun in Kontakt kamen. Meist hatten diese Kontakte feindseligen Charakter. Das sollte sich auch in hellenistischer und römischer Zeit nicht ändern (vgl. Kap. 19). Im Grunde lebt diese alte Gegnerschaft auch in den Kriegen unserer Zeit mit all ihren entsetzlichen und unkorrigierbaren Folgen wieder auf. Unter der Regierung des Königs Artaxerxes I. (465–424) waren die Juden wirtschaftlich so weit erstarkt, daß sie mit dem Wiederaufbau der Mauern Jerusalems beginnen konnten. Natürlich kam dem König dieses Vorhaben verdächtig vor. Er befahl Aufschub, was Nehemia zum Handeln aufstachelte. Es begann eine neue Epoche im Land. Obwohl er überzeugter Jahwist war, bekleidete Nehemia einen einflußreichen Posten am Perserhof zu Susa. Allem Anschein nach war er königlicher Mundschenk. Als er jedenfalls den König um Erlaubnis bat, persönlich nach Jerusalem reisen zu dürfen, wurde ihm die gewünschte Genehmigung sofort erteilt. Es gelang ihm sogar, sich die Stellung eines Statthalters oder Kommissars (*tirschata*) der umliegenden Gebiete zu sichern. Was dann geschah, davon berichten die Bücher Nehemia und Esra. Sie lesen sich gut, sind aber fragwürdig hinsichtlich der Zuverlässigkeit ihrer Angaben. In einem Punkt behaupten sie sogar das Gegenteil dessen, was sich wirklich abgespielt hatte, denn Nehemia traf ganz offensichtlich sehr viel früher in Jerusalem ein als Esra. Er scheint sein dortiges Amt etwa zwölf Jahre (ungefähr 445–433/32) innegehabt zu haben, hielt sich jedoch zunächst nur kurz in Jerusalem auf. Nur etwa 52 Tage dauerte sein erster Aufenthalt. Damals errichtete er eine neue Mauer für Jerusalem, und zwar oben auf dem Kamm des Felssporns, da jene Teile der Stadt, die sich einst an den steilen Bergflanken befunden hatten, dermaßen zerstört waren, daß sie nicht wiederaufgebaut werden konnten. Man teilte die Arbeit unter 42 Arbeitsgruppen auf. Jede dieser Gruppen bestand aus einem Bautrupp, der sich aus Handwerkern und »Laienhelfern« zusammensetzte. Als nicht kooperativ erwiesen sich Jerusalems ärmere Einwohner, die sich von ihren reicheren Nachbarn und hohen Abgaben, welche man von ihnen verlangte, unter Druck gesetzt fühlten. Auch die Bauern und Hirten der Umgebung, die nach Jerusalem ziehen sollten, widersetzten sich Nehemias Plänen, die Stadt wieder zu besiedeln. Sie hatten nur wenig Lust, ihr angestammtes Land zu verlassen, um künftig ihr Leben zwischen den Ruinen Jerusalems zu verbringen.

Doch Nehemia stieß auch noch auf weitere Opposition, nämlich die hochgestellter und einflußreicher Persönlichkeiten. Sein Hauptgegenspieler war ein gewisser Sanballat aus Bethlehem, den die Perser als Statthalter in Samaria eingesetzt hatten. Obwohl er einen assyrischen Namen trug, war er Jahwist (wie die Namen zeigen, die er seinen Söhnen gab). Dennoch wollte er von der Wiederherstellung der alten Hauptstadt nichts wissen. Und seine Obstruktionspolitik fand auch anderswo Unterstützung. Beispielsweise unterstützte Asdod, damals der stärkste Stadtstaat der Philister, Sanballats Haltung nach Kräften. Gleiches tat eine Reihe anderer Würdenträger und Machthaber, die – wie Sanballat – entweder in persischen Diensten standen oder Klientelfürsten von Persiens Gnaden waren. Einer von ihnen war Tobia aus Ammon jenseits des Jordan, Oberhaupt eines dortigen jahwistischen Clans mit engen verwandtschaftlichen Beziehungen zu angesehenen Familien (auch Priesterfamilien) in Jerusalem. Die gleiche Haltung wie Sanballat nahm Geschem ein, der Herrscher des gefürchteten neuen Araberstaates von Dedan (Kebar), vor dem so viele Edomiter nach Juda geflohen waren. Die Gegner der Aktivitäten Nehemias, von denen dieser sich förmlich eingekreist sah, ließen am persischen Hof durchsikkern, Nehemia stachele gewisse rebellische Propheten an, die in Juda wieder ein unabhängiges Königtum ausrufen sollten.

Nehemia ging nach Persien zurück, nahm aber später seine Tätigkeit in Jerusalem wieder auf. Nunmehr fühlte er sich offenbar stark genug, seine Pläne durchzusetzen. Tobia wurde aus dem »Gemach« verjagt, das man ihm im Tempelvorhof eingeräumt hatte. Seinen gesamten Hausrat, den er dort hatte, warf man einfach hinaus. Sanballats Schwiegersohn Manasse (?) wurde aus der Stadt vertrieben, obwohl er ein Enkel des Tempelpriesters Eljaschib war. Denn nicht nur die Samaritaner unter Sanballat hatten ihre Einwände gegen Nehemia, sondern Nehemia selbst empfand mindestens ebenso große Antipathie gegen sie. Als sie ihre Hilfe beim Wiederaufbau Jerusalems anboten, erhielten sie eine Abfuhr. Ihr Hilfsangebot wurde schroff zurückgewiesen – eine Entscheidung, die dem biblischen Autor zufolge bereits durch das Verhalten Serubbabels und Jeschuas vorprogrammiert war und wesentlich dazu beitrug, daß sich die Samariter (Samaritaner) von den Juden zurückzogen und eine eigene jahwistische Sekte gründeten, als deren Stifter Sanballat galt (vgl. Anhang 6).

Nehemia hatte eine Abneigung gegen die Samaritaner, weil ihre seit dem Fall des Nordreichs Israel schon sehr weit fortgeschrittene Mischung mit Zuwanderern aus anderen Gebieten des Orients in seinen Augen ihrem guten Ruf als Jahwisten sehr geschadet hatte. Deshalb fand er auch andere Fremdlinge verabscheuungswürdig und forderte seine Landsleute auf, keine Mischehen mit ihnen einzugehen. »Ich schalt und verwünschte sie (gemeint sind Juden, die Mischehen geschlossen hatten), ließ auch einige von ihnen schlagen und ihnen die Haare ausraufen.«[1] Die Kontroverse über diese Mischehen hatte eine Phase erreicht, in der man sich extremistischer Methoden bediente.

Ein weiterer hochgestellter Besucher aus Babylonien war Esra, ein »Schriftgelehrter, sachkundig im Gesetz des Mose, das der Herr, der Gott Israels, erlassen hatte«[2]. Möglicherweise war er am Perserhof als Berater tätig. Vielleicht sollte er als Experte für Angelegenheiten des Judentums die Interessen seiner Landsleute bei Hofe wahren. Außerdem entstammte er einer Priesterfamilie, als deren Ahnherr Aaron galt. Beeindruckt von seinem Priestertum und seinem Stammbaum, gaben ihm die Redaktoren der Bibel chronologisch den Vorrang vor Nehemia. Doch begingen sie damit wohl einen Irrtum, denn mit Artaxerxes, »in dessen siebenten Jahr« Esra nach Jerusalem kam[3], war allem Anschein nach nicht der erste Perserkönig dieses Namens (464 bis 425) gemeint, sondern der zweite: Artaxerxes Mnemon (404–358).

Nach einem angeblichen Brief dieses Monarchen an den »Priester Esra, den Gelehrten im Gesetz des Himmelsgottes«, hatte Esra den Auftrag, »über Juda und Jerusalem gemäß dem Gesetz deines Gottes, das in deiner Hand ist, eine Untersuchung anzustellen«[4]. Dieser Auftrag bezog sich zwar ausschließlich auf religiöse Angelegenheiten, doch innerhalb dieses Rahmens erhielt Esra ganz außerordentliche Vollmachten, die sich nicht allein auf Juda, sondern auch auf andere Teile Palästinas erstreckten. Bei seiner Rückkehr aus dem Exil begleiteten ihn Priester, Leviten und Laien – es mögen an die 5000 gewesen sein. Für die Tempel-Liturgie brachten sie kostbare Gefäße und Edelmetall mit. Nach seiner Rückkehr ließ Esra das Volk zusammenkommen und verlas vor seinen versammelten Landsleuten ein »Buch mit dem Gesetz des Mose, das der Herr Israel vorgeschrieben hatte«[5]. In diesem Buch erkennen Wissenschaftler unserer Zeit teils das Deuteronomium (oder dessen Kern), teils alle fünf Bücher der Thora (wenn auch nicht notwendigerweise in ihrer heutigen Endform) wieder. Eher noch handelt es sich um die Priesterschrift (vgl. Kap. 14), die Artaxerxes' Verwaltungsfachleute zur damaligen Zeit als Provinzial-Gesetzeskode in Juda für geeignet befanden.

Doch welches Buch es auch gewesen sein mag – seine Verlesung, die Erinnerungen an vergangene Größe wachrief, rührte, so heißt es, alle Zuhörer zu Tränen. Esra fühlte sich dadurch ermutigt, eine noch strengere Version der von Nehemia eingeführten Reformen und Säuberungsaktionen durchzusetzen. Unter den Verbannten in Babylon war ein strenger Jahwismus zur Norm geworden. In Jerusalem war dies jedoch keineswegs der Fall, denn seit dem Ende der Königszeit waren dort Einwanderer aus aller Herren Länder hingeströmt. Der Anteil reiner Jahwe-Anhänger wurde von dem der nichtjahwistischen Bevölkerung aufgewogen, wenn nicht gar übertroffen. Darunter befanden sich Synkretisten, die einer Mischreligion huldigten, aber auch offene Anhänger kanaanäischer und anderer fremder Kulte. Esra trat diesen Praktiken mit kompromißloser Härte entgegen. Insbesondere war er entschlossen, Nehemias Mischehenverbot mit aller nur denkbaren Strenge fortzuführen, denn derartige Verbindungen erfüllten das Land mit »Unreinheit von einem Ende zum anderen«. Die fremden Frauen und ihre Kinder, so erklärte er, sollten verstoßen werden.[6]

In welchem Umfang dieser Versuch Erfolg hatte, wissen wir nicht. Natürlich hagelte es jede Menge von Protesten (vgl. Kap. 16). Sicherlich könnte man anführen, daß die jahwistische Gemeinde sich aus reinem Selbsterhaltungstrieb zu derartig rigorosen Maßnahmen gezwungen sah. Aber die Forderung der alten Propheten, wonach Jahwe Herr der gesamten Geschichte und damit aller Völker ist, wurde durch diese rigorosen Maßnahmen verwischt.

Doch Esra schwebte noch etwas anderes vor. Er war entschlossen, die Sehnsucht seiner Landsleute nach politischer Unabhängigkeit in religiöse Bahnen umzuleiten und in Hoffnung auf religiöses Anderssein umzumünzen. So erneuerte er die Tempelpriesterschaft, die sich fortan aus »Söhnen Aarons« rekrutierte – jenen nämlich, die ihre Abstammung auf Davids Tempelpriester Zadok und Abiatar zurückführten (die Zadok-Nachkommen, zu denen Esra selbst gehörte, gewannen schließlich die Oberhand). Allmählich legten sich diese Amtsträger den Titel »Hoherpriester« zu, der, wenn auch inoffiziell, vielleicht damals schon üblich war (vgl. Kap. 15).

Künftig waren nicht mehr Könige das Haupt der Gemeinde,

sondern an ihre Stelle trat jetzt ein gesalbter und mit königlichen Insignien ausgestatteter Hoherpriester. Getragen von einer Hierarchie von Priestern, Leviten und Familienoberhäuptern und einem Ältestenrat (dessen Zusammensetzung und Charakter Anlaß zu mancherlei gelehrtem Streit gab) vorsitzend, waren es nun Hohepriester, die das Land regierten. Damit wurden die Ansprüche weltlicher Oberherren nicht angetastet. Denen war diese Ordnung der Dinge nur allzu recht, um politische Unzufriedenheit zu vermeiden. Es ist nicht ohne Ironie, daß diese Hinwendung des Judentums zu extremer Absonderung einen theokratischen Tempelstaat erstehen ließ, der zwar in das Denkmuster der Perser, Syrer, Kleinasiaten und Griechen gut paßte, dem aber in der jüdischen Tradition jegliche Grundlage fehlte.

In dem feierlichen Kult, den diese Hohenpriester zelebrierten, drehte sich alles um das Opferritual. Viele damals entstandenen Psalmen warnen vor dem übertriebenen Formalismus, der aus dieser Situation erwachsen konnte. So sehr Esra auch als Priester dachte und handelte – er blieb immer darauf bedacht, daß der neue Kirchenstaat nicht auf dem Kult, sondern auf der Thora beruhte. Deren Studium hatte er sich zur Lebensaufgabe gemacht.[7]

Für Männer, die Esra folgten, wurde die Thora mithin zum Eck- und Stützpfeiler des wiedererstandenen Gemeinwohls. Sie war nun fast am Ende ihrer Entwicklung zu ihrer endgültigen, »kanonischen« Form, welche Regel und Richtschnur jüdischen Glaubens wurde (völlig abgeschlossen war ihre Entwicklung allerdings erst 90 n. Chr.). Von nun an kann man den auf dieser Schriftensammlung beruhenden Glauben wohl guten Gewissens als »jüdisch« bezeichnen, und die, die ihm anhingen – das »Volk Gottes«, die Israeliten, die Hebräer –, als Juden (vgl. Anhang 11). Paradoxerweise war es Esra, der sich einerseits in der Mischehenfrage radikal verhielt, andererseits aber mehr als jeder andere darauf hinarbeitete, daß nicht die Abstammung, sondern Gehorsam gegenüber der Thora einen Juden zum Juden machte. Die

Schriftgelehrten, die darüber zu wachen hatten, daß man der Bibel in Übereinstimmung mit ihren Auslegungen den schuldigen Gehorsam entgegenbrachte, erlangten nun eine Bedeutung, die der der Priester nicht nachstand (vgl. Kap. 18). Sie galten als geistige Erben Esras, dessen Gesetzesverlesung ja mit einer Auslegung verbunden gewesen war. Selbstverständlich waren Gesetzesverlesungen nicht neu. Doch zum ersten Male hören wir hier von erläuternden Kommentaren, die später im Wirken der Schriftgelehrten eine wichtige Rolle spielten. Es galt, das Judentum gegen die Einflüsse der sich mit jeder Generation ändernden äußeren Verhältnisse zu wappnen.

Esra wandte sich nicht an eine elitäre Gruppe; vielmehr waren seine Gesetzeslesungen für alle Volksschichten bestimmt. Der Auslegung durch die Schriftgelehrten folgte möglicherweise noch eine Übersetzung ins Aramäische. Diese dem Hebräischen verwandte nordwestsemitische Sprache, einst die Landessprache der Aramäerstaaten Nordsyriens, hatte inzwischen eine enorme Ausbreitung erfahren. Zwar verstand man das Hebräische in Palästina. Auch verwendete man es in literarischen Kreisen, im Rechtswesen und in der Liturgie. Als Volkssprache wurde es aber mehr und mehr durch das Aramäische abgelöst. Auch die hebräischen Schriftzeichen nahmen nun jene quadratische Form an, die sie noch heute besitzen und die gleichfalls auf den Einfluß der aramäischen Schrift zurückzuführen ist. Außerdem war das Aramäische im Perserreich Verwaltungssprache geworden, die alle sprachlichen Diskrepanzen zwischen den einzelnen Teilen dieses Reichs zu überbrücken half. Aramäisch wurde die Sprache offizieller persischer Dokumente. Und so verwundert es nicht, daß das Buch Esra stets ins Aramäische verfällt, wenn es – echte oder fingierte – Urkunden zitiert. Noch heute spricht man Aramäisch in einigen Dörfern bei Damaskus.

Die Bücher Esra und Nehemia, die den Anspruch erheben, eine korrekte Schilderung der betreffenden Ereignisse zu sein, waren möglicherweise das Werk eines einzigen Autors, der kurz nach dem Ende von Esras Wirken schrieb. Soviel wir wissen, betrachtete man sie ursprünglich als zusammengehörig und trennte sie erst im 3. Jahrhundert n. Chr. voneinander.

Die ersten sieben Kapitel (und gewisse andere Abschnitte) des Nehemia-Buches, die den Wiederaufbau der Jerusalemer Stadtmauer schildern, den Nehemia tapfer gegen alle Widerstände durchsetzte, pflegt man als Nehemias Memoiren zu bezeichnen. Klar und kraftvoll formuliert, ist dies jüdische Geschichte, wie sie lebhafter nicht dargestellt werden könnte. Die Erzählung hat autobiographischen Charakter und gibt sich als von Nehemia selbst geschrieben. Manche Kritiker argwöhnten, dem sei vielleicht nicht so, sondern es handle sich einfach um eine Sammlung unterschiedlichen Materials, der ein Autor oder Redaktor nachträglich die entsprechende Form gegeben habe. Selbstverständlich hatte, wie dies in der Bibel so oft der Fall ist, ein solcher Mann seine Hand im Spiel, doch dies betrifft nur das Endprodukt, so, wie es uns heute vorliegt. Der autobiographische Kern dieser »Memoiren« sollte als authentisch anerkannt werden. Es ist seltsam, daß die literarische Form der Autobiographie ungefähr zur selben Zeit bei den Griechen – insbesondere durch Ion von Chios – entwickelt wurde.

Fast scheint es, als ob Nehemias Memoiren, deren Adressat Gott selbst ist, dafür bestimmt waren, im Tempel aufbewahrt zu werden, um seinem Namen einen Platz im Gedächtnis künftiger Generationen zu sichern – vermutlich war er, wie seine Position als Mundschenk verrät, Eunuch, hatte also keine Nachkommen.[8] Seine Lebenserinnerungen schildern, wie er sich auf jede nur denkbare Art behindert und angegriffen fühlte, wie man ihn lächerlich zu machen suchte, verleumdete, mit einer »fünften Kolonne« und Drohungen unter Druck zu setzen suchte – bis hin zum Mordversuch. Und doch schreibt er, als hätte es sich lediglich darum gehandelt, bei einigen schlichten Gemütern und Starrköpfen einige

Reformen durchzusetzen. Bisweilen war er etwas plump, und es fehlte ihm an Takt, außerdem scheint er von etwas aufbrausender Gemütsart gewesen zu sein. Allerdings kam er mit den Leuten zurecht, und der negative Eindruck, den seine unerbittliche Haltung gegenüber ausländischen Frauen hinterläßt, wird ein wenig gemildert durch sein Mitgefühl für die Armen der jüdischen Gemeinde. Er war ganz und gar von der Überzeugung durchdrungen, Jahwes Willen zu tun, und schuf die stabile politische Grundlage, auf der später Esras Reorganisation erst möglich wurde.

Auch das Buch Esra gibt sich stellenweise autobiographisch[9], doch in einer ganzen Reihe von Punkten ähnelt es einer literarischen Kompositionsweise, die eher an die Bücher der Chronik denken läßt als an eine echte Autobiographie. Dennoch läßt es auf die Persönlichkeit Esras schließen. Er war ein Mann, dem der Gedanke, um eine militärische Eskorte zu bitten, Schuldgefühle bereitete, weil dabei der Eindruck entstehen konnte, er setze zu wenig Vertrauen in Jahwes Schutz. Wir sehen ihn fasten, beten, predigen und von gewaltigen Emotionen ergriffen – ihn, den man als »Zweiten Mose« feierte, weil er, wie man sagte, die Religion seines Volkes zum zweiten Male gegründet habe.

Die beiden Bücher der Chronik – oder wenigstens ihre Hauptbestandteile – gehen möglicherweise auf denselben Autor zurück, der die Bücher Nehemia und Esra aus Nehemias Lebenserinnerungen und anderem Material zusammengestellt hat. Diese Chronik ist ein neuer Versuch, die Geschichte des jüdischen Volkes zu schreiben. Auch sie beginnt mit Adam, doch sind die Zeiten bis hin zur Thronbesteigung Davids nur durch Stammbäume und Verzeichnisse abgedeckt. Zeitlich führen beide Bücher bis in die Zeit, die unmittelbar dem Wiederaufbau des Tempels voranging.

Ursprünglich bildeten die Chronik, Nehemia und Esra ein einziges Werk. Die Chronik wurde jedoch herausgelöst und stellte bereits um 400 v. Chr. ein separates Buch in zwei Teilen dar. Die Übersetzer der ältesten griechischen Bibelversion, der Septuaginta, nannten die Bücher der Chronik Paralipomena (Auslassungen), vermutlich weil sie Material enthalten, das sich in den Büchern der Könige, die den gleichen Zeitraum behandeln, nicht findet. Dem Autor der Chronik war das Deuteronomistische Geschichtswerk zugänglich, dem die Bücher der Könige so viel verdanken, und er kannte auch die Priesterschrift (vgl. Kap. 14), obwohl er mit beiden Quellen nicht immer übereinstimmt. Auch andere Quellenschriften – wie beispielsweise die Annalen der Könige und prophetische Bücher – werden erwähnt.[10]

Der Tenor der Chronik ist von einer im Jahwe-Glauben begründeten Ethik bestimmt. Diese ist oft recht simpel und pauschal. Weil beispielsweise David gut ist und in besonders gehobener Position Jahwes Ratschlüsse verwirklicht, werden alle Informationen unterdrückt, welche einen gegenteiligen Eindruck erwecken könnten. Außerdem wird David die Planung des Tempels in Jerusalem zugeschrieben. Zwar läßt sich nicht leugnen, daß Salomo der eigentliche Tempelgründer und -erbauer war, dafür müssen jedoch seine ausländischen Frauen sowie seine religiösen Kompromisse totgeschwiegen werden, und aus der Landabtretung an Tyros, mit der er seine Schulden beglich, wird ein freiwilliges Geschenk.[11] Beiden Königen wird eine menschliche Größe zuerkannt, die sie in Wirklichkeit nicht hatten. Die Darstellung der verschiedenen Könige ist ganz von dem Prinzip, daß Gott Wohlverhalten belohnt und Bosheit bestraft, bestimmt. So werden etwa die Krankheiten der judäischen Könige Asa, Joram und Ussia als Akte göttlicher Vergeltung betrachtet, und die nicht ins Schema passende lange Regierungszeit des Königs Manasse, der fremde Kulte aufs eifrigste förderte, rücken die Autoren ins rechte Licht, indem sie aus Manasse einen reumütigen Büßer machen.[12] Die Niederlage und der gewaltsame Tod des frommen Josia wird damit gerechtfertigt, daß man ihm Ungehorsam gegenüber einer von Gott erhaltenen Weisung andichtet.

Der Staat Juda wird nach wie vor als das einzige legitime

Königreich Israels betrachtet, und die gesamte Schilderung kreist um Jerusalem und seinen Tempel. Das Nordreich Israel wird nur erwähnt, wenn es unvermeidlich ist. Dann jedoch wird mit Nachdruck darauf hingewiesen, daß die Bewohner des Nordreichs von ihrem schlimmen Wandel ablassen müssen, und es wird eine Rücknahme der Reichsteilung gefordert, welche man dem ersten König des Nordreichs, Jerobeam I., anlastet; danach sollen alle wieder zu Jahwes Heiligtum nach Jerusalem kommen, »das er für immer geweiht hat«[13].

Historiker können in den Büchern der Chronik eine Fülle nichtreligiöser Informationen finden, welche in den Büchern der Könige fehlen. Allerdings dienen diese nur dem Hauptzweck des Autors, darzulegen, wie Esras Muster-Gottesstaat dank Jahwes Weisung ins Dasein gerufen werden konnte. Überhaupt wurden in den Chronik-Büchern historische Ereignisse nicht so dargestellt, wie sie sich tatsächlich ereignet haben, sondern immer im Hinblick darauf, was sie für das Volk Gottes bedeuten, interpretiert. Trotz aller politischen Katastrophen, die Israel heimsuchten, soll bewiesen werden, daß Gott seinem Volk die Treue hält und seine Versprechen einlöst.

Die Teile der Bevölkerung, die der Verbannung entgingen und zu Hause blieben, werden von dem Chronisten ignoriert. Ihn interessieren die Exilierten, denn aus ihnen ging jener Rest hervor, der berechtigte Hoffnung auf Rettung hatte. Daß der Autor die Zukunft dieser Menschen in einem günstigen Licht sieht, zeigt sich darin, daß er das Dekret des Kyros, das ihnen die Rückkehr nach Jerusalem und den Wiederaufbau des Tempels gestattete, an den Schluß seines Buches setzt.[14]

Der Prophet Jona

Etwa zur gleichen Zeit wie die Chroniken scheint das kleine Buch Jona geschrieben worden zu sein. Es war möglicherweise als Protestschrift gegen die engstirnige Ausländerfeindlichkeit

Nehemias und Esras gedacht. Es hat nämlich folgenden Inhalt: Jahwe gibt dem Propheten Jona Weisung, nach Ninive, der Hauptstadt des Assyrerreiches, zu gehen und der Stadtbevölkerung eine Katastrophe anzukündigen, mit der Gott sie für ihre Sünden strafen will. Jona, der sich davor fürchtet, dem göttlichen Befehl zu gehorchen, begibt sich in die entgegengesetzte Richtung nach Joppe. Dort besteigt er ein Schiff, das gerade in See sticht und auf das Mittelmeer hinausfährt. Doch ein gewaltiger Sturm erhebt sich, und das Schiff droht zu zerbrechen und zu sinken. Man befragt ein Losorakel, um herauszubekommen, ob vielleicht einer der Passagiere verantwortlich sei, und das Los fällt auf Jona, der daraufhin über Bord geworfen wird. Gott läßt einen riesigen Fisch (meist fälschlicherweise als Wal übersetzt) kommen, der Jona verschlingt. Jona fleht zu Gott, und dieser rettet ihn. Nach drei Tagen und Nächten speit der Fisch Jona wieder aus, und er befindet sich wieder auf festem Land.

Jahwe verlangt nun erneut, daß Jona in Ninive weissagen soll, und dieses Mal gehorcht der Prophet. Die Assyrer folgen seinem Aufruf zur Buße, und Gott verschont sie. So tritt die Katastrophe, die Jona prophezeit hatte, nicht ein. Jona fühlt sich von Gott getäuscht und wünscht sich den Tod; danach setzt er sich vor die Stadt und wartet auf ihren Untergang. Eine Rizinusstaude, die Gott in einer Nacht hat emporwachsen lassen und die Jonas Haupt Schatten spendet, wird auf Jahwes Geheiß von einem Wurm befallen und geht ein. Nunmehr von glühendheißem Wind und stechender Sonne geplagt, erbittet Jona abermals seinen Tod. Von Jahwe zur Rede gestellt, gibt er zu, daß es ihm tiefen Kummer bereite, daß der Baum eingegangen sei. Jahwe aber erwidert:

»Dir tut der Rizinus leid, und doch hast du dich um ihn überhaupt nicht bemüht und ihn auch nicht hochgezogen. Er ist einfach über Nacht entstanden und über Nacht wieder vergangen. Mir aber soll es um Ninive nicht leid sein, jene große Stadt, in der 120000 Menschen leben, die nicht zwischen rechts und links unterscheiden können, ganz zu schweigen von ihrem zahllosen Vieh?«[15]

Diese Geschichte, eine Mischung aus Parabel und Roman, erzählt auf lebendige Weise Jonas Erlebnisse. Sie ist nicht annähernd so naiv, wie man zuerst vielleicht glaubt. In Wirklichkeit ist ihr Inhalt äußerst kompliziert und geistvoll. Obwohl das Buch Jona lediglich diese eine Erzählung enthält, hat man es zusammen mit den anderen Kleinen Propheten (vgl. Anhang 3) kanonisiert. Der Held der Geschichte wird als Prophet namens Jona und Sohn des Amittaj aus Gat-Chepher in Galiläa ausgewiesen, der die Expansion des Nordreichs Israel unter Jerobeam II. (um 787–747) voraussagte.

Thema, Sprache und manche Eigentümlichkeiten im Text deuten darauf hin, daß das Buch Jona mehrere Jahrhunderte später geschrieben worden sein muß. Viele Gelehrte denken an die Zeit zwischen 400 und 350. Wie so oft, bleibt auch hier der Name des Autors unbekannt. Zur Zeit der Entstehung gehörte nicht nur Assurs Aufstieg schon längst der Vergangenheit an, sondern auch das Babylonische Großreich war bereits in den Staub gesunken. Doch noch immer befanden sich Juden in der babylonischen Diaspora; es scheint, als sei der Fisch, der Jona verschlingt, ein Bild für das Exil; auch Jeremia benutzte schon eine entsprechende Metapher dafür.[16]

Die eigentliche Absicht des Buches Jona wird besonders an der rhetorischen Frage deutlich, die Jahwe am Schluß des Buches an Jona richtet. Ähnlich wie das Buch Ruth (vgl. Anhang 4) und in Übereinstimmung mit der Weisheitsspruch-Tradition ist das Werk wohl in erster Linie ein heftiger Protest gegen die Diskriminierung von Fremden, eine Zurückweisung des Rassismus eines Nehemia und Esra. Ihre Politik schloß jeden von der Gemeinschaft aus, der nicht reines jüdisches Blut nachweisen konnte. Diese Bestimmung traf nahezu sämtliche Nachkommen derer, die in Palästina geblieben waren, statt ins Exil zu gehen.

Das Buch Jona hingegen betont, daß Jahwe Mitleid für die

gesamte leidende Menschheit empfindet, ganz gleich, um welche Art von Menschen es sich im Einzelfall handelt. Jahwe ist kein Gott elitärer Minderheiten.

Das Buch Jona wurde zu einer Zeit geschrieben, als das antike Judentum begann, ernsthaft über Mission und Bekehrung Andersgläubiger nachzudenken (vgl. Kap. 15). Daß ausgerechnet die Menschen aus Ninive, das in Israels Geschichte keine gerade erfreuliche Rolle gespielt hatte, Jahwes Gnade erfahren, unterstreicht die Botschaft dieses Buches noch.

Daß es mit einer Frage und nicht mit einer Aussage endet, könnte ein Hinweis darauf sein, daß der Autor eine gewisse Vorsicht walten ließ. Immerhin nahm er eine nicht gerade mit der herrschenden Meinung konforme Haltung ein und konnte nicht voraussehen, wie die Gemeinschaft der damaligen Juden darauf reagieren würde. Die Intoleranz Nehemias und Esras wurde andererseits sicher nicht von allen geteilt, und so konnte der Autor des Buches Jona bei aller Ernsthaftigkeit des Themas seinen Spott mit ihrem unbarmherzigen Puritanismus treiben. Das Buch erhielt einen Ehrenplatz in der synagogalen Liturgie. Man verliest es noch heute im Nachmittagsgottesdienst des Jom-Kippur-Festes. Die Christen erblickten später in Jona, der drei Tage und Nächte lang im Bauch des Fisches zubrachte, einen Vorläufer Christi, welcher drei Tage nach seinem Tod auferstand.[17]

Hellenistische Herrschaft und Befreiung

17. Kapitel
Leben und Denken der Juden in hellenistischer Zeit

Die Herrschaft der Ptolemäer

In den letzten Jahren der Perserherrschaft im 4. Jahrhundert wurden die Gebiete rings um Jerusalem und Samaria immer wieder von Unruhen heimgesucht. Die phönikischen Stadtstaaten hatten mehrfach gegen die persischen Oberherren revoltiert, und die Juden waren ihrem Beispiel gefolgt. Aus diesem Grund ließ Artaxerxes III. Ochos (359 bis 338) eine beträchtliche Anzahl von Juden nach Hyrkanien am Kaspischen Meer deportieren. Als Dareios III. Kodomannos (336–330) schließlich dem Makedonenkönig Alexander dem Großen unterlag, gehörten zu den Ländern, die im Jahr 332 in seine Hand fielen, auch Israel und Juda (künftig unter dem Namen Judäa zusammengefaßt).

Die Perser waren schon seit Jahrhunderten immer wieder mit griechischer Zivilisation in Berührung gekommen. Seit einiger Zeit hatten sie in Judäa eine Silberwährung eingeführt. Die Münzen trugen in hebräischen Buchstaben die Aufschrift *Jehud,* zeigten aber das Bild einer Eule – eine Nachahmung der berühmten Silberwährung Athens.[1] Doch erst mit Alexander dem Großen wurde den Juden bewußt, wie groß der europäische Einfluß in ihrem Land war. Man berichtete, Alexander habe, als er nach Ägypten zog, die jüdischen Gemeinden, durch deren Gebiet er kam, freundlich behandelt, sich aber den widerspenstigen Samaritern gegenüber feindselig verhalten. Bekanntlich hatten sich diese nach ihrer Zurückweisung durch Esra von den Juden abgegrenzt und eine eigene Sekte gebildet (vgl. Anhang 6). Die Makedonier vertrieben zahlreiche samaritische Bewohner aus ihrer Stadt, siedelten dort griechische Kolonisten an und zwangen die Vertriebenen, sich in Sichem niederzulassen.

Als Alexander im Jahr 323 starb, zerfiel sein riesiges Imperium in mehrere Teilreiche. Die Führungsschicht dieser Reiche war makedonisch, die Institutionen griechisch. Die drei bedeutendsten dieser Dynastien waren die Antigoniden in Makedonien, die Seleukiden in Syrien, Mesopotamien und in den weiter östlich gelegenen Gebieten und die Ptolemäer in Ägypten sowie anderen Küsten- und Hinterländern des östlichen Mittelmeers. Zu ihren Besitzungen gehörte auch Judäa. Die Ptolemäer setzten keinen Statthalter ein, sondern überließen die Verwaltung des Landes weiterhin dem jüdischen Ältestenrat, der sehr wahrscheinlich seit der Zeit Esras existierte und unter dem Vorsitz des Hohenpriesters stand. Der Hohepriester übernahm damit die Rolle eines ptolemäischen Vasallenkönigs.

In Judäas kultureller Führungsschicht gab es Leute, die gegenüber der Reform Nehemias und Esras kritisch eingestellt, aber weniger radikal waren als der Verfasser des Buches Jona. In dem biblischen Buch Ekklesiastes findet diese Denkweise sichtbar Ausdruck. Ihr Verfasser bezeichnet sich selbst als Kohelet (Prediger). Sein wirklicher Name ist unbekannt. Er gab sich den Beinamen »Sohn Davids, des Königs in Jerusalem«[2], womit nur Salomo gemeint sein konnte. Sinn dieses Namens war es, dem Buch eine große Resonanz zu verschaffen. Zwar verarbeitet der Autor alte Traditionen aus Ägypten und Mesopotamien, die lange vor der Regierungszeit Salomos entstanden waren, doch er schrieb den Prediger erst sechshundert Jahre nach Salomos Tod, lebte also im 3. Jahrhundert v. Chr.

Der Prediger ermahnt seine Leser, Gott zu fürchten und ihm zu gehorchen. Diese Forderung klingt allerdings nicht so überzeugend wie in anderen Büchern der Bibel, auch vermeidet der Autor jegliche unmittelbare Erwähnung des Gottesnamens, sondern zieht es vor, sich in nahezu unpersönlicher Weise an Gott zu wenden. Ebenso wie der Verfasser des Buches Hiob hebt er die Unbegreiflichkeit der Ratschlüsse Gottes hervor (vgl. Kap. 15). Menschen haben nach Meinung des Predigers zwar ein gewisses Empfinden für die Rätsel der Vergangenheit und Zukunft, doch fehlt ihnen die Fähigkeit, »das Werk (zu) ergründen, das Gott vollbringt vom Anfang bis zum Ende«[3].

Dieser Gedanke durchzieht das gesamte Buch und verleiht ihm einen einzigartig melancholischen, tragischen Pessimismus. Der Satz »Eitelkeit, nur Eitelkeit, alles ist Eitelkeit!« (das hebräische Wort *hebel* bedeutet ursprünglich heiße Luft oder Rauch) muß durchaus nicht, wie manche meinen, ein späterer Einschub sein, der nicht weiter von Bedeutung ist, trifft er doch den Standpunkt des Predigers im Kern. »Es ist (nämlich die Suche nach Weisheit) das eine schlimme Plage, die Gott den Menschen gab, sich damit zu bemühen. Ich besah mir alle Werke, die unter der Sonne geschehen . . .« Sein Buch fällt in die Kategorie der Weisheits-Literatur (vgl. Kap. 8); allerdings zweifelt der Prediger am Nutzen dieser (oder anderer) Werke der Literatur: »Des Büchermachens findet sich kein Ende, und viele Studien sind beschwerlich für das Fleisch.« Das Streben nach Weisheit ebenso wie die Suche nach Vergnügen, die Errichtung von Bauwerken oder die Anhäufung eines großen Vermögens – alles ist nur »Jagd nach Wind; und nichts ist von Nutzen unter der Sonne«[4].

Der Autor des Predigers muß der gebildeten Oberschicht des jüdischen Volkes angehört haben. Allem Anschein nach lebte und schrieb er in Palästina, aber die Kämpfe und Hoffnungen seines Volkes interessierten ihn nicht sonderlich. Die Suche nach Parallelen zur griechischen Philosophie jener Tage hat sich als ergebnislos erwiesen; allerdings kommt der Skeptizismus der Epoche im Prediger deutlich zum Ausdruck. Wie der Autor des Buches Hiob sieht auch der des Predigers deutlich, daß der Gute keine Belohnung, aber auch der Übeltäter keine Bestrafung davonträgt; seine Analyse ist im Vergleich zum Hiob-Buch schärfer und reflektierter. Nach seiner Auffassung wird das Leben der Menschen von Zeit und Zufall bestimmt. Die Welt erscheint als endlose Wiederkehr von Zyklen, und der Tod ist ohne Sinn; die Menschen sind »wie Fische, gefangen im bösen Netz, und wie Vögel, gefangen im Klappnetz«. Die Toten haben zwar zu existieren aufgehört, doch ergeht es ihnen besser als den Lebenden. Noch glücklicher aber sind die Ungeborenen.[5] Denn die Menschen leben in einer Welt, in der sich nichts wirklich lohnt.

Es überrascht, daß ein Buch, das von so krassem Skeptizismus bestimmt ist, Eingang in den Kanon der biblischen Schriften fand (vgl. Kap. 16). Der Grund hierfür ist wahrscheinlich darin zu suchen, daß der Autor sich für König Salomo ausgab und daß er Jahwe seine Ehrerbietung erwies, wenn auch auf eher routinierte als überzeugende Weise.

Die Folgerung, zu welcher der Prediger letzten Endes gelangt, ist jedoch weniger hoffnungslos, als man vielleicht erwarten würde. Er rät den Menschen, trotz aller Resignation weiterzuleben, auf welche Weise auch immer. Zwar wäre es besser, gar nicht geboren zu sein, da es aber nun so ist, ist vielleicht ein lebender Hund besser als ein toter Löwe. Man versuche also, das beste aus seinem Leben zu machen, was man schließlich angesichts aller Mühsal verdient hat, denn bald schwinden die Kräfte. Alles, was letztlich dem Menschen zu tun bleibt, ist, seinen Wein zu trinken und es sich gutgehen zu lassen. Alle diese guten Dinge kommen schließlich von Gott. Bei den Frauen allerdings kann man kein wahres Glück finden, doch räumt der Autor ein: »Wenn zwei beieinander liegen, halten sie einander warm.« Ein weiterer Rat ist der, Geld mit Verstand anzulegen, am besten auswärts und nicht nur an einer Stelle.[6] Ratschläge dieser Art finden sich im Prediger in großer Zahl. Sie sind zwar nicht originell oder besonders geistreich, aber immerhin von überzeugender Redlichkeit.

Im Palästina der Ptolemäerzeit waren die Lebensverhältnisse recht gut, wenn man – wie der Prediger – zur Oberschicht gehörte. Eine führende Rolle innerhalb dieser Oberschicht spielte das Haus der Tobiaden, das auf Tobia, den Ammoniter, zurückging, der seinerzeit Nehemia Schwierigkeiten bereitet hatte (vgl. Kap. 16). Während der Regierungszeit Ptolemaios' III. Euergetes (246–221) sahen sie ihre Chance kommen. Denn der Hohepriester Onia (Honi) II. aus der Linie der Zadokiden hielt Steuern zurück, die dieser König eingetrieben hatte. Mag sein, daß dabei die Seleukiden, die erklärten Feinde des ptolemäischen Ägypten, die Hand im Spiel hatten. Jedenfalls übertrugen die Ägypter gewisse Vollmachten der Zivilverwaltung, die mit dem Amt des Hohenpriesters verbunden gewesen waren, auf einen Tobiaden, der zufällig seinerseits Tobia hieß und damals Oberhaupt der Tobiadensippe war. Außerdem wurde er noch mit zusätzlichen Vollmachten ausgestattet. In der Folgezeit erlangte Tobias Sohn Joseph einen ziemlich hohen Bekanntheitsgrad als Steuereinnehmer, Geschäftsmann und Finanzier von internationalem Zuschnitt. Sogar am Hofe der Ptolemäer sah man ihn regelmäßig.

Die Tobiaden zeigten nicht nur Interesse an den Lebensgewohnheiten der Griechen, sondern nahmen sie auch an. Tatsächlich wurde es nun für viele Juden in Palästina möglich, sich einen griechischen Lebensstil anzueignen. Nach dem Vorbild Alexanders des Großen, der in Gaza ebenso wie in Samaria Kolonien angelegt hatte, schufen die Ptolemäer im Lauf der Zeit einen regelrechten Ring nichtjüdischer, gräkomakedonischer Ansiedlungen rund um das palästinensische Zentralplateau beiderseits des Jordan. Ein solcher Schirm von Siedlungen griechischen Typs sollte unter anderem dazu beitragen, aufsässige Judengemeinden in Schach zu halten – eine Aufgabe, die die Kolonisten nur allzu bereitwillig übernahmen. Gleichzeitig versuchten sie immer wieder, die Juden in ihrer Überzeugung von der Vorrangstellung ihrer Religion zu verunsichern. Sie hatte sich in jahrhundertelangen Kämpfen gegen andere semitische Religionen und deren feindselige Anhänger zur Wehr setzen müssen. Das hatte sich im Grunde noch keineswegs geändert, denn die betreffenden Kulte waren in Phoinikien und anderswo noch immer etabliert. Angesichts der ptolemäischen Siedlungspolitik mußte man sich auch noch mit der griechischen Form des Heidentums im Lande auseinandersetzen.

Hauptstadt der Ptolemäer war das von Alexander dem Großen gegründete Alexandrien. Schon vor langer Zeit hatte es in Ägypten Juden gegeben, und nun wuchs Alexandrien rasch zur Hauptstadt des internationalen Diaspora-Judentums heran. Manche Juden waren mit Gewalt dorthin gebracht worden (beispielsweise als Kriegsgefangene). Andere hatten sich ihnen freiwillig angeschlossen, denn die Ptolemäer gewährten derartigen Einwanderern und deren Nachkommen mancherlei Privilegien. So erlaubte man ihnen, sich zu unabhängigen Gemeinwesen mit eigener Verwaltung zusammenzuschließen, an deren Spitze ein Ältestenrat stand. Die Judengemeinden bildeten so unabhängige Gemeinwesen neben denen der Griechen bzw. Makedonier und standen rangmäßig noch vor der einheimischen Bevölkerung, den Ägyptern. Was Alexandrien angeht, so lebten hier Juden in allen möglichen Stadtteilen, vor allem aber lagen ihre Wohnungen in einer Art Ghetto – einem jüdischen Zentrum auf freiwilliger Basis. Sie konnten ihre Religion ungehindert ausüben: Die älteste Synagoge der Welt, die wir kennen (vgl. Kap. 17), findet sich in Schedia, 22,5 Kilometer vor der Hauptstadt.

Allerdings kam es dann doch zu Fremdenhaß und zu rassistisch motivierten Spannungen von beispielloser Heftigkeit. Zwar kannte man Antisemitismus in Ägypten auch schon vorher, aber die ersten antijüdischen Hetz- und Schmähschriften erschienen erst jetzt. Damit begann die Geschichte der antisemitischen Pamphlete, deren Fortsetzung in jüngster Zeit die bekannten entsetzlichen Ausmaße annahm. Ein griechischer Ratgeber Ptolemaios' I. namens Hekataios von Abdera (oder ein Autor, der sich dieses Namens als Pseudonym bediente) hatte noch einigermaßen objektiv über die Juden geschrieben. Doch Manetho, ein

Hoherpriester im ägyptischen Sonnenheiligtum von Heliopolis (On) – vielleicht jedoch auch ein Grieche, der sich eines fremden Namens und Titels bediente –, widmete König Ptolemaios II. Philadelphos (283–246) eine Geschichte Ägyptens. In ihr widersprach er scharf der biblischen Schilderung des Auszugs der Kinder Israels aus Ägypten und stellte sie als schmachvolle Kränkung des ägyptischen Nationalstolzes hin. Manetho vertrat die Ansicht, die Israeliten seien weit davon entfernt gewesen, im Triumphmarsch und unter göttlichem Schutz aus Ägypten auszuziehen. Vielmehr habe die ägyptische Regierung sie des Landes verwiesen, weil sie mit anstekkenden Krankheiten, und zwar unter anderem mit Aussatz, behaftet gewesen seien und diese Infektionen im Land herumgeschleppt hätten. Die Israeliten nennt er grausam, geißelt ihren Haß auf die Sitten und Bräuche anderer Völker und beschuldigt sie, sich bewußt abzusondern. Manetho fehlte es nicht an Nacheiferern. Andere Autoren taten es ihm gleich. Nirgendwo auf der Welt fanden sich damals, soweit wir wissen, polemische Schriften, die derartige rassistische Vorurteile enthielten.

Vielleicht war die großartige Übersetzung der hebräischen Bibel ins Griechische eine Reaktion auf diese Polemik. Griechisch wurde Weltsprache. In Ägypten ebenso wie anderswo gewöhnten sich auch die Juden daran, miteinander Griechisch zu sprechen. Die neue Bibel wurde als die Septuaginta bekannt. Septuaginta ist das lateinische Zahlwort für »siebzig«. Die griechische Bibel heißt so, weil sie angeblich von 70 (genauer von 72) Übersetzern geschaffen wurde, die zwar jeder für sich arbeiteten, dennoch aber, weil von Gott inspiriert, miteinander übereinstimmende Übersetzungen geschrieben haben sollen. Sie benutzten eine hebräische Textvorlage, die später verschwand, und zogen daneben auch einige aramäische Versionen heran. Die Septuaginta enthält fünfzehn Bücher, die nicht zum hebräischen Kanon gehörten und in protestantische Bibeln nur als Apokryphen Eingang fanden (vgl. Anhang 7). Der Legende zufolge war die Übersetzung sämtlicher Teile der Septuaginta an ein und demselben Tage abgeschlossen. Und zwar sei dies, so heißt es, unter Ptolemaios II. geschehen. Doch in Wahrheit waren die Übersetzungen zu ganz verschiedenen Zeiten entstanden (vgl. Anhang 8, Stichwort Aristobul). Die Übersetzung der Bibel ins Griechische trug entscheidend dazu bei, neue Sprachformen und Denkweisen zu entwickeln.

Zweifellos brachte die Septuaginta jüdisches und griechisches Denken einander sehr viel näher. Allerdings blieb dieser Einfluß einseitig. Vermutlich verfolgte die Bibelübersetzung das Ziel, Griechen jüdische Traditionen und jüdisches Denken näherzubringen. Doch diese Wirkung erreichte die Septuaginta kaum, nicht einmal in Alexandrien. Tatsächlich blieben dem griechischen Leser all die biblischen Erzählungen und Weissagungen selbst noch in griechischer Übersetzung rätselhaft und unbegreiflich. Es gibt auch so gut wie keine heidnisch-griechischen Autoren, die diese Bibelübersetzung zitierten. Doch für die Judenschaft Alexandriens erfüllte sie eine wichtige Aufgabe. Anstelle des hebräischen Originals, das wohl kaum ein alexandrinischer Jude verstand, wurde die Septuaginta zu *ihrer* Bibel. Durch sie wurden die Juden Alexandriens zum einzigen Volk der gesamten hellenistischen und römischen Welt, das eine griechische Literatur hervorbrachte, die es an Umfang und Deutung mit den literarischen Schöpfungen der damaligen Griechen aufnehmen konnte. Einer der berühmtesten jüdischen Autoren des 1. Jahrhunderts n. Chr., Philo, war der einzige, der den Versuch wagte, die Kluft zwischen jüdischem und griechischem Denken zu überbrücken. Seine Bemühungen um Ausgleich und Verständigung blieben jedoch erfolglos, denn sie wurden überschattet und verdrängt durch das orthodoxe Judentum, welches die Mischna und den Talmud hervorbrachte (vgl. Anhänge 8 und 10).

Im weiteren Verlauf des 3. Jahrhunderts blieb Judäa von den Ptolemäern und ihren syrischen Nachbarn und Rivalen, den Seleukiden, umkämpft. In diesen Kämpfen bedienten sich die Ptolemäer idumäischer Söldner – Nachkommen von Edomitern, die in den Südteil Judäas eingewandert waren. Schließlich aber fügte der Seleukidenkönig Antiochos III. bei Panion, wo der Jordan entspringt, den ägyptischen Streitkräften im Jahre 200 eine schwere Niederlage bei, und das Land kam unter syrische (seleukidische) Herrschaft.

Den Juden kam die Herrschaft der Seleukiden gar nicht so ungelegen, hatte man doch Beziehungen zur babylonischen Judenschaft, und Babylon gehörte auch zum Seleukidenreich. Antiochos III. tastete Sitten und Rechte der jüdischen Gemeinde nicht an, als er das Land übernahm; vielmehr ließ er durch Edikt verkünden, er werde die nationalen Gepflogenheiten und den autonomen Status des Landes unberührt lassen. Der Wortlaut des betreffenden Edikts ist überliefert und gilt als echt.[7] Die Verwaltungsaufgaben blieben in den Händen der Hohenpriester sowie des Ältestenrates, und zunächst gewährten die neuen Oberherren ihnen ein beträchtliches Maß an Autonomie. Wie in Tempelstaaten anderer hellenistischer Reiche war das Jerusalemer Heiligtum von jeglicher Steuer befreit, und der aus der Zadokidenfamilie stammende Hohepriester Simon I., der Gerechte (Sohn Onias II.), der dazu beigetragen hatte, die Machtübernahme der Seleukiden einzuleiten, erntete seinerzeit Lob und Anerkennung von seinen Landsleuten, obwohl er das Leben eines begüterten Griechen führte.[8] Ziemlich genau um die gleiche Zeit begann – zweifellos mit Simons aktiver Förderung – die Synagoge ein wichtiger Faktor jüdischer Religionsausübung zu werden. Sie war Versammlungshaus (*Bet ha-Keneset*; die Bezeichnung des heutigen israelischen Parlaments – *Knesset* – hängt sprachlich hiermit zusammen), gleichzeitig Bethaus *(Bet Tefila)* und »Haus der Exegese« *(Bet ha-Midrasch)*.

Innerhalb der Synagogenmauern bewahrte man in einer Lade oder einem Schrein an der Ostwand die Thora auf, aus der man während des Gottesdienstes Stücke vorlas, die man lehrte, interpretierte und studierte. Man verrichtete leidenschaftliche Gebete für das Wiedererstarken Israels, und dazu sang man Psalmen, die nun ihre endgültige Fassung erhielten. Zwar herrscht über die Ursprünge der Synagoge und ihrer speziellen Form des Gottesdienstes Unklarheit, doch dürften sie nicht in der Zeit Esras zu suchen sein (wie manche Gelehrte vermuten), sondern in der unmittelbar darauffolgenden Zeit des Hellenismus, aus welcher das älteste Bauwerk der Welt stammt, das man bisher als Synagoge zu identifizieren vermochte. Doch obwohl die Herausbildung der Synagoge eine typische Form des Diaspora-Judentums zu sein scheint, gab es zu Beginn des 2. Jahrhunderts auch in Judäa Synagogen, woran das Buch Jesus Sirach (Ecclesiasticus) keinen Zweifel läßt.[9] Ihre Zahl wuchs nun rasch, und sie wurden zu Zentren jüdischen Geisteslebens und Nationalbewußtseins. Es waren von Leben erfüllte Institutionen, denen jede zeremonielle Starrheit abging – die Antwort eines bemerkenswert buchorientierten Volkes auf das Bedürfnis nach Gemeinschaft und gemeinsamem Tun. Es waren gleichsam religiöse Bildungseinrichtungen. Gleichviel – das Leben in Judäa unter den Seleukiden verschlechterte sich bald. Die Steuerschraube wurde scharf angezogen. Schließlich hatte man ein Drittel jeder Ernte als Grundsteuer abzuführen. Doch damit nicht genug: ein Abgesandter Seleukos' IV. (187–175) wollte den Tempel seiner Schätze berauben. Allem Anschein nach konnte die Plünderung nur mit knapper Not verhindert werden.

Rom hatte zu dieser Zeit gerade Italien unterworfen und auch entscheidende Siege (240, 202) über die nordafrikanischen Karthager errungen, die von phönikischen Siedlern abstammten. Zu Beginn des 2. Jahrhunderts war Rom in kriegerische Auseinandersetzungen mit der hellenistischen Welt verwickelt. Im Verlauf jener Kriege gewann Rom eine

8 Die hellenistischen Königreiche (185 v. Chr.)

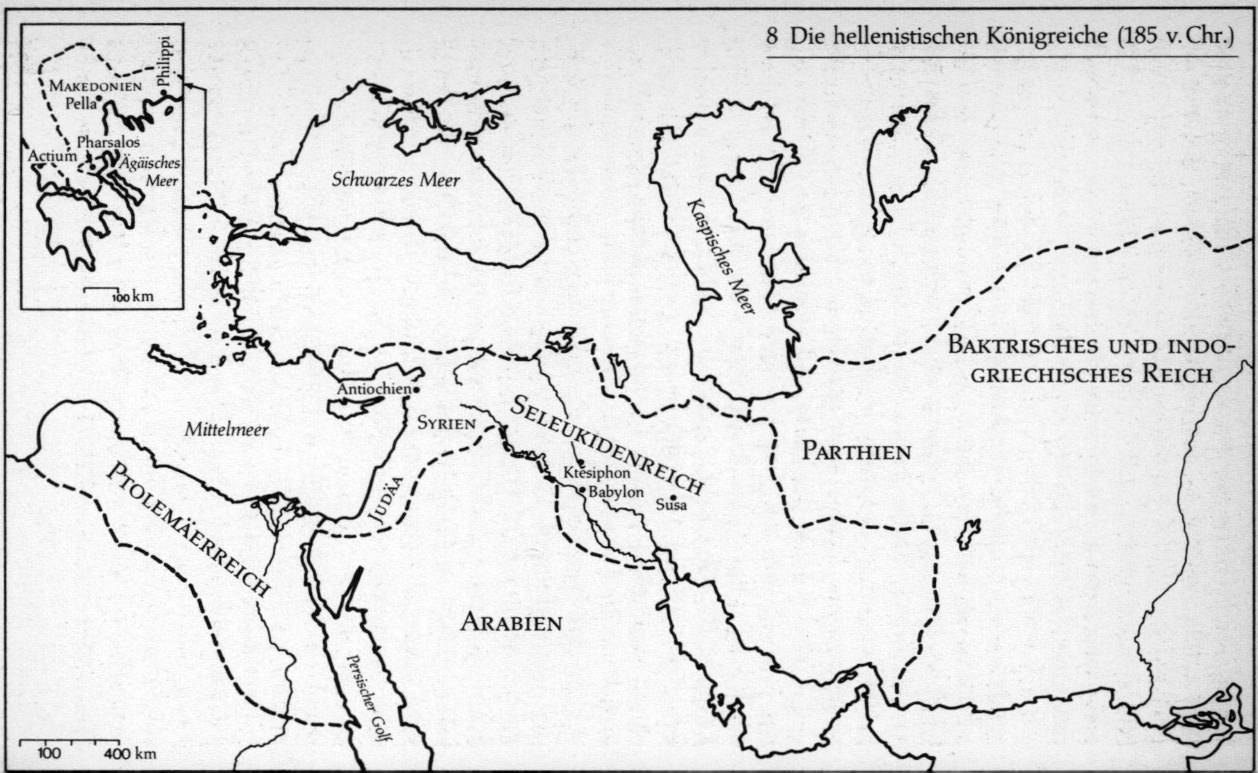

Reihe bedeutender Siege über Antiochos III. den Großen (223–187), die dessen Machtposition erheblich schwächten (191–190). Der Tribut, den die Seleukiden infolge ihrer Niederlagen an Rom abzuführen hatten, führte dazu, daß diese wiederum ihren eigenen Untertanen – darunter auch den Juden – erhöhte Abgaben auferlegten.

Damals kamen bei den Juden in Judäa zwei scharf entgegengesetzte Grundhaltungen gegenüber dem Hellenismus auf. Wortführer einer aufgeschlosseneren Richtung war die wohlhabende Aristokratie mit ihren starken internationalen Verbindungen. Sie hielt ein gewisses Einströmen griechischer Lebensweise nicht nur für unvermeidlich, sondern sogar für erstrebenswert, wenn man nicht hinter der kosmopolitisch eingestellten, modernen Welt zurückbleiben wolle. »Wir wollen uns mit den Heiden, die rings um uns wohnen, gut vertragen! Seit wir uns nämlich von ihnen abgesondert haben, traf uns allerlei Unglück.«[10] Andere dagegen stellten sich mit äußerster Entschlossenheit auf den Standpunkt, jeglicher griechische Einfluß sei mit Stumpf und Stiel auszurotten.

Dies war wahrscheinlich auch die Einstellung eines gewissen Ben Sira (Sirach im Griechischen), der das biblische Buch Ecclesiasticus verfaßte. Aus textimmanenten Gründen muß dieses Buch in seiner Urfassung um 190–180 v. Chr. entstanden sein. Es war in klassischem Hebräisch geschrieben. Allerdings sprach sein Autor sonst wohl eher einen moderneren Dialekt dieser Sprache, den man als »mischnaisch« bezeichnet (vgl. Anhang 10). Von dieser klassisch-hebräischen Urfassung existieren noch einige umfangreiche Fragmente, die 1896 gefunden wurden. In den Kanon der hebräischen Bibel wurde das Buch nicht aufgenommen. Eine komplette griechische Übersetzung fand jedoch Eingang in die Apokryphen (vgl. Anhang 7). Sie stammt, so erfahren wir, von Ben Siras Enkel Josua (Jesus), der in Ägypten lebte.[11] Infolgedessen pflegt man diesen Traktat als Weisheit des Jesus Sirach oder einfach als Buch Jesus Sirach zu bezeichnen. Seine

Beliebtheit in urchristlichen Kreisen trug ihm überdies den Titel Ecclesiasticus (Buch der Kirche) ein.

Der erste Titel reiht das Buch in die sogenannte Weisheits-Literatur ein. Der Autor preist die Weisheit mit beredten Worten und personifiziert sie geradezu wie der Verfasser des Buches Hiob. Ben Siras Spruchweisheiten und umfangreichere Betrachtungen handeln von den moralischen Aspekten der Thora. Es ist viel von der moralischen Zuverlässigkeit des Gottesvolkes sowie davon die Rede, daß Gott die Bösen straft – eine Lehre, die nicht nur das Buch Hiob, sondern auch der Prediger Salomo in Frage stellt (vgl. Kap. 15). Es ist möglich, daß das Buch Jesus Sirach als Antwort auf diese beiden Schriften gedacht war. Im Gegensatz zu den Autoren anderer Weisheitsbücher hebt Ben Sira die Bedeutung des Tempels und seiner Priesterschaft für das Geistesleben des Judentums hervor. Doch liegt ihm auch daran, ausdrücklich hervorzuheben, daß der Geist Gottes Israel durch die Thora vermittelt wird. Er ist der erste Autor, der in aller Form göttliche Weisheit und Gesetz miteinander in Zusammenhang bringt.

Als Schriftgelehrter und Lehrer von Schriftgelehrten führte Ben Sira offenbar ein Leben ohne materielle Sorgen; er betont, daß Schriftgelehrte unbedingt Muße brauchen: »wer von schwerer Arbeit frei ist, kann das Wissen pflegen.«[12] Seine zahlreichen Ratschläge für das sittliche und praktische Leben zeugen von einer konservativen Einstellung, welche nicht frei von Opportunismus ist. Zwar bedauert der Autor das Elend der Armen, doch kann man seiner Ansicht nach nicht viel daran ändern, da alle Regierungen auf die Reichen angewiesen sind. Noch einige andere Beispiele für Ben Siras Lebensweisheit seien erwähnt: Das Geschäftsleben macht den Menschen zwangsläufig korrupt. Frauen sollen sich mit dem ihnen gemäßen Platz begnügen. Prügel sind eine gute Sache, besonders bei Töchtern und Dienstboten.

Der Autor plädiert für Treue gegenüber den Traditionen der Väter: »Die frommen Männer will ich nun besingen und unsere Väter in der Reihenfolge. Viel Ehre hat der Höchste ihnen zugeteilt . . .«[13] Mehr als einmal hebt Ben Sira die Bedeutung des jüdischen Volkes im Vergleich zu allen anderen Nationen hervor, insbesondere im Vergleich zu den Griechen: »Für jedes Volk bestell er (Gott) einen Herrscher, doch Israel ist der Besitz des Herrn.«[14]

Später äußert sich die Mischna hierzu noch radikaler: »Verflucht der Mann, der seinen Sohn griechische Weisheit lehrt.«[15]

Eine ähnliche Meinung vertraten die Anhänger einer puritanischen, fremdenfeindlichen jahwegläubigen Gruppe, die man als *Chassidim* (die Frommen) bezeichnete; sie werden zum erstenmal Anfang der sechziger Jahre des 2. Jahrhunderts v. Chr. erwähnt, können aber schon früher existiert haben. Die Chassidim setzten sich vor allem aus Angehörigen der ärmeren Schichten und der Landbevölkerung zusammen. Ihre radikale Denk- und Lebensweise knüpfte an die Tradition der Rehabiten an (vgl. Kap. 10) und trug dazu bei, die Spannungen, die sich zwischen dem orthodoxen Judentum und dem Hellenismus entwickelt hatten, zu verschärfen.

Die Mitglieder der herrschenden Tobiadenfamilie waren über die Frage, wie dieses Problem zu lösen sei, geteilter Meinung. Auch im Streit zwischen Seleukiden und Ptolemäern, den ehemaligen und jetzigen Beherrschern Judäas, ergriffen sie unterschiedlich Partei. Um 180 v. Chr. geriet der Hohepriester Onia III. in den Verdacht, das Tempelgold für staatsfeindliche Machenschaften zugunsten der Ptolemäer zu mißbrauchen. Sein Bruder Jason hielt den Seleukiden die Treue und entrichtete an Antiochos IV. Epiphanes (175–163) erhöhte Abgaben, weil er an Onias Stelle die Würde des Hohenpriesters erhalten wollte. Onia wurde nicht lange danach ermordet. Von den Hellenisten im jüdischen Lager unterstützt, kaufte sich Jason immer neue, für einen Hohenpriester höchst ungewöhnliche Privilegien vom König. Er hatte das Ziel, Jerusalem in eine Stadt griechischer Prägung umzuwandeln, oder zumindest ein Gemeinwesen (*politeuma*) griechischen Typs neben der vom Tempel kontrollierten jüdischen Gemeinde einzurichten.[16]

Jerusalem bekam den neuen Namen Antiochia von Judäa. Bald gab es in der Stadt ein *gymnasion* – eine sportliche Anlage nach griechischem Vorbild, in der junge Athleten (Epheben), die unbeschnitten und nackt waren, ihre Wettkämpfe austrugen. Für orthodoxe Juden war dies eine große Herausforderung. Nicht nur deshalb wurde die Situation in Antiochia immer unhaltbarer. Auch die Kluft zwischen Reichen und Armen wurde tiefer. Jason wurde schließlich gestürzt und floh ins Exil (172). An seine Stelle trat der wahrscheinlich noch griechenfreundlichere Menelaos, der allem Anschein nach dem Seitenzweig einer Priesterfamilie angehörte. Jedenfalls lag das Amt des Hohenpriesters fortan nicht mehr in den Händen der Zadokiden.

Um das Hohepriesteramt zu erringen, versicherte sich Menelaos der Unterstützung der Seleukiden. Er versprach Antiochos IV., noch größere Abgaben zu leisten als sein Vorgänger. Hierzu gehörte auch die Auslieferung von Tempelgeschirr. Er gestattete sogar einer seleukidischen (syrischen) Garnison, in der neuerbauten Unterstadt, der Akra, zu residieren. Nicht lange darauf jedoch kehrte Jason zurück und erlangte wieder seine frühere Position. Menelaos wurde ins Gefängnis geworfen. Außerdem erklärte Jason die Gründung eines griechischen Antiochia für übereilt und machte die bereits getroffenen Maßnahmen wieder rückgängig. Antiochia in Judäa hatte damit zu existieren aufgehört. Zuletzt verjagte Jason auch die fremden Truppen aus der Akra. Antiochos IV., der sich mit Ägypten verfeindet hatte und auch im Iran durch Aufstände von Parthern in Schwierigkeiten geraten war, verdächtigte Jason, sich mit der Judenschaft Alexandriens gegen ihn verschworen zu haben, um die Ptolemäer wieder ins Land zu rufen. Als in Judäa schwere Unruhen ausbrachen, hinter denen allem Anschein nach die Bewegung der Chassidim stand, sah Antiochos seinen Verdacht bestätigt. So rückte er in Jerusalem ein, ließ die Stadtmauern niederreißen, plünderte den Tempelschatz, setzte wieder Menelaos ein und stationierte syrische Truppen in der Akra. Außerdem befestigte er die Zitadelle – dies nicht zuletzt zum Schutz seiner hellenistischen Parteigänger, die in Scharen dort Zuflucht suchten (169 oder 168).

Zur größten Genugtuung seiner Anhänger untersagte er den Juden in allen Landesteilen, ihre Kinder beschneiden zu lassen und den Sabbat zu feiern. Statt dessen befahl er ihnen, heidnischen Göttern zu opfern. Schließlich beging er einen Frevel, der den Juden als »Greuel der Verwüstung«[17] erschien, als der schlimmste vorstellbare Frevel überhaupt: Im Jahre 167 weihte er den Jerusalemer Tempel dem obersten Gott der hellenischen Religion, dem Olympischen Zeus.

Dies geschah im Zuge einer Hellenisierung, die er überall in seinem Reich durchführte. Ihr Zweck war die Einigung der vielfältigen Kulturen seines Imperiums unter dem Dach einer einheitlichen Staatsreligion, die dazu beitragen sollte, den Widerstand zu brechen, auf den der Herrscher in vielen Landesteilen stieß. Da in jener Zeit in der hellenistischen Welt religiöser Synkretismus nichts Außergewöhnliches war, hielten er und seine Ratgeber es für unproblematisch, den in Jerusalem verehrten Gott der Juden mit Zeus gleichzusetzen. Immerhin beteten manche Juden ihren Bundesgott Jahwe unter einem hellenistisch-orientalischen Namen als »Zeus Sabazios« an, manche brachten auch »Sabazios« mit Jahwes Beinamen »Sabaot« in Verbindung, der so viel wie »Herr der Heerscharen« bedeutete. Auch die Samariter, oder zumindest die in Samaria angesiedelten griechischen Kolonisten, hatten gefordert, ihr dortiges Heiligtum zu hellenisieren (vgl. Anhang 6).

Der Olympische Zeus wurde auch mit dem syrischen und phönikischen (kanaanäischen) Baal Schamin gleichgesetzt, den die in Jerusalem stationierten syrischen Truppen verehrten. Immer wieder war die israelitische Religion im Lauf der Geschichte von fremden Religionen bedrängt worden. Nun setzten die hellenistischen Oberherren Jahwe mit Baal gleich!

Dies war ebenso undiplomatisch wie das sonstige Vorgehen Antiochos' IV. In anderen Teilen seines Reichs hatte er es nicht gewagt, den einheimischen Tempelkult ganz zu zerstören. Den Juden jedoch untersagte er jede weitere Ausübung ihrer Religion. Hierbei war er schlecht beraten, denn der Bruch mit den Juden führte dazu, daß die Herrschaft der Seleukiden in Judäa ein gewaltsames Ende fand.

18. Kapitel

Die wiedergewonnene Unabhängigkeit

Der Makkabäeraufstand

Antiochos' Versuch, das Judentum zu unterdrücken, führte zu einer Revolte. Man bezeichnet diese als Makkabäeraufstand, denn die führende Rolle spielte dabei die Familie der Makkabäer – ein Name, der »Hämmerer« bedeutet. Man nannte sie auch Hasmonäer – wahrscheinlich nach einem Vorfahren namens Hasmon. Sie gehörten zur Priesterfamilie Jojaribs – allerdings nicht zur Linie Zadoks, die bis auf Aaron zurückgeführt wurde und über lange Zeit beinahe ausschließlich Jerusalems Hohepriester gestellt hatte.

Die Revolte begann damit, daß sich ein schon betagter Angehöriger der Hasmonäerfamilie namens Mattatias weigerte, in seinem Geburtsort Modein (unweit von Lydda) das erste heidnische Opfer darzubringen, und einen Juden erschlug, der zu diesem Opfer bereit war. Außerdem tötete er den zur Erzwingung des Opfers entsandten königlichen Beamten. Um Vergeltungsmaßnahmen zu entgehen, floh er daraufhin mit seinen fünf Söhnen über den Paß von Bet-Horon in die Berge von Gophna, wohin ihm immer mehr Juden nachfolgten, darunter vor allem Chassidim (vgl. Kap. 17). Viele von ihnen entstammten ärmeren Bevölkerungsschichten, so daß der Aufstand in gewissem Sinne Klassenkampfcharakter bekam. Nachdem Mattatias im Jahr 166 gestorben war, trat sein Sohn Judas (Jehuda) Makkabäus an seine Stelle, ein Genie des »Guerillakrieges«, den künftige Widerstandsführer immer und immer wieder als leuchtendes

Vorbild bewunderten. Seine chassidischen Anhänger in den Städten und Dörfern des Landes legten eine erstaunliche Bereitschaft zum Märtyrertum an den Tag, die noch viele Jahrhunderte lang jüdische und frühchristliche Religiosität entscheidend prägen sollte. Im Kampf für das Gesetz der Väter beseitigte Judas nicht nur eigene Landsleute, die hellenisierende Neigungen an den Tag legten, sondern führte auch heftige Attacken gegen die seleukidische Besatzungsarmee, bis es ihm gelang, Jerusalem zurückzuerobern.

Im Jahre 164 wurde der Tempel neu geweiht. Das Ereignis, das durch das Ritual einer wunderbaren Versorgung der Tempel-Lampen mit Öl einen besonderen, dramatischen Akzent erhielt, wird noch heute im Chanukkafest (das Fest der Tempelreinigung oder der Lichter) gefeiert, das einen Fest-Typus ganz neuer Art repräsentierte, da es nicht wie alle bisher begangenen Feste auf der Thora beruhte. Man entzündete die Lichter eines siebenarmigen Leuchters (Menorah), der zum nationalen Emblem des heutigen Staates Israel wurde. Judas Makkabäus schloß einen Vertrag mit den Römern, die nur allzu begierig die Gelegenheit wahrnahmen, die Seleukidenmacht in jeder nur denkbaren Weise zu unterminieren (162–160). Diese Verbindung, die rund zwanzig Jahre später erneuert wurde, hatte für spätere jüdische Autoren etwas Peinliches. Doch verdankte Judas der Tatsache, daß die Römer hinter ihm standen, sein Leben. Da er von seiner Abstammung her nicht als Hoherpriester in Frage kam, übernahm ein gewisser Alkimos (Eljakim) 162 dieses Amt. Er führte seinen Stammbaum auf Aaron zurück, obwohl er nicht der Zadokidenlinie angehörte. Ein erfolgloser Mitbewerber, Onia IV., floh nach Ägypten, wo er in Leontopolis einen schismatischen Jahwe-Kult mit eigenem Tempel begründete, der eine Nachbildung des Jerusalemer Tempels war (vgl. Anhang 6). Mittlerweile wandte sich in Judäa Alkimos – der trotz seiner priesterlichen Herkunft ein, wenn auch gemäßigter, Hellenist war – gegen die Chassidim, die lautstark ihrer Enttäuschung über die Weltlichkeit der neuen Regierung Luft machten, und ließ sechzig von ihnen hinrichten.

160 fiel Judas im Kampf. Seine Nachfolge trat sein Bruder Jonathan an. Fast zur gleichen Zeit starb auch Alkimos, und nach einer Sedisvakanz von sieben Jahren ließ sich Jonathan von einer Nationalversammlung das oberste Priesteramt übertragen, womit freilich künftige Konflikte vorprogrammiert waren. Außerdem gewann Jonathan den Zugang zum Mittelmeer, indem er den Hafen Joppe eroberte, der in seleukidischer Hand gewesen war. Danach bot er ihnen militärische Hilfe an und erreichte auf diesem Wege, daß sie ihn als »Statthalter von Judäa« anerkannten; in dieser Funktion regierte er wie ein unabhängiger Fürst, ohne daß ihm seine Unabhängigkeit ausdrücklich garantiert worden wäre. Auch er fiel schließlich im Kampf.

Dem letzten noch lebenden Makkabäer-Bruder, Simon, gelang es, sich der Anerkennung seiner Unabhängigkeit durch die Seleukiden zu versichern; ihre Soldaten verjagte er aus der Zitadelle von Jerusalem (142–141). Er eroberte die Festung Gezer, was der Seleukidenherrscher, dessen Reich durch innere Kämpfe erschüttert wurde, stillschweigend hinnehmen mußte.

So hatten die aufständischen Makkabäer schließlich gesiegt. Ihre Rebellion war die einzige erfolgreiche, religiös motivierte Revolte, welche die Geschichte der antiken Welt aufzuweisen hat. Während der nächsten achtzig Jahre (mit einer einzigen kurzen Unterbrechung) gab es nun wieder einen unabhängigen Judenstaat, und dies nach nicht weniger als viereinhalb Jahrhunderten. Simon besiegelte dies, indem er sich nicht nur den erblichen Titel des Hohenpriestertums, sondern auch die gleichfalls vererbbare Würde eines Ethnarchen zulegte, eine Bezeichnung, die zwar nicht völlig dem Königstitel entspricht, ihm aber sehr nahe kommt (das griechische Wort *ethnarchos* bedeutet Herrscher einer Nation).

Was die Juden in der Zeit ihrer Befreiung durch die Makkabäer empfanden, läßt das Buch Daniel erkennen, obwohl es von Ereignissen aus der Zeit König Jojakims von Juda (608–598) berichtet. Daniel ist eine legendäre Gestalt und trägt

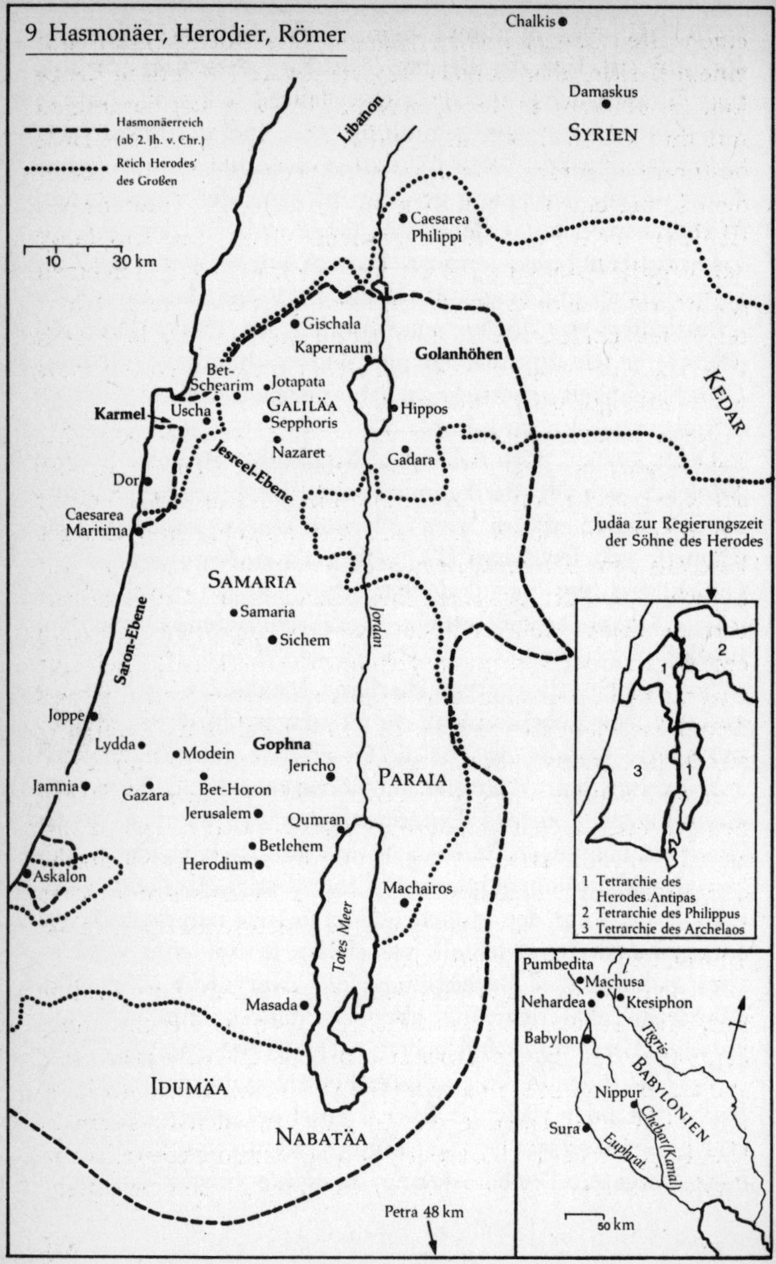

9 Hasmonäer, Herodier, Römer
Hasmonäerreich
(ab 2. Jh. v. Chr.)
Reich Herodes'
des Großen
10
30 km
Chalkis
Damaskus
Syrien
Libanon
Caesarea
Philippi
Gischala
Kapernaum
Golanhöhen
Kedar
Bet-
Schearim
Jotapata
Galiläa
Hippos
Karmel
Uscha
Sepphoris
Nazaret
Gadara
Jesreel-Ebene
Dor
Caesarea
Maritima
Judäa zur Regierungszeit
der Söhne des Herodes
Samaria
Samaria
Sichem
Jordan
Saron-Ebene
Joppe
Lydda
Modein
Gophna
Jericho
Paraia
Jamnia
Gazara
Bet-Horon
Jerusalem
Qumran
Betlehem
Askalon
Herodium
Machairos
Totes Meer
Masada
Idumäa
Nabatäa
Petra 48 km
1 Tetrarchie des
Herodes Antipas
2 Tetrarchie des Philippus
3 Tetrarchie des Archelaos
Pumbedita
Machusa
Nehardea
Ktesiphon
Babylon
Tigris
Babylonien
Nippur
Chebar (Kanal)
Sura
Euphrat
50 km

einen alten kanaanäischen Namen. Das Buch beginnt mit einem Bericht über Daniels Deportation aus Juda nach Babylon. Daniel kam an den Hof Nebukadnezars II.; zusammen mit ihm waren drei andere Juden für den Dienst bei Hofe bestimmt: Sadrach, Mesach und Abednego. Daniel deutet dem König einen Traum, den die Weisen und Traumdeuter Chaldäas nicht zu deuten vermocht hatten, und empfängt dafür reiche Belohnung. Seine drei Gefährten werden in einen glühenden Feuerofen geworfen, weil sie sich geweigert hatten, einem goldenen Idol Opfer darzubringen. Doch Jahwe eilt ihnen zu Hilfe, und auch Daniel, den man in eine Löwengrube wirft, wird göttliche Hilfe zuteil.

Nach einem weiteren Traum verliert Nebukadnezar für sieben Jahre den Verstand. Dann aber heilt Daniel ihn, und der König preist Jahwe. Der Kronprinz Belsazar jedoch begeht ein frevelhaftes Gelage. Die nach Babylon gebrachten Kultgefäße aus dem Schatz des Jerusalemer Tempels werden mißbraucht, und die babylonischen Götzen aus Gold, Silber, Bronze, Eisen, Holz und Stein werden gepriesen. Plötzlich erscheint an der Wand eine geheimnisvolle Schrift[1], Belsazar zittert an allen Gliedern, und seine Knie werden weich. Daniel deutet das Phänomen richtig: Es kündigt Babylons Untergang durch die Armeen der Meder und Perser an (vgl. Kap. 15).

In der zweiten Hälfte des Buches Daniel werden vier Visionen geschildert, in denen der Gang der Geschichte vom 6. bis zum 2. Jahrhundert v. Chr. in verschlüsselter Symbolsprache dargestellt wird. Auf den Sturz des Babylonischen Reiches folgen Aufstieg und Niedergang der medischen, persischen und hellenistischen Staaten.

Es handelt sich bei diesem Buch um eine Sammlung volkstümlicher Fabeln unterschiedlicher Epochen, die ein unbekannter Autor oder Bearbeiter um 160 v. Chr. zusammenstellte. Sie sind in aramäischer Sprache geschrieben, doch die uns vorliegende Fassung enthält daneben auch Passagen in klassischem Hebräisch. Andere Geschichten, die ebenfalls von Daniel erzählen, fanden keinen Eingang in den Schriftenkanon (vgl. Anhang 4). Der kanonisierte Daniel fand vermutlich deshalb Eingang in die Bibel, weil Daniel als legendäre Figur aus alter Tradition stammte. Das Buch Daniel ist die jüngste Schrift der gesamten hebräischen Bibel.

Obwohl die Geschichten, welche das Werk erzählt, in weit zurückliegender Vergangenheit spielen, sind doch Daniels Errettung aus der Löwengrube sowie die Befreiung seiner drei Gefährten aus dem glühenden Feuerofen deutliche Anspielungen auf die Verfolgungen, denen die Juden unter dem Monarchen Antiochos IV. Epiphanes ausgesetzt waren (vgl. Kap. 17). In allen späteren Jahrhunderten trösteten sich Juden und Christen, wenn ihnen Verfolgung und Unterdrückung drohten, mit den ermutigenden Erlebnissen Daniels und seinen beeindruckenden Visionen.

Nicht anders verhält es sich mit der Theologie des Buches Daniel. Es nimmt nämlich die alten prophetischen, utopischen Verheißungen wieder auf und verkündet, Israels Leid werde enden, wenn am Jüngsten Tage das Reich Jahwes anbrechen werde und die Feinde Gottes und seines Volkes zittern würden. Eine derartige Thematik klingt schon bei früheren Autoren an. Ezechiel (vgl. Kap. 14) wurde zum Vorläufer der später in großer Zahl entstandenen jüdischen Apokalypsen (vom griechischen *apokalypto:* ich enthülle, offenbare). Diese Apokalypsen sagen den künftigen, wenn auch vielleicht noch fernen Sturz mächtiger, dem Volk Gottes feindselig gesinnter Herrscher und Mächte voraus, und zwar malen sie in rätselhaften Bildern und Symbolen aus, was am Tage des Triumphs der Kinder Gottes der Menschheit an Gutem und Schrecklichem widerfahren wird.

Nach Auffassung des orthodoxen Judentums war das Zeitalter der Propheten vorüber (obwohl man meinte, es werde eines Tages wiederkommen).[2] Doch die Apokalyptiker, deren Visionen von den Ereignissen unter Antiochos IV. inspiriert wurden, waren überzeugt, im Zentrum der alten Prophetentradition zu stehen. In der Tat führten die kontrastreichen Schilderungen, die einer dunklen, bitteren Gegenwart eine um so lichtvollere Zukunft entgegenstellten, ihrer Generation viel eindringlicher ihre Nöte und Zukunftshoffnungen vor Augen. Die Verheißungen der alten Propheten, von deren Erfüllung kaum die Rede sein konnte, hatten keine derartige Wirkung gezeitigt. In jener Zeit immer neuer politischer Veränderungen und vieler erschütternder Erfahrungen (ebenso aber auch in späteren unruhigen Phasen der Menschheitsgeschichte) gewährten die Voraussagen der Apokalyptiker geistlichen Trost und verhalfen in gewissem Maß zur Flucht vor der Realität.

Als Buch des Trostes und der Ermutigung hatte das Buch Daniel nicht seinesgleichen. Obwohl es den Anspruch erhob, die prophetischen Traditionen früherer Epochen fortzuführen, und auch der Weisheitsspruch-Überlieferung verpflichtet war, ist es doch seinem Charakter nach eine Apokalypse. Derartige Werke gestalten ihre Szenarien nicht selten durch Rückgriffe auf die Vergangenheit. Geben sie doch vor, göttliche Geheimnisse zu enthüllen, die bekannten Persönlichkeiten vergangener Epochen geoffenbart und auf geheimen Schriftrollen aufgezeichnet wurden.[3]

Die apokalyptischen Partien des Daniel-Buches sind voll antiheidnischer Polemik. Mag sein, daß sich hier der Einfluß militanter Chassidim geltend machte (vgl. Kap. 17). Darüber hinaus fordern die erzählenden Passagen zum Martyrium auf; aus dem ungeheuren Enthusiasmus, mit dem sich die Menschen dieser Zeit für das Märtyrertum begeisterten, kann man schließen, daß Werke wie das Buch Daniel entscheidend zur Schaffung einer solchen Stimmungslage beigetragen haben.

Dennoch werden nicht einmal die Anführer des Makkabäeraufstandes als vollkommen angesehen. Auch sie müssen noch »geprüft, geläutert und schimmernd weiß« gewaschen werden. Auf jeden Fall aber wird Jahwe im rechten Moment (das muß keineswegs bald sein) eingreifen, und zwar ohne menschliches Zutun. Der Verfasser des Buches Daniel schließt sich Ezechiels Überzeugung an, daß das künftige

Goldene Zeitalter übernatürlichen Charakter haben wird (vgl. Kap. 14). Außerdem stimmt er darin mit ihm überein, daß die Ankunft eines oder mehrerer Erlöser bevorstehe. Manche dachten hierbei an die Wiederkunft Elias. Der Verfasser der Daniel-Apokalypse neigt eher dazu, den erwarteten Heiland mit dem Erzengel Michael gleichzusetzen. Tatsächlich enthalten bereits ältere Teile der Bibel (vgl. Kap. 9 und 11) die aus Persien stammende Idee, Engel seien die Mittler zwischen Gott und den Menschen, und derartige Vorstellungen machten damals mehr und mehr die Runde.

Außerdem erklärt Daniel, dem Jüngsten Tag werde die Ankunft eines Gesalbten (*maschiach*) vorausgehen, den er auch als »Fürsten« bezeichnet.[4] *Maschiach* ist die Bezeichnung für eine geheiligte Persönlichkeit oder einen legitimen Herrscher, und die hebräische Bibel bezieht dieses Wort nie auf ein übermenschliches Wesen. »Im entscheidenden Zeitpunkt . . . wird er wieder beseitigt werden, ohne daß jemand seinen Platz einnimmt.« Nicht der Gesalbte, sondern ein anderer wird der endzeitliche Erlöser sein. Denn in einer anderen Vision wird Daniel geoffenbart, daß ein »Menschensohn« oder »Jemand wie ein Mensch« (aramäisch: *bar nasch[a]*) »mit den Wolken des Himmels« kommen werde. »Ihm verlieh (Jahwe) Herrschaft, Würde und Königtum; alle Völker, Stämme und Sprachen dienten ihm. Seine Herrschaft ist ewig und unvergänglich, sein Königtum wird nie zerstört.«[5]

Fast könnte man meinen, wieder zur Vorstellungswelt der kanaanäischen Religion zurückgekehrt zu sein, in der ein Gott (Baal) einen anderen (El) entthront. Doch scheint – ganz im Einklang mit der Neigung der Hebräer für die Personifikation von Kollektiven, die wir bereits im Deuterojesaja und andernorts feststellen konnten – auch im Buch Daniel der Ausdruck »Menschensohn« eher ein Kollektiv zu verkörpern. Im unmittelbaren Textzusammenhang geht es dabei wohl um alle diejenigen, welche unter Antiochos IV. Verfolgung und Martyrium erlitten, im weiteren Sinne jedoch wieder um den erwählten, erlösten Restbestand der jüdischen Gemeinschaft insgesamt.

Im Lauf des nächsten Jahrhunderts gewann die Hoffnung auf einen endzeitlichen, kosmischen, himmlischen, messianischen Erlöser, unter dem man sich nun nicht mehr nur einen irdischen Herrscher aus dem Hause David vorstellte, rasch an Boden. Unter »Menschensohn« verstand man nun ein einzelnes Wesen, einen vom Himmel gesandten Retter.[6] Die christlichen Evangelisten, für die der »Menschensohn« identisch mit Christus war, knüpften unmittelbar an diese Vorstellungen an (vgl. Anhang 9).

Ein weiteres Motiv des Daniel-Buches, das prägenden Einfluß auf das Christentum hatte, war die Vorstellung eines individuellen Fortlebens nach dem Tod. Sie steht in scharfem Gegensatz zu der üblichen jüdischen Auffassung, daß Menschen in einem Jenseits (*scheol*) ein schattenhaftes Dasein führen. Die Thora ist ein Gesetz für Lebende. Dem Autor der Daniel-Apokalypse zufolge ist individuelles Fortleben nach dem Tod nicht nur einzelnen, herausragenden Persönlichkeiten wie Enoch, Mose oder Elia vergönnt, von denen man glaubte, sie seien nicht wirklich gestorben, sondern gen Himmel gefahren. Vielmehr ist er davon überzeugt, ein solches Weiterleben stehe dem gesamten Rest des Judentums zu, der am Jüngsten Tag erlöst würde; auch seine Gegner sollten leben, aber nur, um ihre endgültige Strafe zu erhalten. Bei all dem ging es nicht um die Unsterblichkeit der Seele; eine solche Vorstellung ist griechischen, nicht hebräischen Ursprungs. Der Autor von Daniel hatte vielmehr eine leibliche Auferstehung im Sinn, bei der die Menschen sogar zur Erde zurückkehrten.

Im Buch Daniel findet sich die einzige unzweideutige, unumstrittene Bezugsstelle für diese Vorstellung im gesamten hebräischen Bibelkanon; dennoch maßen die Christen später gerade dieser Version des Jenseitsglaubens besonderes Gewicht bei.

»Dein Volk wird gerettet in jener Zeit, ein jeder, der im

Buche verzeichnet ist. Viele von denen, die im Land des Staubes schlafen, werden erwachen. Die einen zum ewigen Leben, zur Schmach und zur ewigen Schande die anderen.«[7]

Damit sind wir wieder bei der alten Frage, die Hiob und andere so tief beunruhigte: Warum sind gute Menschen oft so glücklos, während Ungerechte ein herrliches Leben führen? Sie findet hier ihre Antwort. Belohnung und Strafe wird es in der Zukunft geben. Aber nicht im Diesseits, sondern nach dem Tod, wenn an Gottes Gerichtstag die Welt untergeht. In dieser Erklärung liegt ein neuer Versuch, die Vorstellung eines gerechten Gottes mit den brutalen Gegebenheiten des menschlichen Daseins in Einklang zu bringen; sie war zugleich eine Ermutigung, der Unterdrückung durch irdische Mächte und Gewalten furchtlos die Stirn zu bieten. So wurde sie Grundbestandteil der religiösen Überzeugungen der meisten einflußreichen jüdischen Gruppen der Folgezeit, mit deren Ansichten wir uns nun beschäftigen werden.

Das Verhältnis der Juden zur Monarchie

Obwohl alle Juden sich der Thora verpflichtet fühlten, gab es doch offene Meinungsverschiedenheiten innerhalb des Judentums; sie führten zu einem fruchtbaren Meinungsaustausch und einer anregenden geistigen Auseinandersetzung. Der jüdische Historiker Flavius Josephus (vgl. Kap. 20) beschreibt drei Beispiele der zahlreichen religiösen Strömungen der Zeit näher. Hiermit vereinfacht er die damalige religiöse Situation in Judäa erheblich. Dennoch waren die Gruppen oder Sekten, die Josephus schildert, von überragender Bedeutung.

Hierzu gehörten die Sadduzäer (ihr Name geht vielleicht auf König Davids Priester Zadok zurück). Es handelte sich um eine kleine Gruppe einflußreicher Leute, meist Grundbesitzer, aber auch Inhaber erblicher Priesterämter, die im Tempel das Sagen hatten. Ihre Rituale erschienen ihnen wichtiger als irgendwelche Versuche, das Gesetz auszulegen, das sie in seiner vorliegenden Form fraglos hinnahmen, ohne daß ihnen zusätzliche Kommentare nötig schienen. Spekulationen über das Ende der Welt verwarfen sie als modern, als gegen die bestehenden Autoritäten gerichtet, umstürzlerisch, und tatsächlich bedeutete eine Identifikation mit den Erlösergestalten der Apokalyptik, daß man dem Hasmonäerregime, das die Sadduzäer im Lauf der Zeit mehr und mehr unterstützten, kritisch gegenüberstand. Allerdings ist es nicht leicht, sich ein ausgewogenes Bild von den Sadduzäern zu machen, denn sämtliche Quellen, die über sie berichten, stellen sie in ungünstigem Licht und oft voller Feindseligkeit dar.

Christliche Autoren beispielsweise haßten die Sadduzäer, und auch zahlreiche Juden mißdeuteten ihre Einstellung und erklärten sie für extreme Hellenisten; das aber waren sie auf gar keinen Fall. Hätte ihre vergleichsweise defensive Einstellung sich durchgesetzt, wäre die künftige Geschichte des Judentums wohl ruhiger verlaufen, aber die Juden hätten andererseits sehr viel weniger intellektuelle Leistungen hervorgebracht. Auch wäre es wohl nie zu einem Aufstand gegen die Römer gekommen (vgl. Kap. 20).

Die zweite und wesentlich einflußreichere Gruppe bildeten die Pharisäer. Auch ihnen gerecht zu werden, fällt schwer; zu sehr haben sie sich die Feindschaft der Evangelisten zugezogen. Wie die Sadduzäer waren sie vorwiegend Laien, allerdings meist mittelständischer Herkunft. Ihr hebräischer Name (*peruschim*) läßt sich als »Abgesonderte« deuten und bezieht sich vielleicht auf ihre erklärte Absicht, sich von allem fernzuhalten, was ihnen sündhaft oder unrein zu sein schien. Sie selbst nannten sich untereinander *chaberim* (Freunde, Brüder, Genossen). Ihr Aufstieg begann in den Jahren, als die Chassidim, denen die Pharisäer zweifellos viel verdanken, mit dem Hasmonäerhaus brachen, weil ihnen die Politik dieser Regierung zu säkular erschien. Insbesondere mißfiel es den Pharisäern, daß Jonathan nach der Hohenpriesterwürde gegriffen hatte, obwohl er auf Grund seiner Herkunft nie in dieses Amt hätte gewählt werden können. Allerdings waren sie – zumindest in dieser frühen Phase – keine politischen Aktionisten oder Agitatoren. Sie zogen es vor, sich geduldig dem Willen Gottes zu ergeben, selbst wenn dies bedeutete, daß sie Ungerechtigkeit und Verfolgung ertragen mußten.

Wie der Verfasser des Buches Daniel glaubten auch sie an eine leibliche Auferstehung der Toten. Nach ihrer Vorstellung sollten die im Fleische Auferstandenen eines Tages wieder die Erde bevölkern. Im Gegensatz zu Daniel und anderen Apokalypsen verwarfen sie jedoch die Erwartung gewaltsamer, die ganze Welt erschütternder Umwälzungen am Jüngsten Tag, denn eine derartige Vorstellung war der Thora, der sie absolute Treue hielten, fremd. Einige Pharisäer wurden von ihren Gegnern als übertrieben formalistisch und selbstgerecht kritisiert. Apokalyptisch orientierte Juden fügten sogar den Vorwurf der Heuchelei hinzu, weil die Pharisäer, was den Jüngsten Tag anging, gewisse Vorbehalte hatten. Die Christen griffen diesen Vorwurf begierig auf. Doch derartige Anklagen wurden den Pharisäern kaum gerecht, denn letzten Endes war ihre Haltung durchaus progressiv. Religion – dies nämlich war der Grundgedanke des Pharisäertums – gab keinerlei Veranlassung zur Trübsal, sondern sollte eine Quelle innerer Zufriedenheit und inneren Glücks sein. Außerdem legten die Pharisäer Wert darauf, die Bibel den Bedürfnissen einer veränderten Zeit anzupassen, indem sie dem Wort des Gesetzes mündliche Auslegungen hinzufügten. Sie erklärten, dieses Verfahren, das schon Esra praktiziert hatte (vgl. Kap. 16), sei Mose von Jahwe an dem Tag empfohlen worden, an dem er ihm das Gesetz übergab. Die Auslegung gehöre untrennbar zum Gesetz und sei wesentlicher Bestandteil desselben. Beispielsweise diente ihnen – im Gegensatz zur starren Buchstabengläubigkeit der Sadduzäer – das berühmte »Auge um Auge, Zahn um Zahn« als Grundlage für die Einführung finanzieller Bußleistungen. Wiederum im Gegensatz zu den Sadduzäern, die ausschließlich Wert auf den Tempelkult legten, konzentrierten sich die Pharisäer mehr auf die Synagogen (vgl. Kap. 17), die es inzwischen in jeder jüdischen Stadt gab. Außerdem nahmen sie mit großem Interesse an den sozialen Problemen ihrer Zeit Anteil. Judäa war nämlich ein verarmtes Land, und die Führer der Pharisäerbewegung machten sich Sorgen um die einfache Bevölkerung, die »Mühseligen und Beladenen«. Überall in der Diaspora waren die Pharisäer äußerst aktiv. Eines der Geheimnisse ihres dortigen Erfolgs war ihre Bereitwilligkeit, die bestehenden politischen Verhältnisse hinzunehmen. Obwohl die Frage, ob eine Missionierung Andersgläubiger erstrebenswert sei, unter jüdischen Denkern lange sehr kontrovers diskutiert worden war, fanden ihre missionarischen Bemühungen sogar bei ihren Gegnern Anerkennung.[8] In Judäa selbst wie auch in anderen Ländern läßt sich feststellen, daß diese Missionstätigkeit auf die von Pharisäern angewandten Methoden der Bibelauslegung großen Einfluß hatte. Denn so ängstlich sie sich auch gegen die zu enge Berührung mit der griechischen Kultur sträubten, die ihnen als »Verunreinigung« erschien, sie konnten nicht vermeiden, zumindest ungewollt und indirekt unter den Einfluß hellenistischer Gelehrsamkeit zu geraten, die insbesondere aus Alexandrien zu ihnen drang.

Den Pharisäern zur Seite standen Schriftgelehrte (*sopherim*) oder professionelle Anwälte. Seit vielen Jahrhunderten hatte es religiöse »Schreiber« gegeben, vielleicht schon unter Salomo, als die Weisheitsspruch-Tradition Gestalt annahm. Dann gab es sie zur Zeit Jeremias und Ezechiels, besonders aber unter der Ägide Esras, der selbst Schriftgelehrter war. Die Bedeutung dieser Schriftgelehrten veränderte sich, doch nun fanden sich unter ihnen Männer wie Ben Sira, der Verfasser des Ecclesiasticus (vgl. Kap. 17), die regelrechte Schulen leiteten, um Nachwuchs heranzubilden; und sie hatten endlich den Punkt erreicht, an dem sie als eigener Berufsstand, als intellektuelle Elite Anerkennung fanden. Zusammen mit den Pharisäern entschieden sie, bis ins kleinste Detail, was erforderlich sei, um die Vorschriften des von Gott gegebenen Gesetzes im Alltag zu verwirklichen.

Wie ihre pharisäischen Verbündeten spielten auch die Schriftgelehrten einen führende Rolle in religiösen und gesetzgebenden Körperschaften, die man als *bet din* (»Gerichtshof« wörtlich: »Haus der Gerechtigkeit«) oder Großen Sanhedrin (von griechisch *synhedrion*: »Versammlung«) bezeichnete. Diese Körperschaft begann damals, Bedeutung zu erlangen, und zwar neben dem Ältestenrat, der politische Aufgaben hatte und Recht sprach (dieser Ältestenrat stand unter dem Vorsitz des Königs und wurde bisweilen selbst »Sanhedrin« genannt). Der Große Sanhedrin, um den es hier geht, umfaßte 70 oder 71 Mitglieder. Den Vorsitz führten turnusmäßig wechselnde Paare von Gelehrten (*zugot*) – der eine hatte den Titel Präsident (*nasi*), den anderen könnte man als Vizepräsidenten bezeichnen. Sein hebräischer Titel lautete *ab bet din* (Vater des Gerichtshofs). Beide hatten bei Debatten kontroverse Standpunkte zu vertreten. Der Rat befaßte sich außerdem mit Fragen der Bibelauslegung, diskutierte aber auch Probleme der Allgemeinbildung, der Rechte der Frauen und des Verfahrensrechtes an Gerichtshöfen.

Auf diese Weise übten die Schriftgelehrten und ihre Bundesgenossen, die Pharisäer, bedeutenden Einfluß auf die öffentliche Meinung aus. Der ideale Schriftgelehrte erntet Ben Siras höchstes Lob[9], und wo immer es außerhalb Judäas eine Judengemeinde gab, in der gesamten Diaspora beherrschten Schriftgelehrte und Pharisäer die Szene als Deuter und Ausleger.

Bei der dritten von Flavius Josephus ausgesonderten Gruppe handelt es sich um die Essener.[10] In mancher Hinsicht erinnerten sie an die Pharisäer, denn auch sie waren ursprünglich vielleicht ein Ableger der Chassidim – möglicherweise leitete man den Namen Essener vom aramäischen *hasa* ab. Obwohl sowohl Hellenisten als auch die allzu weltlichen Sadduzäer sie mit Abscheu erfüllten, versuchten die Essener tunlichst, den offenen Bruch mit den Trägern politischer Macht zu vermeiden. Wie die Pharisäer hielten es allerdings auch die Essener für erforderlich, sich der Führung

Jonathans zu widersetzen, dessen Ernennung zum Hohenpriester sie bedauerten und verwarfen. Die Essener hielten sich für die wahren Träger der hohenpriesterlichen Tradition. Damit verliehen sie ihren Ankündigungen des Weltendes eine ganz besondere Authentizität. Doch ihre Vorhersagen unterschieden sich von denen der Pharisäer – wenn Josephus sich nicht irrt und sie mit asketischen Griechengemeinschaften verwechselt –, denn sie glaubten angeblich nicht an eine leibliche Auferstehung der Toten, sondern wie die Griechen an die Unsterblichkeit der Seele. Was sie jedoch von Pharisäern und Sadduzäern gleichermaßen unterschied, war ihre Lebensweise. Die rund 4000 Mitglieder ihrer Gemeinschaft führten – zumindest zum größten Teil – ein zurückgezogenes Leben in mehr oder weniger klösterlichen Gemeinschaften, wo sie ihre Zeit damit verbrachten, genau nach den Buchstaben der Thora zu leben. Um Essener (oder zumindest um eine den Essenern nahestehende Gruppe) handelte es sich wohl auch bei der Sekte, der wir die berühmten Schriftrollen vom Toten Meer verdanken. Die zahlreichen Dokumente dieser um 140 bis 130 gegründeten Gemeinschaft, meist lederne Schriftrollen, fand man in der Nähe ihres Zufluchtsortes Chirbet Qumran unweit vom Toten Meer. Diesen Schriftstücken zufolge muß es sich bei den Qumran-Sektierern um eine fanatische religiöse Vereinigung gehandelt haben. Sie verabscheuten das Priesterkönigtum der Hasmonäer, betrachteten einen mysteriösen »Lehrer der Gerechtigkeit« als ihren Führer und waren überzeugt, die einzigen Mitglieder des von Jeremia prophezeiten Neuen Bundes zu sein, das Häuflein der letzten wahren Gläubigen ihrer Zeit, ja der letzte gläubige Rest der Menschheit am Ende der Zeiten.[11]

Charakteristisch für diese strengen, düsteren Perfektionisten ist eine apokalyptisch-messianische Eschatologie (Endzeitlehre), zu der auch die Vorstellung von der Auferstehung des Fleisches gehört. Ihrer Gemeinschaftsregel und ihrer Kriegsrolle zufolge ging der Endzeitkatastrophe ein welterschütternder Kampf zwischen den Mächten des Guten und Bösen voraus.[12]

Hierbei führt Satan die Heerscharen des Bösen. Er ist nun kein Mitglied der göttlichen Hofhaltung mehr wie im Prolog des Buches Hiob, sondern ganz offenkundig der »Fürst der Finsternis«. Tatsächlich hatte sich die Qumran-Gemeinde bereits weit von der biblischen Vorstellung entfernt, daß allein Gott in seiner Güte die Welt in seinen Händen halte. Statt dessen sympathisierte sie mit dualistischen Vorstellungen vom Kampf der Kräfte des Lichtes gegen die Mächte der Finsternis. Aus dem iranischen Raum stammend, gehörten derartige Ideen zu den Gemeinplätzen apokalyptischen Denkens in hellenistischer Zeit.

Die Einsiedler von Qumran glaubten an einen Ur-Kampf zwischen diesen beiden entgegengesetzten, einander widerstreitenden Kräften. Sie rechneten damit, daß es eines Tages zu einem vierzigjährigen Krieg zwischen Israel und den Heiden kommen werde. Doch dann würde – von Jahwe angespornt – Israel den Sieg davontragen und die Welt beherrschen. Eine derartige dualistische Polarität von Gut und Böse stieß bei orthodoxen Juden, die streng monotheistisch dachten (und daher keinen Teufel als nahezu gleichberechtigten Widersacher Gottes dulden mochten), auf schwere Mißbilligung und fand nie Eingang in das offizielle jüdische Denken. Deutliche Spuren derartiger Ansichten findet man indessen bei christlichen Schriftstellern[13], und eine dualistische Sicht der Dinge bildete die Grundlage der im 3. Jahrhundert n. Chr. in Persien begründeten Weltreligion des Manichäismus.

Nachdem der letzte der Makkabäer-Brüder, Simon, 135 von seinem Schwiegersohn ermordet worden war, gelang es dem Seleukidenherrscher Antiochos VII. Sidetes, den Judenstaat erneut zu unterwerfen. Doch nach Antiochos' Tod im Jahre 129 stellte Simons Sohn, Johannes Hyrkanos I. (134–104), dessen Name auf die Abstammung aus einem von Juden bewohnten Dorf in Hyrkanien (am Kaspischen Meer) hindeutet, die nationale Unabhängigkeit wieder her. Zu diesem

Zweck erneuerte er den bereits bestehenden Vertrag zwischen den Hasmonäern und Rom, so daß sich weder die Seleukiden noch die Ptolemäer die geringste Verletzung der Grenzen Judäas erlaubten. So abgesichert, erweiterte Hyrkanos seinen Landbesitz erheblich. Die Armee, auf die er sich dabei stützte, war ein Söldnerheer. Samarien, Galiläa und Idumäa – alle diese Gebiete wurden Judäa angeschlossen. Die Samaritaner stellten für Hyrkanos eine besondere Anfechtung dar, weil sie eine unabhängige Sekte bildeten (vgl. Anhang 6) und sich nicht am Makkabäer-Aufstand beteiligt hatten. Also ließ er ihr Heiligtum auf dem Berge Garizim bis auf die Grundmauern niederreißen und zerstörte ihre Hauptstadt, das inzwischen hellinisierte Samaria.

In Idumäa, dem südlichen Grenzland Judas, wo sich vier Jahrhunderte zuvor Edomiter vor den Arabern in Sicherheit gebracht hatten (vgl. Kap. 16), sah sich die Bevölkerung plötzlich gezwungen, die jahwistische Religion anzunehmen und sich beschneiden zu lassen. Das fruchtbare Galiläa war bereits früher teilweise judaisiert worden, doch Johannes Hyrkanos I. überrannte das Land und vollendete diesen Judaisierungsprozeß gleichsam im Sturm. Das Land, in dem später Jesus einen so großen Teil seiner Lehrtätigkeit entfaltete, war also, als Jesus dort predigte, erst seit rund anderthalb Jahrhunderten jüdisch. Die Pharisäer weigerten sich übrigens, derartige Zwangsbekehrungen anzuerkennen (wodurch sie das Königshaus und die Sadduzäer einander näherbrachten). In den neuerworbenen Landesteilen hob Johannes Rekruten für seine Armee aus. Tatsächlich wurde Juda unter ihm zu einer bedeutenden Militärmacht.

Außerdem erstreckte sich sein Einfluß weit in die unter römischer Herrschaft stehende Diaspora. Beispielsweise erwähnt ein Dekret der griechischen Stadt Laodikaia am Lykos (in Phrygien), die zu der neugeschaffenen römischen Provinz Asia (Kleinasien) gehörte, man habe einem auf Veranlassung des Johannes Hyrkanos von römischer Seite vorgelegten Ersuchen stattgegeben, den Juden die Ausübung ihres

Kultes zu gestatten. Eine andere Stadt, Tralleis in Lydien (gleichfalls in Kleinasien), sah sich gezwungen, ihren Einspruch gegen eine derartige Maßnahme zurückzuziehen.[14] Gleichzeitig wurden fast im gesamten Nahen Osten antisemitische Pamphlete verbreitet, obwohl sich jüdische Autoren in Alexandrien und anderswo alle Mühe gaben, in auf Griechisch abgefaßten Büchern und Flugschriften die bisweilen abgeschmackten und lächerlichen Vorwürfe, die in dergleichen Hetzschriften gegen die Juden erhoben wurden, zu widerlegen (vgl. Anhang 8).

In Judäa wurde mit dem ersten Buch der Makkabäer die Überzeugung verbreitet, der Hellenismus sei die Wurzel allen Unglücks. Da das hebräische Original dieses Werks verlorengegangen ist, besitzen wir lediglich die griechische Übersetzung, welche vermutlich für die Juden Alexandriens bestimmt war. Der unbekannte Autor, der wohl sadduzäischen Kreisen nahestand, gibt einen halboffiziellen Bericht über die Leistungen des Hasmonäerhauses von der Judenverfolgung durch Antiochos IV. bis etwa zum Jahre 125. Eine Überarbeitung erfolgte, nachdem Johannes Hyrkanos I. gestorben war, dessen Taten, wie der Bearbeiter vermerkt, auch »im Buch der Chronik seines Hohenpriestertums« verzeichnet waren.[15]

Im Gegensatz zu dem Übersetzer und Bearbeiter eines von einem gewissen Jason von Kyrene stammenden, recht umfangreichen, zweites Buch der Makkabäer genannten Werks über die Jahre 176–161, das für die Juden in Alexandrien bestimmt war[16], besitzt der Verfasser des ersten Makkabäer-Buches die Qualitäten eines seriösen Historikers. Allerdings sind die Dokumente, die er zitiert, nicht immer echt. Als radikaler Nationalist ist er dem Könighaus und seinen führenden Repräsentanten ganz ergeben. »In ihrer Kehle sei Lobpreis Gottes«, um es mit den Worten eines Psalmisten zu sagen, und »in ihrer Hand ein zweischneidiges Schwert«[17]. Diese glühende Verehrung der Hasmonäer war der Grund dafür, daß das Buch keinen Platz im hebräischen Bibelkanon erhielt; vielmehr zählte man es wie das zweite Buch der

Makkabäer zu den Apokryphen (vgl. Anhang 7). Diejenigen, die mit größter Sorgfalt über die Kanonisierung wachten, standen der Verbindung von Königsmacht und Hohempriestertum, wie sie für die Hasmonäerdynastie typisch war, äußerst kritisch gegenüber. Vielleicht bemängelten sie, daß das Buch sich nicht direkt auf Jahwe bezieht; es kann aber auch sein, daß die freundliche Art, in der von den mit dem Hasmonäerhaus verbündeten Römern die Rede ist, ihr Mißfallen erregte. Gottesfürchtige Juden bedauerten wahrscheinlich auch die rasch zunehmende Hellenisierung des königlichen Hofes, der trotz aller Lippenbekenntnisse zu Jahwe, dem Gott Israels, immer mehr dem Bild eines der damals typischen kleineren, hellenistischen Fürstenhäusern ähnelte. Aristobul (Jehuda) I. (104–103), der Sohn Johannes Hyrkanos' I., nahm sogar den Beinamen Philhellén (Freund der Griechen) an.[18]

Sein Bruder und Nachfolger Alexander Jannaios (103–76), der es ganz besonders liebte, sich mit Luxus und weltlichem Prunk zu umgeben, war der erste Hasmonäer, der sich offiziell mit dem Königstitel schmückte[19], und er gab wohl auch als erster eine eigene Münzwährung heraus (manche Gelehrte allerdings setzen die Einführung des ersten jüdischen Münzgeldes noch *vor* seinem Regierungsantritt an). Die Münzlegenden sind griechisch und hebräisch, und als Münzbild erblickt man das ganz und gar unjüdische, dem Seewesen entnommene Symbol eines Ankers.[20] Hiermit ahmte man Münzprägungen der Seleukiden nach und wollte wohl voller Stolz daran erinnern, daß Alexander Jannaios es fertiggebracht hatte, die gesamte Küste von Ägypten bis hinauf zum Karmelgebrige in seine Gewalt zu bringen. Da die Hellenisierung dieses Herrschers nur sehr äußerlich war, hatten die griechischen Städte unter seiner brutalen Herrschaft sehr zu leiden, die jedes zukünftige Zusammenleben mit den nichtgriechischen Bewohnern unmöglich machte. Nur eine von ihnen, Askalon im Philisterland, entging seinem Würgegriff.

Auch den Nabatäern in Nordarabien trat Alexander Jannaios mit Erfolg entgegen. Diese waren Araber, die das Aramäische als Schriftsprache annahmen und sich überhaupt der aramäischen Schrift bedienten, da es noch keine arabische Alphabetschrift gab. (Sie wurde erst 1000 Jahre später erfunden.) Der Nabatäerstaat hatte im 4. Jahrhundert die Nachfolge des Königreichs Dedan mit der Hauptstadt Petra (der ehemaligen Edomiterstadt Sela im heutigen Jordanien) angetreten. Im Laufe der Zeit erweiterten die Nabatäer ihren Einfluß über die sogenannte Weihrauch- und Gewürzstraße bis hin zum Mittelmeer. Durch seine Siege über ihr Heer gewann Alexander Jannaios Gaza, dazu noch zwölf Städte jenseits des Jordan. Seit Salomo hatte kein jüdischer Herrscher ein so ausgedehntes Staatsgebiet regiert. Durch diesen enormen Landgewinn kam Alexander Jannaios mit dem Reich der Parther in Berührung. Diese sprachen Iranisch, hatten sich von den Seleukiden gelöst, ihre Unabhängigkeit behauptet und waren bis nach Babylonien vorgedrungen. Alexander Jannaios war daran interessiert, mit ihren Abgesandten zu verhandeln, da Babylonien noch immer einen sehr großen jüdischen Bevölkerungsanteil hatte. Es handelte sich um die Nachkommen jener Juden, die durch Deportationen im 6. Jahrhundert ins Land gekommen waren. Ihre Gemeinden leisteten großzügige Beiträge zur Tempelsteuer, die jährlich von großen bewaffneten Pilgerzügen nach Jerusalem gebracht wurden.

Die parthischen Gesandten, die anläßlich der erwähnten Verhandlungen nach Jerusalem gekommen waren, bemerkten die allgemeine Unzufriedenheit, die in der Stadt herrschte; viele der religiösen Führer mißbilligten die Hellenisierung des Hasmonäerhofes. Der Königstitel, den Alexander Jannaios angenommen hatte, war ihrer Meinung nach der Autorität des Ältestenrats abträglich; außerdem sprachen sie dem König das Recht ab, Hoherpriester zu sein.[21] Dies führte dazu, daß zahlreiche Pharisäer ihre bisherige Politik der Nichteinmischung in Regierungsangelegenheiten aufgaben und sich offen gegen Alexander erhoben. Es kam zu einem erbitterten

Bürgerkrieg. Allem Anschein nach eroberten die Aufständischen sogar Jerusalem sowie die königliche Münzanstalt und schlugen im Namen des Ältestenrates eigene Münzen. Die Münzlegenden griffen auf einen archaischen hebräischen Schrifttyp zurück (um 88 n. Chr.).[22] Die Revolte schlug schließlich fehl und kostete die Pharisäer Hunderte von Menschenleben.

Alexanders Witwe und Nachfolgerin, Salome Alexandra (76–67), verfolgte eine gänzlich andere Religionspolitik und behandelte die überlebenden Pharisäer mit ausgesprochenem Wohlwollen. Nun beherrschten diese zusammen mit den Schriftgelehrten den Ältestenrat sowie den Großen Sanhedrin, dem Salomes Bruder Simeon ben Schetach vorstand, und nutzten ihren Einfluß, um die Sadduzäer zu unterdrükken. Seit den Tagen der glücklosen Atalja (vgl. Kap. 12) hatten die Juden keine Herrscherin mehr gehabt. Da eine Frau nicht Hoherpriester sein konnte, erhielt diese Würde ihr ältester Sohn, Johannes Hyrkanos II. Dieser allerdings war keine sehr starke Persönlichkeit und überließ sich, als er nach Alexandras Tod den Thron bestieg, ganz der Führung Antipaters, eines mächtigen Erb-Stammesfürsten aus dem erst jüngst durch Zwang zum Judentum bekehrten Idumäa.

So begann der rasche Niedergang des Hasmonäerreichs. Angestiftet von Antipater, zerstritt sich Johannes Hyrkanos II. mit seinem Bruder Aristobul II.; Antipater forderte daraufhin die Nabatäer auf, nach Jerusalem zu marschieren und Hilfe zu leisten. Gerade als sie im Begriff waren, diesem Hilfeersuchen Folge zu leisten, traf die Nachricht ein, daß die Römer in Syrien standen (63).

Im 2. sowie im beginnenden 1. Jahrhundert v. Chr. hatte die römische Republik nach und nach die Kontrolle über den gesamten Mittelmeerraum erlangt; nun hatte Gnaeus Pompeius (Pompeius der Große), damals Roms führender Politiker, dem geschwächten Seleukidenreich den Todesstoß versetzt und das, was von diesem Reich übriggeblieben war, in eine römische Provinz (die Provinz Syria) umgewandelt.

Diese neue Provinz war den Römern nicht nur wegen ihrer natürlichen Reichtümer willkommen, sondern sollte auch als Bastion gegen die Rom feindlich gesinnten Parther dienen, die den Iran und das Zweistromland beherrschten. Für den gesamten Nahen Osten brach damit eine neue Epoche an.

Israel unter römischer Herrschaft

19. Kapitel

Herodes der Große

Die römische Besatzung

Nachdem Pompeius der Große als Feldherr der römischen Republik dem Seleukidenreich ein Ende bereitet und Syrien annektiert hatte, war Judäa zwangsläufig Teil der römischen Interessensphäre geworden. Diese neue Lage nahmen Judäas zerstrittene Hasmonäerherrscher Johannes Hyrkanos II. und sein Bruder Aristobul II. sofort zum Anlaß, sich von Pompeius Hilfe zu erbitten. Aristobul bekam diese Hilfe zunächst gewährt. Als die Römer in Judäa einmarschierten, entschlossen sich seine Anhänger jedoch zum Widerstand. Daraufhin eroberte Pompeius Jerusalem, richtete unter den Bewohnern ein Blutbad an und drang in das Allerheiligste des Tempels ein; dies war in den Augen der Juden eine unerträgliche Tempelschändung.

Judäa wurde zum römischen Klientelstaat. Erst 1948 sollte mit dem heutigen Staat Israel wieder ein jüdischer Staat volle Unabhängigkeit erlangen. Unter römischer Oberhoheit blieb Johannes Hyrkanos II. – der noch immer unter dem Einfluß seines idumäischen Beraters Antipater stand – Hoherpriester. Zugleich war er dem Namen nach Oberhaupt eines kleinen zerrissenen Restbestandes des ehemaligen Hasmonäerreichs. Es umfaßte neben dem Kernland Judäas auch Galiläa. Ein Verbindungsweg zwischen beiden Ländern, der durch Samarien führte, existierte nicht mehr. Außerdem wurde ihm der Königstitel aberkannt. Statt dessen mußte er sich mit dem bescheidenen Titel »Ethnarch« begnügen (den gleichen Titel hatte sich ein Jahrhundert zuvor der Makkabäer Simon beigelegt). Zum Ausgleich dafür räumten ihm die Römer allerdings das erbliche Recht ein, in Angelegenheiten der jüdischen Diaspora einzugreifen.[1] Diese nahm immer mehr an Bedeutung zu, da wegen der Unruhen in Judäa immer mehr Menschen das Land verließen, um sich anderswo eine neue Existenz aufzubauen. Fünf Jahre später enthoben die Römer Johannes, nachdem es abermals zu Unruhen im Land gekommen war, auch seines Postens als Ethnarch. Man gestand ihm jetzt nur noch die Hohepriesterwürde zu, desgleichen behielt er eine Art Aufsichtsrecht über Jerusalem. Das Land wurde in fünf winzige Verwaltungseinheiten aufgeteilt, die jeweils einem Rat führender ortsansässiger Persönlichkeiten unterstanden. Diese gehörten wiederum überwiegend den sadduzäischen Adelsfamilien des Landes an.

Antipater, der eine Politik der aktiven Zusammenarbeit mit Rom verfolgte, wurde die Verwaltung seines Heimatlandes Idumäa übertragen. Außerdem erhielt er Sondervollmachten für Jerusalem, die das Recht einschlossen, Steuern einzuziehen.

Inzwischen hatten Pompeius, Julius Caesar und Crassus, die das Erste Triumvirat bildeten, in Rom eine Diktatur errichtet. Crassus plünderte den Jerusalemer Tempelschatz und warf in Galiläa einen Aufstand nieder, doch fiel er 53 v. Chr. bei Karrhai im Kampf mit den Parthern. Fünf Jahre später brach ein Bürgerkrieg aus. Obwohl man in Jerusalem die durch Pompeius begangene Tempelschändung nicht vergessen hatte, beschlossen Johannes Hyrkanos II. und Antipater, für Pompeius Partei zu ergreifen. Es ist möglich, daß sie diesen Schritt nicht freiwillig taten. Nachdem Pompeius bei Pharsalos geschlagen worden und anschließend in Ägypten gestorben war (48 v. Chr.), vermochten sie Caesar wertvolle Hilfe zu leisten. Ägypten war unter den letzten Vertretern der Ptolemäerdynastie ein zwar schwacher, aber immer noch unabhängiger Staat. Caesar spielte nach außen hin die Rolle eines Vermittlers zwischen den beiden noch jungen ägyptischen Monarchen Ptolemaios XII. und Kleopatra VII. In Wirklichkeit unterstützte er jedoch Kleopatra, die seine Geliebte war. Allerdings behinderten ägyptische Streitkräfte in Alexandrien, die eine feindselige Haltung einnahmen, seine Bewegungsfreiheit, und ein Entsatzheer, das zu seiner Hilfe unterwegs war, wurde an der Südgrenze Judäas aufgehalten. In dieser Situation rückten Antipater und Johannes Hyrkanos II. an der Spitze ihrer Truppen nach Askalon vor und ermöglichten so dem römischen Heer den Weitermarsch.

Als Caesar schließlich seine Gegner in Ägypten geschlagen und Kleopatra als Klientelkönigin von Roms Gnaden eingesetzt hatte, erhielten die Juden den verdienten Lohn. Johannes Hyrkanos erhielt seinen früheren Status zurück und sein Herrschaftsgebiet wurde erweitert: Er erhielt nun auch noch Joppe und die Jesreel-Ebene hinzu. Man gab ihm seinen früheren Ethnarchen-Titel wieder; die Münzen, die er schlagen ließ, bezeichnen ihn als Vorsitzenden des Ältestenrates.[2] Antipater wurde sein Wesir oder Premierminister. Zu seinen fiskalischen Privilegien zählte die Eintreibung der Grundsteuer, welche von den Römern im gesamten Land erhoben wurde.

Nach dem Vorbild seiner hellenistischen und römischen Vorgänger ergriff Caesar nun eine Reihe von Maßnahmen zur Sicherung des Status der jüdischen Gemeinden in der Diaspora. Die griechischen Städte erhielten Anweisung, ihnen Glaubens- und Kultfreiheit zu gewähren, ihnen die Möglichkeit zu geben, dem Jerusalemer Tempel Geschenke zu senden, ihnen eine eigene Rechtsprechung zuzugestehen und ihre Mitglieder vom Militärdienst zu befreien. In heidnischen Ländern mit ihren vielen unterschiedlichen Kulten war man fremden Religionen gegenüber toleranter, und die römische Verwaltung stellte sich auf den Standpunkt, jeder solle nach seinem Glauben leben und seine religiösen und kulturellen Bräuche pflegen, solange der innere Friede des Reiches dadurch nicht gestört wurde. Obwohl Caesars pro-jüdische Maßnahmen von späteren römischen Kaisern bekräftigt wurden, folgten die griechischen Städte, in denen ein antisemitisches Klima herrschte, diesem Beispiel nur zögernd.

Die wohlwollende Haltung der römischen Kaiser und die Entschlossenheit und Energie der jüdischen Emigranten führten zu einem stetigen Wachstum der jüdischen Diasporagemeinden. Schätzungen zufolge mag es damals auf der ganzen Welt acht Millionen Anhänger jüdischen Glaubens gegeben haben (heute sind es 14 Millionen). Ungefähr eine Million dürfte in Babylonien gelebt haben, das nun unter parthischer Oberhoheit stand. Die restlichen sieben Millionen lebten etwa zur Hälfte auf römischem Staatsgebiet, die übrigen waren in Vasallenstaaten des Römischen Reiches ansässig und machten etwas mehr als sechs Prozent der Gesamtbevölkerung der betreffenden Gebiete aus. Den höchsten jüdischen Bevölkerungsanteil hatten die römischen Provinzen Syria und Asia (Westkleinasien). In Syrien lebten ungefähr dreiviertel Millionen Juden. Sie waren Nachkommen jüdischer Auswanderer, die seit Beginn der hellenistischen Ära Judäa und Babylonien verlassen hatten.[3] Eine beträchtliche Anzahl von Aussiedlern hatte seit der Regierungszeit Antiochos' III. den Weg nach Kleinasien genommen. Alle bekannten römischen Edikte, in denen es um die Aufrechterhaltung jüdischer Interessen geht, stammen aus dieser Region. Offensichtlich hat hier der Zufall seine Hand im Spiel gehabt, denn es muß anderswo ähnliche Dekrete gegeben haben. Judäa war nun eine Art römischer Kolonie geworden; es wohnten dort etwa zweieinhalb Millionen Menschen. Eine weitere Million Juden lebte wahrscheinlich in Ägypten. Sie waren Nachkommen der Auswanderergruppen, die sich dort unter den ersten Ptolemäern (aber auch schon früher) niedergelassen hatten. Sie hatten überall im Lande autonome Gemeinden gegründet. Besonders in Alexandrien, wo es ein eigenes Judenviertel gab (vgl. Kap. 17), war fast ein Drittel aller Stadtbewohner jüdischen Glaubens. In den verschiedenen Epochen entstanden in Alexandrien Synagogen, welche von einem zentralen Judenrat verwaltet wurden. In Rom, wo damals zwischen zwanzig- und vierzigtausend Juden gelebt haben dürften, gab es keine zentrale Verwaltung, sondern die einzelnen Synagogen waren voneinander unabhängig. Jede Synagoge hatte ihren eigenen Besitz und konnte Beiträge einziehen sowie Geldbußen verhängen. Sowohl in Alexandrien als auch in Rom gingen Juden den verschiedensten Berufen nach. Die Konzentration auf Geldverleih und Finanzierungsgeschäfte war eine spätere Entwicklung. Nur einige wenige brachten es zu Reichtümern, die meisten aber waren ziemlich arm.

Die hier angegebenen Zahlen schließen eine große Anzahl von Proselyten (hierbei handelt es sich um von den missionierenden Pharisäern bekehrte Heiden, vgl. Kap. 18) unterschiedlichster Herkunft ein. Diese Menschen, die sich nach übernatürlichem Schutz vor den Bedrängnissen und Heimsuchungen dieser Welt sehnten, waren gegenüber der streng geregelten Lebensweise der Juden aufgeschlossen, außerdem wußten sie ihren ausgeprägten Sinn für soziale Probleme zu schätzen. Für Bewohner nichtjüdischer Länder, die sich dem landesüblichen, meist vom Hellenismus geprägten Lebensstil anzupassen hatten, war es nicht immer ganz leicht, all die vielen Gesetzesvorschriften buchstabengetreu zu erfüllen, wie etwa die rituellen Waschungen der Frauen; ein besonderes Problem stellte die Beschneidung dar, denn Griechen und Römer betrachteten sie als Verstümmelung. Auf dem Hintergrund solcher Schwierigkeiten entwickelte sich eine Art Mischreligion, deren Anhänger mit der jüdischen Religion sympathisierten und auch einige der Gebote, welche die Thora vorschrieb, erfüllten. Diese Leute wurden, obwohl orthodoxe Juden scharfe Einwände gegen ihre Haltung erhoben, von der jüdischen Bevölkerung in der Diaspora als Gruppe respektiert und anerkannt.

Als Caesar das Regime des Johannes Hyrkanos und Antipaters wiedererrichtete, wurden Antipaters damals noch junge Söhne Phasael und Herodes Statthalter von Jerusalem und Galiläa. Herodes schlug in Galiläa einen Aufstand nieder, wobei es zu beträchtlichem Blutvergießen kam. Dies trug ihm einen schweren Verweis des Großen Sanhedrin (vgl. Kap. 18) ein, und er mußte Judäa verlassen. Doch der römische Statthalter der syrischen Provinz vertraute ihm ein wichtiges militärisches Kommando an. Gleiches tat der Caesar-Mörder Cassius, nachdem Caesar im Jahr 44 v. Chr. umgebracht worden war. Als Cassius und Brutus 42 v. Chr. bei Philippi in Makedonien den Rächern Caesars, Marcus Antonius und Octavianus, unterlagen, bestätigten die Sieger gegen den Widerstand der Juden Phasael und Herodes in ihrer Funktion als Statthalter. Wenig später starteten die Parther einen massierten Angriff auf die römischen Territorien in Kleinasien, Syrien und Judäa (40 v. Chr.). Johannes Hyrkanos II. verlor seinen Thron. Sein Neffe Antigonos trat an seine Stelle. Phasael kam ums Leben, und Herodes mußte fliehen.

Das Königtum des Herodes

Herodes ging nach Rom, wo er Antonius traf. Dieser hatte sich das Reich mit Octavianus geteilt. Ihm waren dabei die Ostprovinzen zugefallen. Antonius veranlaßte den Senat, einen Vertrag mit Herodes zu schließen. Herodes kehrte nach Judäa zurück. Er war nun nicht mehr nur Fürst, sondern König von Roms Gnaden. Dies bedeutete das Ende der Hasmonäerdynastie. Nun regierte in Jerusalem eine Familie aus Idumäa, die erst vor kurzer Zeit zum Judentum bekehrt worden war. Die Römer gaben Herodes sein Amt mit der Auflage, Antigonos zu stürzen, der die mit Rom verfeindeten Parther auf seiner Seite hatte. Herodes erreichte dieses Ziel nach einem grausamen, aber siegreichen Kampf um Jerusalem, bei dem ihm ein römischer Befehlshaber namens Caius Sosius zur Seite stand (37 v. Chr.).

Herodes trug seinen Lohn davon; man gestattete ihm, sein Reich zu einigen. Zu diesem Zweck annektierte er Samarien und stellte so wieder eine Verbindung zwischen Judäa und Galiläa her. Einige Länder an der Grenze Judäas, auf die

Herodes Anspruch erhob, erhielt Kleopatra VII. von Ägypten. An dieser Annektion konnte auch ein von Antonius in die Wege geleitetes jüdisch-ägyptisches Gipfeltreffen, das 34 v. Chr. stattfand, nichts ändern.

In Judäa ersetzte Herodes den Ältestenrat durch ein Beratergremium, das sich aus seinen persönlichen Freunden rekrutierte und an die »Geheimen Staatsräte« anderer hellenistischer Monarchen erinnerte. Da Herodes nicht vergessen hatte, daß der Große Sanhedrin ihn einst wegen seiner Brutalität getadelt und außerdem für Antigonos Partei ergriffen hatte, ließ er nun fünfundvierzig seiner einundsiebzig Mitglieder hinrichten. Diesem Racheakt fielen auch zahlreiche Sadduzäer zum Opfer, die einst das Königshaus der Hasmonäer unterstützt hatten. Die beiden Vorsitzenden des Großen Sanhedrin jedoch (vgl. Kap. 18), die Pharisäer Hillel und Schammaj, wurden verschont. Beide zählen bis heute zu den bedeutendsten religiösen Führern des gesamten Judentums, man bezeichnet sie kurzerhand als »die Ältesten« (Ha-Zaken). Beide übten einen bedeutenden Einfluß auf die Auslegung des jüdischen Gesetzes und auf das jüdische Brauchtum aus.

Sie waren Gründer und Leiter zweier Akademien für die Auslegung der Thora, die ihre Namen trugen. Nach der Mischna und dem Talmud (vgl. Anhang 10) vertraten beide Schulen in einer Vielzahl von Fällen ganz und gar unterschiedliche Ansichten (man spricht von nicht weniger als dreihundertfünfzig Streitpunkten); die Überlieferung führt einige dieser Meinungsverschiedenheiten bis auf Hillel und Schammaj persönlich zurück. Von Hillel stammt die goldene Regel: »Was du nicht willst, das man dir tu, das füg auch keinem andern zu« (eine Parallele dazu findet sich im Buch Tobias, vgl. Anhang 4, und die Christen formulierten diesen Grundsatz schließlich positiv um). Gewöhnlich vertritt Hillel gemäßigtere Ansichten als Schammaj. So war er etwa in der Frage der Zulassung von Presbytern wesentlich konzilianter als Schammaj. In einem Punkte, so scheint es, stimmten beide jedoch überein – darin nämlich, daß man Herodes keinen

Widerstand leisten solle. Wir erfahren, daß ein gewisser Schemaja – wohl Schammaj – die Juden anwies, »die Arbeit zu lieben, den Mächtigen aus dem Wege zu gehen und sich nicht mit den Herrschenden einzulassen«[4], auch Hillel riet zu solcher Zurückhaltung in Fragen der Politik. Dies ermöglichte es ihren Nachfolgern unter Herodes und den späteren Herrschern, ungestört ihre Arbeit zu tun. Es waren diese Gelehrten – die Juden bezeichnen sie als *Tannaim* (Lehrer) –, die den Kommentaren zu den Heiligen Schriften ihre klassische Ausprägung gaben und die für das Judentum so charakteristischen mündlichen Gesetzesüberlieferungen bis hin zur Zerstörung des Zweiten Tempels im Jahre 70 n. Chr. sammelten und für die Nachwelt bewahrten.

Da Herodes auf Grund seiner Herkunft nicht auf das Amt des Hohenpriesters hoffen konnte, trennte man Priester- und Königtum voneinander und verlieh die hohepriesterliche Würde einem babylonischen Juden namens Hananel. Er behauptete, aus der Familie der Zadokiden zu stammen, mit der die Überlieferung dieses Amt stets in Verbindung gebracht hatte. Herodes konnte daher immer wieder betonen, Hananels Ansprüche auf das heilige Amt seien weit besser begründet als die irgendeines Mitglieds der Hasmonäerfamilie. Freilich hatte Herodes eine Prinzessin aus dem Hasmonäerhause, Mariamne, geheiratet, um seinen politischen und gesellschaftlichen Status zu festigen. Mariamnes Mutter Alexandra beklagte sich bei Kleopatra VII. über Hananels Ernennung. Herodes sah sich daher gezwungen, an Hananels Stelle seinen Schwager, Alexandras noch recht jungen Sohn Aristobulos, zum Hohenpriester zu machen. Doch dieser ertrank auf mysteriöse Weise beim Baden in Jericho, und das Hohepriesteramt war wieder für Hananel frei. Ihm folgte eine Reihe weiterer königlicher Günstlinge. Sie stammten aus Sadduzäerfamilien. Herodes hatte bei Regierungsantritt eine Säuberungsaktion durchgeführt, welche auch die Sadduzäer getroffen hatte. Hierdurch waren diese so eingeschüchtert, daß sie es für ratsam hielten, dem König künftig Parteigänger zu stellen.

Octavians Admiral Marcus Agrippa besiegte Antonius und Kleopatra 31 v. Chr. in der Seeschlacht bei Actium. Daraufhin sah Herodes sich gezwungen, dem Sieger Octavianus (dem nachmaligen Kaiser Augustus) unverzüglich seine Ergebenheit zu bekunden. Der Kaiser gewährte ihm dafür die meisten Gebiete, die Pompeius 63 v. Chr. von Judäa abgetrennt hatte, darunter auch den Küstenstreifen. Außerdem erhielt Herodes zwei griechische Städte jenseits des Jordan: Hippos und Gadara. Alexandra und Mariamne wurden zum Tod verurteilt; Costobarus, der Statthalter von Idumäa, erlitt das gleiche Schicksal. Man beschuldigte ihn, sich mit Alexandra und Mariamne gegen Herodes verschworen zu haben.

Während der nächsten siebenundzwanzig Jahre blieb Herodes Vasall des Kaisers Augustus. Er hatte dabei die schwere Aufgabe, gleichzeitig wie ein guter Römer und wie ein guter Jude zu wirken. So gab er sich als aufgeklärter Herrscher, der sein kleines Reich dem Geist des goldenen augusteischen Zeitalters gemäß regierte. Zur Erinnerung an den von Agrippa über Antonius und Kleopatra errungenen Seesieg bei Actium stiftete er Spiele, und in Jerusalem ließ er ein griechisches Theater sowie ein römisches Amphitheater bauen. Außerdem verwandelte er Samaria in eine Stadt nach griechischem Vorbild, der er den Namen *Sebaste* gab – dies dem Kaiser Augustus zu Ehren, denn das griechische Wort *sebastos* entspricht dem lateinischen *augustus.* Samaria/Sebaste erhielt auch einen der Göttin Roma und dem Kaiser geweihten Tempel, wie es damals überall in der griechisch-römischen Welt üblich war. Außerdem baute Herodes an anderen strategisch wichtigen Punkten Zitadellen und Paläste, unter anderem in Jericho, in Herodium südlich von Jerusalem, in Machairos jenseits des Toten Meeres (einer früheren Festung des Alexander Jannaios) und auf dem drohend emporragenden Felsen von Masada am Westufer des Toten Meeres, wo er eine Residenz schaffen ließ, zu der auch eine Synagoge und ein rituelles Bad gehörten. Außerdem schuf er einen großartigen Mittelmeerhafen, dem er den Namen Caesarea Maritima gab.

Es war der bei weitem funktionsfähigste Hafen, den sein Land je besessen hatte.

Um sich als Freund der Juden zu erweisen, betrieb Herodes Sympathiewerbung im eigenen Land. Dies war vor allem wegen seiner idumäischen Herkunft notwendig. So ließ er im Zuge dieser Maßnahmen den Jerusalemer Tempel umgestalten (22–18 v. Chr.). Das in unerhörter Pracht neuerstandene Heiligtum umgab ein riesiger Hof auf einer aufgemauerten Plattform (heute *Haram esch-Scherif*, Erhabenes Heiligtum, genannt).

Erst jüngst hat man dort Ausgrabungen durchgeführt. Den Herodianischen Tempel flankierte ein neuer Palast, die Festung Antonia (die die Stelle der alten, hasmonäerzeitlichen Akra einnahm). Dieser Umbau machte Jerusalem zu einem neuen Zentrum für Pilgerfahrten, zu einem der wichtigsten Ziele für Wallfahrer aus den Judengemeinden der Diaspora; gläubige Juden aller Schattierungen strömten in großen Scharen dorthin.

Von der umfangreichen Bautätigkeit des Herodes sind, abgesehen von ein paar wenigen Mauern, so gut wie keine Zeugnisse erhalten. Herodes' Anspruch, es Salomo in diesem Bereich gleichgetan zu haben, konnte auch durch die Versuche jüdischer Traditionalisten nicht geschmälert werden, seine Verdienste herunterzuspielen. Ohne Zweifel gehörte er zu den produktivsten königlichen Bauherrn, die das Land je durch ihr Wirken bereichert hatten.

Augustus schenkte ihm zwei zwischen den Golanhöhen und Damaskus gelegene Teile Süd-Syriens. Darunter befand sich ein Gebiet, das für den Pilgerverkehr zwischen Jerusalem und Babylonien von wichtiger Bedeutung war. Die Übergabe dieser Ländereien vollzog sich in zwei Phasen; sie begann im Jahr 23 v. Chr. und wurde ein bis zwei Jahre später bei einem Zusammentreffen zwischen Herodes und Augustus in Antiochien, der Hauptstadt der römischen Provinz Syria, abgeschlossen. Bei dieser Gelegenheit ließ sich Herodes die Garantie geben, daß sein Bruder Pheroras zum Statthalter des jenseits des Jordan gelegenen Peraia ernannt wurde. Die griechische Stadt Gadara allerdings, die früher an Herodes abgetreten worden war, beklagte sich bei Augustus über die rücksichtslose Steuerpolitik des Königs. Herodes' jüdische Untertanen brachten ihrem Herrscher gemischte Gefühle entgegen. Auch sie hatten die Last hoher Steuern zu tragen, denn seine Bautätigkeit mußte finanziert werden, doch in Zeiten des Hungers verhielt Herodes sich großzügig. Außerdem war er sehr geschickt im Umgang mit Geld, und ein Teil der Gewinne, die er erzielte, kam wieder der Bevölkerung zugute.

Als im Jahr 15 v. Chr. Agrippa in den römischen Ostprovinzen weilte, besuchte er auch Jerusalem, wo er in Übereinstimmung mit den jüdischen Opferbestimmungen für Heiden 100 Rinder darbrachte.[5] Kurz darauf unternahm er einen Feldzug zum Schwarzen Meer, an dem sich Herodes beteiligte. Auf der Rückreise verhandelte er erfolgreich mit den Römern über die Privilegien, welche den jüdischen Diasporagemeinden in den Griechenstädten zustanden, aber nicht immer gewährt wurden. Allerdings wollte Herodes sich weder durch sein Eintreten für seine Glaubensgenossen noch durch Klagen griechischer Städte wie Gadara im östlichen Mittelmeerraum unbeliebt machen, denn er legte größten Wert darauf, als Politiker von internationalem Rang geschätzt zu werden. Deshalb überschüttete er die griechische Welt förmlich mit Geschenken, und im Jahre 12 v. Chr. sicherte er sich seine Ernennung zum Präsidenten der Olympischen Spiele, denen seine geldliche und organisatorische Hilfe eine neue Chance bot, ihr Dasein zu fristen.[6]

Dieses heitere Bild eines großzügigen Herrschers wurde jedoch in Herodes' eigenem Lande durch seinen krankhaften Argwohn gegenüber seinen eigenen Söhnen und anderen Mitgliedern seiner eigenen Familie überschattet, der ihn dazu brachte, einige seiner allernächsten Verwandten hinrichten zu lassen. Augustus war über diese Hinrichtungen äußerst entsetzt. Auch als Herodes seine südlichen und östlichen Nachbarn, die Nabatäer (vgl. Kap. 18), angriff, deren Reich damals wie Judäa römischer Vasallenstaat wurde, erregte er den Ärger des Kaisers. Dennoch blieben die Beziehungen zwischen beiden Königreichen gespannt, und Herodes versuchte den Konflikt mit Gewalt zu lösen. Obwohl das Unternehmen nicht zu Ende geführt wurde, belastete es Herodes' Beziehungen zu seinen römischen Oberherren außerordentlich, und nur mit großer Mühe gelang es seinem Premierminister Nikolaos von Damaskus, einem fähigen griechischen Diplomaten und Historiker, Augustus davon zu überzeugen, daß man den Vorfall unnötig hochgespielt habe.

Herodes versuchte, die kaiserliche Gunst vollends zurückzugewinnen, indem er im Jahre 7 oder 6 v. Chr. seinen Untertanen befahl, nicht nur ihm persönlich, sondern auch dem römischen Kaiser Treue zu schwören. Dies war auch in anderen Vasallenstaaten üblich, doch orthodoxe Juden sahen darin eine Aufforderung zur Teilnahme am Kaiserkult, der in ihren Augen Götzendienst war und eine Lästerung Jahwes darstellte. Zehn Jahre zuvor, als der Treueeid gegenüber Herodes eingeführt worden war, hatte man ausdrücklich die Pharisäer und Essener (vgl. Kap. 18) von dieser Eidesleistung befreit. Jetzt, wo der geforderte Eid auch Augustus geleistet werden sollte, hätte eine Eidesverweigerung nicht nur eine grobe Unhöflichkeit gegenüber den römischen Oberherren bedeutet, sondern hätte als Anzeichen hochverräterischer Absichten mißverstanden werden können. Als die Pharisäer aufgefordert wurden, den Eid zu schwören, weigerten sich sechs von ihnen. Sie kamen glimpflich davon und wurden lediglich mit einem Bußgeld bestraft. Zu Herodes' Verärgerung bezahlte sein Bruder Pheroras, der Verständnis für diese Eidverweigerer hatte, die Geldstrafen aus eigener Tasche.

Die Gegner des Treueschwurs für den Kaiser begannen, sich dem Messianismus zuzuwenden. Bisher hatten derartige Ideen in pharisäischen Kreisen keine Beachtung gefunden, und von Hillel dem »Ältesten« ist überliefert, daß er diese Ablehnung guthieß.[7] Doch die kritischen unter den Pharisäern hörten nun nicht mehr auf, Gespräche über den Messias zu führen; hierdurch kam es zu kuriosen Begebenheiten: So glaubte der königliche Offizier Bagoas, ihm sei es bestimmt, Vater des kommenden Messias zu werden und dies, obwohl er Eunuch war. Aber warum sollte nicht ein Wunder geschehen? Schließlich hatte Deuterojesaja gelehrt, auch ein Eunuch müsse nicht sagen, »ich bin ein kahler Baum«[8].

Gespräche über messianische Könige – es sei denn, er war damit selbst gemeint – schienen Herodes der schlimmste Hochverrat. Deshalb wurde nicht nur Bagoas hingerichtet, sondern auch andere Untertanen von zweifelhafter Loyalität, darunter sogar die Frau seines Bruders Pheroras. Ein Jahr später inszenierten einige ältere pharisäische Gelehrte umfangreiche Protestaktionen in der Öffentlichkeit. Hatte Herodes bisher auf seine Münzen den römischen Reichsadler prägen lassen[9], ließ er nun sogar einen in Stein gehauenen Adler über dem Hauptportal des Jerusalemer Tempels anbringen. Man erblickte in diesem Machtsymbol ein verbotenes Götterbild[10], das dazu noch auf das Römische Imperium verwies. Die Aufrührer rissen das fragliche Bildwerk von seinem Platz. Herodes, um dessen körperliche (und möglicherweise auch geistig-seelische) Gesundheit es nicht sonderlich gut bestellt war, begab sich nach Jericho, doch als er dort angelangt war, verurteilte er die Übeltäter zum Tode. Als nächstes forderte er die Todesstrafe für seinen eigenen ältesten Sohn Antipater, der schon früher wegen eines angeblichen Umsturzversuches inhaftiert worden war.[11] Danach starb Herodes. Was immer seine letzten Regierungsjahre an blutigen Wirren gebracht hatten – man hat es aufzurechnen gegen die drei Jahrzehnte des Friedens, die sein Land ihm verdankt – dreißig Jahre, in denen jüdisches Geistesleben sich ungehindert entwickeln konnte.

Der Lebenslauf des Herodes wirft eine Menge Fragen auf. Trotz so bedeutender Leistungen, wie sie der Tempelbau darstellt, scheint er kein besonders frommer Jude gewesen zu sein. Eher gehört er in dieselbe Kategorie von Herrschern wie David, Salomo, Omri und Ahab, die den Jahwe-Glauben mit den unterschiedlichen religiösen Neigungen ihrer andersgläubigen Untertanen und Nachbarn zu versöhnen suchten. Sie waren freilich politisch von niemandem in solchem Maße abhängig wie Herodes von den Römern, denn angesichts der erdrückenden Überzahl römischer Legionäre, die ihn in Schach hielten, konnte Herodes von einer Unabhängigkeit, wie sie sie hatten, nicht einmal träumen. So blieb ihm nichts anderes übrig, als sich mit seinen Oberherren zu arrangieren. Dies trug ihm den Unwillen der jüdischen Nachwelt ein (und christliche Greuelmärchen wie den Kindermord von Bethlehem, dem, wie es heißt, das Jesuskind entkam). Gesteht man Herodes zu, daß ihm die Ungunst der Verhältnisse lediglich keine andere Politik erlaubte, so muß man ihm zubilligen, daß er mit beachtlichem Können regierte. Den Beinamen »der Große« erhielt er, damit man ihn als älteren Herodes von einem jüngeren Träger dieses Namens unterscheiden konnte. Sieht man jedoch einmal von seinem Verhalten gegenüber der eigenen Familie ab, muß man anerkennen, daß er in der damaligen Zeit zu einer für einen Nicht-Römer beachtlichen Größe gelangte.

20. Kapitel

Auf dem Weg in die Rebellion

Israel wird römische Provinz

Nachdem Herodes der Große gestorben war, teilte Augustus den Staat, über den er geherrscht hatte, unter dreien seiner Söhne auf. Einer von ihnen, Archelaos, sollte die Zentralregion Judäas nebst Samaria erhalten (woher seine Mutter stammte), doch ohne die griechischen Städte in Grenzlage, die der römischen Provinz Syria zugeschlagen wurden. Sein Bruder Antipas erhielt zwei nicht zusammenhängende Gebiete in Galiläa und Peräa, während ihrem Bruder Philipp das neue Land im Südteil Syriens zufiel. Keinem dieser Prinzen wurde der Königstitel zugestanden. Archelaos wurde »Ethnarch« (diesen Titel hatte Pompeius bereits Johannes Hyrkanos II. zugestanden), Antipas und Philipp dagegen erhielten lediglich die geringere (allerdings immer noch fürstliche) Würde von »Tetrarchen« (Herrscher über ein Viertel eines bestimmten Landes). Antipas und Philipp regierten erfolgreich und lange (bis 30 bzw. 34 n. Chr.). Antipas' Hauptstadt war das neugegründete Tiberias in Galiläa, das seinen Namen zu Ehren des römischen Kaisers und Augustus-Nachfolgers Tiberius trug. Philipp dagegen residierte in Paneion (heute Banijas), das zu seiner Zeit in »Philipps Caesarstadt« (lateinisch: *Caesarea Philippi)* umbenannt wurde. Archelaos konnte seine Herrschaft nur zehn Jahre aufrechterhalten. Durch sein anmaßendes Verhalten und seine Politik der Willkür hatte er Juden wie Samariter dermaßen provoziert, daß beide Bevölkerungsgruppen sich beim Kaiser beklagten. Der Kaiser setzte Archelaos ab und verbannte ihn, Judäa hörte auf, als Staat zu existieren, und wurde statt dessen eine römische Miniaturprovinz mit Caesarea Maritima als Hauptstadt. Verwaltet wurde es von einem Statthalter minderen Ranges mit dem Titel eines Präfekten und – später – Prokurators. Diese Amtsträger zählten zum Stand der römischen *equites* (Reiter) und standen rangmäßig unter den Senatoren, denen alle bedeutenderen Provinzen übertragen wurden, beispielsweise Syrien. An deren Statthalter hatten sich die Verwalter so kleiner Gebilde wie Judäa in Krisenzeiten zu halten. Die meisten dieser »Statthalter zweiten Grades« waren im Hinblick auf ihre Fähigkeiten tatsächlich zweitrangig. Erfolgsmeldungen aus dem Bereich der römischen Provinzverwaltung kamen gewiß nicht aus Judäa, wo sich Herrscher und Beherrschte mit Mißverständnissen und Provokationen gegenseitig das Leben schwermachten. Die Schwierigkeiten begannen damit, daß die Römer in der neuen Provinz eine Volkszählung durchzuführen wünschten. Eine solche Maßnahme war unpopulär, denn sie bedeutete höhere Steuern, außerdem läßt sich Kritik am Census auch aus der Thora ableiten. So kam es zu Aktionen jüdischer Guerilla-Kämpfer unter Judas von Galiläa.[1] Außerdem machten von nun an Widerstandsgruppen, deren Mitglieder man als Zeloten oder Sicarii (Dolchmänner) bezeichnete, von sich reden. Weiterhin fehlte es nicht an Führern und Anhängern messianischer Bewegungen, die den Behörden als hochverräterisch galten, und auch bei den Pharisäern bildete sich ein radikaler Flügel heraus, mit dem man während Herodes' letzter Regierungsjahre durchaus zu rechnen hatte. Die großen Sadduzäerfamilien jedoch, die sich auf Herodes' Seite gestellt hatten, hielten auch zu den Römern, und die Hohenpriester wurden fast ausschließlich aus ihren Reihen ernannt. Die Präfekten belebten auch den »Hohen Rat« bzw. den Sanhedrin erneut, da ja Herodes' persönliches Ratgebergremium ganz auf ihn zugeschnitten war und nach seinem Tode zwangsläufig auseinanderfallen mußte. Der neuerstandene Sanhedrin dagegen sollte den römischen Verwaltungschefs

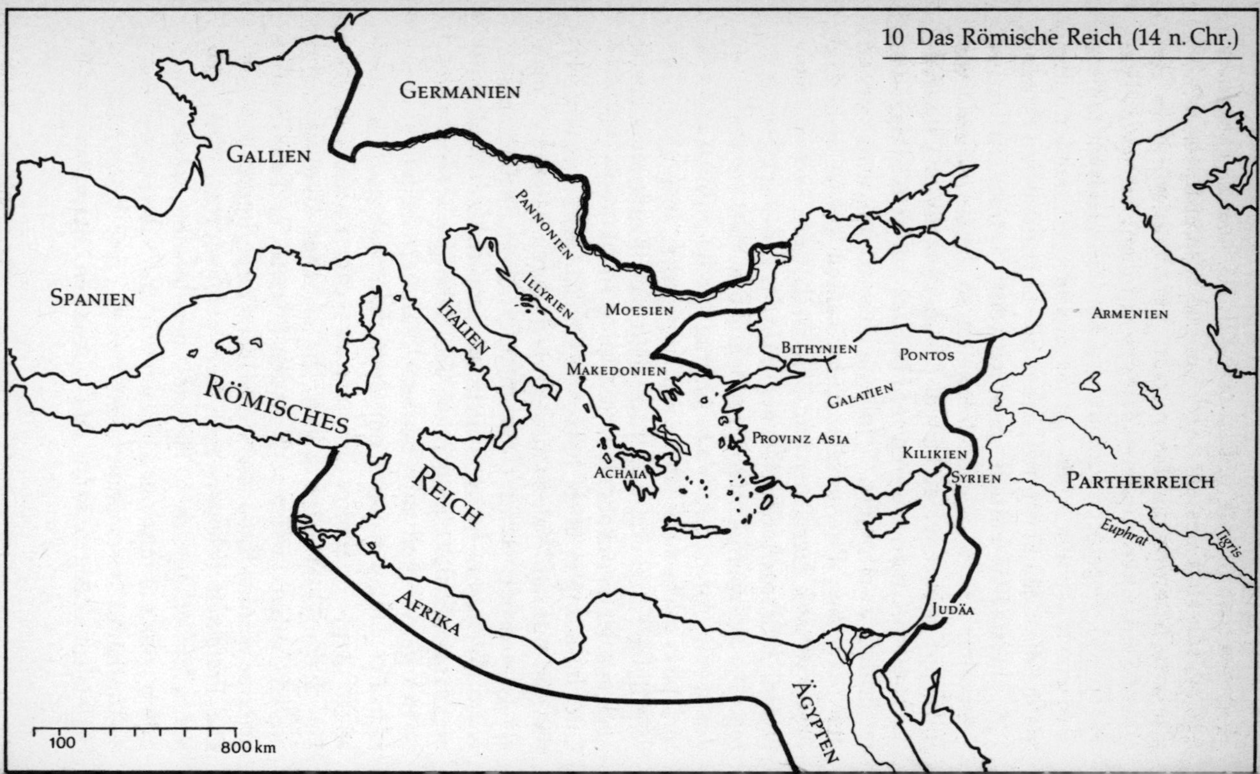
10 Das Römische Reich (14 n. Chr.)
Germanien
Gallien
Spanien
Pannonien
Illyrien
Italien
Moesien
Makedonien
Achaia
Bithynien
Pontos
Galatien
Provinz Asia
Kilikien
Syrien
Armenien
Partherreich
Euphrat
Tigris
Judäa
Ägypten
Afrika
Römisches Reich
100
800 km

und den Hohenpriestern Entscheidungshilfen geben. Nachdem Tiberius im Jahr 14 n. Chr. den Thron des römischen Weltreiches bestiegen hatte, verließ er sich mehr und mehr auf den Rat seines Prätorianerpräfekten Seianus. Man nimmt an, daß Seianus den Juden keine sonderlich freundlichen Gefühle entgegenbrachte. Sein Argwohn gegen sie verstärkte sich, weil zwei ihrer Glaubensgenossen, Hasinaj (Asinaios bzw. Asinaeus) und Hanilaj (Anilaios bzw. Anilaeus) in Nehardea (in dem von Parthern beherrschten Babylonien) einen autonomen Staat gegründet hatten, der immerhin fünfzehn Jahre bestehen blieb. Seianus mag befürchtet haben, der Funke derartiger Autonomieträume könne über die Grenze des Partherreiches hinweg auf römisches Reichsgebiet überspringen und die kleine Provinz Judäa in Flammen setzen. Der vierte Präfekt dieser Provinz, Pontius Pilatus (um 25–36), wurde bisweilen für einen Günstling des Seianus gehalten. Allerdings blieb er noch lange nach Seianus' Sturz (31) im Amt, denn Pilatus genoß so viel Vertrauen beim römischen Hofe, daß man ihn elf Jahre im Amte beließ. Während dieser ganzen Zeit gab es auch keinen Wechsel im Amt des Hohenpriesters. Pilatus bediente sich, wenn nötig, des Kaiphas, den er bereits in Amt und Würden vorfand, als er nach Judäa kam. Dennoch sah er sich großen Schwierigkeiten gegenüber, die ihm die aus dem Judentum hervorgegangene Sekte der Christen bereitete, deren Anführer Jesus er hinrichten ließ. Er folgte damit dem Beispiel Antipas', der Johannes den Täufer, den Vorläufer Jesu, hatte hinrichten lassen. Beim Prozeß des Jesus kam es, so wird berichtet, zu einer kurzfristigen Zusammenarbeit mit den religiösen Behörden der Juden.

Doch zog sich Pilatus auch den Unwillen orthodoxer jüdischer Kreise zu. Hatten diese doch Einwände gegen römische Militärstandarten, die man nach Jerusalem gebracht hatte und die Medaillons mit dem Bild des Kaisers trugen. Diese Medaillons erschienen den Juden unvereinbar mit dem biblischen Bilderverbot, man betrachtete sie als götzendienerisch und heidnisch. Nachdem es in Jerusalem zu erregten Demonstrationen gekommen war, legten sich Protestierende fünf Tage und Nächte vor Pilatus' Residenz in Caesarea Maritima. Anschließend besetzten und blockierten sie das Stadion und weigerten sich, von der Stelle zu weichen, bis Pilatus nachgab. Kurz darauf geriet dieser schon wieder in Schwierigkeiten, weil er Geld, das für religiöse Zwecke bestimmt war, verwendete, um die Kosten für eine Wasserleitung zu begleichen. Als er diesmal nach Jerusalem kam und sich von Volksscharen umringt sah, die ihrem Zorn Luft machten, ließ er die Demonstranten von Soldaten verprügeln, welche als jüdische Zivilisten verkleidet waren.

Ein dritter Zwischenfall ereignete sich, als Pilatus in Herodes' ehemaligem Palast in Jerusalem vergoldete Schilde aufstellen ließ, die neben dem Namen des Kaisers auch seinen eigenen trugen. Abermals erhob sich starker Protest – vielleicht deshalb, weil die Inschriften auf die göttliche Abstammung des Tiberius (Adoptivsohn des Kaisers Augustus, der in den Rang eines Gottes erhoben war) hinwiesen, was einen Angriff auf die Grundsätze des Monotheismus darstellte.

Als schließlich ein mitreißender Agitator in Samaria eine Menschenmenge dazu gebracht hatte, den Berg Garizim zu ersteigen, um dort Moses heilige Gefäße zu suchen, fingen Pilatus' Soldaten die Leute ab. Es gab zahlreiche Verletzte, viele Verhaftete und einige Hinrichtungen.

Unter Tiberius' Neffen und Nachfolger Caius (Caligula, 37–41) standen die Juden Alexandriens im Mittelpunkt recht unerfreulicher Ereignisse.

Die griechische Mehrheit der dortigen Stadtbewohner betrachtete sie mit größerer Feindseligkeit als je zuvor. Eine explosive Mischung aus völkischer, religiöser, wirtschaftlicher und sozialer Unzufriedenheit hatte sich angestaut. Dennoch hatten die Juden das alexandrinische Bürgerrecht beantragt. Sie wollten keine Sonderstellung mehr haben und waren bereit, auf ihre Privilegien zu verzichten, die ihnen ihr bisheriger Status als Angehörige einer autonomen Gruppe garantierte. Dies war der zündende Funke, der bei den Griechen der

Stadt eine Racheaktion auslöste. So kam es in dieser Zeit zur ersten schweren Judenverfolgung. Die heidnischen Mitbewohner der alexandrinischen Judenschaft rotteten sich zusammen, randalierende Banden erzwangen sich Zugang zu den Synagogen und stellten Statuen des Kaisers in die Türen. Danach ließ Aulus Avillius Flaccus, Ägyptens römischer Statthalter, der im Gegensatz zu vielen seiner Vorgänger eindeutig auf seiten des Griechentums stand, achtunddreißig Mitglieder des Rates der jüdischen Gemeinden Alexandriens im Theater auspeitschen, während ihre Frauen in aller Öffentlichkeit gezwungen wurden, Schweinefleisch zu essen.

Inzwischen hatte aber bereits ein jüdischer Fürst zu vermitteln versucht. Es war Agrippa I., ein Enkel Herodes' des Großen und persönlicher Freund Caligulas. Als Philipp gestorben und Herodes Antipas in Ungnade gefallen war, waren ihm beide Fürstentümer zuerkannt worden; man gestattete ihm sogar, den Königstitel zu führen.[2] Nunmehr wandte sich Agrippa an den Kaiser und erreichte, daß Avillius Flaccus abberufen wurde. Doch die Spannungen in Alexandrien blieben weiterhin äußerst gefährlich.

Im Jahre 40 sandten sowohl die Griechen als auch die Juden Alexandriens Abgesandte nach Rom, um ihren Fall vorzutragen. Anführer der jüdischen Delegation war Philo (vgl. Anhang 8), ein bedeutender Philosoph, der eine lebendige Schilderung dieser heiklen Mission hinterlassen hat. Caligulas exzentrisches, reizbares Temperament machte ein äußerst behutsames Vorgehen erforderlich. Er gewährte den Gesandten eine kurze Audienz, bei der ihr Anliegen vorgetragen wurde. Später wurde den Delegationen eine weitere Audienz gewährt, bei der sie dem Kaiser klarzumachen versuchten, daß ihre religiösen Grundsätze es ihnen nicht gestatteten, *ihm selbst* zu opfern, sie es sich aber zum höchsten Glück anrechneten, *für ihn* Opfer darzubringen, was sie tatsächlich regelmäßig taten. Doch der Herrscher des römischen Weltreiches war davon ganz und gar nicht beeindruckt, sondern bemerkte, seine Göttlichkeit nicht zu erkennen, sei weniger verbrecherisch, als daß es von Geisteskrankheit zeuge.[3]

Als die Abordnung in Rom weilte, erreichte sie die Nachricht von unheilvollen Ereignissen, die sich in Judäa zugetragen hatten. In Jamnia, einer Küstenstadt mit griechisch-jüdischer Mischbevölkerung, hatten die Griechen, die in der dortigen Stadtverwaltung das Sagen hatten, einen Altar zu Ehren des Kaisers errichtet. Dies entsprach ganz und gar der Politik Caligulas, der wie schon seine Vorgänger, nur mit sehr viel weniger Takt, die Anbetung seiner eigenen Person forderte, um so den Zusammenhalt seines Imperiums zu festigen. Die jüdischen Bewohner Jamnias weigerten sich, den ominösen Altarbau als eine nur die griechische Bevölkerung betreffende Angelegenheit zu ignorieren, betrachteten ihn als bewußte Provokation und zerstörten ihn. Der Kaiser und seine Berater waren darüber äußerst verärgert und so wurde beschlossen, ähnlich vorzugehen wie einst Antiochos IV. Epiphanes (vgl. Kap. 17). Sämtliche jüdische Kultstätten, gleich ob Tempel oder Synagoge, sollten in Heiligtümer des Kaiserkultes umgewandelt werden. Publius Petronius, der Statthalter von Syrien, erhielt den Befehl, eine Kolossalstatue aus vergoldeter Bronze in Auftrag zu geben, die Caligula als römischen Jupiter oder griechischen Zeus darstellen sollte und nach ihrer Fertigung nach Jerusalem zu transportieren sei. An Petronius wandte man sich deshalb, weil man die Angelegenheit für äußerst wichtig hielt. Petronius, dem klar war, daß die Verwirklichung dieses Auftrags einen allgemeinen Volksaufstand und ein Massenmartyrium zur Folge haben könnte, verlangte zwei Legionen, um die Durchführung des Befehls zu erzwingen, und bereitete sich auf den Marsch nach Süden vor. Doch Agrippa I. gelang es schließlich, den Kaiser zur Zurücknahme seines Befehls zu bringen – dies unter der Bedingung, daß niemals mehr Juden versuchen sollten, Nichtjuden an der Ausübung des Kaiserkultes zu hindern. Kurz danach wurde Caligula ermordet, und die

Juden begingen am Tag, an dem sie diese Nachricht erhielten, ein Freudenfest.

Caligulas Nachfolger war sein Onkel Claudius, der von 41–54 herrschte. Kaum hatte er den Thron bestiegen, als in Alexandrien schon wieder Unruhen und Kämpfe zwischen Griechen und Juden ausbrachen. Der Brief, den er an beide Gruppen schrieb, in der Hoffnung, dadurch ihre Erregung zu dämpfen, ist erhalten. Er beschwor beide Seiten, Toleranz zu üben und Zurückhaltung zu bewahren. Dann fügte er eine besondere Botschaft an die Judengemeinden im gesamten römischen Imperium hinzu, versicherte sie seines Wohlwollens, ermahnte sie aber, den Göttern anderer Völker nicht mit Verachtung zu begegnen.[4]

In Judäa machte Claudius den Juden so viele Zugeständnisse, daß es noch einmal zu einem kurzen Zwischenspiel jüdischer Eigenstaatlichkeit kam. Claudius schaffte die unmittelbare Verwaltung des Landes durch die römischen Behörden ab und führte statt dessen erneut ein Vasallenkönigtum mit eigener Selbstverwaltung ein. Agrippa I. wurde gestattet, die römische Provinz Judäa den Gebieten hinzuzuschlagen, die er bereits in seiner ersten Regierungsperiode verwaltet hatte, so daß sein Reich nun ebenso ausgedehnt war wie das seines Großvaters, Herodes des Großen. Im Gegensatz zu diesem war er bei den Juden außerordentlich angesehen. Bei den Griechen dagegen stand er in weniger gutem Ruf, und sein Vorschlag, eine Gipfelkonferenz benachbarter römischer Klientelkönige abzuhalten, wurde vom römischen Statthalter Syriens voller Verachtung abgelehnt. Dennoch hätte vielleicht Agrippa einen gewissem Ausgleich zwischen Griechen und Juden zustandegebracht, wenn er am Leben geblieben wäre. Doch als er 44 nach nur dreijähriger Regierung starb, bedeutete dies, daß Judäa zu seinem Unglück wieder in den Status einer römischen Provinz zurückfiel.

Unter den amtierenden Statthaltern während der Folgejahre verschlechterten sich die Verhältnisse zusehends. Die instabile wirtschaftliche Lage der Provinz verursachte unheilbare Spannungen zwischen Arm und Reich. Ohne auf nennenswerten Widerstand zu stoßen, zogen bewaffnete Abenteurer im Land umher, selbsternannte Propheten und Heilige taten es ihnen gleich und überall flackerten Aufstände auf, die teils religiöse, teils politische Ziele verfolgten. Der römische Prokurator Tiberius Julius Alexander (46–48), ein ehemaliger Jude, der zu den Römern übergegangen war, mußte mit einer Hungersnot fertigwerden. Abhilfe schafften die Herrscher von Adiabene (Assyrien), die sich erst jüngst zum Judentum bekehrt hatten. Während der Amtszeit des Ventidius Cumanus (48–52) kam es zu Aufständen, einem Blutbad im Tempel sowie Zusammenstößen zwischen Samaritern und Galiläern. Der nächste Prokurator, Antonius Felix (52–60), verfügte über Beziehungen zu höchsten Kreisen am Hofe Neros (54–68), aber auch mit der jüdischen Oberschicht stand er sich gut. Dennoch riefen seine eifrigen Bemühungen, die Ordnung wiederherzustellen, nur ein höheres Maß von Gewalt hervor, und in Judäa trieben wieder bewaffnete Banden von Freiheitskämpfern, Wundertätern und Agitatoren ihr Unwesen, die revolutionäre oder messianische Parolen zu verbreiten suchten.

Die Stadt Jerursalem war von einer Gruppe von Widerstandskämpfern bedroht. Außerdem hatte Felix die schwierige Aufgabe, sich mit dem wortgewaltigen Vorsteher der Christengemeinde, dem Apostel Paulus (vgl. Anhang 9) auseinanderzusetzen, der nach einem Zusammenstoß mit einem Volkshaufen, der sich gegen ihn zusammengerottet hatte, verhaftet worden war. Zur Klärung der Frage, wie man mit Paulus zu verfahren habe, holte sich Felix' Nachfolger Porcius Festus (60–62) Rat bei Agrippa II. (dem Sohn Agrippas I.), den die Römer zum König des hellenistischen Stadtstaates Chalkis am Libanon gemacht hatten und der gleichzeitig über gewisse Aufsichts-Vollmachten im Hinblick auf den Jerusalemer Tempel verfügte. Paulus hatte jedoch an Kaiser Nero appelliert und wurde zu Schiff nach Italien gebracht. In Judäa trat nach Festus' Tod zunächst eine kurze Vakanz des römischen Prokuratorenamtes ein. Inzwischen führte der Hohepriester Ananus (Hanan) II. die Geschäfte. Er ließ Jakobus hinrichten, den man den Bruder Jesu nannte. Der nächste Prokurator, Lucceius Albinus, traf zu einem besonders kritischen Zeitpunkt in Caesarea Maritima ein. Denn der Kaiser hatte soeben einen Antrag der dortigen Juden geprüft, die – wie vor über 20 Jahren die Juden Alexandriens – volles Bürgerrecht begehrten, und ihn abgewiesen. Außerdem sah sich Albinus von erbitterten Auseinandersetzungen um das Amt des Hohenpriesters bedrängt. Im Verlauf dieses Streits wurden die Söhne und Assistenten des gerade amtierenden Hohenpriesters, eines gewissen Ananias (Hanania) von Guerrillas als Geiseln entführt. Sie sollten erst im Austausch gegen inhaftierte Mitkämpfer der Geiselnehmer freigelassen werden.

Der jüdische Krieg

Unter dem Prokurator Gessius Florus (64–66), einem Griechen aus Kleinasien, verschlechterten sich die Verhältnisse. Als in Caesarea Maritima Kämpfe zwischen Griechen und Juden ausgebrochen waren, hielt er eine jüdische Abordnung fest, die ihn aufgesucht hatte, und stellte ihre Mitglieder unter Arrest. Nicht rechtzeitig eingegangene Steuern ließ er sich aus der Tempelkasse zahlen. Es folgten Aufstände, Hausdurchsuchungen, neue Kämpfe und Kreuzigungen. Truppen wurden herbeigerufen, denn Florus wollte sich nicht die Kontrolle entgleiten lassen. Als die Soldaten eintrafen, wurden sie in ein Handgemenge mit einem jüdischen Begrüßungskomitee verwickelt und unterlagen. Daraufhin sandte Cestius Gallus, der römische Statthalter Syriens, einen Offizier, um die öffentliche Meinung zu erkunden und die aufgepeitschte Stimmung der Bevölkerung zu dämmen. Selbst Agrippa II. beschwor seine Landsleute, es nicht vollends mit den Römern zu verderben, und erinnerte an die Vorteile einer jüdisch-römischen Zusammenarbeit. Gleiches tat der Priester Joseph ben Hanina, der erklärte: »Wenn sich die Leute nicht vor der Regierung fürchteten, würden sie sich gegenseitig bei lebendigem Leibe auffressen.«[5] Doch derartige Ratschläge fanden keinerlei Beachtung. Der erste jüdische Aufstand (oder wie die Juden es nennen: der Erste Römerkrieg) war nicht mehr abzuwenden. Man kämpfte tapfer, doch ohne Hoffnung. Die Römer hatten den gesamten Mittelmeerraum fest unter Kontrolle. Die Juden dagegen waren unter sich selbst uneins und hatten im übrigen auch von seiten der Parther keine Hilfe zu erwarten. Das Partherreich war soeben im Begriff, mit Rom Frieden zu schließen, und wenn die auf seinem Territorium ansässigen Glaubensgenossen der Juden auch ihr bestes gaben, so war ihre Hilfe doch, militärisch betrachtet, eine Quantité négligeable. Den entscheidenden Schachzug unternahm Eleazar, der Sohn des früheren Hohenpriesters Ananias. Er bekleidete im Tempel das wichtigste Amt nach dem des Hohenpriesters und verkündete, fortan werde der Tempel keine Opfer von Fremden mehr annehmen. Dies bedeutete, daß die zweimal am Tag stattfindenden Opfer für Rom und den Kaiser, für die dieser selbst zahlte, nicht mehr vollzogen wurden. Eleazars Ankündigung war somit ein Akt offenen Aufruhrs.

Er ließ die Stadt besetzen, und sein politischer Gegner, der Hohepriester Mattatias, floh in Herodes' Palast, in welchem römische und jüdische Streitkräfte sein Leben schützten. Seine Anhänger suchten in unterirdischen Gängen und Abwasserkanälen Zuflucht. Eleazar befahl den Angriff auf den Palast, doch plötzlich erschien Menachem, der Sohn des Guerilla-Führers Judas' des Galiläers (vgl. Kap. 20). Menachem hatte sich einen Namen gemacht, indem er Masada stürmte, das damals eine römische Festung war. Er nahm die Kapitulation der jüdischen Soldaten im Palast entgegen. Die römischen Legionäre zogen sich jedoch in die drei Türme der Festung zurück. Dann ermordete Menachem Eleazars Vater Ananias, wurde aber bald darauf selbst von Eleazar gefangengenommen und zu Tode gefoltert. Den römischen Soldaten in den Festungstürmen versprach Eleazar freies Geleit. Doch als sie herauskamen, brach er sein Wort und ließ sie alle niedermetzeln – bis auf ihren Kommandeur, der an sich die Beschneidung vornehmen ließ. Durch diese Vorfälle angestachelt, fielen in Alexandrien abermals die Griechen über die Juden her. Judenmassaker gab es auch in Caesarea Maritima und anderen Städten, während in Samaria, Galiläa und in den Gebieten jenseits des Jordan die Juden unter den Griechen Blutbäder anrichteten. Nun hielt der römische Statthalter von Syrien den Zeitpunkt für gekommen, mit einer Armee in Judäa einzumarschieren. Doch er wurde bei Bet-Horon nordwestlich von Jerusalem vernichtend geschlagen und verlor 6000 Mann. Dies stärkte die Kampfmoral der Rebellen in hohem Maß. Sie übernahmen die Kontrolle großer Teile des Landes und bildeten eine unabhängige, sezessionistische Revolutionsregierung, die große Silberschekel mit Münzlegenden wie »Jerusalem ist heilig«, »Freiheit für Zion«, »Für die Befreiung Zions« usw. prägen ließ.[6] Ein ehemaliger Hoherpriester, Ananus II., war Oberhaupt dieser neuen Verwaltung. Er hoffte zwar, die Römer würden sich auf Verhandlungen einlassen, doch derartige Hoffnungen erwiesen sich als unrealistisch. Nero berief sowohl Cestius Gallus als auch Gessius Florus von ihren Ämtern ab und wertete Judäas Statthalterschaft auf, indem er einen Senator und Proconsul, Titus Flavius Vespasianus auf diesen Posten berief.

Im Sommer des Jahres 67 gelang es den Römern, Galiläa zurückzuerobern. Doch einer der Führer der dortigen Aufständischen, Johannes von Gischala (das als letzte Festung fiel), entkam mit einer kleinen Schar nach Jerusalem. Obwohl er der städtischen Oberschicht angehörte, unterstützte er doch insgeheim eine extrem antirömische und antipriesterliche Gruppe, die den Namen der Zeloten neu belebte (vgl. Kap. 20). Der Name ihres Anführers lautete Eleazar bar Simon. Es handelte sich um einen der Sieger von Bet-Horon. Als diese rebellischen Zeloten mit den Anhängern Ananus' II. zusammenstießen, hatte sich ihr eine Horde von Fanatikern aus Idumäa angeschlossen, die Ananus sowie zahlreiche weitere Mitglieder der Ober- und Mittelschicht umbrachten. Den Römern freilich brachten diese inneren Zwistigkeiten kaum Vorteile. Sie begnügten sich vorerst damit, wichtige Orte an der Peripherie anzugreifen, darunter auch Qumran (vgl. Kap. 18), das fortan zu existieren aufhörte.

Operationen von größerer Tragweite mußten verschoben werden, denn in Rom folgte nach dem Tode Neros (68) ein Staatsstreich auf den anderen. Es war das sogenannte Dreikaiserjahr, das nacheinander Galba (68–69), Otho (69) und Vitellius (69) auf dem Thron sah. Vespasianus, dem neuen Gouverneur Judäas, schien es daher ratsam, in aller Ruhe abzuwarten, welchen weiteren Fortgang die Dinge in Rom nahmen. Die Rebellen in Jerusalem aber versäumten es, diesen für sie günstigen Aufschub zu nutzen. Sie waren hoffnungslos zerstritten und in drei Fraktionen gespalten, die von Johannes von Gischala, Eleazar bar Simon und Simon bar Giora angeführt wurden. Der Hohepriester Mattatias hatte sie aus Masada nach Jerusalem kommen lassen.

Im Sommer des Jahres 69 wurde Vespasian in den östlichen Provinzen des Römerreiches zum Kaiser ausgerufen, und seine Generäle marschierten nach Italien und Rom, um dort seine Ansprüche auf den Thron geltend zu machen. Die Wiedereroberung Judäas überließ er seinem Sohn Titus, der in Caesarea Maritima eine Armee von 65 000 Mann aufbrachte. Angesichts der drohenden Belagerung Jerusalems erzielten die Anführer der Aufständischen in der Stadt wenigstens ein gewisses Maß an Übereinstimmung, nachdem Johannes von Gischala Eleazar und seine Zeloten gezwungen hatte, sich in das unterirdische Labyrinth Jerusalems zurückzuziehen. Mit Simon bar Giora gelang es ihm, zu einer Einigung zu kommen. In ihrem fanatischen Glauben an apokalyptische Prophezeiungen[7] sahen Johannes und Simon der bevorstehenden Entscheidung mit Entschlossenheit entgegen. Nach einer vergeblichen Aufforderung zur Kapitulation begann Titus unverzüglich mit der Belagerung Jerusalems. Trotz erbitterten Widerstandes eroberte er schließlich den Tempel, der nach sechshundertjährigem Bestehen vollkommen niederbrannte.

In anderen Teilen der Stadt hielten sich jedoch noch immer Widerstandsgruppen, wenn auch durch Hunger geschwächt, während Titus' Soldaten von Haus zu Haus streiften. Man hatte ihnen erlaubt, zu plündern, zu töten und Feuer zu legen. Schließlich war nach einem Kampf von viereinhalb Monaten der letzte Widerstand erloschen. Wie anderswo in Judäa auch, wurden viele Gefangene gemacht, deren Los es war, hingerichtet zu werden, zu verhungern oder bei Gladiatorenspielen im Zirkus den Tod zu finden. Johannes von Gischala und Simon bar Giora kamen aus ihren unterirdischen Verstecken und gaben auf. Beide ließ man für den Triumphzug am Leben, den Vespasian und Titus in Rom veranstalteten. Darstellungen am Titusbogen berichten von diesem Ereignis. Neben anderen Beutestücken erkennt man auch den Siebenarmigen Leuchter (die Menorah) aus dem Jerusalemer Tempel. Nach dem Triumphzug wurde Johannes von Gischala lebenslänglich eingekerkert, Simon bar Giora dagegen starb durch Henkershand. Alle, die im Verdacht standen, mit dem Haus David verwandt zu sein, wurden zu Tode gehetzt.

Doch der Aufstand war noch nicht gänzlich vorbei. Zu Beginn der Erhebung hatten die Juden Masada, Herodes' Festung am Toten Meer erstürmt. Obwohl Jerusalem gefallen war, behauptete sich dort eine Gruppe entschlossener Widerstandskämpfer noch drei volle Jahre. Ihr Anführer war Eleazar ben Jafr, allem Anschein nach ein Enkel des Freiheitskämpfers Judas des Galiläers sowie ein Neffe des ermordeten Widerständlers Menachem.[8] Doch römische Truppen unter dem Kommando des Flavius Silva umgaben das steile Felsplateau. Archäologen haben ihr Lager ausgegraben und auch zahlreiche erschütternde Zeugnisse der Verteidiger ans Licht gebracht, die hier während der langen Belagerungszeit mit ihren Familien gelebt hatten: Reste von Geweben, Ledersandalen, Skelette, Schädel, ja sogar Haarflechten ... Als schließlich den Römern der Durchbruch gelang, begingen 960 Menschen in der belagerten Festung Selbstmord. Nur zwei Frauen und fünf Kinder blieben am Leben. Die anderen wollten mit ihrem Freitod dem Beispiel der Märtyrer folgen. Damit war der Aufstand endgültig niedergeschlagen. Der Schaden für das Land erreichte katastrophale Ausmaße; hierfür waren die Rebellen zum Teil mitverantwortlich, weil sie vor dem Feind alles zerstörten, was diesem hätte von Nutzen sein können. Die jüdische Bevölkerung hatte schwerste Verluste erlitten. Die entstandenen Lücken füllte man mit nichtjüdischen Einwanderern. Furchtbare Schäden hatte die Stadt Jerusalem davongetragen; eine Wiederaufnahme des Kultes in dem völlig ausgebrannten Tempel wurde untersagt, außerdem schafften die Römer das Amt des Hohenpriesters und den Ältestenrat ab.

Mit dem Fall von Juda im Jahre 587 und der Zerstörung des damaligen Tempels war neben der staatlichen Existenz des Südreichs auch der kultische Mittelpunkt aller Juden untergegangen. Nun wiederholte sich für die Juden die gleiche Katastrophe. Beide Ereignisse betrauern sie Jahr für Jahr am neunten Tag des Monats Ab (Juli/August).

Unsere Informationen über den Krieg verdanken wir ausschließlich Flavius Josephus (37/38 – nach 95), einem der bedeutendsten jüdischen Historiker überhaupt. Er war strikt gegen den Aufstand, übernahm aber doch ein militärisches Kommando und begab sich nach Jotapata in Galiläa. Als sich die Niederlage abzeichnete, schworen seine Krieger, Selbstmord zu begehen, und tatsächlich gingen sie gemeinsam in den Tod. Josephus blieb am Leben, verließ Jotapata und begab sich zu Vespasian, dessen Sohn Titus er später bei der Belagerung Jerusalems als Dolmetscher begleitete. Vergeblich appellierte er damals an Jerusalems Bewohner, den sinnlosen Widerstand aufzugeben (und später versicherte er, Titus habe nie beabsichtigt, den Tempel niederzubrennen). Nach Kriegsende verlieh man ihm das römische Bürgerrecht, er erhielt ein Haus in Rom und bekam eine Staatspension.

Seine erste literarische Arbeit war eine Geschichte des Jüdischen Krieges. Dabei verfolgte er die Absicht, nicht nur diesen Krieg darzustellen, sondern auch zu zeigen, welche Bedeutung er für die Juden der östlichen Diaspora hatte. Das aramäische Original ist verloren, erhalten ist jedoch eine griechische Übersetzung oder Nacherzählung, die er selbst mit einigen Mitarbeitern anfertigte. Von seiner eigenen fragwürdigen Rolle bei diesem Aufstand berichtet er mit einer seltsamen Mischung aus Selbstgefälligkeit und Schuldeingeständnissen. Doch wenn nicht um seine Person geht, ist er ein zuverlässiger, erstklassiger Berichterstatter. In seiner Autobiographie kommt Josephus erneut auf den Aufstand zu sprechen; hier schreibt er, daß nicht er, wie manche behaupteten, sondern jemand anderer die antirömischen Unruhen in Tiberias in Galiläa geschürt habe. Außerdem verfaßte er eine Kampfschrift »Contra Apionem«. Darin berichtet er über vier Jahrhunderte antisemitischer Hetze. Die umfangreichen »Jüdischen Altertümer« geben eine Übersicht der jüdischen Geschichte. Obwohl er mit den Unterdrückern und Feinden seines Volkes gemeinsame Sache gemacht hatte, blieb Josephus in seinem ganzen Fühlen und Denken Jude. Seine Einstellung zur Geschichte seiner Religion war vergangenheitsbezogen und außerdem selektiv. Die Apokalyptik und das Rabbinertum, welche eine so entscheidende Rolle für die damalige und künftige Entwicklung des Judentums gespielt haben, ignorierte er völlig.

Epilog

In Judäa blieb ein Rest des jüdischen Volkes, der die Zerstörung des Tempels, die Abschaffung des Hohenpriestertums und die Liquidation der autonomen Regierung überlebte. Die Pharisäer wurden jetzt zur Elite des Volkes. Ihre Gruppe war die einzige, welche ungeschwächt aus diesem Unglück hervorgehen sollte. Einer von ihnen, ein schon älterer Kaufmann und Richter namens Johanan ben Zakkaj, erlangte vom damaligen römischen Kaiser Vespasianus die Erlaubnis, seinen Wohnsitz nach Jamnia an der Küste zu verlegen. Dort gründete er eine Flüchtlingssiedlung, die zu einem bedeutenden Zentrum jüdischen Lebens und Denkens wurde. Die Gründung einer Akademie an diesem Ort gibt davon Zeugnis. Die dortigen Lehrer wurden bald unter dem Titel Rabbi bekannt, der sich mit Herr, Meister, Oberer übersetzen läßt. Ihre Tätigkeit als Forscher, Bewahrer, Ausleger und Deuter des Gesetzes verschaffte dem Judentum die Möglichkeit, seine Identität als Volk durch die Jahrtausende hindurch zu bewahren, obwohl der Tempel als kultischer Mittelpunkt nicht mehr existierte.

Diese Pharisäer ignorierten die griechischen Schriften des Alexandrinischen Judentums (vgl. Anhang 8) konsequent. Außerdem lehnte Johanan apokalyptische und messianische Spekulationen, die in der damaligen jüdischen Literatur einen breiten Raum einnahmen, ab, denn erstens war ihm klar, daß die Römer sie als umstürzlerisch ansahen und zweitens stießen diese Strömungen bei den Christen auf starkes Interesse (vgl. Anhang 9). Johanans Nachfolger, Gamaliel II., verlangte von den Juden strikte Einhaltung des Gesetzes. Fünfhundert junge Juden studierten unter ihm die Thora, weiteren fünfhundert wurde gestattet, Griechisch zu lernen.

Nach und nach erkannten die Römer den Rat der Akademie von Jamnia als Gremium für die religiösen Angelegenheiten Judäas an. Allerdings nahmen sie seit dem Jüdischen Aufstand gegenüber Bekennern des jüdischen Glaubens eine härtere Haltung ein als zuvor. Vespasian erhob von ihnen Sondersteuern. Diese sollten die alte inzwischen abgeschaffte Tempelabgabe ersetzen. Domitian (81–96) verschärfte die Maßnahmen gegen Steuerhinterzieher im Bereich der Stadt Rom und stellte neubekehrte Juden (wozu angeblich auch Mitglieder seiner eigenen Familie gehörten) wegen Gottlosigkeit unter Anklage. Diese betraf vor allem die Weigerung, ihm selbst, dem Kaiser, Opfer darzubringen. Auch in Judäa plante er Vergeltungsaktionen, doch fiel er einem Mordanschlag zum Opfer, bevor er sie in die Tat umsetzen konnte. Der nächste Kaiser, Nerva (96–98), muß stolz darauf gewesen sein, daß er eine etwas mildere Politik betrieb, denn er ließ Münzen schlagen, die die »Beseitigung falscher Anklagen (oder »›Justizirrtümer‹, Rechtsverdrehungen) hinsichtlich der Judenbesteuerung« *FISCI IVDAICI CALVMNIA SVBLATA* feiern. Die Versuche seines Nachfolgers Trajan (98–117), das Römische Reich bis zum Persischen Golf auszudehnen, wurden durch eine Reihe blutiger Judenaufstände in der Diaspora behindert. Ursache dieser Haßausbrüche war eine gefährliche Mischung von religiöser Intoleranz, messianischer Sehnsucht und Erbitterung wegen der Zerstörung des Tempels durch Titus. Hinzu kam noch Zorn über die Änderung der Handelsrouten, zu der Trajans Eroberungen geführt hatten, und zwar zum Nachteil der Juden, die dazu beitrugen, diesen Handel in Gang zu halten. Doch so blutig diese Aufstände auch waren – sie hatten keinerlei militärische Erfolgschance. Dies gilt auch für den Zweiten Jüdischen Aufstand (132–135), der deshalb ausbrach, weil Kaiser Hadrian Jerusalem als römische Kolonie *Aelia Capitolina* neugründen wollte (Hadrian gehörte der römischen *gens Aelia* an). Der begabte und energische Führer des Aufstandes, Simon bar Kosiba (»Sohn des Kosiba« oder »aus einem Dorf namens Chezib«) wurde zum Bar Kochbar (»Sternensohn«) ernannt. Zu denen, die ihm zujubelten, soll (nach einer Überlieferung, die allerdings nicht zuzutreffen braucht) der größte Rabbi gehört haben, den man damals kannte: der hochbetagte Akiba ben Joseph. Doch Simon wurde schließlich besiegt, und seine Niederlage kostete ebensovielen Menschen Leben, Gesundheit und Besitz wie wenige Jahrzehnte zuvor der Aufstand von 66–73.

Hadrian verdoppelte die Stärke der römischen Besatzungstruppen; er schaffte sogar den nach Umsturz und Hochverrat klingenden Namen Judäa ab und nannte die Provinz nunmehr *Syria Palaestina* (zu diesem Namen vgl. Anhang 11). Auch den Ausbau von *Aelia Capitolina* betrieb er weiter. Juden war es verboten, die Stadt zu betreten, vielleicht galt dieses Verbot auch für Jerusalems unmittelbare Umgebung.

Das Hauptsiedlungsgebiet der Juden im Land war künftig Galiläa. Dorthin verlegte man auch die Akademie von Jamnia, deren neuer Standort zunächst Uscha (nordöstlich von Karmel) war.

Als sich die Christen im ganzen Reich vermehrten und auch die römische Reichsregierung eine größere Herausforderung darstellten als die Juden, wuchs eine neue Generation hervorragender rabbinischer Lehrer heran, und die Römer, die sich abermals an die gemäßigten Pharisäer hielten, riefen einen neuen Hohen Rat ins Leben, dessen Vorsitzende sich »Patriarchen« nennen durften. Der berühmteste dieser Ratsvorsitzenden, Juda I. ha-Nasi (135–219), residierte zunächst in Bet Schearim, dann aber in Sepphoris. Die Überlieferung sieht ihn als den Hauptbearbeiter der Mischna an (vgl. Anhang 10). Unter seinem Enkel Juda II. Nessia (um 230–286), der seine Residenz nach Tiberias verlegte, litten die Juden schwer, denn für die Römer, deren Reich nun selbst von zunehmenden Unruhen erschüttert wurde, waren sie geradezu ideale Sündenböcke. Dennoch entstand eine neue Synagoge nach der anderen, und die Rabbiner, damals als Amoraim (Sprecher, Deuter) bekannt, gewannen immer mehr Einfluß.

Aber auch die Judengemeinden in Babylonien, das während des dritten Jahrhunderts von den Parthern an das iranische Sassanidenreich überging, erlebten eine erstaunliche Blüte. Ihre Hauptzentren waren Nehardea (gegründet um 212), Sura (214), Pumbeditha und Machuza, und die Leiter (*geonim*) der dortigen Akademien überwachten das Entstehen des Babylonischen Talmuds, der sein palästinensisches Gegenstück an Bedeutung übertraf. Diese Gemeinden existierten auch noch, als mit der Bekehrung Kaiser Konstantins des Großen (306–337) zum Christentum für ihre Glaubensgenossen im römischen und später byzantinischen Reich erneut eine Periode größter Schwierigkeiten begann. Zusammen mit den Samaritern, deren eigenständige jahwistische Sekte ebenfalls schwer zu leiden hatte (vgl. Anhang 6), liefen die Juden in Scharen zu den Persern über, als Kaiser Herakleios I. (610–641) eine Art Kreuzzugsstimmung verbreitete. Doch dann fielen das Perserreich und ebenso das zuvor byzantinische Palästina in die Hände der Araber unter deren zweitem Kalifen Omar, dessen Lehrer Mohammed anfangs (bevor er seine Ansichten änderte und selbst zum Religionsstifter wurde), zutiefst vom Judentum beeinflußt war. Die Juden strömten Omar zu, und so mancher machte unter arabischer Oberhoheit sein Glück. Zu dieser Zeit bearbeiteten die sogenannten Masoreten (Wahrer der Textüberlieferung) die hebräische Bibel, und es entstand der Text, den wir heute in jeder gedruckten Ausgabe vor uns haben. Erst 942 und 1040 wurden die Akademien von Sura und Pumbeditha geschlossen.

Vor allem die Zentren der europäischen Diaspora wurden für das weitere Schicksal der Juden bestimmend. Hier mußten sie während des Mittelalters die demütigendsten Verfolgungen auf sich nehmen. Kurz vor 800 nahm das bedeutende Chasarenreich in Südrußland die jüdische Religion an und hielt während der gesamten drei Jahrhunderte seines Bestehens an ihr fest.

Palästina kehrte nach dem Sturz der kurzlebigen romanischen Kreuzfahrerreiche (1100–1187; 1229–1291) wieder zum Islam zurück und erlebte als Teil des Osmanischen Reiches vier Jahrhunderte Türkenherrschaft (1516–1918).

Von 1918–1942 stand Palästina unter britischer Mandatsherrschaft. Nach den Schrecken des Holocaust mit seinen Vernichtungslagern, Gaskammern und Krematorien erhielten die Juden 1948 – zum ersten Mal seit 2000 Jahren – wieder einen eigenen Staat.

Das Überleben des Volkes und die Neugründung eines israelitischen Staates sind ohne Beispiel und gebieten Ehrfurcht. Dennoch hat sich eines der Hauptprobleme auch in der heutigen Republik Israel seit der Antike nicht geändert: Wie kann man die Einzigartigkeit und Einmaligkeit des Staates wahren und sich dennoch nach außen öffnen? Zweifellos wird eine seiner bedeutendsten Leistungen darin bestehen, sich wirkungsvoller als seine antiken Vorbilder und Vorläufer eine Lösung für dieses Problem zu finden. Schließlich dauerte es stets seine Zeit, bis die Resultate der erstaunlichen schöpferischen Kraft dieses Volkes sichtbar wurden.

Anhänge

Anhang 1: Die Regierungszeiten der Könige

Alle Zeitangaben für das geeinte wie das geteilte Königreich sind ungefähre Daten.

(1) Das geeinte Königreich

Saul	1020–1000 v. Chr.
David	1000–965
Salomo	965–927

(2) Das geteilte Königreich

(a) Israel

Jerobeam I.	927–907
Nadab	907–906
Baësa	906–883
Ela	883–882
Simri	882
Omri	882–871
Ahab	871–852
Ahasja	852–851
Joram	851–845
Jehu	845–818
Joahas	818–802
Joas	802–787
Jerobeam II.	787–747
Sacharja	747
Sallum	747
Menachem	747–738
Pekahja	737–736
Pekah	735–732
Hosea	731–723

(b) Juda

Rehabeam	926–910
Abia	910–908
Asa	908–868
Josaphat	868–847
Joram	847–845
Ahasja	845
Atalja (Königin)	845–840
Joas	840–801
Amasja	801–(773)
Ussia (Asarja)	787–736
Jotam	756–741
Ahas	741–725
Hesekia	725–697
Manasse	696–642
Amon	641–640
Josia	639–609
Joahas II.	609
Jojakim (Eljakim)	608–598
Jojachin	598
Zedekia	597–587

(3) Die Dynastie der Hasmonäer (Makkabäer)

Judas Makkabäus	166–160
Jonathan	160–142
Simon	142–134
Johannes Hyrkanos I.	134–104
Aristobul I.	104–103
Alexander Jannaios	103– 76
Königin Alexandra Salome	76– 67
Aristobul II.	67– 63
Johannes Hyrkanos II.	63– 40
Antigonos	40– 37

(4) Die Dynastie der Idumäer (Herodes)

Herodes der Große	37–4 v. Chr.
Archelaos (Statthalter von Judäa)	4 v. Chr.–6 n. Chr.
Herodes Antipas (Tetrarch von Galiläa und Peräa)	4 v. Chr.–39 n. Chr.
Philippos (Tetrarch im Norden)	4 v. Chr.–34 n. Chr.
Agrippa I.	41–44 n. Chr.
Agrippa II. (verschiedene Nordgebiete)	49/50–vor 93/94

Anhang 2: Die Bücher des Alten Testaments

Das 1. Buch Mose. Genesis (Bereschit); das 2. Buch Mose. Exodus (Schemoth); das 3. Buch Mose. Leviticus (Wajikra); das 4. Buch Mose. Numeri (Bemidbar); das 5. Buch Mose. Deuteronomium (Debarim); das Buch Josua (Iehoshua); das Buch der Richter (Schofetim); 1. und 2. Buch Samuel (Schemuel); 1. und 2. Buch der Könige (Melakhim); 1. und 2. Buch der Chronik (Dibre Hajomim); das Buch Esra; das Buch Nehemia; das Buch Esther (Ester); das Buch Hiob (Ijob); die Psalmen (Tehellim); die Sprüche (Mischle Schelomoh); der Prediger. Ecclesiasticus (Kohelet); das Hohelied oder Lied der Lieder (Schir Haschirim); Jesaja (Jeschajahu); Jeremia (Jirmiahu); die Klagelieder (Ekha); Ezechiel (Yehezkel); Daniel; Hosea; Joel; Amos; Obadja; Jona; Micha; Nahum; Habakuk; Zephanja; Haggai; Sacharja; Maleachi (von Hosea bis Maleachi: Tere Asar).

Diese Hebräische Bibel (Tanakh) unterteilt sich in Thora (der Pentateuch = Genesis bis Deuteronomium); die Propheten (darin enthalten die historischen Bücher oder »frühere Propheten« Josua bis 2. Könige, die »späteren Propheten«, nach ihrem Umfang klassifiziert in die »größeren« Jesaja, Jeremia, Ezechiel und die »kleineren« oder »die Zwölf« Hosea bis Maleachi; siehe Anhang 3; die Heiligen Schriften (Ketubim, Hagiographa, darin enthalten 1. die Psalmen, die Sprüche, Hiob, 2. Megilloth oder Die fünf Rollen: Hohes Lied, Ruth, Klagelieder, Prediger, Esther, und 3. Daniel, Esra und Nehemia, 1. und 2. Chronik).

Die römisch-katholische Kirche (die traditionell die Vulgata benutzt; die Standard-Version oder editio vulgata wird hauptsächlich dem hl. Hieronymus zugeschrieben) und die östlichen orthodoxen Kirchen benennen einige Bücher unterschiedlich: 1. und 2. Samuel sind 1. und 2. Könige; 1. und 2. Könige sind 3. und 4. Könige; 1. und 2. Chronik sind 1. und 2. Paralipomenon, Esra und Nehemia sind 1. und 2. Esra, und das Hohelied Salomos heißt Cantica canticorum: Lied der Lieder. Ebenso schließen diese Kirchen in die Bibel die »deuteronomischen« Bücher Tobias, Judith, Weisheit (des Salomo), Baruch und 1. und 2. Makkabäer ein. Diese Bücher gehören bei den Protestanten zu den Apokryphen (Anhang 7). Moderne römisch-katholische Übersetzungen in der jeweiligen Landessprache folgen jedoch der protestantischen Einteilung.

Anhang 3: Die Bücher der kleinen Propheten[2]

AMOS siehe Kap. 11.

DANIEL siehe Kap. 18.

HABAKUK. Ende 7. Jahrhundert v. Chr. Das Buch beginnt mit einer Klage über die unbarmherzige Gewalt und die gottlose Herrschaft, gegen die Jahwe nichts tut. Er antwortet jedoch, daß er die Chaldäer aufwiegeln wird, um die Feinde zu bestrafen. Mit einigen Zweifeln bereitet Habakuk sich auf die Aufgabe als Prophet vor; ihm wird befohlen, die göttliche Botschaft niederzuschreiben, denn »noch ist der Offenbarung ihre Frist gesetzt, doch sie drängt zum Ende und trügt nicht« und wird die »Ungerechten« in ihrem Schicksal treffen. Jahwe »durchbohrt mit seinen Geschossen ihr Haupt, seine Fürsten werden verweht wie Spreu«[3], aber er wird seine Gesalbten retten.

Der von Habakuk angeführte »böse Feind« wurde verschieden und zweifelhaft gedeutet (Jahrhunderte später wurde er in Qumram als die Gewalt Roms interpretiert). Auf der anderen Seite sind die »Chaldäer« wahrscheinlich die Babylonier, deren Eroberung Judas (vgl. Kap. 12) der Prophet voraussagt – wobei er sie als Vollstrecker von Jahwes Willen ansieht.

Das Buch ist logisch und symmetrisch aufgebaut und scheint das Werk eines einzigen Autors zu sein (ausgenommen eine einzelne Verspassage). Textimmanente Gründe legen nahe, in Habakuk einen »professionellen« Propheten am Jerusalemer Tempel zu sehen. Er agiert auch in der Geschichte von »Bel und dem Drachen« (vgl. Anhang 4).

HAGGAI. Datiert in das zweite Jahr der Regierung des persischen Königs Dareios I. (522–486 v. Chr.). Die zwei Kapitel dieses Buches enthalten Prophezeiungen, in Jerusalem gesprochen, ungefähr zur selben Zeit wie die Sacharjas (s. d.). Haggai tadelt das Volk, weil es die Wiederherstellung des Tempels vernachlässigt, um seine eigenen Häuser zu bauen; er ermutigt Serubabbel und den Priester Josua, das Werk zu beginnen (vgl. Kap. 16). Sieben Wochen später versichert der Prophet erneut denjenigen, die die Ignorierung des Tempels im Gegensatz zu seiner vorexilischen Bedeutung beweinen, daß in einer neuen Weltordnung, hervorgerufen durch politische Umwälzungen, alle Völker diesem Altar ihren Tribut zollen werden. Verheißen wird eine Zeit des Wohlergehens, in der die Throne der feindlichen Nationen gestürzt werden; an diesem Tag wird Jahwe seinen Diener Serubbabel erhöhen, der aus Davids Geschlecht stammt – er wird als der verheißene davidische König ausgewiesen.

In scharfem Kontrast zur Spiritualität des Deutorojesaja (vgl. Kap. 15) glaubt Haggai, daß rechter Gottesdienst die erste Pflicht sei – einzige Aufgabe der Juden ist es, ihre Lethargie abzuschütteln und den Tempel wieder aufzubauen. Haggais Prophezeiungen sind vornehmlich eine historische Quelle, die die drückenden ökonomischen Bedingungen der Heimkehrer aus dem Exil zeigt. Wie die meisten nachexilischen Propheten schreibt er in einer schwerfälligen Sprache. Seine Lehre, daß universale Erschütterungen dem »Tag Jahwes« vorausgehen würden, wurde später im Neuen Testament wieder aufgenommen.[4]

HOSEA siehe Kap. 11.

TRITOJESAJA ist ein Name, der

zuweilen dem Autor oder den Autoren der letzten elf Kapitel (Jes. 55–66) des Buches Jesaja gegeben wird. (Zu Jesaja und Deuterojesaja siehe Kap. 13 bzw. 15). Die Prophezeiungen, um 500 v. Chr. in Palästina geschrieben, enthalten Mahnungen und Versicherungen für die Juden, die aus dem Exil nach Jerusalem zurückgekehrt sind. Ihnen wird zugesichert, daß Jahwe sein Wort hält, und daß die Gläubigen sich auf eine neue und herrliche Zukunft freuen können, die das göttliche Gericht und eine neue Schöpfung ausmacht. Beschworen werden sie, in der Zwischenzeit in Rechtschaffenheit, Gerechtigkeit und Buße zu leben, den Sabbat zu halten und Opfer und Gebete darzubringen. Der Tritojesaja behält die universalistische Tendenz Jesajas bei, indem er betont, daß alle Heiden (besonders die Edomiter) sich unter Jahwe beugen werden. »Die Früchte des Zorns« (oder »Die Schlachthymne des Staats«) ist einer der Gesänge des Tritojesaja. »Ich habe die Kelter allein getreten, und von den Völkern stand mir niemand bei. Ich trat sie in meinem Zorn, und zerstampfte sie in meinem Grimm; da spritzte ihr Saft an meine Kleider; und ich besudelte all mein Gewand . . . Ich zertrat die Völker in meinem Zorn . . . und ließ zur Erde rinnen ihren Saft.« Doch vorher liegt eine Zeit schwerer Bedrückung für die Juden; und die Wiedererrichtung des Tempels wird daran nichts ändern.[5]

JOELS Prophetie kann einer weiten Zeitspanne zugeordnet werden. Vielleicht lebte er um 600 v. Chr., aber seine Vorhersagen wurden, zumindest in ihrer vorliegenden Form, erst zwei oder drei Jahrhunderte später niedergeschrieben.

Das Buch beginnt mit einem Aufruf zu einem Gebetstag, um eine verheerende Heuschreckenplage zusammen mit einer strengen Dürre abzuwenden. Der Heuschreckenschwarm mit seinem unaufhaltsamen Vorwärtsdringen »wie Feuerflammen, die ein Stoppelfeld verbrennen«, ist warnendes Zeichen für Jahwes angreifendes Heer am Tag des Gerichts. Doch noch ist Jahwe bereit, Buße anzunehmen; Joel fordert, daß die ganze Nation seine Gnade anflehen soll – denn dann wird er all das wiedergeben, was verlorengegangen ist, indem er seinen Geist ausgießt nicht nur über Priester und Propheten, sondern über alle, ohne Rücksicht auf Geschlecht, Stand und Alter. Alles Übel wird vernichtet sein an diesem entscheidenden Tag: »da triefen die Berge von Wein, und die Hügel fließen von Milch«. Jahwe wird in seiner Stadt wohnen unter seinem geheiligten Volk. Für Joel ist Jahwe exklusiv der Gott Israels, mit »Eifer . . . für sein Land . . ., mit Erbarmen für sein Volk«. Lediglich in Jerusalem liegt die Rettung. Ausländische Völker erwartet nichts anderes als ein fürchterliches Strafgericht; haben diese doch nur »die Knaben um Dirnen hingegeben und die Mädchen um Wein verkauft und diesen getrunken«[6].

Der Prophet spricht zum guten Teil in einer vertrauten liturgischen und prophetischen Form, aber seine dramatischen Beschreibungen, seine machtvolle Antithetik und seine starke poetische Rhythmik ragen heraus als sein originaler Beitrag.

JONA siehe Kap. 16.

MALEACHI bedeutet »mein Bote«, aber ein Prophet mit dieser Benennung ist nicht bekannt. Das Buch scheint in Palästina um 450 v. Chr. kurz vor der Ankunft Nehemias (vgl. Kap. 16) geschrieben zu sein, obwohl sein Inhalt vielleicht ursprünglich den Orakeln Sacharjas als anonymer Anhang zugefügt wurde.

Das Buch Maleachi beginnt mit einer Darstellung der Liebe Jahwes für sein Volk, die auf den unterschiedlichen Erfahrungen von Israel und Edom fußt. Kultausübende werden dafür getadelt, daß sie für die Opferhandlung unreine Tiere verwenden. Die Leiden der Menschen – wie Epidemien und Heuschreckenplagen – sind die Strafe für unzureichende Zehntabgaben und Opfergaben. Wer sich darüber beklagt, daß Jahwe Unrecht gegenüber gleichgültig sei, wird seine Antwort am Tage des Jüngsten Gerichts erhalten, wenn in einem glühenden Ofen alle Übermütigen und alle, die Böses taten, zu Stoppeln werden, und der Tag, wenn er kommt, sie in Flammen setzen wird (vgl. Maleachi 3, 19). Aber zuerst wird Jahwe den Propheten Elia zurücksenden (vgl. Kap. 2), der »die Väter mit den Söhnen und die Söhne mit den Vätern versöhnen wird«.

Für die Zwischenzeit wird die strenge Befolgung des mosaischen Gesetzes verlangt. Um die diesem Ziele entgegenstehende Unmoral und den weiterverbreiteten Zynismus zu bekämpfen, bedient sich der Prophet eines rhetorischen Musters von Fragen und Antworten, das auf den Talmud weist. Er mischt strenge priesterliche Ideen mit pointierten Äußerungen. Zum Beispiel: Ein Mann sollte nicht nur seiner Frau treu sein, es wäre überdies grausam, sich von ihr scheiden zu lassen. Die Ehe mit fremden Frauen wird verdammt. Doch – und dies erscheint paradox – Jahwes Vaterschaft bedeutet, daß die Menschen wie Brüder zusammenleben sollten. Und die Kultopfer der Nichtjuden, fügt Maleachi hinzu, mögen Jahwe größere Befriedigung geben als der achtlose, unkorrekte Gottesdienst seines eigenen Volkes.[7]

MICHA. Dieses Buch reflektiert den historischen Hintergrund der assyrischen Invasionen in den letzten Jahrzehnten des achten Jahrhunderts (vgl. Kap. 10). Der erste Teil stellt die Zerstörung Samarias im Jahre 722 sowie die Verwüstung Judas dar. Die Unterdrückung der Armen durch die Reichen wird verurteilt, und Micha greift wankelmütige Herrscher, käufliche Propheten und alle die an, die sich dem wahren prophetischen Anliegen widersetzen.

Der zweite Teil des Buches dagegen enthält Prophezeiungen von Hoffnung und Wiederaufbau, jedoch immer noch vor dem Hintergrund von Wirren und Unruhen. Ein ideales Jerusalem wird verkündet als das Zentrum menschlicher Religion und des Weltfriedens, zu dem die Menschen strömen werden, um Jahwes Gesetz zu lernen, der in der Person eines »Herrschers Israels« triumphiert, und der aus Bethlehem kommt. In einem dritten Teil erinnert der Prophet sein Volk an vergangene Gunstbeweise und fährt fort: »Jahwe hat euch gesagt, was gut ist: und was erwartet der Herr von euch? Nur, daß Ihr gerecht handelt, in Treue liebt und weise vor Eurem Herrn wandelt.« Eine Reihe von Orakeln tadelt die Undankbarkeit Israels und Judas, die Fortdauer von sozialer Ungerechtigkeit und Betrug, die Aufgabe menschlicher Treue und den Zusammenbruch allen ehrerbietigen und schicklichen Benehmens. Es muß einst ein Tag der Vergeltung kommen. Trotzdem endet Micha mit einem Gebet für Jahwes barmherzige Erfüllung seines Versprechens an Abraham und die übrigen Väter Israels, begleitet von einem erneuten Ausdruck der Hoffnung auf die endgültige Rettung seines Volkes.

Einige der Hinweise auf die Zerstörung Judas scheinen von einem späteren Redaktor nach dem Zusammenbruch dieses Staates im Jahre 587 eingefügt worden zu sein; dies muß allerdings nicht unbedingt der Fall sein, da das Land schon im späteren 8. Jahrhundert durch den assyrischen Monarchen Sanherib bedroht worden war (vgl. Kap. 12). Auch der Kontrast zwischen dem früheren düsteren Bild und der späteren Hoffnung erfordert nicht unbedingt die Annahme einer zweifachen Autorschaft. Sicherlich waren, wie üblich, auch hier spätere Redaktoren am Werk. Aber es ist trotzdem möglich, die eindringliche, pointierte Mischung von Orakel, Klage und Dialog als für Micha charakteristisch zu bezeichnen. Er verleiht dem Bedürfnis nach einer individuellen, ethischen, praktischen Erwiderung auf Jahwes Forderungen klassischen Ausdruck; dabei folgt er vor allem den Schritten Amos', dem Propheten des sozialen Protests für die bedrückten Bauern, von denen anscheinend auch Micha beeinflußt war.

Er faßt den prophetischen Glauben knapp zusammen, wobei er an Jesaja erinnert (mit dessen Tradition oder Schule er verbunden gewesen sein kann); von Jeremia wird er zitiert. Micha, der »wildeste« aller Propheten, betonte die Vergebung von Sünden in Versen, die in der Zeremonie des Taschlik am Neujahrstag an einem Strom oder Fluß oder an der Küste des Meeres verlesen werden. Sein Versprechen eines Herrschers aus Bethlehem (wahrscheinlich keine Glosse) drückte die Hoffnung nach einem judäischen Mann aus, der das Land von den Assyrern befreien würde – die Christen interpretierten die Worte als eine Vorausdeutung auf Jesus.[8]

NAHUM war ein Prophet aus Elkosch, einem nicht identifizierten Ort im Königreich Juda. Das nach ihm benannte Buch wurde (mit Ausnahme weniger Zusätze) kurz nach dem Fall der assyrischen Hauptstadt Ninive an die Babylonier und Meder im Jahre 612 geschrieben. Es beginnt mit einem unvollständigen Gedicht (einem Akrostichon, in dem die Anfangsbuchstaben der aufeinanderfolgenden Zeilen ein Wort oder einen Satz bilden), das das Kommen Jahwes voraussagt, ein »eifernder und rächender Gott«[9], der seine Feinde überwältigen und Juda Schutz bringen wird. Es folgt eine Reihe von Bildern zu Ninives Sturz, begleitet von gegen die zerstörte Stadt gerichteten Flüchen, die sie mit einer Prostituierten vergleichen, die die Völker zur Unterwerfung verleitet hat und nun die einer Prostituierten angemessene Bestrafung erhält.

Nahum ignoriert die babylonische Bedrohung, die sich ankündigt und benutzt Metaphern, Hymnen, Triumphgesänge, Orakel, satirische Kommentare und schließlich einen Klagegesang, um (im Gegensatz zu JONA, vgl. Kap. 16) sich an der Zerstörung des assyrischen Ninive zu weiden, die er in prächtiger, bilderreicher Sprache dem rettenden Eingreifen Jahwes zuschreibt.

OBADJA das kürzeste Buch in der hebräischen Bibel – nur ein Kapitel lang – stammt in seiner gegenwärtigen Form wahrscheinlich aus der Mitte des fünften Jahrhunderts v. Chr. Sein Verfasser führt einen konzentrierten Angriff auf die verhaßten Edomiter, die trotz ihrer Festungen und ihres Wissens, dessen sie sich rühmten, gezwungen waren, aus ihrer Heimat zu emigrieren (nach Idumäa an der südlichen Grenze Judäas; vgl. Kap. 16). Jeder einzelne, erklärt der Prophet, wird zerstört und ausgelöscht werden, und er fühlt, daß diese Rache gerecht sein wird, da bei der Eroberung Jerusalems durch die Babylonier die Edomiter mit diesen sympathisierten und der Stadt nicht zur Hilfe kamen. Doch bald wird der Tag des Gerichtes über Edom kommen und auch alle anderen Völker überwältigen. Das Land von Jahwes Volk dagegen wird völlig wiederhergestellt werden und sich nach Norden, Süden, Osten und Westen ausdehnen: »Die Verbannten aus Israel werden Kanaan bis nach Zarepta (in Phoinikien) besitzen, und die Verbannten aus Jerusalem in Sepharad (in Kleinasien, ein Zentrum der Diaspora) werden die Städte des Negev besitzen.«[10]

In einigen Fällen benutzt Obadja ähnliche Satzwendungen wie Jeremia, so daß es scheint, als ob beide Propheten frühere Orakel gegen Edom verwendeten, die sein Volk als »in den Felsenklüften hausend« beschrieben; dies bezieht sich wahrscheinlich auf ihre Hauptstadt Sela, das spätere Petra, die Hauptstadt der nabatäischen Araber (vgl. Kap. 19).

SACHARJA prophezeite zwischen 520 und 518 und wird in Verbindung gebracht mit der Bitte Haggais, Serubbabel und der Priester Josua mögen den Tempel wiederaufbauen (vgl. Kap. 15). Nach einem Aufruf zur Reue enthalten die ersten acht Kapitel des Buches acht Traumvisionen. In der ersten bringen vier himmlische Reiter die Nachricht, daß Jahwe, obwohl die Welt der Großmächte gegenwärtig friedfertig ist, trotzdem verspricht, zugunsten seines Volkes einzugreifen. Vier eiserne Hörner, die die unterdrückenden Fremdherrscher an den vier Punkten des Kompasses darstellen, werden von vier Schmieden abgeschlagen. Ein Mann mit einer Maßschnur steht für den enormen Bevölkerungszuwachs, der in dem neuen Jerusalem erwartet wird. Der Hohepriester Josua wird vor einem himmlischen Gericht von »Satan« angeklagt, er wird jedoch freigesprochen. Ein Leuchter mit sieben Lampen (die Augen Jahwes) bedeutet die göttliche Wachsamkeit, und zwei Olivenbäume stehen für Josua und Serubbabel. Eine fliegende Buchrolle, mit göttlichen Flüchen beschrieben, symbolisiert die Austilgung der Bösewichte. Eine Frau namens Bosheit, die in einem Scheffel eingeschlossen ist und nach Babylon getragen wird, ist ein weiteres Symbol für die Reinigung Israels. Vier Wagen werden zu verschiedenen Teilen der Erde ausgesandt, um Israels Feinde zu unterdrücken und »das Land des Nordens« zu bestrafen (Babylonien).

Auf göttliches Gebot soll der Priester Josua Herrscher über die Juden werden (»mit einem Priester zu seiner Rechten« – daher mag »Josua« irrtümlich für »Serubbabel« stehen, mit Josua an dessen Seite). Aber rechtes Handeln wird für wichtiger erklärt als priesterliches Ritual und Fasten, und wenn dieses moralische Gebot befolgt wird, so verkündet Jahwe eine glorreiche Zukunft für sein Volk und Jerusalem, in das er als seine Heimat zurückkehren will. Gerechtigkeit, Frieden und Wohlstand werden in der Stadt herrschen und Männer und Frauen aller Völker werden dort hinströmen, um ihn zu finden; sie werden einen Juden beim Rockzipfel fassen und sagen, »Wir wollen mit Dir gehen, denn wir haben gehört, daß Gott mit Dir ist«[11].

Für Sacharja ist das Fehlen internationaler Unruhen eine Enttäuschung. Die nach der Thronbesteigung Dareios' I. (522) erfolgenden Unruhen sieht er als ermutigendes Vorspiel zu Jahwes unmittelbar bevorstehender gewaltsamer Wiedererrichtung Israels. Wie in Hiob spielt Satan die Rolle des Anklägers, er übt allerdings noch nicht seine zukünftige Rolle des Gottesgegners aus. Obwohl Sacharja wie Haggai sich der Wiedererrichtung des Tempels widmet, sind seine Interessen viel breiter. Seine bildliche Symbolik ist fast so phantastisch wie die Ezechiels; dies und eine bizarre Überfülle von Engeln kennzeichnen ihn als einen der Vorläufer der apokalyptischen Schriften.

Kap. 9–11 des Buches, die für das Werk eines Deuterosacharja gehalten werden (obwohl man die Hand von mehr als einem Schreiber erkennen kann), beschreiben die Zerstörung der Städte der Phönikier und Philister (wahrscheinlich durch Alexander den Großen, 336–323), die Hoffnungen auf ein unmittelbar bevorstehendes messianisches Königreich und die bevorstehende Wiederbelebung der jüdischen Militärmacht (um die Ptolemäer zu vertreiben). Der Prophet sieht sich selbst als den Schäfer von Jahwes Herde, diese ist vom Weg abgekommen und hat den Bund gebrochen – z. B. als sie vor langer Zeit die Einheit von Juda und Israel zerstörte.

Es folgen zwei apokalyptische Orakel (Kap. 12–14), manchmal gemeinsam als Dritter Sacharja bezeichnet, tatsächlich aber sind die beiden Stücke das Werk zweier verschiedener Autoren. Das erste beschreibt die übernatürliche Rettung Jerusalems vor einem gemeinsamen Angriff aller Völker: »Gleich einem Feuerbecken im Holzstoß, gleich einer Brandfackel im Strohhaufen werden die Stämme Judas alle Völker zur Linken und zur Rechten verzehren«, jedoch zur gleichen Zeit wird man um einen Märtyrer trauern, »der durchbohrt wurde« – dies sehen Christen als eine Prophezeiung der Kreuzigung.

Das zweite, dem Dritten Sacharja zugeschriebene Orakel deutet erneut lebhaft auf den Tag des Gerichts, an dem falsche und unreine Propheten vernichtet werden sollen und das Fleisch und die Augen und Zungen der Feinde der Juden verrotten werden. Wenn jedoch manche unter diesen Feinden es schaffen sollten, zu überleben, so müssen sie nach Jerusalem gehen und Jahwe anbeten, oder »kein Regen wird auf sie fallen und sie werden vor Durst sterben«[12].

Diese seltsame Mischung obskurer historischer und apokalyptischer Anspielungen in den Arbeiten des Zweiten und Dritten Sacharja sollten im Neuen Testament große Beachtung erfahren.

ZEPHANJA erklärt (bzw. sein Verfasser läßt ihn erklären), daß er seinen göttlichen Auftrag während der Herrschaft des Königs Josia von Juda (etwa 639–609) erhielt. Wenn dem so ist, so scheinen die von ihm ringsum bemerkten Mißbräuche darauf hinzuweisen, daß das Buch vor Josias religiösen Reformen verfaßt wurde, die solchem Verhalten ein Ende setzen sollten. Andererseits ist es jedoch auch möglich, daß das Werk unter Jojakim (etwa 608–598) verfaßt wurde, da dieser die Reformen rückgängig machte. (Die »Voraussage« des Sturzes Judas im Jahre 587 v. Chr. und der darauffolgenden Vertreibung scheint von einem Verfasser nach den Ereignissen hinzugefügt worden zu sein.)

Am bevorstehenden »Tag Jahwes« werden folgende Menschen Bestrafung erfahren: Götzendiener, die Sonne, Mond, Sterne und Baal anbeten, außerdem den ammonitischen Gott Milkom; Abtrünnige von Gott; solche, die fremde Bräuche und Sitten nachahmen; Kaufleute und solche, die ganz einfach gleichgültig »auf ihrer Hefe dick geworden« sind. Einer Ermahnung, daß »alle, die bescheiden nach Gottes Gesetz« leben, nie von ihrem rechten Streben ablassen sollen – denn »es mag sein, daß Ihr Schutz finden werdet am Tag des Zornes des Herrn« – folgt im dritten und letzten Kapitel die Voraussage einer Katastrophe für das Land der Philister, Moab, Ammon und Assyrien. Die letzten Passagen des Buches schließen Jerusalem und seine Führer von dieser allgemeinen Beschuldigung nicht aus, doch trotzdem sagt der Prophet das Überleben eines Restteils der Juden am »Tage des Herrn« voraus. Das Werk ist alles andere als ursprünglich, es enthält z. B. viele Anlehnungen an Jesaja. Die Darstellung des Jüngsten Tages mag den jüngeren Zeitgenossen Jeremia beeinflußt haben. Und indirekt hat diese Passage, aus der Textstellen für das Totenamt übernommen wurden, die mittelalterliche Hymne »Dies Irae« (Tag des Zorns) als Teil des Requiems inspiriert.[13]

Anhang 4: Kurze Geschichten und Romane im Alten Testament, den Apokryphen und anderen jüdischen Quellen

BEL UND DER DRACHE ist ein fiktiver Bericht von zwei Ereignissen während der Herrschaft von König Kyros II. dem Großen von Persien (559–530 v. Chr., vgl. Kap. 15).

(1) Diese Geschichte erzählt, wie Daniel (vgl. Kap. 18), des Königs meistgeehrter Freund, sich weigerte, den babylonischen Gott Bel (Marduk) anzubeten, und auf Kyros' Protest hin behauptete, das reichhaltige Essen und Trinken, das die Priester jeden Tag vor den Gott setzten, würde nicht von dieser Gottheit verzehrt, die doch »Ton von innen, von außen aber Bronze ist und noch nie etwas gegessen hat«. Unter Androhung des Todes trug Kyros den Priestern auf, sich gegen Daniel zu verteidigen. Sie legten die Speisen im Tempel aus und versiegelten die Türen – und da sie unter dem Altar einen geheimen Eingang hatten, war alles am Morgen verschwunden. Aber Daniel hatte heimlich auf dem Boden des Tempels Asche verstreut, so daß die Fußabdrücke der Priester sie verrieten. Daher wurden sie getötet.

(2) Die Babylonier beteten auch eine riesige Schlange, oder einen Drachen, an. Aber Daniel wies wiederum den Glauben des Königs zurück, daß dies ein lebendiger Gott sei, und erhielt die Erlaubnis, zu versuchen, die Schlange zu töten – unter der Bedin-

gung, daß er weder ein Schwert noch einen Stock dabei verwende. So nahm Daniel Pech, Fett und Haare, kochte sie zusammen und machte Kuchen daraus, mit denen er die Schlange fütterte. Sie aß sie – und zerbarst. Dies machte die Leute von Babylon wütend; sie zwangen den König, ihnen Daniel zur Bestrafung auszuhändigen, und warfen diesen in eine Löwengrube. »Jeden Tag waren den Löwen zwei Männer und zwei Schafe gefüttert worden, aber jetzt gab man ihnen gar nichts, um sich zu versichern, daß sie Daniel essen würden.«[14]

In der Zwischenzeit jedoch hatte der Prophet Habakuk (vgl. Anhang 3) ein Mahl bereitet, um es zu den Schnittern aufs Feld zu bringen. Als er Brot in einen Napf gebröckelt hatte, erschien der Engel Jahwes und gebot ihm, das Essen zu Daniel in die Löwengrube zu bringen. Habakuk jedoch zögerte: Daraufhin packte der Engel ihn bei den Haaren und trug ihn durch die Luft zu der Stadt Babylon – in einem Atemzug. Daniel aß das Gericht, und die Löwen berührten ihn nicht. Sieben Tage später kam der babylonische Herrscher, um seinen verlorenen Freund zu betrauern, fand ihn zu seinem Erstaunen am Leben und pries seinen Retter Jahwe mit lauter Stimme. Daniel wurde aus der Grube geholt, und die Männer, die versucht hatten, ihm ein Ende zu bereiten, wurden an seiner Stelle hineingeworfen. Vor den Augen des Königs zerrissen die Löwen sie sofort und verschlangen sie.

Diese beiden Erzählungen, die Daniels legendäre Tapferkeit als Angreifer heidnischer Idole feiern, stammen aus dem ersten oder zweiten Jahrhundert v. Chr. In der hebräischen Bibel fanden sie keinen Platz, sind aber in der griechischen Septuaginta und der lateinischen Vulgata dem Buch Daniel angefügt (vgl. Kap. 18) und bilden einen Teil der protestantischen Apokryphen (vgl. Anhang 7; siehe auch unten, »Susanna und die Ältesten«). Das Buch Esther erzählt, wie ein persischer Herrscher (Xerxes I., 486–465; oder Artaxerxes II. Ahasveros, 404–359, nach der Septuaginta), sich seiner Königin Waschti entledigte und ein schönes jüdisches Mädchen namens Ester an ihrer Stelle heiratete. Mit Esters Hilfe gelang es ihrem Vetter und Vormund Mardochai, Ahasveros vor einem Anschlag auf sein Leben zu warnen. Aber der feindliche Großwesir Haman bewegte den König dazu, zu verordnen, daß nicht nur Mardochai selbst, sondern auch alle übrigen Juden, die irgendwo im persischen Reich lebten, an einem durch das Los bestimmten Tag umgebracht werden sollten. Durch Esters geschicktes Eingreifen jedoch und durch die Einsicht des Königs, daß ein solches Vorgehen eine schlechte Belohnung für Mardochais Dienste wäre, wendete sich die Situation und Haman wurde an dem Galgen gehängt, der für Mardochai bestimmt war; Mardochai wiederum wurde an Hamans Stelle zum Großwesir gemacht. An dem für die Vernichtung der Juden bestimmten Tag wurde diesen erlaubt, sich gewaltsam gegen ihre Feinde zu wehren, und sie schlugen mehr als 75 000.

Da Haman das Datum des beabsichtigten Massakers der Juden durch Los (*pur*)[15] bestimmt hatte, wurden von nun an die beiden Tage dieses Gemetzels, im Februar oder März, als das Fest der Lose (*purim*) gefeiert, der überaus fröhliche Karneval im jüdischen Kalender, der vor allem ein Fest für Kinder ist. Das Buch Ester wird bei zwei Gottesdiensten an den aufeinanderfolgenden Festtagen gelesen. Obwohl das Werk Jahwe nicht erwähnt (ein Mangel, der in der Septuaginta durch Hinweise auf Esters und Mardochais Gläubigkeit aufgewogen wird), wurde es in die hebräische Bibel aufgenommen, um dieses Fest zu rechtfertigen, das nicht mosaischen Ursprungs war (obwohl es schon zu einem früheren Zeitpunkt unter einem anderen Namen existiert hatte). Das Buch Ester ist eine der fünf festlichen Megillot.

In ihrer gegenwärtigen Form dürfte die Geschichte aus dem zweiten Jahrhundert v. Chr. datieren. Sie basiert nicht auf historischen Fakten. Soweit wir wissen, gab es weder eine persische Königin namens Ester, noch einen Minister namens Haman oder einen jüdischen Berater namens Mardochai.

Trotz des stark nationalistischen Tones der Geschichte (von Martin Luther als mörderisch beklagt) stammt sie wahrscheinlich (als ein Stück »Weisheit«) eher von Persern und Babyloniern als von Juden: Ester ist der aramäische Name der babylonischen Göttin Ischtar, und Mardochai – dessen Legende ursprünglich für sich gestanden haben mag – bedeutet Anbeter von Marduk, dem babylonischen Gott. Dies ist eine Geschichte für die Diaspora, da sie engen Kontakt mit der nichtjüdischen Umwelt voraussetzt.

JONA siehe Kap. 16.

JOSEPH. Die biblische Geschichte Josephs, des Sohnes Jakobs (vgl. Kap. 9) könnte mit ihrem brillanten Aufbau und lebhaften Inhalt als ein kurzer »Roman« bezeichnet werden.

JOSEPH UND ASNAT ist die Geschichte des ägyptischen Mädchens Asnat, der Tochter des Potiphar (Potipheras), Priester von On (Heliopolis). Der Pharao gab sie Joseph zur Ehe, und sie gebar ihm zwei Söhne, Manasse und Ephraim.[16]

Asnat, eine große Schönheit, konvertierte zum Judentum und wurde in den Glauben der Juden eingeführt, indem sie von einer wunderbaren Honigwabe aß. Mit Hilfe einer Verschwörung ihrer Schwäger Dan und Gad versuchte der Sohn des Pharaos, sie zu vergewaltigen, doch wurde dieser Plan rechtzeitig entdeckt. Der Sohn des Herrschers wurde getötet und Joseph wurde sein Erbe.

Diese Geschichte wurde im 1. oder 2. Jahrhundert v. Chr. auf Griechisch verfaßt (und dann in viele andere Sprachen übersetzt). Sie könnte der älteste existierende griechische Roman sein. Der Autor jedoch war Jude, obwohl er das Judentum als eine mysteriöse Religion darstellt, auf einer Ebene mit den vielen anderen hellenistischen Kulten dieser Art, die in der hellenistischen Welt existierten und umfangreiche Initiationsriten durchführten. »Joseph und Asnat« ist nicht Teil der hebräischen oder christlichen Bibel, aber es gab christliche Versionen der Geschichte, in der die Heldin als die Tochter von Schechem und Dinah erschien (vgl. unten Ruth), die von Potiphar nur adoptiert worden war.

JUDITH. Dieses Buch erzählt, wie Nebukadnezar als König Assyriens, seinen General Holophernes auf eine Expedition nach Syrien und Phoinikien schickte. Bei der Belagerung der israelitischen Stadt Betylua (wahrscheinlich Bethel) warnte ein ammonitischer General namens Achior Holophernes vor der Gefahr eines Versuchs, die Stadtmauern zu stürmen. Aber eine schöne und gläubige Witwe namens Judith kam aus der Stadt, behauptete, sie sei ein Flüchtling und prophezeite Holophernes seinen Sieg. Sie wurde eingeladen, ihn zu besuchen, kleidete sich in ihre elegantesten Kleider, legte kostbare Juwelen an und betrat sein Zelt. Dort jedoch lag er betrunken im Rausch – sie schnitt seinen Kopf ab und brachte ihn in einem Beutel zu ihrem Volk zurück. Die assyrische Armee wurde geschlagen; während der restlichen Lebensjahre Judiths (sie wurde 105 Jahre alt) blieb ihr Land friedlich und frei von Invasionen.

Das Buch Judith ist nicht Teil der hebräischen Bibel; sein hebräisches Original ist verloren. Es existiert in einer griechischen Übersetzung oder Angleichung in der Septuaginta, in einer lateinischen Version, die Hieronymus von einem kürzeren aramäischen Text machte, und in den Apokryphen. Judith bedeutet »Frau aus Juda« oder »jüdischen Glaubens«; während sie sich vorbereitet, den Fremden zu verleiten, ißt sie nur koschere Speise.[17] Der Bericht ist nicht historisch; Nebukadnezar war nicht König Assyriens, sondern Babyloniens, und es gibt viele andere Widersprüche.

Der Erzähler, der anscheinend im 2. Jahrhundert v. Chr. schrieb, versuchte wahrscheinlich, seine Religionsbrüder zu ermutigen, in der makkabäischen Revolte gegen die Seleukiden ihren Heldenmut zu beweisen. Verschiedene Midraschim (vgl. Anhang 9) bringen die Geschichte mit dem Fest Hanukkah (Hingabe, Lichter) in Verbindung, das eingerichtet wurde, als die seleukidische Oberherrschaft zuende ging. Tatsächlich ist das gesamte Buch Judith in der Form eines Midrasch verfaßt. Seine Mischung aus Gläubigkeit und Erotik, die der Stimmung in griechischen Romanen ähnelt, hat die Aufmerksamkeit zahlreicher europäischer Maler erregt.

RUTH. In den Tagen der Richter (vgl. Kap. 5) bewog eine Hungersnot Elimelech aus Bethlehem, seine Frau Naomi und ihre beiden Söhne, ostwärts über das Tote Meer nach Moab zu gehen. Dort starb er; ebenso seine Söhne, die ihre moabitischen Witwen Orpa und Ruth hinterließen. Naomi beschloß, nach Bethlehem zurückzukehren, bewog jedoch ihre Schwiegertöchter, in Moab zu bleiben. Orpa fügte sich ihr widerstrebend und kehrte zu ihrer Familie zurück, aber Ruth bestand darauf, mit Naomi zurückzukehren, und sagte, sie wolle bei ihr bleiben und den Glauben an Jahwe annehmen.

Als sie nach Bethlehem kamen, versuchte Ruth, sich ihren Lebensunterhalt zu verdienen, indem sie auf den Feldern Ähren las; der Besitzer des Landes, ein Verwandter Elimelechs namens Boas, behandelte sie freundlich. Auf Naomis Vorschlag hin stattete Ruth Boas einen verführerischen Besuch bei Nacht auf seiner Tenne ab und bat ihn, die Rolle des nächsten Verwandten zu erfüllen, indem er Elimelechs Anwesen kaufte und sie zu seiner Frau machte. Nachdem er einen anderen Verwandten überredet hatte, seine Vorrechte aufzugeben, übernahm Boas beide Verantwortungen. Der Sohn, den Ruth ihm später durch die Fügung Jahwes gebar, war Obed, der Großvater König Davids.

Diese populäre Legende ist eine lebhafte kurze Geschichte, die an einen romantischen Miniaturroman oder eine Novelle erinnert. Aus textinternen Gründen ergibt sich, daß das Buch erst nach dem Exil abgeschlossen wurde. Viele Elemente jedoch scheinen in vorexilische Zeit zurückzureichen: z. B. erschien das gleiche Thema einer Witwe, die einen Trick anwendet, um ihre legalen Rechte zu gewinnen, in dem viel früheren Bericht von Tamar, die Juda dazu verführte, mit ihr zu schlafen, indem sie sich als Prostituierte verkleidete.[18] Die Geschichte endet mit einer Genealogie Davids, die zu Ruth zurückführt, und diese Verbindung mag durchaus auf historischen Fakten basieren, da kein Grund bestand, eine moabitische Ahnin Davids zu erfinden.

»Warum«, fragt Ruth Boas, »bist Du so freundlich, mich zu bemerken, wo ich doch nur eine Fremde bin?« Die Geschichte von Ruth und von Tamar, wie die von Rahab (eine weitere Prostituierte/Heilige, die angeblich Jericho an Josua verriet) und Davids Frau Batseba – alle spiegeln das fortwährende Schwanken der Juden zwischen der Zurückweisung und dem Akzeptieren Fremder: Kann eine Mischehe legitime Kinder hervorbringen? Die Geschichte von Dinah (in Genesis), deren kanaanäischer Geliebter Schechem umgebracht wurde, als er sie verführte und zu seiner Frau zu machen versuchte, weist darauf hin, daß die Menschen (z. B. Nehemia und Esra, Kap. 16) recht hatten, wenn sie sich weigerten, einem Juden oder einer Jüdin überhaupt die Heirat mit Nichtjuden zu erlauben. Das Buch Ruth jedoch lehrt nicht nur ehrenhafte Freundlichkeit gegenüber Konvertiten zum Judentum, sondern ist ein direkter Protest gegen solche Verbote von Ehen mit Fremden. Auch die Treue wird hoch gepriesen. Der Brauch des Levirats (von levir, Schwager: genaugenommen die Verpflichtung eines Mannes, die Frau seines verstorbenen Bruders zu heiraten; obwohl Boas nicht im wörtlichen Sinne Ruths Schwager war) wird bewundernswert verbunden mit der Betonung der Verantwortung, die einem Vermittler oder Retter (Goel, vgl. Kap. 13) in dem besonderen Sinn eines Angehörigen zufällt, dessen Pflicht es ist, seine nahen Verwandten zu retten oder zu beschützen.

Das Buch ist eine der Megillot (siehe oben »Ester«). Seine Metaphorik ist eng mit der der Ernte verbunden; und es wird als Teil der Liturgie des Wochenfestes (Pentecost) gelesen. In der Septuaginta und den christlichen Bibeln steht es direkt nach dem Buch der Richter. Die Äußerung des Boas, »Der Herr sei mit Dir«[19], wird in der lateinischen Messe drei (oder manchmal vier) Mal wiederholt.

SUSANNA UND DIE ÄLTESTEN (Daniel und Susanna, Das Buch der Susanna). Susanna wird beschrieben als die Frau eines babylonischen Juden namens Jojakim (6. Jahrhundert v. Chr.). Zwei seiner Freunde, die Älteste und Richter waren, verliebten sich in ihre Schönheit; in der Hoffnung, sie beobachten zu können, versteckten sie sich beide in ihrem Garten – wo sie einander begegneten. Sie gaben ihre Absicht zu und verabredeten eine Zeit für einen weiteren Besuch im Garten, diesmal gemeinsam, um sie allein anzutreffen. Sie erschienen gemäß ihrer Verabredung und näherten sich ihr, während sie badete. »Wenn

Du uns nicht zu willen bist«, erklärten sie, »so werden wir bei Gericht aussagen, daß ein junger Mann bei Dir war und Du aus diesem Grund Deine Mägde weggeschickt hast.«[20] Trotzdem widersetzte sie sich ihren Angeboten und wurde wegen Ehebruchs vor Gericht gebracht. Gegen die Beteuerung ihrer Unschuld glaubte man den Aussagen der Ältesten, und die Richter verurteilten sie zum Tode. Gott veranlaßte den jungen Daniel, sich für sie einzusetzen und zu protestieren; dieser forderte eine neue Verhandlung, welche ihm gewährt wurde. Indem er ihre Ankläger getrennt verhörte, entlarvte er sie als Lügner; schließlich erhielten sie, und nicht Susanna, die Todesstrafe.

Das moralisierende Thema von »Susanna und die Ältesten« ist typisch für die jüdische Literatur des zweiten und ersten Jahrhunderts vor Christus; besondere Betonung liegt auf dem Recht eines Angeklagten auf eine angemessene Verhandlung, da die Pharisäer dem besondere Wichtigkeit beimaßen. Vor allem aber ist die Geschichte ein literarisches Meisterwerk, das eine Abfolge funkelnder Ereignisse in einer Reihe geschickter und flinker Striche skizziert.

Dieses kleine Werk, das die Weisheit Daniels (wie in »Bel und der Drache«, s. o.) zeigt, wurde in der Vulgata des Hieronymus als das dreizehnte Kapitel des nach Daniel benannten Buches aufgenommen. Ein früherer christlicher Gelehrter, Origenes, hatte geglaubt, die Geschichte sei ursprünglich ein authentischer Teil des Buches Daniel gewesen; seiner Meinung nach war das hebräische Original unterdrückt worden wegen des schlechten Lichts in dem es die jüdischen Ältesten erscheinen ließ.

TOBIT erzählt, wie ein Mann dieses Namens, ein von Salmanassar V. (etwa 727–722) nach Ninive deportierter jüdischer Exulant, sich sehr für seine Religionsbrüder einsetzt – z. B. indem er die Leichen der von Sanherib Hingerichteten begräbt –, aber blind wird und verzweifelt zu Gott betet, er möge sein Leben beenden. Zur gleichen Zeit spricht seine Verwandte Sarra in Ekbatana (Hamadan im Iran) ein ähnliches Gebet, weil der Dämon Asmodäus ihre sieben aufeinanderfolgenden Ehemänner getötet hat, jedesmal in der Hochzeitsnacht. Jahwe hört beide Gebete und beschließt, den Engel Raphael auszusenden, um Tobit und Sarra in ihrem Kummer Hilfe zu bringen. So gesellt sich Raphael (getarnt mit dem Namen Asarja) Tobits Sohn Tobias bei, den sein Vater ausgesandt hat, zehn Talente Silber einzutreiben, die er bei einem gewissen Gabael in Rages (Rhagae in Medien) gelassen hat, und sie beginnen mit Tobias' Hund ihre Reise. Als sie nach Ekbatana kommen, heiratet Tobias Sarra und überwindet den Dämon, indem er den Anweisungen des Engels folgt. Gemeinsam kehren sie nach Ninive zurück, wo Raphael Tobits Blindheit heilt. Viele Jahre später, kurz vor seinem Tod, warnt Tobit seinen Sohn, er solle das dem Untergang geweihte Ninive verlassen, und dieser macht sich wieder auf den Weg nach Ekbatana. Bei seiner Ankunft erfährt er von der Zerstörung Ninives (ein Dankgesang und ein Epilog sind spätere Anfügungen).

Diese Geschichte, die geschickt Erzählung, Pietät, Romanze und Familiengefühl vermischt, wurde ursprünglich in aramäischer Sprache verfaßt, aber bald schon ins Hebräische und ins Griechische übersetzt. Der Autor hat, zum Teil unvollständig, eine Vielzahl alter folkloristischer Motive und Märchenthemen assimiliert. Größtenteils hat er die Nomenklatur der legendären Charaktere ins Hebräische übertragen, aber er behält den babylonischen Namen von Achikar für einen Neffen Tobits bei[21], wobei er den Einfluß der babylonischen »Weisheit des Achikar« vermerkt, einer Sammlung von Sprichwörtern und Geschichten zu Sanherib (eine Kopie wurde in Elephantine gefunden; vgl. Anhang 6). Die Erscheinung von Asmodäus (dem persischen aeschma daeva) spiegelt die dualistische Vorstellung, daß Dämonen im Widerstreit mit Engeln für das moralische und physische Böse verantwortlich sind (vgl. Kap. 18).

Ob der Verfasser in Palästina oder in der Diaspora lebte, ist ungewiß. Auch die Datierung des Buches ist umstritten. Vorgeschlagene Daten bewegen sich zwischen dem fünften Jahrhundert v. Chr. und dem zweiten Jahrhundert n. Chr.; die Zeit der Herrschaft des Seleukiden Antiochus IV. Epiphanes (175–163 v. Chr., vgl. Kap. 17) mag als Epoche in Betracht kommen, da seine Sanktionen gegen die Juden eine Weigerung einschlossen, ihnen zu erlauben, ihre Toten zu begraben[22] (ein vorherrschendes Thema in diesem Buch). Der Verfasser versucht außerdem, die Ehrerbietung gegenüber den Eltern und die Leviratsehe zu unterstützen (siehe oben: Ruth). Er (oder ein Redaktor) hält zu Großzügigkeit beim Almosengeben an und bietet eine klassische Formulierung der goldenen Regel von Hillel dem Älteren (vgl. Kap. 19): »Füge niemandem zu, was Du selber hassen würdest.« Tobit und sein Hund wurden ein bevorzugtes Motiv mittelalterlicher christlicher Kunst; das Werk wurde Teil der protestantischen Apokryphen.

Anhang 5: Hebräische Liebeslyrik

Liebeslyrik ist in der Bibel gesammelt im »Hohenlied Salomos« (Schir Haschirim, in Hieronymus' Vulgata »cantica canticorum«, Lied der Lieder genannt). Es handelt sich um eine Sammlung von ursprünglich eigenständigen Liedern, in denen zumeist abwechselnd ein Mann und eine Frau sprechen. Sie drücken leidenschaftliche Liebe in einer glühenden lyrischen Sprechweise mit sinnlichen, anschaulichen Bildern aus.

Die Anrede des Mädchens – ihre Worte eröffnen das Buch – bestimmt den weiteren Ton: »O daß er mich tränkte mit Küssen seines Mundes. Deine Liebe ist süßer als Wein . . .«. Ihre Gefährtinnen, junge Frauen, antworten ihr; sie sagt ihnen, daß sie wie Ruth (vgl. Anhang 4) aus einem fremden Land kommt:

»Braun bin ich zwar, doch hübsch,
ihr Töchter Jerusalems,
wie die Zelte der Kedarener,
wie die Zeltdecken der Salmäer.
Seht mich nicht an,
daß ich so gebräunt bin,
daß mich die Sonne verbrannt hat. . .
Sage mir, du, den meine Seele liebt;
Wo weidest du?

»Ich bin die Narzisse in Saron«, sagt sie, »eine Lilie in den Tälern«; und ihr Geliebter antwortet: »Wie die Lilie unter den Dornen, so ist meine Freundin.«
Sie erblickt ihn, als er auf sie zugeht.

»Ich schaue durchs Fenster,
ich gucke durchs Gitter.
Mein Geliebter hebt an,
spricht zu mir:
›Auf meine Freundin,
meine Schöne, und komm!
Sieh nur, der Winter ist dahin;
vorüber, fort ist der Regen.
Die Blumen erscheinen im Lande,
die Zeit des Singens ist da,
und das Gurren der Turteltaube
hebt an.
Am Feigenbaum röten sich die Früchte,
die Reben blühn und duften –
auf, meine Freundin,
meine Schöne, und komm!‹«

In einem Traum erlebt das Mädchen das traurige Gefühl der Trennung und die Freude des Wiederfindens. Ihre Gefährtinnen erzählen von dem glänzenden Umzug, der die Hochzeit König Salomos gefeiert hatte. Dann rühmt sie die Schönheit des Mannes, denn sie liebt:

»Mein Geliebter ist weiß und rot,
ausgezeichnet von Tausenden.
Sein Haupt ist köstliches Feingold,
seine Locken sind Dattelrispen und
rabenschwarz,
seine Augen wie Tauben an Wasserbächen,
badend in Milch, am Teiche sitzend . . .
Seine Schenkel sind Marmorsäulen,
stehend auf goldenen Sockeln,
seine Gestalt dem Libanon gleich,
auserlesen wie Zedern;
sein Gaumen ist lauter Süße,
und alles an ihm ist Wonne.
So ist mein Geliebter, so ist mein
Freund,
ihr Töchter Jerusalems.«

Und auch er findet bezaubernde Bilder, um seine Geliebte zu beschreiben:

»Die Biegungen deiner Hüfte sind wie
Halsgeschmeide,
gefertigt von Künstlerhänden.
Dein Schoß ist ein verschlossenes
Becken;
nicht mangle der Mischtrank!
Dein Leib ist wie ein Weizenhaufe,
umgeben von Lilien.
Deine Brüste sind gleich zwei Böcklein,
Zwillinge der Gazelle . . .
Geliebte, du Wonnevolle!
Wie du dastehst, gleichst du der Palme
und deine Brüste den Trauben.
Ich dachte: ›Ich will die Palme ersteigen,
will nach ihren Rispen greifen.
Deine Brüste sollen mir sein wie
Trauben,
und der Atem deiner Nase wie Äpfel,
und dein Mund wie köstlicher Wein,
der meinem Gaumen sanft eingeht
und die Lippen und Zähne mir netzt.‹«

Die Geliebte antwortet:

»Ich bin meines Geliebten,
und er hat Verlangen nach mir.
Komm, mein Geliebter, hinaus auf die Flur,
laß unter Cyperblüten uns nächtigen,
am Morgen früh nach den Weingärten sehen,
ob der Weinstock schon gesproßt,
ob die Blüten sich aufgeschlossen,
ob die Granaten im Bluste stehen.
Dort will ich dir meine Liebe schenken.«

Er preist die Macht und Gewalt der Liebe:

»Denn stark wie der Tod ist die Liebe,

Leidenschaft hart wie die Unterwelt;
ihre Gluten sind Feuersgluten,
ihre Flammen wie Flammen des Herrn.
Große Wasser können die Liebe nicht löschen,
Ströme sie nicht überfluten.
Gäbe auch einer all sein Gut um die Liebe,
würde man ihn verachten?«[24]

Weil der hebräische Titel König Salomo als Autor nennt, heißt das Buch auch das »Hohelied Salomos«; aber sein Name erscheint lediglich in der dritten Person[25]; stilistische und inhaltliche Merkmale (einschließlich deutlicher Anklänge an die hellenistische Hirtendichtung Theokrits) weisen das Werk einer viel späteren Zeit zu, vermutlich dem 3. oder 2. Jahrhundert v. Chr. Tatsächlich wurde die Autorschaft Salomos (des Gründers des Tempels und gewandten Liebhabers), nie bezweifelt; dies sicherte dem Buch trotz seines ungewöhnlichen Inhalts die Aufnahme in die hebräische Bibel; (es ist das erste Buch des festlichen Megilloth; vgl. Anhang 4). Die Kanonisierung wurde mit Theorien begründet, die eine Allegorie der Beziehung zwischen Jahwe (Bräutigam) und Israel (Braut) behaupteten. Dieser Vergleich war bereits von den Propheten her vertraut[26], die ihrerseits selbst von nah-östlichen Vorgängern beeinflußt waren, so z. B. von der ägyptischen Liebeslyrik (einschließlich solcher Zeugnisse, die sich möglicherweise auf den Kult der Göttin Hathor beziehen), und von Texten, die die sumerischen Riten einer heiligen Hochzeit beschreiben (bei der der König die Rolle des Fruchtbarkeitsgottes Tammuz übernimmt). Kanaanäische Dokumente und Gedichte beschreiben ähnliche Riten einer heiligen Hochzeit des Mondgottes Jerah und seiner Gemahlin Nikkal; sie erzählen die Legende des Königs Krt, des Sohns von El, in der die Schönheit seiner Braut Hri verherrlicht wird.[27]

Wie auch die Traditionszusammenhänge des Hohenliedes sein mögen, sein Dichter oder seine Dichter hatten sie vermutlich mehr oder minder »vergessen«; das Werk in seiner vorliegenden Form ist seinem Wesen nach eine Anthologie weltlicher Lieder von Liebeswerben und Erfüllung. Unzweifelhaft wurden sie bei Hochzeiten gesungen, ähnlich wie Psalmen, die bei königlichen Heiraten vorgetragen wurden.[28] Später duldeten die Rabbiner nicht mehr, daß man diese Stücke als weltliche Lieder sang – betont doch der große Akiba ben Joseph aus dem zweiten Jahrhundert v. Chr., daß das »Lied der Lieder« das »Heilige des Heiligen« sei[29]; mit anderen Worten, es ist das Heiligste innerhalb der biblischen Bücher, die als die »Heiligen Schriften« (vgl. Anhang 2) tituliert sind. Sicher stimmten die Lieder mit der Schriftforderung »Seid fruchtbar und mehrt euch«[30] überein, entsprechend dem Glauben, daß die *shekinah*, die göttliche Präsenz und Immanenz, Bräutigam und Braut verbindet. Der Talmud sah einen Juden, der keine Familie zu gründen versuchte, an, als habe dieser Blut vergossen und Jahwes Ansehen verletzt. Ein solches Verhalten war einer der Gründe für die Abkehr Jahwes von Israel.[31]

Anhang 6: Heiligtümer ausserhalb Jerusalems

ARAD im östlichen Negev, zwanzig Meilen nordöstlich von Beerscheba und fünfzehn Meilen westlich vom Toten Meer, stammt aus dem vierten Jahrtausend v. Chr. Ausgrabungen haben eine Kultstätte enthüllt, die 65 mal 49 Fuß mißt und zu der von Salomo gebauten befestigten Stadt gehört. Einige Archäologen haben diese Stätte als einen Tempel Jahwes identifiziert; das bedeutet, daß Salomos Tempelbauten sich nicht auf Jerusalem beschränkten. Doch obwohl sich gewisse Ähnlichkeiten zu dem in der Bibel beschriebenen Jerusalemer Tempel entdecken lassen, gibt es auch Abweichungen, die uns im Unklaren darüber lassen, ob die Kultstätte in Arad tatsächlich Jahwe gewidmet war oder einem der vielen fremden Kulte, die Salomon ebenfalls pflegte.

ELEPHANTINE ist eine Insel im Nil vor dem Assuan-Damm. Während der persischen Besatzung des Landes (ab 525 v. Chr.) existierte dort eine jüdische Militärkolonie, aber auch schon vor 525 hatte es Juden in Elephantine gegeben. Die erste jüdische Kolonie auf der Insel mag in das spätere 8. Jahrhundert, zumindest aber in das 7. oder frühe 6. Jahrhundert zurückdatieren, zur Zeit der 26. Dynastie der Pharaonen Psamtik (Psammetichus) I. oder Ahmose (Amosis) II.

Man hat einige Archive der Siedlung aus dem 5. Jahrhundert entdeckt, in denen sich Papyri im offiziellen Aramäisch befanden, das der Sprache von Nehemia und Esra gleicht.[32] Aus diesen Dokumenten wird klar, daß die Siedler einen Tempel hatten, in dem sie Jahu verehrten (eine Form des Namens Jahwe); offensichtlich befolgten sie nicht das Gebot aus dem Deutoronomium, welches die Kultzentralisierung in Jerusalem forderte. Ebensowenig beachteten sie den Monotheismus der Jahwe-Religion, da sich unter anderen Kultgegenständen Herem-Betel, Ascham (Eschem)-Betel und Anat-Betel fanden, die separate kanaanäische oder aramäische Gottheiten gewesen zu sein scheinen und nicht Manifestationen von Jahwe. Diese Benennungen weisen darauf hin, daß einige der jüdischen Bewohner Elephantines aus Betel kamen, obwohl auch eine wesentliche Gruppe aus Judäa gekommen zu sein schien, nachdem das Land an die Babylonier gefallen war. Die religiöse Autonomie dieser Siedler wurde von den Persern unterstützt, deren König Dareios II. an Arsam, seinen Satrapen in Ägypten, schrieb und ihm auftrug, daß das Fest der Ungesäuerten Brote sorgfältig gefeiert werden solle (419). Zu einer Zeit jedoch, als Arsam sich außer Landes befand, griffen die Priester des ägyptischen Gottes Khnum, die wahrscheinlich nicht nur diesen religiösen Praktiken, sondern auch der persischen Besatzungsmacht gegenüber feindlich gesinnt waren, den Tempel in Elephantine an und machten ihn dem Erdboden gleich. Während mehrerer Jahre sandten die Juden Bittschriften an verschiedene Persönlichkeiten, in denen sie um die Erlaubnis baten, den Tempel wieder aufzubauen; schließlich wurde der Kult wieder aufgenommen. Als jedoch die 28. Dynastie die persische Oberherrschaft auslöschte (etwa 405–410), scheint sich die Kolonie innerhalb von kurzer Zeit aufgelöst zu haben.

DER BERG GARIZIM (Die Samaritaner). Lange Zeit hatte es Spannungen zwischen Jerusalem und Samaria gegeben, das von Omri und Ahab gegründet worden war und die Hauptstadt des nördlichen Königtums Israel werden sollte. Die Saat des entscheidenden Bruchs wurde erst durch die Haltung von Nehemia und Esra (vgl. Kap. 16) gesät, als sie aus Babylonien nach Jerusalem zurückkehrten. Denn ihrer Meinung nach verkörperten die Samaritaner, die nach der assyrischen Verbannung (vgl. Kap. 10) durch einen Einwanderungsstrom verdorben worden waren, ein klassisches Beispiel der schwierigen unerwünschten Kategorie von halbfremden Bastarden, die einen unreinen Kult ausübten. Als daher die Samaritaner ihre Hilfe beim Wiederaufbau der Stadt anboten, wurde ihr Angebot abgelehnt (die Bibel weist auf eine mögliche frühere Ablehnung durch Serubbabel und Josua hin). Daher verabscheuen sie bis heute die Erinnerung an Esra (Der Verfluchte). Die Juden wiederum behaupteten, der feindliche Verwalter Samarias, Sanballat, der sich Jeremia und Esra auf jede mögliche Weise zur Wehr setzte, sei der Gründer der samaritanischen Sekte, die nun zu entstehen begann. Das Schisma entwickelte sich jedoch nur allmählich und erreichte seinen Höhepunkt, als die Samaritaner einen rivalisierenden Tempel (dessen Überreste man gefunden hatte) auf dem Berg Garizim (881 m hoch im Gebirge Ephraim) gründeten – mit der Erklärung, daß dies und nicht Jerusalem Jahwes erwählter Platz sei. Unbekannt ist, ob der Bau vor oder nach Alexander dem Großen errichtet wurde. Noch zu seinen Lebzeiten jedoch rebellierten die Menschen in dieser Region gegen seinen Gouverneur, was zur Folge hatte, daß man Samaria zu einer griechischen Militärkolonie machte und ein Großteil der Bevölkerung nach Sichem zog, welches das zukünftige Zentrum der meisten Sektenangehörigen wurde.

Samaritaner wie Juden wurden unter den Ptolemäern in Ägypten angesiedelt, aber auch in vielen anderen Ländern der Diaspora konnte man ihre Synagogen finden. Besonders Männer wie Ben Sirach, der Verfasser des Ecclesiasticus, haßten die Samaritaner und betrachteten ihren Kult als beklagenswerte Häresie. Ein anderer äußerst feindlich gesinnter Zeuge, der Historiker Josephus, behauptete, der Seleukidenkönig Antiochus IV. Epiphanes hätte auf Wunsch ihrer eigenen lokalen Obrigkeit ihren Tempel auf dem Berg Garizim hellenisiert und dem Zeus Xenios, »Beschützer der Fremden« (oder möglicherweise Zeus Hellenios, der Griechen) gewidmet.[33] Der Hasmonäerkönig Johannes Hyrcanos I. schließlich zerstörte den Tempel vollständig (im Jahr 129).

Später wurde das Territorium der Samaritaner der römischen Provinz Judäa einverleibt. Aber es gab wiederholt Unruhen, und Pontius Pilatus (26–36 n. Chr.) schlug eine religiöse Demonstration auf dem Berg Garizim, bei der er subversive messianische Tendenzen vermutete, gewaltsam nieder (vgl. Kap. 20). An der ersten jüdischen Revolte (66–70 n. Chr.) beteiligten die Samaritaner sich nicht, doch wiederum mußten die Römer beginnende messianische Unruhen unterdrücken. Zur Zeit des zweiten Aufstands (132–135) wurden ihre Schriften von Hadrian verbrannt.

Nach einer kurzen Renaissance im 4. Jahrhundert n. Chr. entschlossen sie sich im 7. Jahrhundert, ihre byzantinischen Neigungen zugunsten der Perser aufzugeben, jedoch wurden diese kurze Zeit später von den Arabern unterworfen. Danach existierte die samaritanische Sekte zumeist als unterdrückte Minorität weiter. Noch 1983 wurde die Sekte von einer Bevölkerung von 500 in Nablus (Sichem) und der neuen Stadt Holon (einem Vorort von Tel Aviv) unter dem Hohenpriester Pincha Ben Masliach vertreten. Zusammen mit seinen Anhängern feiert er noch jedes Jahr das Passahfest auf dem Berg Garizim mit Tieropfern.

Die Samaritaner behaupten, aus der Zeit der Richter zu stammen, und leiten ihre Herkunft von den zehn Stämmen her, wobei sie den biblischen Bericht ablehnen, nach dem sie von den Assyrern deportiert worden seien. Nach der Tradition der Fundamentalisten akzeptieren sie nur die fünf Bücher der Thora als Heilige Schrift und nennen sich selbst *Schamerim* (Befolgende) und nicht *Schomeronim* (Samaritaner) mit der Begründung, daß sie allein die Lehren des Mose befolgen. Der Text ihrer Thora, in einer archaischen Schrift geschrieben, die phönikischen Buchstaben gleicht und von der frühhebräischen Schrift abgeleitet wurde (die einzige heute noch in Gebrauch befindliche Variation dieser Schrift), datiert in seiner gegenwärtigen Form aus dem späten 2. oder frühen 1. Jahrhundert v. Chr. Er unterscheidet sich unwesentlich von der orthodoxen jüdischen Version. Vor allem wurden zusätzliche Hinweise auf den Berg Garizim eingeführt[34]; außerdem wurde eine Reihe von Bestimmungen unterschiedlich interpretiert.

Die Samaritaner teilen ihre Geschichte in eine Zeit des göttlichen Gefallens (*rahuta*), zu der ihr Tempel noch existierte, und eine Zeit des göttlichen Mißfallens (*fanuta*) nach seiner Zerstörung ein. Sie glauben jedoch auch an einen zukünftigen Tag der Vergeltung und Belohnung, an dem ein »Wiedergutmacher« (*taheb*) erscheinen wird, um ihren Wohlstand wiederherzustellen; dann werden die Toten wieder auferstehen, um in das Paradies einzugehen oder in Ewigkeit im Höllenfeuer zu braten.

LEONTOPOLIS. Während der Verfolgung der Juden durch den Seleukidenkönig Antiochus IV. Epiphanes in den Jahren 167–164 v. Chr. und während der darauffolgenden makkabäischen Revolte flohen viele unter der Führung von Onia (Honi) IV. (dem Sohn des ermordeten Onia III.), der von der hellenisierenden Partei zugunsten von Eljakim von seinem Hohenpriesteramt abgesetzt worden war, nach Ägypten. Onia IV. und seine Anhänger wurden von König Ptolemäus VI. Philometor in Leontopolis angesiedelt, nicht in der Provinzhauptstadt dieses Namens, sondern in einem ansonsten unbekannten Ort nahe der Südspitze des Nildeltas, wo sie eine Militärkolonie bildeten. Onia IV. gründete einen schismatischen Tempel und bildete damit einen Zweig einer Bewegung, die den Tempel und die Priester in Jerusalem ablehnten (ein weiterer Zweig befand sich in Qumran).[35] Wegen ihres palästinensischen Ursprungs war die Bewegung für ägyptische Juden von begrenztem Interesse. Trotzdem bestand der Tempel, bis die Römer ihn 73 n. Chr. schlossen.

SAMARITANER siehe GARIZIM, Berg.

Anhang 7: Die Apokryphen

Der Name stammt von *Apokryphon* (Verborgenes, Dunkles) und bezeichnet Schriften, die entweder schwer verständlich (obwohl nicht bekannt ist, ob das tatsächlich der Fall war), oder zu unorthodox für die Allgemeinheit waren.

Die Heiligen Kyrill von Alexandria und Hieronymus verwendeten den Begriff für Bücher, die sie in der Septuaginta fanden, aber nicht in der hebräischen Bibel. Wenn Hieronymus diese Bücher »apokryph« nannte, meinte er »unkanonisch« (»deuterokanonisch« wurde die entsprechende katholische Bezeichnung). Martin Luther stellte die Apokryphen – erweitert um einige Werke außerhalb der Septuaginta – als eine eigene Gruppe von Schriften zwischen das Alte und Neue Testament. Ihm folgt die Autorisierte oder King-James-Bibel (Kirche von England), die folgende Schriften unter dieser Überschrift sammelt (es bedeuten: ursprünglich verfaßt + in Griechisch, + in Hebräisch, * in Aramäisch):

(1. Esra + * und 2. Esra * = 3. und 4. Esra in der Vulgata: eine Adaption des Esra-Buches mit Stücken aus 2. Chronik und Nehemia; nicht in der Septuaginta);

Tobit * (Anhang 4);

Judith + (Anhang 4);

Stücke aus Esther * + (eine Ergänzung zum Buch Esther; Anhang 4);

Weisheit Salomos + oder + (Anhang 8);

JESUS SIRACH (ECCLESIASTICUS) + (vgl. Kap. 17);

Baruch + (vom Schreiber des Jeremia angeführte Schriften; vgl. Kap. 13);

Brief des Jeremia * (früher Baruch angefügt);

Gesang der drei Jünglinge im Feuerofen + (Sadrach, Mesach und Abednego; siehe Kap. 18);

Susanna und die beiden Alten * (vgl. Anhang 4);

Daniel, Bel und der Drache * (vgl. Anhang 4);

das Gebet des Manasse (nicht in der Septuaginta) +;

das 1. Makkabäer-Buch +;

das 2. Makkabäer-Buch + * (vgl. Kap. 18).

Zahlreiche andere außerkanonische Schriften, einschließlich vieler nicht überlieferter, können lose als »apokryph« bezeichnet werden, besonders die »pseudoepigraphica« (einschließlich der apokalyptischen Schriften, z. B. das Buch Henoch – 1. der äthiopische (ursprünglich aramäisch geschrieben), 2. der salvische oder Das Buch der Geheimnisse des Henoch, 3. der hebräische Henoch – ferner legendenhafte Viten der Propheten; vgl. daneben auch »Joseph und Asenat«, Anhang 4). Schließlich gehört dazu die reiche Literatur der Sekte von Qumram (vgl. Kap. 18).

Anhang 8: Jüdische Schriften aus Alexandria

1. Alexandrinische Schriften außer Philo

ARISTEAS, Brief des. Der jüdische Autor (etwa 100 v. Chr., möglicherweise auch später) gab sich als heidnischer Beamter namens Aristeas aus, der seinem Bruder Philokrates schrieb. In seinem Brief berichtet er über die Entstehungsgeschichte der Septuaginta, die die gräko-jüdischen Schriften anregte (vgl. Kap. 17). Seine Absicht war es, den Juden zu erklären, daß sie griechische Bräuche teilen könnten, ohne das Wesen ihrer Religion zu kompromittieren. Er identifizierte Jahwe mit Zeus.

ARISTOBULUS. Philosoph (etwa 100 v. Chr.), der in seiner allegorischen Exegese des mosaischen Gesetzes zu beweisen versuchte, daß die jüdische Weisheit viel älter war als die griechische Philosophie und daß sie dieser als Quelle und Vorbild diente. Fragmente seines Werkes sind erhalten; in einer Passage des Werks wird berichtet, daß eine griechische Übersetzung einiger Teile aus der Thora bereits vor der Septuaginta existierte.

ARTAPANUS machte etwa zur gleichen Zeit und in der gleichen Absicht Jakob und seine Söhne zu Erbauern heidnischer Tempel. Er führte den ägyptischen Kult mit heiligen Tieren auf Mose zurück, um den sich viele Legenden hellenistischen Ursprungs rankten. Seine Schriften sind in Fragmenten erhalten.

DEMETRIUS verfaßte gegen Ende des 3. Jahrhunderts v. Chr. ein Werk »Über die Könige in Judäa« – die erste jüdische Geschichte auf Griechisch –, das jedoch nicht erhalten ist. Offenbar bediente er sich eines einfachen Stils und »hellenisierte« weder die großen Figuren der jüdischen Geschichte, noch betonte er deren Überlegenheit dem Heidentum gegenüber.

EUPOLEMUS. Gesandter des Judas Makkabäus nach Rom im Jahre 161, schrieb ein populärhistorisches Werk, »Die Könige der Juden«, das in rhetorischem Stil verfaßt war und mit der biblischen Tradition sehr großzügig umging. Eupolemus erklärte, Mose habe bei den Juden die Schrift eingeführt, und diese hätten sie an die Phönikier weitergegeben, welche ihr Wissen wiederum den Griechen vermittelten. Das Werk ist nur in Fragmenten erhalten.

EZECHIELOS schrieb im 2. Jahrhundert v. Chr. Tragödien zu jüdischen Themen. 269 Zeilen seines *Exagoge* (Exodus) sind erhalten und verbinden in hellenisierendem Stil, der an Euripides erinnert, verschiedene, zeitlich auseinanderliegende Episoden miteinander (frühe Beispiele biblischer Exegese und Paraphrase). Diese Passagen sind die einzigen noch existierenden jüdischen dramatischen Verse auf Griechisch und die umfangreichsten Belege graeco-jüdischer Dichtung, die wir kennen.

JOSEPH UND ASNAT siehe Anhang 4.

MAKKABÄER, Zweites Buch der, vgl. Kap. 18 und Anhang 8.

MAKKABÄER, Drittes Buch der. Das Buch wurde nach der Zeit der Makkabäer (aber vor 70 n. Chr.) verfaßt und ist ein fiktiver Bericht der Verfolgung der Juden durch König Ptolemäus IV. Philopator von Ägypten (221–204 v. Chr.). Die Aussöhnung der Juden mit den griechischen Bräuchen wird darin abgelehnt. (Das vierte Makkabäer-Buch, ein philosophischer Diskurs, entstand wahrscheinlich im 1. Jahrhundert v. Chr. in Antiochia in Syrien.)

PHILO DER ÄLTERE schrieb um 200 v. Chr. das erste gräko-jüdische epische Gedicht »Über die Könige der Juden«, in dem er sich streng an die biblische Tradition hält. Die 24 erhaltenen Verse sind in einem überaus obskuren Stil abgefaßt, der beinahe unverständlich ist. (Philo von Biblos, der über phönikische Altertümer schrieb, ist ein anderer Autor; ebenfalls der berühmte Philo, von dem weiter unten noch zu berichten sein wird.

THEODOTUS schrieb im 2. Jahrhundert v. Chr. ein gut verständliches und einfach gehaltenes episches Gedicht über die jüdische Geschichte.

WEISHEIT (in griechischen Manuskripten »Weisheit des Salomo«). Es ist unklar, ob das Original auf Hebräisch oder Griechisch verfaßt wurde. Das Werk fand keinen Eingang in die hebräische Bibel, findet sich aber in der Septuaginta und ist Teil der Apokryphen (vgl. Anhang 7). Es wurde im 1. Jahrhundert v. Chr. von einem Juden verfaßt, der wahrscheinlich in Alexandria lebte; seine Ausführungen zeugen von großer Intellektualität, und sein Stil ist voll Leidenschaft und Elan. In einer längeren Passage verdammt der Autor den Götzendienst und verbindet jüdische Religion und griechische Philosophie mit großer Kühnheit, wobei er den Körper als böse erklärt und die platonische Doktrin der Unsterblichkeit der Seele übernimmt. Ferner übernimmt er die stoische Doktrin der universalen Immanenz der Weisheit (*hokmah*), die, wie die Bücher Hiob und Ecclesiasticus zeigen, als eine Art Attribut der Göttlichkeit betrachtet wird. Sie wird außerdem als die Verteidigerin der Gerechten sowie der Richter der Gottesfeinde dargestellt. Vor allem wird die Weisheit jedoch mit dem alles durchdringenden Wort (*logos* analog zu dem hebräischen *dabar*) identifiziert, das dem Universum und der menschlichen Existenz Form und Ordnung gibt – eine Doktrin, die die Kluft zwischen jüdischen und hellenistischen Gedanken überbrücken helfen soll.

2. *Philo*

PHILO (Philo Judäus), um 30 v. Chr. bis um 45 n. Chr., bietet einen noch umfangreicheren Versuch, die lange Geschichte der Auseinandersetzungen zwischen Judentum und Hellenismus zu beenden, indem er beide zusammenbringt und vermischt.

Seine zahlreichen theologisch-philosophischen Schriften (von denen einige ursprünglich als Teile größerer Abhandlungen verfaßt worden waren) umfassen: »Über die Vorsehung«, »Über die Unzerstörbarkeit des Universums« (Autorschaft nicht sicher, aber wahrscheinlich), »Über das kontemplative Leben« (Autorschaft nicht sicher, aber wahrscheinlich; das Werk drückt Bewunderung für die Essener, vgl. Kap. 18, aus und die Therapeutae, jüdische Asketen in Ägypten), drei größere Kommentare zum Pentateuch (Thora) und die umfangreichen allegorischen Expositionen zu den heiligen Gesetzen, in denen er die gesamte jüdische Geschichte in allegorischer Weise erklärt. Diese Darstellungsform wurde schon von den Alexandrinern auf Homer und andere griechische Dichter angewandt. Darüber hinaus verfaßte er eine Reihe von Werken, die den Heiden die jüdische Religion erklären sollten, darunter eine Abhandlung »Über den Dekalog« und die »Biographien der Weisen« (in ihnen werden auch Abraham und Joseph dargestellt). Außerdem gibt es ein »Leben des Mose«, das im griechischen Stil verfaßt ist und die Auffassung vertritt, griechische Philosophen verdankten ihm ihre Ansichten.

Obwohl Philo nichtjüdische Proselyten, die »Gott sahen«, uneingeschränkt akzeptierte und sie sowohl als Juden als auch als direkte Nachfahren

Abrahams ansah, bestand er doch (im Gegensatz zu einigen seiner nachsichtigeren Religionsbrüder aus Alexandria) auf der Einhaltung des jüdischen Gesetzes und verurteilte polytheistische Praktiken. Die Bibel benutzte er in der griechischen Version, der Septuaginta, die er als Orakel behandelte; seine wiederholten Bemühungen, Überschneidungen zwischen griechischen und jüdischen Beobachtungen aufzuzeigen, greifen großzügig auf die griechischen Philosophen zurück und zeugen von einer größeren Nähe zur griechischen als zur jüdischen Kultur. Da er, wie auch der Verfasser von Hiob und Vertreter von dualistischen Strömungen in Qumran und anderswo (vgl. Kap. 18), es schwierig fand, die Kluft zwischen einem allmächtigen und guten Gott auf der einen Seite und der unvollkommenen oder bösen Welt der Dinge auf der anderen Seite zu überbrücken, akzeptierte Philo die Existenz von vermittelnden Wesen, die die verschiedenen Aspekte von Gottes Wesen und Denken repräsentieren – vor allem den *logos* (siehe oben, »Weisheit des Salomo«).

Große Bedeutung maß er auch dem Problem der Transzendenz und der Unverständlichkeit Gottes bei. Trotzdem behauptete er, menschliche Wesen seien in der Lage, durch Gottes Gnade in einer direkten mystischen Gemeinschaft vereint zu werden, eine Erfahrung, die er als »Ekstase« bezeichnete – ein göttlicher Taumel gleich dem der Propheten, voller Freude und Ernst. Diese Ekstase ist jedoch nur eine Stufe auf dem Weg zu der völligen Befreiung der Seele vom Körper und ihrer Wiedervereinigung mit Gott. Wie Plato betrachtete auch er den Körper als ein Gefängnis, einen Sarg oder ein Grab für die Seele, welche fortwährend danach strebe, zu den Höhen zurückzukehren, von denen sie heruntergefallen sei. Diese Ansichten, die entlehnte Elemente auf solch neuartige Weise vermischen, so daß fast eine völlig neue Philosophie entsteht, wurden von späteren Juden wenig studiert oder wahrgenommen; sie beeinflußten jedoch wesentlich das Denken der christlichen Apologeten, die ihre Religion den Heiden verständlich zu machen suchten, sowie die Unterscheidung der beiden Staaten im »Gottesstaat« des Augustinus.

Zeitgenössische Ereignisse, bei denen er selbst eine wichtige Rolle spielte, beschrieb Philo in seinen Schriften »Gegen Flaccus« (den Statthalter Ägyptens) und »Über die Gesandtschaft an Caius«, in denen er über die Unterdrückung der Juden Alexandrias unter Kaiser Caligula berichtet (vgl. Kap. 20). In diesen Werken äußert sich die Vorstellung, daß Verfolgungen dieser Art unweigerlich von Gott bestraft werden.

Anhang 9: Juden und Christen

JOHANNES DER TÄUFER. Nachdem Judäa im Jahr 6 n. Chr. (vgl. Kap. 20) römische Provinz geworden war, bildeten Galiläa und Peräa (jenseits des Jordan) weiterhin das Prinzentum des Herodes Antipas (4 v. Chr. – 39 n. Chr.), der wie sein Vater Herodes der Große als Statthalter Roms regierte. Etwa um 28–29 n. Chr. verkündete Johannes der Täufer, der als der Nachfolger von Elia und Elisa gefeiert wurde, in den Wüstengebieten dieses Herrschaftsbereichs seinen jüdischen Mitbrüdern das unmittelbar bevorstehende Kommen des Königreiches Jahwes, wobei er der apokalyptischen Tradition des »Tages des Herrn« folgte (vgl. Kap. 18). Außerdem forderte er die Umkehr, eine vollkommene Änderung des Herzens; erst dann, so betonte er (abweichend von anderen Propheten), würden allen Juden ihre Sünden vergeben. Die bekannte Zeremonie der regelmäßigen rituellen Reinigung formte er um zur feierlichen zeichenhaften Taufe.

Herodes Antipas jedoch sah in dieser Betonung der heraufdämmernden himmlischen Herrschaft eine potentiell subversive Herabsetzung irdischer Herrschaft und ließ ihn in Machaerus, einer von seinem Vater an den Grenzen Peräas errichteten Festung, hinrichten.

JESUS gehörte nach den Evangelien (aus denen die Hauptzüge seiner Biographie zum Teil rekonstruiert werden können, obwohl sie siebenunddreißig und mehr Jahre nach seinem Tode verfaßt wurden) zu denen, die Johannes taufte. Er kam wahrscheinlich nicht aus Bethlehem (Anspielung auf Micha und die Erfüllung der dortigen Prophezeiung[37]; vgl. Anhang 3), sondern aus Nazareth oder einem anderen Ort in Galiläa, einem Gebiet, das erst zum Judentum bekehrt worden war (vgl. Kap. 18) und auf das Jerusalem herabblickte wegen seiner Ländlichkeit und Anfälligkeit für theologische Irrtümer; viele der charismatischen Wanderprediger dieser Zeit waren Galiläer.

Jesus fügte den Predigten des Johannes eine Berichtigung bei: Das Königreich Gottes stand nicht unmittelbar bevor, denn es hatte bereits begonnen – durch seine eigene Vermittlung und Gottes Weisung. Gleich Johannes forderte er zur Umkehr auf und behauptete, seine Mission befähige ihn, Sünden zu vergeben. Seinen jüdischen Mitbrüdern, für die das Vergeben von Sünden ausschließlich Jahwe vorbehalten war, erschien diese Behauptung als eine Anmaßung göttlicher Autorität und Beeinträchtigung des Monotheismus.

Alle Gedanken und die sozialen und ethischen Lehren Jesu (unmittelbare Adaptionen aus dem Judentum), wie auch seine Heilungen und anderen Tätigkeiten (die oft als Wunder gepriesen wurden) waren von dieser einen Idee beherrscht, der gegenüber andere soziale und ethische Grundsätze – wie eindrucksvoll sie auch formuliert sein mochten – zweitrangig erschienen. Sein Glaube, daß alle Juden in dem heraufdämmernden Königreich ihren Platz finden würden, veranlaßte ihn, den jüdischen Armen seine besondere Aufmerksamkeit zu widmen, da sie »arm im Geiste« waren und damit Gottes Hilfe bedurften. Auch reuige Sünder, denen die Selbstherrlichkeit der bewußt Tugendhaften abging, konnten nach seiner Meinung Einlaß in das Königreich finden. Am ehesten fanden diejenigen Zugang zu der Verkündigung, die ihr mit kindlicher Unbefangenheit begegneten. Jesus ließ Frauen in seiner Nähe zu. Die Pharisäer und Schriftgelehrten jedoch (vgl. Kap. 18) waren es nicht gewohnt, auf solche Weise von Frauen umgeben zu sein. Darüber hinaus schien ihnen sein Gebot »Du sollst deine Feinde lieben« nicht praktizierbar und folglich irrig, (obwohl sich in den Sprüchen die Aussage findet, man solle seinem hungrigen Feind zu essen geben).[38] Andere jüdische Gelehrte verkehrten auch nicht wie er mit den Samaritanern (vgl. Anhang 6) oder bewegten sich außerhalb der Synagogen, um eine breite jüdische Öffentlichkeit anzusprechen (unter denen sich wohl kaum Nichtjuden befanden, so scheint es, obwohl er zweifellos beabsichtigte, in einem späteren Stadium auch diese anzusprechen – entsprechend der universalistischen Verkündigung der Propheten).

Die Anhänger und Zuhörer Jesu sahen ihn in unterschiedlichem Licht. Sie behaupteten, er gehöre zum Hause David. Sie priesen ihn als den Erben der prophetischen Tradition und glaubten z. B., daß er der wiedergeborene Elia oder Jeremia sei. Die Geschichte der Verklärung z. B. erzählt, wie Mose und Elia zu ihm kamen. Man sah ihn auch als den Messias oder Gesalbten (*Christos*), dessen Kommen Deuterojesaja (vgl. Kap. 15) vorausgesagt hatte, oder als den im Buch Daniel (vgl. Kap. 18) angekündigten Menschensohn. Seine Jünger nannten ihn auch den Sohn Gottes – in dem neuen, wörtlichen, besonderen Sinn eines, der von einer Jungfrau geboren wurde (in diesem Sinn wird die »junge Frau« der Prophezeiung des Jesaja übersetzt).[39] Jüdischen Denkern waren wunderbare Elemente bei der Geburt von Samson, Isaak, Jakob und Samuel bekannt. Sie fühlten jedoch, daß die Versicherungen der Christen, Jesus habe überhaupt keinen irdischen Vater, ihn mit einer »Göttlichkeit« versah, die die Einzigartigkeit Jahwes leugnete.

Aus diesen Gründen stieß seine Mission bei den galiläischen auf erheblichen Widerstand. Daher verließ Jesus diese Region und zog allmählich nach Jerusalem (etwa 30 oder 33 n. Chr.). Ablehnung und Tod, die ihn dort erwarteten, muß er vorausgesehen haben, in Erinnerung an vergangene heroische Martyrien, die Gedichte des Deuterojesaja, die einen leidenden Knecht beschreiben (vgl. Kap. 15), und eine Fülle anderer Prophezeiungen, die seine Laufbahn vorauszudeuten schienen. Denn wie andere Juden vor ihm akzeptierte er uneingeschränkt das Konzept der Typologie: d. h. er glaubte, seine Erfahrungen erfüllten in genauen Einzelheiten die angeblich von der Thora, den Propheten und Psalmen erwähnten Voraussagen.

Jesus folgte absichtlich diesen Prophezeiungen, indem er all seine Handlungen entsprechend ausrichtete. So war z. B. die Art seiner Ankunft in Jerusalem darauf ausgerichtet, einen Text des Zweiten Sacharja (vgl. Anhang 3) zu erfüllen, und nach seiner Ankunft in der Stadt soll er Passagen von Jeremia und Deuterojesaja zitiert haben, um die Vertreibung der Händler aus dem Tempel vorauszudeuten und zu rechtfertigen.[40] Diese Aktion führte zu seiner Festnahme durch die einflußreichen Verwalter des Tempels, die Sadduzäer, durch Verrat eines seiner zwölf Apostel, des Judas Ischariot, der wie andere enttäuscht war von Jesu Ablehnung einer irdischen Herrscherrolle.

Jesus scheint angeklagt worden zu sein, die Zerstörung des Tempels angedroht und behauptet zu haben, der Messias, Sohn Gottes und König der Juden zu sein – Anklagen, auf die er keine klare Erwiderung gab, da er an den einzigartigen und daher nicht leicht beschreibbaren Inhalt seiner Mission glaubte. Tiberius' Statthalter Pontius Pilatus übernahm den Fall und verurteilte ihn auf Grund der letztgenannten Anklage wegen Aufwiegelung. Es ist durchaus möglich (mit Rücksicht auf heftige gegenteilige Meinungen), daß der Hohepriester Kaiphas und der Sanhedrin zustimmten. Dieser Zustimmung wegen hielten viele Christen die gesamte Judenheit unter dem Fluch des Kain für alle Zeit für an seinem Tod verantwortlich (die Juden wurden auf dem Zweiten Vatikanischen Konzil, 1962–65, von der Anklage des Gottesmordes freigesprochen). Drei Tage nach Jesu Tod am Kreuz bezeugten seine Anhänger seine körperliche Auferstehung und darauffolgende Auffahrt in den Himmel (eine Vorstellung, die auf Daniel zurückgeht, vgl. Kap. 18; so wie man auch annahm, daß vorher Mose und Elia in den Himmmel aufgefahren seien).

PAULUS. Die Umwandlung der tragischen Geschichte Jesu in einen postumen Triumph war das Werk des Saul – eines Griechisch sprechenden Juden der Diaspora, der aus einer Pharisäerfamilie aus Tarsus in Silizien (Südkleinasien) stammte; die Familie nahm die römische Staatsbürgerschaft an, worauf sein Name zu Paulus geändert wurde.

Nach der Kreuzigung Jesu wandten sich die örtlichen jüdischen Räte heftig gegen seine Anhänger, und Paulus reiste umher, um Unterdrückungsmaßnahmen zu unterstützen. Auf seinem Weg nach Damaskus jedoch, wo viele Juden lebten, überkam ihn eine Vision, die aus einer Stimme und einem Licht bestand (zum Phänomen des Photismus, bei Ezechiel beschrieben, vgl. Kap. 14). Er konvertierte zu einem unerschütterlichen Glauben an die Göttlichkeit Jesu. Paulus' spätere Handlungen sind uns nicht nur aus der späteren Apostelgeschichte bekannt, sondern auch aus seinen eigenen lebhaften Briefen von hohem intellektuellem Niveau, deren früheste in den 50er Jahren, kaum 20 Jahre nach Jesu Tod verfaßt wurden.

Das Zentrum der kleinen Anhängerschaft Jesu war anfangs Jerusalem, unter seinem ersten Jünger Simon Petrus, dann unter Jakob dem Gerechten, der als Jesu Bruder bekannt ist und zusammen mit Paulus Missionsreisen in die jüdische Diaspora plante. Doch später, etwa 45–47, begannen Paulus' eigene größere Reisen in zahlreiche Länder – seine Ausdauer und Beharrlichkeit, brachte ihn in gewaltsamen Konflikt nicht nur mit den Juden, sondern auch mit den Judenchristen, die seine nachgiebige Haltung nichtjüdischen Konvertiten gegenüber beklagten. Infolge dieser Auseinandersetzungen wandte er sich mehr und mehr an eine nichtjüdische Zuhörerschaft und bekehrte diese anstelle der Juden, denen er sich erst zu nähern versucht hatte. Bei seiner Rückkehr nach Jerusalem, etwa im Jahre 58, wurde er von den jüdischen Behörden der Blasphemie angeklagt und von den Römern in Gewahrsam genommen, um sein Leben zu retten. Diese brachten ihn alsbald nach Caesarea Maritima, wo er vor Gericht angehört wurde, und dann auf sein Ersuchen als römischer Bürger hin nach Rom, wo Nero herrschte. Dort wurde er nach Verhandlungen, die möglicherweise nicht von Juden, sondern von Judenchristen angeregt worden waren, wahrscheinlich 64 n. Chr. hingerichtet, als die christliche Gemeinde in Rom für das große Feuer in der Stadt als Sündenbock herhalten mußte und verfolgt wurde.[41]

Paulus wurde Christ, weil er nicht länger die Thora als Lebensgrundlage akzeptieren konnte; er erklärte, es sei ihrem unrealistischen perfektionistischen Legalismus im Laufe der Jahrhunderte nicht gelungen, das jüdische Volk aus seinem Elend zu befreien. Er spürte, daß die gesamte Weltgeschichte durch Jesus in eine völlig neue Bahn gelenkt worden war und nannte ihn den zweiten Adam, der, indem er die Erbsünde des ersten aufhob, alle Menschen zum Leben brachte. An den Ereignissen in Jesu Leben vor dem letzten Abendmahl scheint Paulus nicht interessiert gewesen zu sein. Er war jedoch der festen Überzeugung, daß Kreuzigung, Auferstehung und Auffahrt in den Himmel die einzigartige Kraft besaßen, die Sünden der Menschen zu tilgen und daß sie etwas überwältigend Neues wahr machten. Nach Paulus' Meinung waren es diese Ereignisse, die durch Gottes Gnade (neben der menschliche Ereignisse nichtig erschienen) jedem einzelnen eine Gelegenheit für seine Erlösung gegeben hatten, die im jüdischen Denken so wesentlich war. Alle übrige traditionelle Weisheit, erklärte er, sei unwesentlich und nutzlos. Die Juden andererseits fühlten, daß diese Behauptung, Sünden würden durch Jesu Tod getilgt, Gottes freie Vergebung der Reuigen wertlos machte; und daß die »völlige Erniedrigung des Herzens«, um Gottes Gnade zu empfangen, auf der Paulus bestand, der Moral einen Stoß versetzte, indem sie den menschlichen Willen lähmte.

DIE ZEIT NACH PAULUS. Nachdem Paulus gestorben war, scheint sich bei den durch ihn bekehrten Heiden nicht viel ereignet zu haben; lebendige christliche Gemeinden fanden sich eher bei den getauften Juden, welche immer noch Jesu Gedenken pflegten. Aber der erste jüdische Aufstand (66–73 n. Chr.) kehrte diese Situation völlig um, da die Judenchristen bei den Römern zusammen mit den Juden in Ungnade fielen (von denen die römischen Behörden sie nur teilweise unterschieden), und allmählich reduzierten sich die Judenchristen zu einer Anzahl kleinerer exzentrischer Sekten, die das Altertum nicht überdauerten. Die nichtjüdischen Christen dagegen, die in der Zerstörung Jerusalems die Erfüllung biblischer Prophezeiungen sahen (und Josephus (vgl. Kap. 20) mit Ergänzungen versahen, um ihren Standpunkt klarer zu machen), entgingen diesem Stigma, überlebten und wurden zahlreicher.

Die nichtjüdischen Christen begannen nicht lange Zeit nach dem Aufstand die vier Evangelien zu verfassen – wobei sie eine scharfe Trennung von den Juden predigten. Im 2. Jahrhundert n. Chr., als man den Glauben an Jesus Christus und die Ausübung des Judentums bereits für unvereinbar hielt, bewegten sich die Gefühle noch weiter in Paulus' Richtung. Ein Versuch des Marcion aus Sinope in Pontus (Kleinasien), Paulus – durch eine völlige Ablehnung des gesamten Alten Testaments, das ihm blutig und lasterhaft erschien – zur entscheidenden Figur zu machen, erwies sich als Fehlschlag; die vorherrschende Tendenz neigte nämlich zu einer Herabspielung der schwierigen und oft radikalen Aspekte in Paulus' Denken; doch es war Paulus, der die jüdische Religion des Jesus der nichtjüdischen Welt nahebrachte, bei der die Zukunft des Christentums lag.

Anhang 10: Midrasch, Mischna und Talmud

MIDRASCH (hebr. DARASCH: suchen, untersuchen). Ein Begriff für bestimmte Methoden der biblischen Auslegung und für eine Klasse jüdischer Schriften, die diese Methoden anwenden. Die Midraschim sind eingeteilt in (1) *Halacha* (tannaitisch; von den Akademien) welche die Ableitung des mündlichen vom schriftlichen Gesetz enthält, und (2) *Haggada*, eher für den Zweck der Erbauung als der Gesetzgebung bestimmt. Der eigentliche Midrasch entstand während der letzten Jahrhunderte vor Christus, in der großen Zeit der Schriftgelehrten (vgl. Kap. 18), obwohl die frühesten vorhandenen Sammlungen, vor allem die Mechilta zum Exodus, erst aus dem zweiten Jahrhundert nach Christus stammen. Der Talmud beschreibt den Midrasch als einen Hammer, der die im Felsen schlummernden Funken zu sprühendem Licht erweckt.[42]

MISCHNA. Eine Sammlung von Grundsätzen, die das Gesetz mündlich zu vermitteln versuchen, ohne es direkt an den Text der Schrift zu binden. Diese Methode (von *schano*, wiederholen, d. h. studieren) geht mindestens auf das erste vorchristliche Jahrhundert zurück und wurde seit dem zweiten Jahrhundert dem Midrasch vorgezogen. Zu dieser Zeit wurde das Material, das die Mischna umfaßte, in seiner gegenwärtigen Form von dem Patriarchen Juda Ha-Nasi (etwa 135–219 n. Chr.) systematisiert. Diese reiche Quelle wurde der wichtigste Markstein in der jüdischen Literatur seit der Thora und den Propheten und hatte nach diesen den größten Einfluß auf die Sprache. Sie ist in Mischna-Hebräisch geschrieben, einer Weiterentwicklung (über das rabbinische Hebräisch) der klassischen biblischen Sprache. Die Mischna enthält wenig ethisches Material, mit Ausnahme einer einzigen Abhandlung, dem *Aboth* (einem Leitfaden des Gewissens, der, wie manchmal angenommen wird, nicht unbedingt nur späte Texte enthält). Dem Messianismus und dem Kommen des Königreichs Gottes wird nur sehr wenig Aufmerksamkeit gewidmet.

Die Mischna bildet einen der zwei Hauptteile des Talmud.

TALMUD (hebr. Lernen). Strenggenommen enthält der Talmud, der seit langer Zeit von den Juden als heiliges Buch verehrt wird, zwei Hauptteile – die MISCHNA und die GEMARA (Fertigstellung). Die Bezeichnung Talmud wird allgemein für die Gemara verwandt, die einen interpretierenden Kommentar zur Mischna bildet. Es gibt zwei Gemarot: den palästinensischen oder Jerusalemer Talmud, in der westlichen Mundart der aramäischen Sprache geschrieben und im vierten Jahrhundert nach Christus fertiggestellt; und den babylonischen Talmud in östlichem Aramäisch aus dem darauffolgenden Jahrhundert. Der Talmud ist eine unerschöpfliche Informationsquelle über jüdische und nahöstliche Theologie, Gesetz, Geschichte, Ethik, Legenden und Brauchtum. Seine bewußte Übernahme gegensätzlicher und durch die Orthodoxie abgelehnter Standpunkte ist besonders wertvoll.

Anhang 11: Die Namen für Land und Volk Israel

Es ist oft nicht sehr einfach, in dem jeweiligen Zeitabschnitt Land und Volk Israel richtig zu bezeichnen.

Im Titel dieses Buches habe ich von Israel gesprochen, doch dieser Begriff muß mit Vorsicht gebraucht werden. Das Problem ist weniger, daß er ursprünglich das zentrale Stammeshochland bezeichnet hatte, denn diese Bezeichnung wurde bald erweitert. Für Verwirrung sorgt eher die Tatsache, daß seit dem Tode Salomos während mehrerer Jahrhunderte Israel nur eines der beiden Königtümer bezeichnete, in die das Gebiet geteilt war; das andere war Juda. Kanaan ist ein anderer, von den biblischen Schreibern oft für die Beschreibung des von den Kanaanäern übernommenen Landes gebrauchter Name; dieser war in akkadischen (nordostsemitischen) Texten aus dem 5. Jahrhundert erschienen und tauchte später mit wechselnden Bedeutungen auf (die Amarnabriefe benutzten den Begriff für eine Provinz, das westliche Palästina und Phoinikien, deren Bewohner sich Kanaanäer nannten, und für Teile von Syrien, selbst ein Land mit unterschiedlichen Grenzen).[43]

Auch Palästina, dem griechischen Historiker Herodot als Syria Palaestina bekannt[44], erscheint als eine ebenso passende Benennung. Der Name, ursprünglich Philistia (Land der Philister), wurde über das Inland ausgeweitet, um das gesamte Land zu erfassen. In Verbindung mit der antiken Welt impliziert sein Gebrauch daher weder die Unterstützung noch die Ablehnung irgendwelcher spezifischer moderner politischer Thesen.

Für die griechische und hasmonäische Zeitperiode gibt es den Terminus Judäa – der (gewöhnlich) die heute als Judäa und Samaria bezeichneten Regionen umfaßt, im übrigen aber geographischen Schwankungen unterworfen ist. Auch die römische Provinz war als Judäa bekannt, bis Hadrian den Namen zugunsten von Syria Palaestina aufgab.

Ähnliche Schwierigkeiten entstehen, wenn wir zu entscheiden versuchen, wie wir die Männer und Frauen nennen sollen, die dieses Land bewohnten. »Das Volk Jahwes« ist ein oft passender Begriff. »Jude«, »Hebräer«, »Israelit« gelten manchmal als auswechselbar, aber das ist nicht immer der Fall. Das Wort »Jude« (ursprünglich bezeichnet es die Nachkommen von Jakobs Sohn Juda) hat mehrere Bedeutungen – religiöse, kulturelle, ethnische, biologische[45] – daher kann der Begriff kaum ohne Mißverständnisse vor dem Fall der Königtümer von Israel und Juda gebraucht werden bzw. vor der Rückkehr aus dem Exil, als das Judentum viele der Charakteristika annahm, die es später beibehielt.

Die Bezeichnungen »Israeliten« oder »Volk Israels« stehen für die früheren Zeitstufen zur Verfügung, jedoch vielleicht nicht für die ganz frühen; mancher glaubt, daß sie genaugenommen nach dem Exodus und der anschließenden Besiedlung verwandt werden können, obwohl es aus praktischen Gründen zweckmäßig ist, ihre biblische Ausdehnung zurück bis einschließlich der Zeit der Patriarchen zu akzeptieren. Wenn wir aber zu der Epoche kommen, in der das Land zwischen den Königreichen Israel und Juda geteilt war, müssen die Begriffe »Israeliten« und »Volk Israels« als übergreifender

Name natürlich aufgegeben werden. So mag statt dessen für diese Zeit »Hebräer« verwandt werden – bis zu der Zeit, wo »Juden« eine passende Benennung wird. Manche bezeichnen das Volk der Zeit der Patriarchen und Richter auch gerne als »Hebräer«, besonders da sich mit einer Ausnahme alle biblischen Belege dieses Wortes auf die Zeit vor 1000 v. Chr. beziehen; doch sollte man für diese frühen Epochen den Begriff vielleicht besser vermeiden wegen der widersprüchlichen Unklarheit von Worten, die mit ihm etymologisch verwandt sein mögen wie etwa habiru (vgl. Kap. 1).

Zeittafel

Kanaan, Israel, Palästina	Mesopotamien, Syrien, Arabien, Persien	Ägypten	Griechenland, Rom
8300–4000 v. Chr. Neolithikum. Jericho.			
4500. Früheste Töpferei			
3150–2200. Frühe kanaanäische Zeit (frühe Bronzezeit)	3500 v. Chr. Älteste Inschrift aus Kisch (sumerisch)		
	2600. Herrschaft von Ur (24. Jh., Große Mauer)		
	2370. Mesopotamien von den Akkadern besetzt		
	2300. Erste Blüte von Ebal (Nord-Syrien)	2338–um 2300 v. Chr. Pepi I. (6. Dynastie). Kampf gegen Wüstenbewohner	
2200–2000: Halbnomadische Invasoren			2000–1400 v. Chr.: Blüte der Minoischen Kultur auf Kreta

Kanaan, Israel, Palästina	Mesopotamien, Syrien, Arabien, Persien	Ägypten	Griechenland, Rom
(Schachtgräber) (Mittelkanaanäische Zeit; mittlere Bronzezeit I bzw. Übergang von früher zur mittleren Bronzezeit)			
2000–1800: Einwanderung der Amoriter (Mittelkanaanäische Zeit; mittlere Bronzezeit IIA)	1800: Schrift von Byblos 18. Jh.: Goldenes Zeitalter von Mari unter Zimri-Lim	1844–1837: Sesostris II. (12. Dynastie; mittleres Reich): Geschichte des Sinuhe	
19.–16. Jh. (?): Die Erzväter Abraham, Isaak, Jakob	1728–1687: Hammurabi von Babylon	Anfang 19. Jh. und 2. Hälfte 19. Jh.: Ächtungstexte	
1800–1550: Ökonomische und kulturelle Blüte unter ägyptischer Vorherrschaft (Mittelkanaanäische Zeit; mittlere Bronzezeit IIB)		1. Hälfte 19. Jh.: Grabmalereien von Beni-Hasan 2. Zwischenzeit 1640–1540: Herrschaft der Hyksos und Hyksosvasallen (15.–17. Dynastie)	

KANAAN, ISRAEL, PALÄSTINA	MESOPOTAMIEN, SYRIEN, ARABIEN, PERSIEN	ÄGYPTEN	GRIECHENLAND, ROM
		1458: Sieg Thutmoses III! (18. Dynastie. Neues Reich) über das kanaanäische Bündnis bei Megiddo	
14. Jh.: Labaya »der Löwe« bei Sichem	1365–1250: Erste Herrschaft der Assyrier	1390–1353: Amenophis III.; Amarna-Briefe	
	14.–13. Jh.: Tafeln von Ugarit	1359–1236: Amenophis IV.; Amarna-Briefe: Religionsreform	1400–1200: Höhepunkte der mykenischen Kultur in Griechenland und der Ägäis
1300: Weggang Josephs nach Ägypten		1290–1279: Sethos I. (19. Dynastie); Ankunft Josephs in Ägypten (?)	
		1274: Ramses II. siegt in der Schlacht bei Kadesch über die Hethiter	

Kanaan, Israel, Palästina	Mesopotamien, Syrien, Arabien, Persien	Ägypten	Griechenland, Rom
		um 1180: Seevölkersturm	
		1213–1204: Merneptah; Auszug Moses aus Ägypten (?)	
12. Jh.: Einwanderung Josuas	12.–11. Jh.: Erhebung der Aramäer und Phönikier	1187–1156: Ramses III. (20. Dynastie)	
12.–11. Jh.: Richterzeit; erster Zusammenschluß		1126–1108: Ramses XI., Mission von Wen-Amun	
12.–11. Jh.: Siedeln der Philister			
1050: Philister schlagen die Israeliten bei Aphek			
nach 1050: Samuel			

Kanaan, Israel, Palästina	Mesopotamien, Syrien, Arabien, Persien	Ägypten	Griechenland, Rom
spätes 11. Jh.: Saul von den Philistern am Berg Gilboa getötet			11. Jh.: Dorische Einwanderung nach Griechenland
1000–965: David			
965–927: Salomo; der erste Tempel	970–936: Hiram I. der Große Tyrus	945–924 Sheshonq (Schischak) I. (32. Dynastie)	
926–722: Die geteilten Königreiche Israel und Juda	10. Jh.: Die »Königin von Saba« (Saba, Yemen)		
9. Jh.: Elia und Elisa	885–870: Ben Hadad I. von Damaskus		
	881–859: Assurnasirpal II. von Assyrien		
	873–842: Itbaal von Tyrus		

Kanaan, Israel, Palästina	Mesopotamien, Syrien, Arabien, Persien	Ägypten	Griechenland, Rom
Mitte 8. Jh.: Amos; Hosea	854/53: Assyrische Entscheidungsschlacht von Karkar gegen die Syro-Israelitische Koalition		
			825–800: Euböische Siedler in Al-Mina (Nord-Syrien)
			8. Jh.: Gründung der griechischen Stadtstaaten
742: Jesajas Anfänge als Prophet	733: Damaskus von Assyrien erobert und besetzt		750–700: Vollendung der homerischen Epen (Ilias und Odyssee)
			750–550: Ausweitung der Kolonisierung
722: Fall Israels (Nordreich) durch Assyrien; Deportation der zehn Stämme	722: Sieg über Israel durch Salmanassar V. und Sargon II. von Assyrien		

Kanaan, Israel, Palästina	Mesopotamien, Syrien, Arabien, Persien	Ägypten	Griechenland, Rom
	701: Sanherib von Assyrien besetzt Juda		7.–6. Jh.: Soziale Unruhen
600: Jeremias Anfänge als Prophet	612: Babylonier zerstören Ninive	610–595: Necho II. (26. Dynastie)	6. Jh.: Machthöhepunkte der etruskischen Stadtstaaten
597, 587: Fall Judas (Südreich) durch die Babylonier; Deportation und Vertreibung	597, 587: Eroberung Judas durch Nebukadnezar II. von Babylon	589–570: Apries	
frühes 6. Jh.: Ezechiel			
537: Edikt Kyros' II. des Großen von Persien über die Rückkehrerlaubnis aus dem Exil	539: Eroberung Babylons durch Kyros II. den Großen von Persien (Dynastie der Achäminiden)		
spätes 6. Jh.: Zweiter Jesaja	525: Eroberung Ägyptens durch Kambyses von Persien	525: Eroberung durch die Perser	531–509: Römische Republik

KANAAN, ISRAEL, PALÄSTINA	MESOPOTAMIEN, SYRIEN, ARABIEN, PERSIEN	ÄGYPTEN	GRIECHENLAND, ROM
516: Zweiter Tempel vollendet durch Scheschbazzar und Serubbabel			508: Verfassung des Kleisthenes in Athen
spätes 5. Jh.: Nehemia	490, 480–79: Kriege zwischen Persien (Dareios I., Xerxes) und Griechen		499–494: Jonische Revolte gegen die Perser
			490, 480–479: Perserkriege
			477: Bund von Delos; athenische Herrschaft
	464–425: Artaxerxes I. von Persien		5. Jh.: Goldenes Zeitalter der griechischen Literatur: Aischylos, Sophokles, Euripides, Herodot, Thukydides
frühes 4. Jh.: Esra	5. Jh: Geschem von Dedan (Kebar) in Nord-Arabien		Mitte 5. Jh.: Herrschaft des Perikles in Athen

Kanaan, Israel, Palästina	Mesopotamien, Syrien, Arabien, Persien	Ägypten	Griechenland, Rom
			447–438: Errichtung des Parthenon in Athen
	404–358: Artaxerxes II. Memnon von Persien		399: Prozeß und Hinrichtung von Sokrates
332: Eroberung durch Alexander III. den Großen	4. Jh: Staat der Nabatäer in Süd-Arabien gegründet	332: Eroberung durch Alexander III. den Großen	338: Philipp II. von Makedonien schlägt vernichtend die griechischen Stadtstaaten bei Chaironia
			4. Jh.: Plato, Isakrates, Demosthenes, Aristoteles
			4. Jh.: Rom erobert Italien
			336–323: Alexander III. der Große von Makedonien

Kanaan, Israel, Palästina	Mesopotamien, Syrien, Arabien, Persien	Ägypten	Griechenland, Rom
323–200: Ptolemyäische Herrschaft	334–330: Dareios III. Codomannos von Persien; Eroberung durch Alexander III. den Großen	323–230: Ptolemäisches Königreich	323–230: Hellenistische Königreiche (Ptolemäer, Seleukiden, Antigoniden und Indo-Griechen)
	312–263: Reich der Seleukiden		
	247: Die Parther fallen vom Seleukidischen Reich ab		264–241, 218–222: Roms Sieg über Karthago im Ersten und Zweiten Punischen Krieg
	223–187: Antiochos III. der Große, annektiert Palästina von den Ptolemäern (200)		2. Jh.: Roms Siege über die hellenistischen Königreiche
167: Maßnahmen gegen die Juden durch Antiochos IV. Epiphanes führen zu den makkabäischen Aufständen	175–163: Antiochos IV. Epiphanes Maßnahmen gegen die Juden (167)		

Kanaan, Israel, Palästina	Mesopotamien, Syrien, Arabien, Persien	Ägypten	Griechenland, Rom
166–137: Hasmonäer- (Makkabäer-) Herrschaft			
164: Tempel wiedereingesetzt			
Mitte 2. Jh.: Entfaltung der Pharisäer und Sadduzäer			
140–130: Errichtung der Gemeinde von Qumram			
135–104: Johannes I. Hyrkanus, Annektierung von Galiläa und Idumäa			
103–76: Alexander Jannaios nimmt den Titel eines Königs an			

KANAAN, ISRAEL, PALÄSTINA	MESOPOTAMIEN, SYRIEN, ARABIEN, PERSIEN	ÄGYPTEN	GRIECHENLAND, ROM
63: Rom wird Schutzmacht über Judäa	63: Pompeius annektiert den Rest des Seleukiden-Reichs (syrische Provinz)		58–44: Julius Caesars Gallische Kriege und Diktatur
37–4 v. Chr.: Herodes der Große	30: Tod Kleopatras VII. und Annexion Roms		31: Augustus schlägt Antonius und Kleopatra VII. in der Schlacht bei Actium
			31 v. Chr. – 68 n. Chr.: Julisch-claudische Dynastie (Augustus, Tiberius, Caligula, Claudius, Nero)
6–41, ab 44: Judäa ist römische Provinz			
30 oder 33: Kreuzigung Jesu			
64: Hinrichtung von Paulus			

Kanaan, Israel, Palästina	Mesopotamien, Syrien, Arabien, Persien	Ägypten	Griechenland, Rom
66–73: Erster Jüdischer Aufstand (Erster römischer Krieg): Ende mit dem Fall Jerusalems (70) und Masadas (73)			68–69: Vierkaiserjahr 69–70: Vespasians Sohn Titus zerstört Jerusalem (70)

Anmerkungen

Kap. 2 Die Kanaanäer

1 Josua 11,10
2 R. de Vaux: Early History of Israel I, S. 95 f., 103 f.; W. L. Albright: Cambridge Ancient History, 3. Aufl., II, 2, S. 114–116
3 Ebda., S. 139 f. bzw. 148–160
4 Ps. 14,1; 53,1
5 F. Jacoby: Fragmente der griechischen Historiker III, S. 802
6 Gen. 14,19
7 Jer. 44,15–19
8 J. Finegan, Light from the Ancient Past I, S. 168

Kap. 3 Die Patriarchen

1 Genesis 14,13
2 Genesis 17,5
3 Genesis 49,1–27
4 Genesis 32,28
5 Quellen in R. de Vaux, op. cit., S. 271 f., 275–278
6 Exodus 1,8
7 J. B. Pritchard: The Ancient Near East in Pictures Relating the Old Testament. 3. Aufl., Abb. 3
8 Psalm 78,12,43
9 J. B. Pritchard: Ancient Near Eastern Texts Relating to the Old Testament. S. 376–78

Kap. 4 Mose

1 Papyros Anastasi VI (J. B. Pritchard: Ancient Near Eastern Texts. Op. cit., S. 259)
2 Exodus 2,10
3 Exodus 24,12; 31,18
4 Deuternonomium 34,10–12
5 Exodus 3,6,15; 4,5
6 Exodus 6,2 ff. gegen Genesis 4,1,26
7 Richter 5,5
8 Exodus 3,14
9 Exodus 20,2; Deuteronomium 5,8
10 Exodus 33,20
11 Deuteronomium 6,4 f.
12 Exodus 6,7
13 1. Samuel 2,30
14 Exodus 20,12–17; Deuteronomium 5,16–21

Kap. 5 Landnahme und Sesshaftwerdung

1 Josua 24,30
2 Josua 13,1
3 Psalm 105,12 f.
4 Richter 6,32
5 Ezechiel 16,3
6 Richter 5,13,19 ff.
7 Richter, 9,46
8 Numeri 23,9; Deuteronomium 26,19
9 Exodus 20,11
10 Psalm 119,97 f.
11 Exodus 29,44
12 2. Samuel 15,24
13 Exodus 12,12. 12,13,23,27

Kap. 6 Die Philister. Samuel und Saul

1 W. F. Edgerton/J. A. Wilson: Historical Records of Ramses III., S. 30 f. R. D. Barnett: Cambridge Ancient History. 3. Aufl. II/2, S. 371 f.; 507 f.
2 J. B. Pritchard: Ancient Near Eastern Texts Relating to the Old Testament. S. 25–29
3 1. Samuel 13,19–21
4 J. A. Thompson: The Bible and Archaeology. S. 130. Numeri 22,4–6
5 Jeremia 23,22
6 1. Samuel 10,5

7 1. Samuel 15,3
8 1. Samuel 8,5
9 1. Samuel 10,11 f. 19,24
10 2. Samuel 1,18
11 Sprüche 16,18

Kap. 7 David

1 1. Chronik 14,15
2 Psalm 89,3,27. 45,6
3 Psalm 110,4
4 2. Samuel 21,19 1. Chronik 20,5 (Sohn Jairs, Bezwinger Lachmis, des Bruders von Goliath)
5 2. Samuel 6,16,20
6 2. Samuel 7,16
7 2. Samuel 22,2
8 2. Samuel 1,26 ff.
9 N. K.: Sanders (Hg.): The Epic of Gilgamesh. S. 91 ff.
10 Prediger (Ecclesiasticus) 47,8
11 z. B. Psalm 18. 55. 68. 78.
12 2. Samuel 6,5

Kap. 8 Salomo

1 J. Bright: History of Israel. 2. Aufl., S. 211, Anm. 74
2 1. Könige 11,5–7
3 1. Könige 5,27
4 1. Könige 3,16 ff.
5 J. B. Pritchard: Ancient Near Eastern Texts Relating to the Old Testament. S. 320
6 1. Könige 5,12
7 1. Könige 5,10
8 R. D. Barnett: Illustrations of Old Testament History. S. 33 ff.
9 Sprüche 22,17–24
10 H. W. Saggs: The Greatness that was Babylon. S. 439 ff.
11 Sprüche 25,21
12 Sprüche 6,29–35
13 Sprüche 8,13
14 2. Samuel 14,2–20. 20,16–22
15 Sprüche 25,1–29,27

Kap. 9 Die Entdeckung der Geschichte

1 G. W. Anderson: A Critical Introduction to the Old Testament. S. 31 J. A. Soggin: Introduction to the Old Testament. S. 103
2 Genesis 3,19
3 Daniel 4,10 Vgl. Ezechiel 31,9
4 Numeri 21,8 f. 2. Könige 18,4
5 Micha 6,7, vgl. Exodus 34,19
6 Genesis 8,21
7 Genesis 9,25
8 Genesis 10,21
9 Genesis 11,9
10 Genesis 12,2,7
11 Lukas 17,32
12 Genesis 18,25
13 Exodus 34,14–26
14 2. Samuel 18,19–30. 17,17–21
15 2. Samuel 12,1–4. 9–12

Kap. 10 Israel – Das Nordreich

1 1. Könige 12,20
2 Exodus 32,4–35
3 Y. Aharoni: The Land of the Bible. S. 202 f., 241
4 J. B. Pritchard: Ancient Near Eastern Texts, op. cit., S. 320 f.
5 1. Könige 16,25
6 R. D. Barnett: Illustrations of Old Testament History, S. 48 f.
7 1. Könige 16,31 f.
8 1. Könige 18,19. 13
9 1. König 18,21. 20,1–34. 21,16. 16,30
10 2. Könige 10,31
11 R. D. Barnett, op. cit., S. 50
12 J. B. Pritchard: Ancient Near Eastern Texts, op. cit., S. 320 f.
13 D. W. Thomas: Documents from Old Testament Times, S. 204–208

14 Hosea 7,11
15 R. D. Barnett, op. cit., S. 55.

KAP. 11 DIE BEDEUTUNG DER PROPHETIE FÜR DIE GESCHICHTE DES NORDREICHS

1 1. Könige 18,17. 22,24–26
2 1. Könige 18,21,39
3 1. Könige 19,12
4 2. Könige 1,8
5 2. Könige 2,23 f.
6 2. Könige 9,6
7 Prediger 48,12
8 2. Könige 6,1
9 Amos 7,14 f.
10 1. Könige 22,23 Jesaja 28,7 f. Micha 3,5 Deuteronomium 18,22
11 Amos 3,8
12 Amos 2,7
13 Amos 8,3 Vgl. 5,18–20. 6,11
14 Amos 3,2
15 Hosea 13,1. 11,1 f. 14,8
16 Hosea 6,2
17 Hosea 4,5
18 Hosea 14,5,7
19 Hosea 2,16 f.
20 G. W. Anderson: A Critical Introduction to the Old Testament, S. 35
J. A. Soggin: Introduction to the Old Testament, S. 107
21 Genesis 22,13 f.

KAP. 12 JUDA – DAS SÜDREICH

1 1. Könige 14,23 f.
2 1. Könige 15,11
3 2. Chronik 24,7
4 2. Könige 16,3
5 R. D. Barnett: Illustrations of Old Testament History, S. 60
6 2. Könige 21,9
7 J. B. Pritchard: Ancient Near Eastern Texts, op. cit., S. 291.
2. Chronik 33,11–13 (parteiisch gefärbte Nachricht)
8 2. Könige 22,8. 23,2
9 Jeremia 22,15 f.
10 R. D. Barnett, op. cit., S. 74

KAP. 13 LEGENDEN UND PROPHETEN IM SÜDREICH

1 Deuteronomium 17,18
2 Deuteronomium 4,44–26,28
3 Deuteronomium 7,7, 9,5
4 Deuteronomium 32,6 f.
5 Deuteronomium 24,16 gegen 5,9
6 Deuteronomium 12,29 f. 19,1
7 Deuteronomium 10,18 f. 15,1,3. 23,20
8 Deuteronomium 31,19 Vgl. 11–13
9 Jesaja 8,1
10 Jesaja 6,5
11 Jesaja 1,16 f.
12 Jesaja 30,18
13 Jesaja 6,9 f.
14 Jesaja 28,7
15 Jesaja 7,14; 9,6
16 Jesaja 11,6
17 Jesaja 11,9
18 Jeremia 8,8 f.
19 Jeremia 4,6
20 Jeremia 46,17
21 Jeremia 11,20–23; vgl. 20,10 f.
22 Jeremia 15,18; 20.14
23 Jeremia 20,7; 12,1 f.
24 Jeremia 20,12; 4,19
25 Jeremia 2,8; 10,5
26 Jeremia 7,9; 17,2; 2,20; 2,28; 7,30
27 Jeremia 7,11
28 Jeremia 31,31–34
29 Jeremia 31,29 f.
30 Jeremia 23,5–8; 3,14; 31,17
31 Psalm 69,1 f.
32 Psalm 139,8 f.
33 Psalm 18; 29; 68; 72; 74; 78; 80; 82; 86; 88; 89 usw.

34 Psalm 18,2,6
35 Psalm 47,5; 68,25

KAP. 14 PROPHETIE UND GESCHICHTS-SCHREIBUNG IN DER ZEIT DES EXILS

1 Jeremia 29,5
2 J. B. Pritchard: Ancient Near Eastern Texts, op. cit., S. 308
3 M. D. Coogan: Biblical Archaeologist. XXXVII 1974, S. 6–12
4 Psalm 137,1 f.,5
5 Psalm 74,4–11
6 Ezechiel 20,47; 21.12
7 Ezechiel 4,1; 5,1; 4,3; 4,12–14; 3,1–3; 20,49
8 Ezechiel 1,4–28
9 Ezechiel 37,12 f.; 3,13; 13,11; 7,17; 24,6; 3,15 usw.
10 Ezechiel 16,3,26,28 f., 34; 20,32; 36,26
11 Ezechiel 43,18–27; 45,13–46,15
12 Richter 2,11–23; vgl. 1,27–35
13 2. Könige 20,1–11
14 2. Könige 21,10
15 G. W. Anderson: A Critical Introduction to the Old Testament, S. 46; J. A. Soggin: Introduction to the Old Testament, S. 144
16 Genesis 10,1–7
17 Genesis 22,18 und 17
18 Leviticus 16,29; 23,26; vgl. Babylonischer Talmud, Yoma
19 Leviticus 19,15; Exodus 21,24
20 Leviticus 19,18
21 Leviticus 19,34
22 Genesis 1,2 (eine von drei möglichen Übersetzungen)
23 T. W. Saggs: The Greatness that was Babylon, S. 409 f.
24 Genesis 1,6
25 Genesis 1,27
26 Psalm 8,6,5

KAP. 15 DIE BLÜTE HEBRÄISCHEN DENKENS

1 Jesaja 57,4 f.; 63,3
2 Hiob 27,5 f.
3 Hiob 5,7; 19,6; 9,21–23; 3,23
4 Hiob 23,3 f.; 13,3; 31,35; 23,7
5 Hiob 36,26; 34,35–37
6 Hiob 35,14; 33,23; 33,19
7 Hiob 38,12 f.; 40,9; 40,15–41,8
8 Hiob 40,4; 42,2
9 Esra 1,1–4; 2. Chronik 36,23
10 Jesaja 44,28
11 Jesaja 44,25
12 Jesaja 45,18; 44,21; 40,12; 44,7 f.
13 Jesaja 42,1; 42,4; 49,6; 50,4; 52,13
14 Jesaja 41,8 f. (vgl. 44,1 f.); 43,10; 49,3
15 Jesaja 53,3,5–7
16 Jesaja 53,12,11

KAP. 16 DAS JUDENTUM

1 Nehemia 13,25
2 Esra 7,12
3 Esra 7,7
4 Esra 7,14
5 Nehemia 8,1
6 Esra 9,111 10,3
7 Esra 7,10
8 Vgl. Deuterojesaja 56,3–5 mit der Hervorhebung der »Verschnittenen«
9 Esra 7,12–9,15
10 1. Chronik 9,1; 2. Chronik 9,29; 13,22; 16,11; 24,27
11 2. Chronik 8,2
12 2. Chronik 33,12 f.
13 2. Chronik 30,8
14 2. Chronik 36,23
15 Jona 4,10 f.
16 Jeremia 51,34,44
17 Matthäus 12,40

Kap. 17 Leben und Denken der Juden in hellenistischer Zeit

1 Y. Meshorer: Jewish Coins of the Second Temple Period, S. 116 f., Nr. 1–4
2 Prediger 1,1
3 Prediger 7,24; 3,11
4 Prediger 1,2; (vgl. 12,8); 1,13 f.; 12,12; 2,11; vgl. 4,8
5 Prediger 9,11; 1,9; 3,19; 9,12; 4,3
6 Prediger 9,4; 12,1; 10,17; 2,24 usw.; 7,26–28; 4,11; 11,2
7 Josephus: Jüdische Altertümer XII. 138–144
8 Jesus Sirach (Ecclesiasticus) 50,1–21. Oder war Simon I. (4.–3. Jh.) bekannt als »der Gerechte«?
9 Jesus Sirach 51,23
10 1. Makkabäer 1,11
11 Jesus Sirach Vorwort
12 Jesus Sirach 38,24
13 Jesus Sirach 44,1 f.
14 Jesus Sirach 17,17
15 Mischna, Baba Kama 82 B
16 2. Makkabäer 4,9; Josephus op. cit. XII. 40
17 Daniel 9,27; 11,31; vgl. 1. Makkabäer 1,37–40

Kap. 18 Die wiedergewonnene Unabhängigkeit

1 Daniel 5,5
2 1. Makkabäer 14,41
3 2. Esra 14,5,44,46
4 Daniel 9,25
5 Daniel 7,13 f.
6 1. Henoch 37–71 (Die Gleichnisse oder Parabeln des Henoch) usw.
7 Daniel 12,1 f.; vgl. Jesaja 26,19 (späterer Einschub)
8 Matthäus 23,15
9 Jesus Sirach 39,1–11
10 Josephus: Jüdische Altertümer XIII. 171; XVIII. 18; Jüdischer Krieg II. 140,154–159; Plinius der ältere: Naturgeschichte V. 15,73
11 Damaskus-Rolle B II
12 Gemeinde-Rolle IV
13 Kriegs-Rolle mehrfach
14 Josephus: Jüdische Altertümer XIV. 241
15 1. Makkabäer 16,24
16 2. Makkabäer 2,19–21
17 Psalm 149,6; vgl. 84 und 84
18 Josephus: Jüdische Altertümer XIII. 318
19 Strabo: Geographie XVI. 2,40 gegen Josephus, op. cit. XIII. 301 (Aristoboulos I.)
20 Y. Meshorer: Jewish Coins of the Second Temple Period, S. 118 ff.
21 Babylonischer Talmud, Kiddushin 66 a (? Herrschaft)
22 D. Jesselsohn: Palestine Exploration Quaterly CXII. 1980, S. 11–17

Kap. 19 Herodes der Grosse

1 Josephus: Jüdische Altertümer XIV. 196 (Caesar zugeschrieben)
2 Y. Meshorer op. cit., S. 121 ff.
3 Quellen in E. M. Smallwood: The Jews under Roman Rule, S. 121
4 Babylonischer Talmud, Shabbath 31 a; Mischna, Aboth 1,10
5 Josephus op. cit. XVI. 14
6 Josephus op. cit. XVI. 149; Jüdischer Krieg I. 426–427
7 Mischna, Aboth 2,7
8 Jesaja 56,3
9 Y. Meshorer op. cit., S. 130 Nr. 54
10 Josephus op. cit. XVII. 151
11 Ebda. XVII. 187

Kap. 20 Auf dem Weg in die Rebellion

1 Josephus: Jüdische Altertümer XVIII. 2–5
2 Josephus op. cit. XVIII. 237; Y. Meshorer op. cit., S. 138 ff.
3 Philo: Gesandtschaft zu Gaius 45,367
4 F. G. Kenyon und H. I. Bell: Greek Papyri in the British Museum, 1912
5 Simeon Ben Johai: Sifre (Halakhik Midrasch) 42 (hg. v. Friedmann, fol. 13 a)
6 Y. Meshorer op. cit., S. 154 ff.
7 2. Esra 13.6 ff. usw.
8 Josephus: Jüdischer Krieg VII. 253

Epilog

1 Coins of the Roman Empire in the British Museum III, S. 15 Nr. 88

Anhänge

1 Verschiedene, von einander abweichende Chronologien gibt es (aufgelistet von J. H. Hayes und J. M. Miller: Israelite and Judaean History,
S. 680–83). Die Tabelle hier stammt von J. Begrich (1929) in der Revision von A. Jepsen (1964). Zum Vergleich alternativer Überlegungen zur Zeit das Beispiel Jerobeams I. von Israel: sein könnte 932/31–911/10; oder 931/30–910/09; oder 925/23–905/03; oder 922–901
2 Zur Einteilung der Propheten siehe Anhang 2. Daniel wird auch zu den großen Propheten gerechnet
3 Habakuk 2,3; 3,14
4 Haggai 2,6,21; Hebräer 12,26
5 Jesaja 66,19 f.; 63,3,6; 66,1
6 Joel 3,18; 2,18,32; 3,3
7 Maleachi 4,1,6; 2,14–16; 1,11–14
8 Micha 5,2; Matthäus 2,5
9 Nahum 1,2
10 Obadja 11–15,20
11 Sacharja 6,11,13; 8,23
12 Sacharja 12,6,10; Johannes 19,37; Sacharja 14,12,17
13 Zephanja 1,2; 2,3; 2,5–15; 3,11–20; 1,14 f.
14 Bel und der Drache 7,32
15 Ester 3,7
16 M. Philonenko: Joseph et Asenet (1968); vgl. Genesis 41,45; 46,20
17 Judith 12,2
18 Genesis 38,13–16
19 Ruth 2,10 und 4
20 Susanna und die beiden Alten (Daniel und Susanna) 1,21
21 Tobit 4,15
22 2. Makkabäer 9,15
23 Tobit 4,14
24 Hohelied 1,1 f.,5–7; 2,1 f.,9–13; 5,10–12,15 f.; 7,1–3,6–12; 8,6 f.
25 Ebda. 3,7,11
26 Jeremia 2,2; Deuterojesaja 54,4 ff.; Tritojesaja 62,4 ff.
27 J. Gray: The Conaanites, S. 113, 150
28 z. B. Psalm 45
29 Mischna, Jadaim 3,5
30 Genesis 1,28; 9,1,7
31 Babylonischer Talmud, Gittin, 57 a
32 Quellen in J. Bright: A History of Israel, S. 377 Nr. 4–7
33 2. Makkabäer 6,2
34 Deuteronomium 27,4; ein ähnlich strenger Befehl wurde nach Exodus 20,17 und Deuteronomium 5,21 eingefügt
35 Josephus: Jüdischer Krieg I. 31–33 und VII. 423–432, dagegen Jü-

dische Altertümer XII. 387 f. und XIII.
62–73
36 2. Esra 14,46
37 Micha 5,2; Matthäus 2,6; Johannes 7,42
38 Sprüche 25,21
39 Jesaja 7,14; Matthäus 1,23
40 (2) Sacharja 9,9; Matthäus 21,2,4 f.; Jeremia 7,11; Deuterojesaja 56,7
41 Tacitus: Annalen XV, 44
42 Babylonischer Talmud, Sanhedrin 34 b
43 Vgl. D. Diringer: The Alphabet I (1968), S. 185; G. Adam Smith: The Historical Geography of the Holy Land, 25. ed. (1966), S. 27
44 Herodot II. 104; III. 5 und 91; VII. 89
45 R. Patai: The Jewish Mind (1977), S. 15–24, 543 Nr. 12; A. Unterman: The Jews (1981), S. 13–18; zu Jüdisch siehe D. Marmur: Beyond Survival (1983)

Literaturverzeichnis

Aharoni, Y.: The Land of the Bible. A Historical Geography. Philadelphia 1979.
Aharoni, Y.: The Archaeology of the Land of Israel. London 1982.
Albright, W. F.: The Archaeology of Palestine. London 1960.
Albright, W. F.: The Biblical Period from Abraham to Ezra. New York 1963.
Alt, A.: Essays on Old Testament History and Religion. London 1966.
Alter, R.: The Art of Biblical Narrative. London 1982.
Anati, E.: Palestine Before the Hebrews. London 1963.
Anderson, G. W.: The History and Religion of Israel. Oxford 1966.
Avi-Yonah, M. (Hrsg.): A History of the Holy Land. London 1969.

Baker, D. L.: Two Testaments. One Bible. Leicester 1976.
Baly, D.: The Geography of the Bible. New York 1957.
Baron, S. W.: Social and Religious History of the Jews. 1957–67.
Barr, J.: Old and New in Interpretation. A Study of the Two Testaments. London 1982.
Ben-Sasson, H. H. (Hrsg.): A History of the Jewish People. London 1976.
Bewer, J. A.: The Literature of the Old Testament. New York 1962.
Blenkinsopp, J.: Wisdom and Law in the Old Testament. Oxford 1983.
Bright, J.: The Authority of the Old Testament. London 1967.
Bright, J.: A History of Israel. Philadelphia 1981.
Bruce, F. F.: Israel and the Nations. London 1973.

Capps, A. C.: The Bible as Literature. New York 1971.
Cornfeld, G. und D. N. Freedman: The Archaeology of the Bible. Book by Book. San Francisco 1982.

Davidson, R. und A. R. C. Leaney: The Pelican Guide to Modern Theology. Bd. 3. Harmondsworth 1970.
Davies, W. D.: The Territorial Dimension of Judaism. Berkeley 1983.
Davies, W. D. und L. Finkelstein

(Hrsg.): The Cambridge History of Judaism. Bd. 1. Cambridge 1983.
Dentan, R. C.: The Knowledge of God in Ancient Israel. New York 1968.
Dothan, T.: The Philistines and their Material Culture. New Haven 1982.

Edwards, I. E. S. u. a. (Hrsg.): The Cambridge Ancient History. Cambridge 1970–82.
Ehrlich, B. L.: A Concise History of Israel. London 1962.
Engnell, T.: Critical Essays on the Old Testament. London 1970.

Filson, E. V.: Which Books Belong to the Bible? Philadelphia 1957.
Finegan, J.: Light from the Ancient Past. Princeton 1969.
Frank, F. T.: Discovering the Biblical World. Maplewood 1975.
Frye, W. N.: The Great Code. Bible and Literature. London 1982.

de Geus, C. H. J.: The Tribes of Israel. Assen-Amsterdam 1976.
Gordon, C. H.: The World of the Old Testament. London 1960.
Gowan, D. E.: The Bridge Between the Testaments. London 1980.
Grant, M.: The Jews in the Roman World. London 1973.
Gray, J.: Archaeology and the Old Testament World. Edinburgh 1962.
Gray, J.: The Legacy of Canaan. London 1964.
Guthrie, H. H.: God and History in the Old Testament. London 1961.

Hahn, H. F.: The Old Testament in Modern Research. London 1956.
Harker, R.: Digging up the Bible Lands. London 1972.
Harrison, R. K.: A History of Old Testament Times. Grand Rapids 1957, 1970.
Hayes, J. H. und J. M. Miller (Hrsg.): Israelite and Judaean History. London 1977, 1980.
Heaton, E. W.: The Hebrew Kingdoms. Oxford 1968.
Hengel, M.: Jews, Greeks and Barbarians. London 1980.
Henn, T. R.: The Bible as Literature. Oxford 1970.
Herrmann, S.: A History of Israel in Old Testament Times. London 1980.
Heschel, A. J.: The Prophets. Philadelphia 1962.

Jacobson, D.: The Story of Stories. The Chosen People and its God. London 1982.
Jagersma, H.: A History of Israel in the Old Testament Period. London 1982.
Johnston, L.: A History of Israel. London 1964, 1978.

Kedourie, E. (Hrsg.): The Jewish World. London 1979.
Keller, W.: The Bible as History. London 1963.
Keller, W.: Diaspora. London 1971.
Kenyon, K. M.: The Bible and Recent Archaeology. London 1978.
Kenyon, K. M.: Archaeology in the Holy Land. London 1979.
Kitchen, K. A.: The Bible in its World. Leicester 1978.
Koch, K.: The Growth of the Biblical Tradition. London 1969.

Kugel, J. L.: The Idea of Biblical Poetry. New Haven 1981.

Lange, H. D.: The Old Testament and the Archaeologist. London 1983.

Lapp, P. W.: Biblical Archaeology and History. New York 1969.

Leaney, A. R. C.: The Jewish and Christian World 200 BC to AD 200. Cambridge 1983.

Maccoby, H.: The Sacred Executioner. London 1982.

Mackenzie, R. A. F.: Faith and History in the Old Testament. Minneapolis 1963.

Mackie, J. L.: The Miracle of Theism. Oxford 1982.

Magnusson, M.: B. C. The Archaeology of the Bible Lands. London 1977.

Margolis, M. L. und A. Marx: A History of the Jewish People. New York 1965.

Martens, E. A.: Plot and Purpose in the Old Testament. Leicester 1981.

Mazar, B.: Canaan and Israel. Jerusalem 1974.

Mellor, E. B. (Hrsg.): The Making of the Old Testament. Cambridge 1972.

Miller, J. M.: The Old Testament and the Historian. London 1976.

Moorey, P. R. S.: Biblical Lands. London 1975.

Moorey, P. R. S.: Excavation in Palestine. Guildford 1981.

Moscati, S.: L'Enigma dei Fenici. Mailand 1982.

Netanyahu, B. und A. Malamat (Hrsg.): The World History of the Jewish People. Serie I–IV. Jerusalem, London 1964–79.

Neusner, J. (Hrsg.): Understanding Jewish Theology. New York 1973.

Noth, M.: The History of Israel. London 1960.

Noth, M.: The Old Testament World. London 1966.

O'Connor, J. M.: The Holy Land. An Archaeological Guide. Oxford 1980.

Orlinsky, H. M.: Understanding the Bible through History and Archaeology. New York 1972.

Osterley, W. O. E. und T. H. Robinson: A History of Israel. 2 Bde. London 1932.

Otzen, W., H. Gottlieb und K. Jeppesen: Myths in the Old Testament. London 1980.

Owen, G. F.: Archaeology and the Bible. Westwood 1960.

Patai, R.: The Jewish Mind. New York 1977.

Pauls, S. M. und W. G. Dever: Biblical Archaeology. Jerusalem 1973.

Pearlman, M.: Digging Up the Bible. London 1980.

Peters, F. E.: Children of Abraham. Princeton 1982.

Pfeiffer, C. F.: Ancient Israel. Grand Rapids 1965.

Pfeiffer, C. F. (Hrsg.): The Biblical World. Grand Rapids 1966.

Pritchard, J. B. (Hrsg.): Archaeology and the Old Testament. Princeton 1958.

Ramsey, G. W.: The Quest for the Historical Israel. London 1982.

Raphael, C.: The Springs of Jewish Life. London 1983.

Robinson, H. W.: The History of Israel. London 1964.

Rogerson, J. W.: Anthropology and the Old Testament. Oxford 1978.
Rowland, C.: The Open Heaven. A Study of the Apocalyptic in Judaism and Early Christianity. London 1982.
Rowley, H. H.: The Growth of the Old Testament. London 1950.
Rowley, H. H. (Hrsg.): The Old Testament and Modern Study. Oxford 1951.
Sandmel, S.: The Hebrew Scriptures. New York 1978.
Schechter, S.: Studies in Judaism. New York 1958.
Schmidt, W. H.: The Faith of the Old Testament. Oxford 1983.
Schoville, K. N.: Biblical Archaeology in Focus. Grand Rapids 1978.
Schürer, E.: History of the Jewish People in the Age of Jesus. Bd. I–II. London 1973, 1979.
Sevenster, J. N.: The Roots of Pagan Anti-Semitism in the Ancient World. Leiden 1975.
Sharot, S.: Judaism. A Sociology. Newton Abbot 1976.
Shulvass, M. A.: The History of the Jewish People. Bd. I. Chicago 1982.
Silver, A. H.: Where Judaism Differed. New York 1956.
Smallwood, E. M.: The Jews under Roman Rule. Leiden 1976.
Smith, G. Adam: The Historical Geography of the Holy Land. London 1931.
Smith, M.: Palestine Parties and Politics that Shaped the Old Testament. New York 1971.
Stern, M. (Hrsg.): Greek and Latin Authors on Jews and Judaism. Bd. I. Jersusalem 1974.
Stolz, F.: Interpreting the Old Testament. London 1975.
Stone, M. E.: Scriptures, Sects and Visions. A Profile of Judaism from Ezra to the Jewish Revolt. Oxford 1983.

Tcherikover, V.: Hellenistic Civilization and the Jews. Philadelphia 1961, 1975.
Thomas, D. W. (Hrsg.): Archaeology and Old Testament Study. Oxford 1967.
Thompson, J. A.: The Bible and Archaeology. Grand Rapids 1962.
Thompson, T. L.: The Historicity of the Patriarchal Narratives. Berlin, New York 1974.
Trawick, B. B.: The Bible as Literature. The Old Testament and the Apocrypha. New York 1982.

Unger, M. F.: Archaeology and the Old Testament. Grand Rapids 1954.

Van Ruler, A. A.: The Christian Church and the Old Testament. Grand Rapids 1971.
De Vaux, R.: Ancient Israel. London 1961.
De Vaux, R.: The Bible and the Ancient Near East. London 1972.
De Vaux, R.: The Early History of Israel. London 1978.
Vermes, G. und J. Neusner (Hrsg.): Essays in Honour of Yigael Yadin. In: Journal of Jewish Studies, XXXIII, 1–2, Oxford 1982.

Wellhausen, J.: Prolegomena to the History of Ancient Israel.

Edinburgh 1885, New York 1957.
Westermann, C.: What Does the Old Testament Say about God? London 1979.
Williams, W. G.: Archaeology in Biblical Research. Nashville 1965.
Wiseman, D. J. (Hrsg.): Peoples of Old Testament Times. Oxford 1973.
Wright, G. E. (Hrsg.): The Bible and the Ancient Near East. New York 1961.
Wright, G. E.: Biblical Archaeology. London 1962.

Yamauchi, E. M.: The Stones and the Scriptures. Leicester 1973.

Zeitlin, S.: The Rise and Fall of the Judaean State. Philadelphia 1962.
Zimmerli, W.: The Old Testament and the World. London 1976.

Einführungen in das Alte Testament (hebräische Bibel) haben folgende Autoren vorgelegt:

B. W. Anderson (3. Aufl., 1978), G. W. Anderson (überarbeitete Ausgabe, 1974), G. E. L. Archer (1964), H. K. Beebe (1970), A. Bentzen (4. Aufl., 1958), B. S. Childs (1979), O. Eissfeldt (1965), G. Fohrer (1968, 1970), R. K. Harrison (1970), H. St. J. Hart (1951), J. H. Hayes (1979, 1982), O. Kaiser (1975), O. J. Lace (1972), J. Lindblom (1973), R. H. Pfeiffer (1957), S. Sandmel (1963), J. A. Soggin (überarbeitete Ausgabe, 1980), R. C. Walton (1970), A. Weiser (1961), C. Westermann (1969).

Allgemeine Abhandlungen zur jüdischen Religion sind verfaßt von:

B. S. Childs (1970), R. E. Clements (1978), W. Eichrodt (1961, 1967), I. Epstein (1945, 1954, 1959), L. Finkelstein (Hrsg. 1960, 1971), G. Fohrer (1972), E. Jacob (1958), L. Jacobs (1973), W. C. Kaiser (1978), J. Kalir (1980), Y. Kaufmann (1960–61), J. L. McKenzie (1974), J. Neusner (Hrsg. 1973), J. B. Payne (1962), G. von Rad (überarbeitete Ausgabe, 1975), H. Ringgren (1966), J. W. Rogerson (1983), L. Roth (1960), H. H. Rowley (1956, 1967), J. N. Schofield (1969), S. Terrien (1978), A. Unterman (1981), T. C. Vriezen (1967), G. E. Wright (1969), W. Zimmerli (1978).

Personenregister

A

B